天下文化
BELIEVE IN READING

蒙格智慧

巴菲特傳奇合夥人的
投資人生

查理·蒙格
Charles T. Munger ── 著

RanRan ──────── 譯

每過完一天，
要努力比早上醒來時，
更聰明一點點。

—

查理 · 蒙格

2023年5月8日　查理·蒙格於洛杉磯家中｜攝影：洪海

目錄

出版說明

經常參加波克夏海瑟威股東大會或觀看股東會影片的觀眾，可能比較習慣看到華倫‧巴菲特侃侃而談，查理‧蒙格大多數時候則不怎麼說話，稱職扮演沉默的合夥人角色。他的典型反應是一動不動、面無表情地說：「我沒有什麼要補充的。」這九個字已經變成蒙格的標誌。但是，他一旦發言，卻往往直率而尖銳，一針見血，給人不少啟發，讓人想要聽到更多，學到更多查理‧蒙格的智慧。這也是《窮查理的普通常識》一書問世以及暢銷多年的原因。

其實，忠實讀者們都知道，要尋找蒙格的智慧財富，除了《窮查理的普通常識》之外，還有另外一個豐富的「寶庫」：蒙格從1987年以來，先後在魏斯可金融公司與每日期刊股東會上的談話。做為這兩家公司的董事長，蒙格在年會上成為主角，在數小時的股東會裡直言自己對人、對事的態度，也坦率、完整地回答股東提問，讓我們能更全面領略到蒙格思想。而這批寶藏，正是本書的內容。

本書為蒙格1987至2010年在魏斯可金融股東會上的談話，其中有若干年份雖然股東會正常召開，但因缺乏官方文本紀要而未被收錄。此外，由於前後年份的記錄方式不同，各篇談話在形式上有些許差異，但各篇除了編者按、注釋和標題為編者所擬外，正文均為會議實錄。

全書內容從1987年一直延續到2010年，跨越的時間很長，因此我們增加「編者按」，簡單介紹歷史背景及事件、人物，在每一篇談話開頭介紹時代背景、魏斯可公司當時的狀況，並概述該年度股東會談話重點，幫助讀者理解蒙格的談話內容。

　　經過兩年多整理、翻譯、編輯，我們終於得以將這批知識集結成書，推出中文版，獻給喜愛蒙格的讀者。不過蒙格講話旁徵博引，涉及甚廣，編輯過程中如有疏漏，還請讀者朋友不吝指出。

　　書院電子郵件信箱：munger2021@163.com。

蒙格書院

2023年2月

前言

魏斯可金融公司（Wesco Financial Corporation）創立於1925年，1959年在美國證交所掛牌。1974年，華倫·巴菲特、查理·蒙格等人透過藍籌印花公司（Blue Chip Stamps Co.）逐步收購魏斯可80％股份。1983年，藍籌印花公司成為波克夏全資子公司，原本擔任藍籌印花公司董事長的蒙格，從1984年開始成為魏斯可金融的董事長和總裁。之後很長一段時間，魏斯可金融的股東大會就在旗下子公司互助儲蓄（Mutual Savings）持有的一棟位於帕薩迪納（Pasadena）科羅拉多大街一端的大樓舉行，會場就是大樓裡的地下室餐廳，參加者不過幾十人；後來隨互助儲蓄搬到新大樓一家餐廳裡，到1997年參加人數也不過100多人。1997年該餐廳結業，會議移師到另一家更大的餐廳，參加人數翻倍。此後從1999年到2011年，股東會參加人數約為500至600人，其中許多人是連續多年出席的忠實聽眾。

2011年6月，波克夏收購魏斯可剩餘的20％股份，魏斯可併入波克夏，蒙格不再擔任魏斯可董事長，由他主持的魏斯可股東會也就此告終。

1

賺錢的訣竅

1987年股東會談話

與其說是謙虛，不如說是有克制的貪婪

編者按

　　1987 年時，魏斯可金融底下有三個主要的分公司：（1）
位於加州帕薩迪納的互助儲蓄；（2）精密鋼材（Precision
Steel），由魏斯可金融於 1979 年收購，總部位於芝加哥，從
事鋼鐵製品批發和自有品牌金屬產品生產；（3）魏斯可金融
保險公司，總部位於奧馬哈，主要從事再保險業務。

　　在 1987 年 2 月致魏斯可股東信中，蒙格披露公司 1986
年的營收資料：1986 年合併營業收入（不計投資收益）為
1,193.4 萬美元，每股 1.68 美元；合併淨利為 1,652.4 萬美元，
每股 2.32 美元。

　　1985 年和 1986 年的合併淨利細項如下：

	1986年		1985年	
	金額 （千美元）	每股 （美元）	金額 （千美元）	每股 （美元）
營業收入（虧損）				
互助儲蓄	2,159	0.30	3,342	0.47
精密鋼材業務	1,701	0.24	2,010	0.28
魏斯可金融保險業務：承保業務	（1469）	（0.21）	（1584）	（0.22）
魏斯可金融保險業務：投資收入	8,084	1.14	1,225	0.17
其他營業收入	1,459	0.21	3,354	0.47
GNMA1 遠期合約市場價值波動	–	–	1,671	0.24
出售有價證券的收入	4,590	0.64	41,523	5.83
魏斯可合併淨利	16,524	2.32	51,541	7.24

　　1987年4月28日，魏斯可在洛杉磯召開股東會。蒙格在股東會上介紹儲貸、保險和精密鋼材各項業務近期概況，展望未來發展趨勢。他也分享對優秀管理者、他的收購風格，以及對「謙卑」這種美德的看法。

　　值得注意的是，蒙格多次指出當時缺乏好的投資與收購機會，感覺市場環境欠佳，但也表示自己沒有預測未來的能力，只是對風險感到不安。

　　從後見之明來看，就在大約半年後的1987年10月19日，美國股市遭遇「黑色星期一」，道瓊指數狂瀉508點，單日跌幅超過20％。

蒙格：這些年來我們謹小慎微，累積起許多資產，而且資產品質很好。但現在我們持有大量現金，卻找不到好的投資機會。持有魏斯可80％股份的波克夏海瑟威也面臨一樣的問題。波克夏現在持有10億美元左右的中期市政債券，你可以想像我們多討厭持有這種資產，但在現在這種瘋狂的環境下，我們沒有更好的選擇。

　　紐約州有許多歷史悠久的儲蓄銀行，它們接受儲蓄存款並支付利息，經營模式和儲貸機構類似，但比儲貸機

構受到更嚴格的監管，柏威里儲蓄銀行（Bowery Savings Bank）就是其中之一。

　　紐約州監理部門規定，儲蓄銀行的放款利率上限為8％，因此儲蓄銀行持有的都是利率8％的長期抵押貸款，但是當利率上升到15％、20％時，儲蓄銀行就陷入困境。

　　為了擺脫困境，儲蓄銀行開始相信風險愈高、收益愈高的理論。它們聽信證券業和房地產掮客的花言巧語，買進大量高風險資產，結果愈陷愈深，甚至瀕臨破產。

　　我們參與出資，協助柏威里儲蓄銀行紓困。柏威里儲蓄銀行已經深陷困境，聯邦存款保險公司（Federal Deposit Insurance Corporation, FDIC）拿出大筆資金都不夠，還要加上我們私人資本出資，才可能救活這家銀行。

　　我認為，以柏威里儲蓄銀行目前的股權結構來看，這家銀行將來應該會整體出售，到時我們應該能從中獲利。這筆投資應該可以運作得不錯，但它的規模不大，在我們的總資產中占比較小。

　　為了投資柏威里儲蓄銀行，我們與聯邦存款保險公司簽訂的合約有100多頁，一個條款套著一個條款，複雜的程度遠遠超過《國內稅收法》（Internal Revenue Code）。除非是受虐狂，否則你不會想讀它。但你們股東不用讀，這個工作由我和賴瑞・提希（Larry Tisch）來做。

　　我們失去一位重要的同事，那就是我們的合夥人迪

克・羅森塔爾（Dick Rosenthal）。迪克曾在所羅門兄弟公司工作，一路升遷到合夥人。跟迪克一起共事的日子裡，我感到非常愉快。迪克是個堅守原則的投資人，他有恆心、有毅力，是跟我們志同道合的人。

迪克是魏斯可的董事會成員之一。在一次駕駛私人飛機的過程中，他遭遇事故，最後墜落到一座民宅，不幸罹難。迪克去世我們深感悲痛。我們非常懷念他。

我們的投資心法

我們經營保險業，保險業的好處是只要我們願意，我們就可以投入更多資金。但現在保險生意正進入景氣循環的新階段，現在不是投資的時候。

從本質上來說，保險業銷售的只是一般商品，和所有銷售一般商品的公司相比，保險公司的訂價方式沒什麼兩樣。景氣好的時候，各家保險公司競相增資發行股票，擴充資金規模，不遺餘力爭搶業務。保險生意現在就處於景氣的正循環。

去年保費下跌的程度令人跌破眼鏡，有些大額風險保單的費率甚至下降將近50％。波克夏海瑟威做生意的方式就是，我們不會不管費率如何都執意要保住業務規模。保

費太低，我們就退出。

與消防員基金保險公司（Fireman's Fund Insurance Company）的合作到期後，我們選擇不續約。我或許應該用個小故事來解釋這件事。

我剛來加州時遇到一個人，這人手裡有1,000萬到1,500萬美元現金。他整天酗酒，過著紙醉金迷的生活。一天，銀行經理對他說：「您整天酗酒，我們很擔心。」這人聽了回答：「你放心吧，我喝酒，但我的債券不喝酒」。

這就是我們管理保險公司資產的方式。**就算保險業務消失，資產以及資產的獲利能力還在我們手裡，這給了我們很大的彈性。**

魏斯可的資產品質非常讓人放心。目前我們手裡掌握著大量資產，但找不到好機會，不過這不代表我們會永遠這樣持有資產。如果你拿槍頂著我的腦袋說：「查理，想辦法把錢投資出去。」我想我還是辦得到。

我們的保險業務不是一直都有好的投資機會，大多數保險公司都如此，波克夏也不例外。

在與消防員基金保險公司簽署合作協議時，我們就很清楚，保險生意是有週期性的。如果有我們看好的公司，我們會積極爭取，但現在我們不看好任何標的。

我不懂那些認為自己可以在投資銀行建議下，做出一筆又一筆完美收購的人。就算投資機會很多，我們辛辛苦

苦研究和追蹤，一年也只能做成一筆收購。

在傳播領域，執行收購業務最成功的要算是執掌首府傳播（Capital Cities）的湯姆‧墨菲（Thomas Murphy），但我不認為他一年可以完成一筆收購，可能兩年都不夠。

我不了解那些拿著一大筆錢四處收購的人，這種收購方式很難有好結果。

以前這種狀況不會困擾我們，因為我們偏好股票市場，在等待收購的過程中，我們可以把資金先用於投資。

魏斯可以前一直是這麼做的，我們在股市裡投資過通用食品（General Foods）和埃克森（Exxon）這樣的大公司，也投資過許多小公司。但現在股市裡好的投資機會沒了，收購也很難做，我們只能採取守勢。

我們眼中的優秀人才

華倫對優秀的人才青睞有加，但他從來沒有因為人才優秀，而在投資過程中支付高於資產的價格。他買進資產的價格總是略低於資產價值，然後在不付出價格的狀況下得到優秀人才。

有些人才還沒證明過自己的能力，沒創造過大量的資產價值，有人就斷定他們日後一定能取得非凡的成就，這

樣的邏輯禁不住檢驗，還是我們的做法比較可靠。

我認為在美國，**我們不會因為人才優秀而用高於資產價值的價格收購任何一家公司**。也許有人願意為人才支付溢價，而且還很成功，但那不是我們的風格。

華倫投資首府傳播，確實為管理高層支付更高的價格。但我們必須了解，對華倫來說「更高的價格」是什麼樣的概念。原本一塊錢的東西用五角錢買，現在華倫願意出更高的價格，一塊錢的東西用八角五分錢買。

在波克夏致股東信中，華倫引用大衛・奧格威（David Ogilvy）的話：總是延攬比我們高大的人加入我們，我們都將成為巨人。華倫認同這個理念，我也非常認同。

有的人對這句話的理解是這樣的：只要願意出高價聘請最優秀的人才，也就是那些以優異成績畢業於頂尖商學院、講起現代管理理論頭頭是道，工作勤奮、人品正直、家庭和睦，總之是典型精英的人，就能成功。但這種人並不是華倫眼中優秀的人才。

華倫眼中優秀的人才是這樣的：你把他從火車上丟下去，扔到一個偏僻的小鎮，他身無分文，但卻能在不欺騙別人的狀況下不花多少時間就致富。當他發現這樣的人才時，自然會非常願意支持他。

華倫定義下的優秀人才與傳統商學院的定義完全不同……在學校裡成績優異、工作盡心盡力，光這樣是行不

通的。如果這種聘請人才的想法行得通，美國所有公司都
能創造奇蹟，哪會像現在這樣弊病叢生。

儲貸行業亂象叢生

我們重啟住房抵押貸款業務。只要市場條件允許，我
們有意把這項業務的規模做得更大。

我們提供各種抵押貸款，但與別的儲貸機構不太一
樣，我們的放款利率與放款利差比較低。我們不擔心出現
利率達到上限的情況，因為我們會挑選客戶，即使利率上
升，他們仍然有能力償還貸款。我們也不向客戶收取手續
費。我們希望透過這種差異化策略，賺取合理的利潤。

這與其他儲貸機構的做法不同。發放貸款時，大多數
儲貸機構盡可能讓客戶一開始的時候多繳錢，把年度業績
做得漂亮，管理階層能得到多一點認股權證。

我們的文化截然相反。我們的放款方式讓我們一開始
看起來狀況很糟，但我們能賺取合理的利潤，而且不須擔
心壞帳風險。目前我們的業務規模還小，但一直在成長。

我們的抵押貸款業務幾乎全是住房抵押貸款，其它
儲貸機構都積極地向地產開發商提供貸款，但我們不這麼
做，原因很簡單，因為其它儲貸機構比我們賭性更堅強。

目前，儲貸業暴露出種種亂象，這些亂象的根源在於政治。有些從業人員濫用政府賦予的信用，為了美化業績無所不用其極。他們的行為令人不齒。

許多政客正在阻撓監理機關以負責任的態度履行職責，這種現象讓我們很擔憂。

魏斯可旗下的互助儲蓄公司經營儲蓄和貸款業務，我們因為儲貸業的亂象而支付不少費用。儲貸業的風險是那些製造亂象的儲貸機構造成的，與我們無關，但我們也向聯邦儲蓄貸款保險公司（Federal Savings and Loan Insurance Corporation, FSLIC）繳納評估費。聯邦儲蓄貸款保險公司勢單力薄，沒有足夠的資源解決問題，只希望問題能自己消失。這怎麼可能？問題只會愈來愈嚴重。

聯邦儲蓄貸款保險公司如此積弱不振，卻沒什麼團體倡議增加它的權力，這個問題根本不受重視。

■ 我們沒有預知未來的能力

如果我知道如何複製過去的每一次成功，很顯然我會這麼做。但我們很少這麼做。**我們出手次數很少，即使出手我們也如履薄冰，對可能承擔的風險感到不安。**以前的投資機會讓我們感到踏實，現在我們卻不那麼踏實。

我們不覺得自己有預知未來的神奇能力，如果有這種能力，還何必這麼辛苦投資？回頭來看，大西部儲蓄貸款公司（Great Western Savings and Loan Association）和美豐儲蓄（H.F. Ahmanson & Co.）抓準時機大賺一筆，真是太了不起。這兩家公司冒了很大風險，而我們沒有。他們冒險、他們贏了，不管他們是聰明還是運氣好……如果你拿我們過去三年的業績和他們比，他們是比較聰明的一方。

我們有一小塊地是因為無法回收貸款而沒收得來的，這塊地將來應該能讓我們賺取一定的利潤，但如果要等15年的話，那可不妙了。大家都知道複利的力量。有一幅梵谷的作品，原本只有100美元，後來被有史以來最蠢的一個買家以3,900萬美元買走。這幅畫儘管拍出天價，但經過從1888年到現在這麼長的時間，計算下來，複利只有13％。所以閒置的地產不像你想的那麼賺錢，況且還要支付維護費用、資本利得稅等。不過我想這塊地最後還是能賺一點錢，但這在魏斯可的整體收益中根本不算什麼。

▇ 精密鋼材的企業文化

精密鋼材的創辦人不願意和大客戶打交道，因為大客戶的議價能力太強。他專做小額訂單，把服務做到極致，

在國內專門提供特殊材質、特殊尺寸的鋼鐵。

　　過去五年，我們從來沒派人去過這家公司。它一直經營得很出色。**這證明如果一家公司建立起好的企業文化，就能持續一段很長的時間。**鋼鐵業有一些共同難題，精密鋼材做得如此出色，一定有過人之處。

　　最近我們看了一、兩個（收購）機會，但沒有深入跟進。有一個機會是一家著名投資銀行推銷的。一家公司被當成商品拍賣，參與競拍的是幫別人管理資金的基金經理人。用別人的錢參與競拍，往往會把價格哄抬得很高，就像那個買了梵谷畫作的日本人一樣。

　　這家公司還沒完成出售，現在正處於市場的多頭階段，價格太高了。我最後決定不再參與競拍，因為很明顯，最後價格一定很高，我不可能出那個價。

　　最近沒碰到任何好機會，價格都太高了。

　　我這一輩子沒遇過一個人說我謙虛。我非常欣賞「謙虛」這種人格特質，但我不是一個謙虛的人。有些和我們一起工作的人也是如此，例如創建內布拉斯加家具城（Nebraska Furniture Mart）的B夫人，她也不謙虛。她是個商業頭腦很好的人，她不謙虛。湯姆‧墨菲也不謙虛。

　　我跟大家說一個關於湯姆‧墨菲的小故事，他有一長串令人難以置信的成功經歷。

　　湯姆‧墨菲收購過《女裝日報》（*Women's Wear Daily*）

等雜誌，妥善解決它們的勞資糾紛。後來，他又收購賓州一家報紙，以為這次也能解決勞資糾紛。沒想到當地的居民很多是煤礦工人，工會非常強硬。當地工會創辦一份新報紙，墨菲收購的報社則被手持棍棒的壯漢包圍，簡直一團糟。勞資糾紛不但沒解決，一年反倒虧了幾百萬美元。

墨菲由此學會謙虛。墨菲告訴我：「查理，我經常禱告，在禱告中我祈求上帝讓我懂得謙虛」。

墨菲說他祈禱，他確實經常禱告。墨菲說：「上帝回應我的禱告。我祈求懂得謙虛，上帝讓我去學會謙虛」。

有時候，只有經過失敗的歷練，我們才能懂得謙虛。

用「謙虛」這個詞也許不太恰當，可能用「務實」這個詞更適合。**我們能取得現有的成就，不是因為我們的能力比別人好，而是因為我們比別人更清楚自己能力的局限**。清楚自己的局限，這種特質應該不能說是「謙虛」。但如果你能了解自己能力的局限，自然就會謙虛。有一種人實際上智商130，卻自認為自己智商只有128；另一種人實際上智商是190，卻自以為是250。和前一種人來往比較好，後一種人會惹出大麻煩。

充分認清客觀與自身能力的限制，謹慎地在一定的範圍內活動，這是賺錢的訣竅。這個訣竅與其說是「謙虛」，不如說是「有克制的貪婪」。

2

最理想的公司

1988年股東會談話

每年創造的可支配現金高於淨利

編者按

在1988年2月致魏斯可股東信中，蒙格披露公司1987年的營收資料：1987年合併營業收入（不計投資收益）為1,661.2萬美元，每股2.33美元；合併淨利為1,521.3萬美元，每股2.14美元。

1986年與1987年合併淨利細項如下：

	1987年		1986年	
	金額（千美元）	每股（美元）	金額（千美元）	每股（美元）
營業收入(虧損)				
互助儲蓄	2,895	0.41	2,159	0.30
精密鋼材業務	2,450	0.34	1,701	0.24
魏斯可金融保險業務：承保業務	（1,394）	（0.19）	（1469）	（0.21）
魏斯可金融保險業務：投資收入	10,853	1.52	8,084	1.14
其他營業收入	1,808	0.25	1,459	0.21
互助儲蓄註銷預付給FSLIC的保險費 *	（1935）	（0.27）	–	–
精密鋼材的水災損失	（672）	（0.09）	–	–
出售有價證券的收入	1,208	0.17	4,590	0.64
魏斯可合併淨利	15,213	2.14	16,524	2.32

* 聯邦住房貸款銀行註銷儲貸業近10億美元的次級保險準備金，包括預付給聯邦儲蓄貸款保險公司（FSLIC，為各家儲蓄和貸款協會的帳戶提供保險的機構）的存款保險費。

4月28日股東會召開。從蒙格所說「手握大量流動資產」我們可以知道，魏斯可在股災前有收手舉動，巴菲特同樣從1987年3月開始陸續拋售股票。但他們在1987年10月，也就是股災前夕，買進所羅門兄弟公司的可轉換特別股，與整個市場一起暴跌，這也成為股東會上的關注焦點。

蒙格：目前魏斯可持有大量流動資產，但找不到什麼好的投資機會。如果你能找到好的投資機會，那你的狀況比我們好。

我們不是看衰券商的賺錢能力，而是要提醒大家對營業員保持警惕。不僅券商的營業員，所有抽佣的業務員都可能為了完成交易而不講真話。我把顧問、律師劃分在這個分類，跟營業員比起來，他們甚至有過之而無不及。

多年前，我在帕薩迪納市有個朋友是做釣具生意的，他出售的釣具五顏六色。我以前從沒見過色彩這麼豐富的釣具，我問他：「你這魚鉤五顏六色的，魚是不是更容易上鉤啊？」他回答說：「查理，我這魚鉤又不是賣給魚的」。

你們笑歸笑，但我們每個人都有這種毛病。**所有人潛**

意識裡都有這樣的偏見：給別人建議時，以為是在為別人考慮，其實是從自己的利益出發。

別問理髮師需不需要剪頭髮，會從自己利益出發行事的，不僅僅是券商而已。

所羅門兄弟的經營

所羅門兄弟公司（Salomon Brothers）＊是美國排名前三的投資銀行、造市者以及承銷商，從事的生意怎麼可能不是好生意？

所羅門擁有比表面上看到還要強大的獲利能力。華爾街公司都有分紅文化，景氣好、公司大賺時，員工的薪資與分紅就會水漲船高。

我們根本不插手所羅門的經營，沒那個必要。約翰·古弗蘭（John Gutfreund）是一位有智慧的領導者，他才能卓越、經驗豐富。

所羅門是一家授信公司，約翰·古弗蘭擔任執行長，非常重視信用品質。古弗蘭對人性抱持懷疑的態度，這種

＊　原書注：1987年，波克夏以7億美元買進所羅門兄弟公司20％優先股，其中1億美元由魏斯可及其子公司投資。華倫和查理當選為所羅門董事。

態度可以協助他做好監控信用風險的工作。

　　對大型華爾街公司而言，信用品質至關重要，不嚴格把關就授信，一旦市場環境出現劇烈變化，你可能就會陷入麻煩。1987年10月股市大跌，許多券商破產，因為它們向很多信用不佳的客戶提供過多信貸。但即使遭遇現代史上股市最大單日跌幅，所羅門也沒有出現重大的信用損失。受股災影響，所羅門的套利業務以及其他一些業務出現虧損，但它沒有因為信用品質而虧損。

　　當時，我們授信給所羅門兄弟公司，我們買進所羅門的特別股，相當於借錢給所羅門，所羅門兄弟公司有義務贖回我們購買的特別股。我記得當時我認為所羅門兄弟公司的信用評等是AA級，不是垃圾債。

　　截至目前，魏斯可保險業務這幾年的綜合比率（combined ratio）*如何？我估計從我們簽署合作協定起的四年裡，綜合比率大概是104、105。

　　我想我向你們報告的數字有點保守。我們的母公司波克夏海瑟威從事保險業務這麼多年，透過保險生意獲得豐厚的利潤。儘管如此，有些年份我們對綜合比率的估算與實際數字相差甚遠。但保險業的客觀情況就是如此，我們

---

*　編注：產物保險公司最常用來評估經營績效的指標，計算方式是損失率（Loss Ratio）與費用率（Expense Ratio）加總。

能做的就是盡量誠實地估算。

正如華倫在波克夏致股東信中所說的，保險業的會計慣例應該在專業術語中明確加上「估算」這兩個字。我向你保證，會計師對綜合比率的了解不會有我們多。

◼ 看見儲貸業的曙光

最近，聯邦儲蓄貸款保險公司提出一項調整保險費率的建議，打算向資產品質好的儲貸機構徵收較低的保費，向資產品質差的儲貸機構徵收較高的保費。當然，我們贊成這個提議，但儲貸業中充滿政治博弈，我不知道這個提議是否會實現。

儲貸業開始大洗牌，經營不善的機構又多了一個不利因素。它們的債務不斷膨脹，沒有國會撥款救濟、沒有聯邦儲蓄貸款保險公司注入資金，整件事與政治因素攪和在一起，在某些方面造成災難性的後果。

在聯邦住房貸款銀行委員會（Federal Home Loan Bank Board）監管乏力的情況下，聯邦儲蓄貸款保險公司挺身而出，提出這項建議，表現出極大的智慧與勇氣。我們認為聯邦儲蓄貸款保險公司正朝正確的方向努力。

在魏斯可年報中，我嘗試分析聯邦儲蓄貸款保險公司

調整保險費率的可能性，但我不知道結果會如何。可以肯定的是，聯邦住房貸款銀行體系（Federal Home Loan Bank System）需要注入更多資金，但最終是否能解決問題，要看它們是否注入足夠的資金，以及是否能屏除一開始讓它們陷入困境的制度。

目前銀行體系中，聯邦存款保險公司的狀況稍微好一點，儲貸業中的聯邦儲蓄貸款保險公司則是狀況堪憂。很多資產品質良好的儲貸機構已經離開儲貸業，進入銀行業，再不改革，會有更多優秀的儲貸機構離開，最後聯邦儲蓄貸款保險公司只能擁有品質差、實力弱的儲貸機構，到時整個儲貸業將面臨崩盤危機。

現在的權宜之計是關閉大門，禁止儲貸機構進入銀行業，不讓蜂擁而入的儲貸機構為銀行體系帶來風險。

但這整件事讓我們看見政府缺乏遠見，無法制定正確的政策。不幸的是，很多問題如果你預測到了，還可以避免，等到事到臨頭，那就悔之晚矣。

銀行體系也有自己的問題，我們向外國提供那麼多貸款，幾乎全都處於違約狀態。那些向主權國家發放的貸款根本沒辦法強行收回。你要對方還款，他只說：「你看，我們國家有那麼多窮人流落街頭呢，要怎麼還錢？」

我們能怎麼辦？難道要派海軍過去？

◤ 我很欣賞我們的客戶

在經過幾年停滯之後，魏斯可現在開始擴大業務規模。我們的放款標準很嚴格。銀行業有句老話我非常喜歡，「在發放貸款之前，就把貸款收回來」。

魏斯可沒有大量分行。很久之前，我們就比同行更早意識到多開分行無益。*

至於魏斯可的利差，具體數字我沒算過，但我們的利差可能高於平均。有些儲貸機構規模更大、資產品質更好，它們的利差比我們高得多。在整個產業中，如果各家儲貸機構把所有資產類別都計算在內，也就是把不良貸款都算進去，這樣計算的話，我們的利差大概處於平均值。但如果不做調整，根據估算，我們的利差已經比過去高了很多。

關於利率風險，我們考慮得很全面，我們有能力抵禦風險。

我們提供利率上限為25％的浮動利率貸款，這種貸款方式似乎沒什麼吸引力，但我們的員工很努力，每個月都能發放四、五百萬美元的浮動利率貸款，愈來愈多客戶選

---

*　原書注：多年前，魏斯可賣掉分行的辦公室，因為蒙格認為金融公司開設分行的做法已經過時。

擇我們的貸款產品。

　　什麼樣的客戶會選擇我們的貸款產品呢？我很欣賞選擇我們的客戶，他們頭腦很清楚，也非常有責任感。他們非常懂我們的產品，他們喜歡我們簡單清晰的還款條件。

　　這些貸款的範圍很小。雖然客戶不多，但我們的規模也小，我們還是能獲利。

▉ 魏斯可的房地產建案

　　我們有一片因無法回收貸款而沒收的土地，目前正在開發中，為了配合當局的考古要求，我們受了不少氣。

　　一些監理部門的想法讓我們覺得不可理喻。那片土地上有草坪，70多年來上面長滿了舖地狼尾草（Kikuyu grass）*。這是非常難根除的一種草，我們想盡各種辦法都難以除盡。

　　舖地狼尾草很好看，人們常用它舖草坪，鳥類也很喜歡這種草。但當局的景觀設計師要求我們必須剷除舖地狼尾草，然後種上印第安人居住在這塊土地時生長的那種草。

　　我們把土挖了很深，噴灑一種類似橙劑的化學藥劑，

＊　編注：是一種入侵性高的入侵種，會窒息其他植被，很難人工控制。

但怎樣都難以根除舖地狼尾草。就因為草的品種,當局讓我們費盡口舌,花了很多錢。

作為魏斯可的股東,你們為當地的考古事業做出貢獻。

我們打算在這裡建造20棟房子,或許更多。根據我的計算,每棟至少可以賣到70萬美元。但現在有些無恥之徒製造麻煩,想阻礙我們開工,有人還想無償占用我們的土地。

一般小地產商無法處理這些狀況,但我們魏斯可有足夠的財力。儘管當局向我們提出很多昂貴的苛刻要求,但我們還是做得很好,我們仍然能夠獲利,說不定還能賺很多錢。

■ 如何衡量公司是否值得投資

長期的投資經驗讓我們歸納出一些標準。**最理想的公司,每年創造的可支配現金高於淨利,能為股東提供大量可自由支配的現金。**一家理想的公司,可以為股東創造高於淨利的現金收入,讓股東進行再投資。這種公司非常罕見,描述起來很簡單,但現實中很少見。

有些股東是這麼想的:控股魏斯可的巴菲特和蒙格用二、三十年時間把波克夏發展壯大,現在波克夏的規模已

經很大，但魏斯可還很小，魏斯可的複合報酬率將遠遠超過波克夏，因此魏斯可具有極高的投資價值。但我要告訴各位，這種想法並不正確。

魏斯可的報酬率超過波克夏有兩種可能。一個是，我找到一些很棒的商業交易，正好適合魏斯可的規模，因為我是魏斯可的董事長，魏斯可會做成這些交易。

然而，華倫的投資能力比我強，也比我年輕。我是有可能找到適合魏斯可的好機會，但我可不敢肯定。

另一種可能是波克夏的財富都蒸發了，巴菲特只剩下魏斯可的股權，那魏斯可就會快速成長，畢竟讓小資金快速成長更容易。但這只是個假設，不可能發生。

我們儘量把財報做得簡單，這樣我們自己也才能理解。各位可以看看跨國石油公司的財報，裡面涉及不同國家、複雜的法律與部門，讓人看得頭暈眼花。還是簡單的公司比較容易看懂。

查看歷史紀錄，可以了解一家公司對保留盈餘的使用是否合理。問題在於，很多紀錄難以理解，99％的管理階層故意混淆數據，讓你看不清楚保留盈餘的投資效率如何。

像麥當勞這樣的公司，在發展初期我們很容易看出來它有能力開很多家分店。麥當勞在蒙大拿州（Montana）很賺錢，它的生意模式可以複製，到了愛達荷州（Idaho）一樣賺錢。但其他大多數情況沒有這麼簡單。

我在哈佛法學院讀書時，一位老教授說：「有什麼問題，來問我，我讓你更困惑」。

估算魏斯可的清算價值，困難之處主要在於兩點：一、要繳稅，這會降低魏斯可的價值；另一個是我們有不少隱藏資產，這會增加魏斯可的價值。

我們沒有完美的方式去估算，你的判斷可能會比我們好……再說，魏斯可也不可能說清算就清算。有時候清算價值可以透過某種方式實現，但我們不會那麼做，我們不想那麼做。如果你不願意解雇辛苦為公司工作40年的老喬，那就沒必要計算辭掉老喬能為公司帶來多少獲利。

我又想起一件趣事。在畢業典禮上，有一位校長對學生們說：「你們當中有5％的人將來會成為犯罪分子。我知道這5％是誰，但我不會告訴你，我不想讓你們的生活失去刺激」。

魏斯可的清算價值是多少？我還是為你們保留一點刺激感吧。

■ 特立獨行的魏斯可股東

魏斯可的股東是一群特立獨行的價值投資者。

他們最早買進魏斯可時，魏斯可很有價值。現在魏斯

可已經沒那麼有價值，但他們因為看好魏斯可的管理者，所以還是願意買進。他們不看好這筆投資，但他們相信至少公司經營者不會搞砸。

我不知道這是不是購買股票的好方式。

在今年的波克夏年報中，華倫寫道，回顧過去，有些公司生意非常好，但是他因為不看好公司的管理高層而沒有大量買進。買進魏斯可的股東卻恰好相反。

3

投資之道

1989年股東會談話

找到當下最合理的投資邏輯

編者按

在1989年2月致魏斯可金融股東信中，蒙格披露公司
1988年的營收資料：1988年合併營業收入（不計投資收益）
為2,356.4萬美元，每股3.31美元；合併淨利為3,008.9萬美
元，每股4.22美元。

1987年和1988年的合併淨利細項如下：

	1988年		1987年	
	金額 （千美元）	每股 （美元）	金額 （千美元）	每股 （美元）
營業收入（虧損）				
互助儲蓄	4,694	0.66	2,895	0.41
魏斯可—金融保險業務	12,094	1.70	9,459	1.33
精密鋼材業務	3,167	0.44	2,450	0.34
其他營業收入	3,609	0.51	1,808	0.25
出售柏威里儲蓄銀行股權的收入	4,836	0.68	–	–
出售有價證券的收入	1,689	0.23	1,208	0.17
互助儲蓄註銷預付給FSLIC的保險費	–	–	(1935)	(0.27)
精密鋼材的水災損失	–	–	(672)	(0.09)
魏斯可合併淨利	30,089	4.22	15,213	2.14

1988年底，魏斯可公司以820萬美元價格收購新美國電
器公司（New America Electrical）80％股票。其中716.5萬美

元支付給新美國基金（New America Fund）股東，103.5萬美元以年利率為10％的10年期票據，支付給新美國電器公司執行長葛蘭·米切爾（Glen Mitchel）。葛蘭持有新美國電器剩餘的20％股份。

新美國電器是一家生產各種電器產品的公司，包括開關設備、斷路器、照明整流器和啟動器，以及用於遊艇、移動房屋和遊樂園停車場的電氣設備，工廠位於加州橘郡。蒙格表示波克夏海瑟威將更頻繁採用這種收購模式：他們因為欣賞和信任一家公司的管理階層而收購公司；管理階層持有20％股份，並不受干預地繼續經營業務。

1989年4月25日，魏斯可在帕薩迪納市召開股東會。一個拖了十幾年的房地產建案備受關注，蒙格也解釋投資所羅門兄弟公司的邏輯。

此外，無論是分析儲貸或鋼材業務，還是闡述波克夏經營哲學，都可以用一句話概括其想法，那就是「形勢比人強」。

由於蒙格提到互助儲蓄的業績壓力與主要資產，因此本篇最後附上他當年在股東信中對儲貸業危機、房地美投資邏輯的闡述，做為補充。

蒙格：我完成股東會正式流程的速度很快 *，但還是沒有路易斯・韋森特（Louis Vincenti）的速度快。韋森特已經去世了，他曾經擔任魏斯可董事會主席很多年。他的夫人珍・韋森特（Jean Vincenti）是我們的老股東，今天也來到這裡。

韋森特開股東會的速度讓我看起來就像一隻蝸牛。他不喜歡浪費時間。

有一次，我問他：「你上大學時體重不輕，怎麼還能成為籃球隊的最佳球員？」他在史丹佛大學打球，那可不是個輕鬆的地方。韋森特回答我說：「我速度很快」。

■ 艱辛的加州地產開發

魏斯可在聖塔芭芭拉市（Santa Barbara）的地產建案是一個痛苦的話題，但它絕對還在進行中。

有一棟房屋已經建造完成，其他房屋我們正在逐一申請建築許可。

我們已經在這個建案上投入許多資金，包括請律師，

---

* 原書注：魏斯可股東會和波克夏海瑟威的股東會一樣，正式流程都很快就進行完畢。蒙格只用五分鐘左右就完成魏斯可股東會的正式流程。

以及為了保護文物古蹟花費的80多萬美元。我們建造整個自來水供水系統、鋪設地下水道以及所有道路，還依照聖塔芭芭拉市的要求，投入大量資金營造景觀。

為了照顧公眾利益，我們把這片建案一半以上的土地捐贈給聖塔芭芭拉市。這片土地剛好緊鄰當地著名的海灣，當地居民喜歡去海灘休閒、衝浪、散步。所以我們把土地的核心區域讓給公眾，這才換來在周邊區域建造房子的許可。

現代的城市規劃，我們不遵守不行。聖塔芭芭拉市是一個經濟成長緩慢的地區，當地政府總是用各項法規為經濟成長套上枷鎖。我們已經和政府鬥爭了十三年。

《海岸地區管理法》讓我們處處掣肘。這項法規我投反對票，我太太卻投贊成票。我們家都分成兩派，難怪最後這項法規會通過。

過去有些人露天採礦，為環境帶來極大破壞，還有一些開發商蓋了一圈房子，把海灘圍起來據為己有。這樣的礦主、開發商當然讓人憎恨。於是人們制定嚴格的法律約束他們。總之，現在的法律非常嚴格。

你可能會說，至少一切都結束了。但事情還沒完呢。

聖塔芭芭拉市上週通過了可能是全國最嚴厲的反成長法規，我們被拖了十三年，現在政府又頒布新規定，限制每年在蒙特斯托（Montecito）地區只能發放36張建築許

可，這讓蒙特斯托地區四、五百塊閒置空地的地主成了苦主。

我們認為根據憲法以及法律「不溯及既往」原則，我們應該不受這項新法規影響。因為我們已經向聖塔芭芭拉市讓渡大量利益才換來開發許可，而且我們還完成大量公共建設和改造工程、改善街道等。

你會對我們合作的程度感到好笑。建案旁邊有個鄰居，她跟我們說，我們裝設的大門還有地上鋪的鵝卵石太氣派了，讓她家大門看起來很寒酸，所以她家的大門入口也想改造得一樣，而且當然，她不想付錢。

我們答應了，但我也說得很清楚，不能因此開了先例，要我們沿著大街把聖塔芭芭拉市所有人家的大門都翻新。

我們已經盡力了，我們還自掏腰包把排水管道地下化，周圍的居民都因此受益。我不知道我們還能怎樣做得更好。

結果又來了這條新法規。我認為根據憲法規定，我們應該不受新法規影響，可是誰知道政府部門會怎麼執行？想在聖塔芭芭拉市開發房地產賺錢實在太難了。

聖塔芭芭拉市的市政部門以缺水為由，宣布暫緩全市所有房地產開發。這個狀況也很有趣。

我們那片土地下有充足的地下水。這片土地之前的業

主蓋了一個私人高爾夫球場,還雇用40多個工作人員,耗水量比我們完工後的用水還要多。而且高爾夫球場已經在那邊經營很多年了。

根據加州水權法,我們的水權*優先於蒙特斯托區當地的水務公司。我們擁有充足的地下水,自來水來自水井,擁有第一優先順序的用水權。聖塔芭芭拉市之所以頒布這一條抑制經濟成長的法規,理由之一是擔心聖塔芭芭拉市區水資源匱乏。他們為了保護初級用水權,阻擋擁有高級水權的人合法用水。

這就像是把你家左右各縮減六公尺,分給兩邊的鄰居,因為鄰居的投票數比你多。為了保證擁有低級用水權的居民不缺水,擁有高級用水權的人被取消建築許可。聖塔芭芭拉市的經商環境真是好啊。

更讓我們感到無奈的是,監理部門裡都是聰明正直的好人。我們這一區的新政府首長工作勤奮、頭腦聰明、為人正直,她的助手也跟她一樣,他們完全符合我們互助儲蓄招聘員工的條件,只是在政治壓力下,他們遵循的是一套不同的價值體系。

我能理解為什麼有些人主張抑制成長。住在加州的人

---

* 編注:在法律中指用戶自水源取用水的權力。加州水權制度建立在傳統用水基礎上,再融入法律等行政因素形成規範體系。

應該都深有體會，不設限地讓更多人湧進加州，高速公路會愈來愈塞、都市區人口會愈來愈稠密。這是一個很複雜的問題。

我想提醒各位股東，別高興地盤算我們這筆地產建案能賺多少，這是一場漫長的遊戲，在鈴聲響起前遊戲都還不算真正結束。

從另一個角度看，我認為我們正在做一件好事。我想說的是，我們大多數買家是以度假為目的在這裡置產。他們不會帶來治安問題，也不會增加當地學校的負擔。他們年紀比較大，沒有需要占用公共資源的小孩。

他們會繳納非常可觀的稅款，每年都得為高額房價繳交超過1％的房產稅。他們會慷慨捐助慈善事業，因為有錢人才買得起我們的房子，我們也不會把房子賣給不慷慨的買家。

哪個社區不希望有這樣的住戶？他們會為居住地貢獻良多，但所求不多。他們會積極參與當地事務，奉獻一己之能。這種狀況非常反常，不過事實就是如此。

我想把聖塔芭芭拉市的情況告訴大家，因為在某種程度上這是未來的趨勢，聖塔芭芭拉市只不過更極端、更典型一些，但其他地方也和聖塔芭芭拉市愈來愈像。例如帕薩迪納市最近頒布一條抑制成長的法規，也為房地產開發商帶來打擊。

帕薩迪納市正在向聖塔芭芭拉市看齊，不過從目前法規的嚴厲程度來說，帕薩迪納市沒有聖塔芭芭拉市那麼嚴苛。

從過去經驗來看，我們很難計算在聖塔芭芭拉市的建案需要多久時間才能完工。但我比較樂觀，因為我對新上任的市長印象很好，雖然我們政黨傾向不同，但我覺得她是個難得的人才。儘管如此，她背後代表的選民在很多問題上與我們觀點不同。我的樂觀來自於我與這位市長交談過一、二次的經驗，但這不足以做為判斷未來的依據。

不過我還是態度樂觀，我們的工期不會延誤太久。我們這個專案因為流程繁瑣，開發速度快不起來，每棟房屋都要申請單獨的建築許可，每棟房屋的屋頂角度還得通過兩、三個人審核。在聖塔芭芭拉市蓋房子太難了：不能影響居民使用海灘、不能破壞自然景觀與原住民的歷史遺跡，國內沒有其他地方比這裡更難開發。

因此就算是在最理想的狀況下，我們的專案進度也還是會非常緩慢，因為每件事都得經過審核，怎麼可能不慢？聖塔芭芭拉市的人生活節奏緩慢，對洛杉磯人來說這裡就像另一個國度。

我習慣和路易斯・韋森特這樣的人打交道，他喜歡事情愈快完成愈好，而且還必須做得完美。聖塔芭芭拉市的居民選擇住在那，就是為了遠離我和路易斯・韋森特這種

人。他們在那裡塑造自己的文化。

順帶一提，他們這種文化有很多優點，有許多智慧、尊重自然，我所代表的文化反倒很可能有許多弊端。但總之，我們的房地產專案進度會很緩慢。

■ 商業財產保險的現狀與未來

保險業的現狀讓我們感到擔憂。我有個朋友任職於一家全球知名的大型保險經紀公司，最近他為某家航空公司投保一張巨額保單。這張保單由勞合社（Lloyd's of London）承保，保費比去年減少一半。你可能覺得保費減少一半不算什麼，問題是去年的保費已經比前一年減少一半。連續兩年保費都減少一半，正常的保險公司怎麼可能接這樣的保單？

如今商業財產保險的保費一路走低，以這樣的方式承保，未來一定會損失慘重。

與勞合社相比，消防員基金保險公司的經營更勝一籌，但它們也同樣承受著商業產險業當中令人窒息的競爭壓力。業績規模是用近百年時間才累積起來的，負責核保、理賠的員工與你共事多年，都是非常熟悉的老同事了，怎麼可能簡簡單單說：「算了，保費太低了，我們要

把業務規模減少80％」。

不過波克夏海瑟威就是這麼做的。[*]

這太難了，即使是消防員基金保險公司這樣有紀律的公司，也沒辦法像波克夏做得那麼徹底。如果我是消防員基金保險公司的管理高層，我也做不到，我怎麼可能走進魏斯可的大樓，裁掉四分之三員工？我不是這種人。我珍惜和老員工相處多年的感情，感謝他們多年來為公司做出的巨大貢獻。

因此，你會看到商業產險業即將進入週期低谷，迎來可怕的循環。

■ 壽險業也有自己的難題

大家可能以為壽險業的競爭沒那麼激烈，但壽險業也有自己的難題。最近，加州投票通過《103號提案》。與《103號提案》相比，聖塔芭芭拉市的法規簡直太仁慈了。因為保費低，加州壽險業去年已經虧損了，現在《103號提案》要求壽險公司把保費降低20％，這項提案一旦實施，

---

[*] 原書注：波克夏海瑟威縮減保險業務規模，但沒有裁員。波克夏縮減規模很容易，因為波克夏在保險業務中配置的員工人數原本就十分精簡。

很多保險公司多年累積起來的資本將會化為烏有。

　　我預計加州最高法院將以五票反對、兩票贊成的結果，宣布《103號提案》調降20％保費的要求不符合憲法精神。調降保費20％的要求太極端了，不符合傳統法律文化，應該被駁回。無論如何，壽險公司的苦日子要來了。*

　　人壽保險的銷售模式效率很差，我們強迫人們購買保險，但很多人覺得繳納保費負擔很重，因為收入成長的速度追不上保費增加的速度。民主國家可以透過投票改變一些事情。聖塔莫尼卡（Santa Monica）的居民覺得房租上漲速度太快，於是透過投票限制房租漲幅，誰管房東的感受呢？所以，我認為壽險業將承受愈來愈大的政治壓力，尤其是在加州。

　　1906年發生舊金山大地震，消防員基金保險公司因成功完成賠付工作而聲名大噪，如今它的主要業務仍然集中在加州。未來四年，消防員基金保險公司的發展會如何？是否能像過去四年一樣平穩發展？這是一個很大的問號。

　　與消防員基金保險公司的合約到期後，魏斯可旗下的保險部門將繼續持有大量現金，但新增保險業務則顯著減少。根據與消防員基金簽訂的合約，未來一段時間裡，我

---

*　原書注：後來，加州最高法院以全票贊同通過《103號提案》，但刪除其中大多數關於調降保費的內容。

們將繼續持有數億美元資金，只需在客戶出險後支付理賠
款項。

從過去四年到未來，我們與消防員基金保險公司的合
作將是一次成功的合作。我們獲得大量可用於投資的保險
浮存金*，我想這對魏斯可來說是一筆滿意的交易。如果不
是華倫同意為消防員基金保險公司擔任顧問，我們也做不
成這筆交易。所以從這個意義來說，我們因為母公司沾光。

股東問：波克夏是否會收購魏斯可剩餘的股份？

蒙格答： 這個問題我以前回答過，大家都很關心這個問
題，每次開會都有人問。魏斯可剩餘的股份主要由卡斯佩
斯家族（Caspers family）持有。當年我們贏得卡斯佩斯家
族信任，波克夏海瑟威才得以入主魏斯可，目前卡斯佩斯
家族無意改變現狀。

波克夏有個原則，如果不能換來同等的內在價值，波
克夏絕對不會發行股票。要收購，必須保證絕對公平。另
外，我們一定是在徵得卡斯佩斯家族同意的前提下才會進
行收購，目前卡斯佩斯家族沒這個意向。

---

* 編注：浮存金是保戶向保險公司繳納的保費，保險公司可將之用於投資。

■ 投資所羅門的邏輯

從所羅門這筆投資中可以看出來我們偶而也很擅長
「抓準時機」。

我們剛達成這筆交易一星期，股市就爆發「黑色星期
一」，這是自從傑‧古德（Jay Gould）製造出「黑色星期
五」之後*股市創下的單日最大跌幅。我們剛完成交易，市
場就出現百年難得一見的暴跌，我們進場的時間並不完美。

完成這筆交易的那個時間，根本找不到別的好機會，
所以我們覺得與所羅門的這筆交易算是相當不錯。所羅門
兄弟公司的信用評級是A。我們的本金有保證，所羅門將
在規定的日期贖回我們購買的特別股。我們相當於向一家
信用評等A的公司發放一筆貸款，還獲得分享股價上升收
益的額外好處。我們也很欣賞所羅門的管理高層，特別是
約翰‧古弗蘭。

在當時的情況下，與手裡其他機會相比，我們覺得這
筆交易可以做。如果我們知道未來會發生什麼，我們會等
幾個星期再談這件交易。**我們沒有未卜先知的能力，這筆**

---

*　編注：1869年，以傑‧古德為首的投機者在市場上大量購買黃金，推
　　高金價，但9月24日，當時的美國總統突然宣布拋售黃金以阻止投機行
　　為，金價下跌影響股市，造成金融危機。

交易完成的時機也不完美。

不過從目前的情況來看，這筆交易算是令人滿意。現在這筆交易的價值主要在於保證定期配息以及按時贖回。

投資銀行不是一個可預測的行業，生意波動很大，所羅門的業務一定會有很大的波動，但其中有些波動對業務來說相當有利，而且我們相信隨著時間過去，人們能理智地解決問題。總之，我們非常喜歡所羅門的員工。

讓我向各位說明，以我們設定的價格想買進240萬股聯邦住房抵押貸款公司（Federal Home Loan Mortgage Corporation，簡稱Freddie Mac，即房地美），這可不是一件簡單的事，但所羅門員工出色地幫我們完成這項工作。他們做得很好，一般公司沒有這種能力。我們不但獲利，還與一群有才華的人建立起緊密關係。所羅門在芝加哥有一位合夥人，名叫布萊恩（Bryan），他為我們做了很多工作，我們認為他是這個行業裡最優秀的人才。所羅門聚集了很多優秀的人才。

■ 波克夏的經營哲學

我們走到今天，靠的不是預測未來利率高低或經濟週期變化。我們沒有那種本事，我們倒是經常因為看錯週期

而遭遇逆境。但同樣地,我們也有看對景氣週期的時候。

在景氣週期的交替更迭中,**我們需要做的就是力求找到當下最合理的投資邏輯,然後不論週期波動如何劇烈,我們都泰然自若。這就是我們的投資之道。**我們不做短期預測,我們追求長期的良好結果。

我完全不知道明年道瓊指數會漲會跌,利率是14%還是6%。我不知道投資銀行的生意會迎來一波繁榮,還是會進入衰退的寒冬。我們真的不知道。我們相信所羅門是一家值得信任的公司。我們與所羅門有過多年合作關係,他們會對我們信守承諾。我們欣賞所羅門的員工。與當時其他機會相比,投資所羅門是一個很好的選擇。

我不太重視長期規劃,這與現代商學院還是聯邦住房貸款銀行體系提倡的傳統規範不同。除非是監理單位要求,否則**波克夏海瑟威從來不制定長期計畫。**

威廉・奧斯勒爵士(Sir William Osler)打造出世界知名的約翰霍普金斯大學醫學院(The Johns Hopkins University School of Medicine)。**他信奉湯瑪斯・卡萊爾(Thomas Carlyle)的一句名言:「與其為朦朧的未來煩惱憂慮,不如腳踏實地,做好眼前的事。」這也是波克夏的經營哲學。**每一天、每個禮拜、每個月、每一年,我們都努力對手上的訊息與挑戰做出最明智的決定,例如躲開可能出現的災難,化解難纏的困局,抓住絕佳的投資機會,

盡己所能應對這些挑戰。

當然我們要盡可能往前看，但想看遠也看不了多遠。不過如果你可以理智且勤奮地處理好眼前的每件事，最後你就能打造出一家優秀的公司。這對威廉‧奧斯勒爵士來說有用，對波克夏來說也有用。

如果你認為，當年波克夏海瑟威守著一個瀕臨破產的小紡織廠，然後某一天勾勒出一幅宏偉藍圖，制定詳細的計畫，目標是20年後買進數十億美元的可口可樂股票，彷彿我們有預言家諾查丹瑪斯（Nostradamus）*的本事一樣，那你對事情的評估應該與我們不同。

我們不相信預言。**我們不是純粹的機會主義者，但我們確實信奉見機行事。**我們不做太多長期預測，只是努力做好眼前的事，而這麼做可以提升我們少數長期預測的準確性。

遠離兩種人

我們所做的一些事也具有長遠性，但對於一些可能帶

---

*　編注：法國著名星象大師，其西元1555年出版的《百詩集》被認為可以精準預言未來事件，吸引來自全球的崇拜者。

來衝擊的事，我們的態度往往很保守。我們為可能出現的惡劣環境做好準備，這讓我們的資產負債表長期以來一直表現得非常保守。

還有一個方面也能展現出我們保守的態度：我們儘量遠離人品有問題的人。我們甚至不想出租辦公室給人品不好的房客，如果房客人品有問題，租約到期之後我們就不會續租。無論是律師、會計、房客還是清潔工，我們希望周圍環繞的都是品行端正、作風正派的人。

我們與品行端正的人來往，我們保持雄厚的財務實力，這是我們多年總結出來的經驗。經驗告訴我們，人品差的人會害死你。

除了遠離人品差的人，還有一種人我們也必須遠離。這是從《法國陸軍操典》（*French Army Manual*）學來的。

《法國陸軍操典》把軍人分為四種。有一種人愚蠢而又懶惰，軍隊中絕大多數的士兵屬於這種人。

第二種人聰明又懶惰，這種人是戰地指揮官的絕佳人選。因為參謀總部提出的大量作戰方案，有很多根本不可行，聰明又懶惰的指揮官只會做兩、三件有意義的事，你當然需要這樣的戰地指揮官。

第三種人聰明而又勤奮，這種人適合進參謀總部，因為他們能不停出謀劃策，制定出大量方案，以確保偶而有幾種不錯的想法能被付諸實行。

　　最後還有一種人，愚蠢而又勤奮。根據陸軍操典所說，這種人必須開除。

　　我們深有同感。品行不端與愚蠢又勤奮的人，這兩種人都是禍害。

　　除了上述所說我們遠離災難的一般原則之外，關於未來，我們通常採取見機行事的態度。各位股東，你們持有的魏斯可擁有大量現金，等到與消防員基金保險公司的合約到期後，現金會更多。但魏斯可不知道該怎麼使用這麼多現金，不是我們不告訴你們，而是因為管理階層自己也不知道。

　　我們會像威廉・奧斯勒爵士一樣運用這筆資金。**腳踏實地，做好眼前的事**，讓公司順其自然地長期發展。

　　魏斯可是一家很特別的公司，很少有歷史悠久的公司跟我們一樣，資產負債表上絕大部分資產是高流動性的類現金資產，而且管理階層還不知道該怎麼配置這些資金。

股東問：魏斯可投資可口可樂的規模有多大？

蒙格答：我們有個規矩，除非法律要求揭露，否則不談論我們的投資，我們通常也不會公開談論我們的投資邏輯。房地美算是個特例，因為我們已經達到買進上限，不能買更多了。

　　我們不發表評論，不代表我們正在大量買進可口可

樂，也不代表我們已經停止買進。如果每次我們說「無可奉告」就代表我們在進行什麼事，那人們很容易就能看出我們在做什麼。所以無可奉告就是無可奉告，沒什麼含義，不必揣摩猜測。

■ 互助儲蓄公司的意外奇蹟

國會推出的儲蓄和貸款體系改革方案將會為魏斯可旗下的互助儲蓄帶來許多影響，但我無法想像會有什麼正面的好處。

如果三、四年前，你要我展望互助儲蓄的前景，我認為一切都會很糟。沒想到房地美的股票從天而降，不但股價便宜，還只有儲貸機構有資格購買，這對我們來說是一大利多。也許還會有第二次奇蹟。

在魏斯可年報中，我花了很多篇幅深入討論這個問題，可能讓很多股東讀得頭都大了。我們的存款保費將持續上升，我們的投資靈活性下降，愚蠢的競爭對手會繼續得到補貼，然後抬高我們的成本，搶走我們的市占，我看不到互助儲蓄未來有任何利多。

無論做什麼行業，對手不如你，卻能得到補貼，對任何企業來說都不是一件好事。你在一條街上開一家乾洗

店，這條街上還有其他家乾洗店，但它們卻得到政府補助，生意要怎麼做？價格會低到你根本經營不下去。

最重要的是，我在年報當中也說了，政府為了整頓儲貸業所推出的新措施，雖然聊勝於無，但完全沒有力道。要解決儲貸業的問題，這麼輕描淡寫的政策遠遠不夠。本來以為監理部門走上正路，結果他們卻退縮了。新的立法通過之後，一定會造成許多負面影響[*]。

但當局面混亂，而你又擁有雄厚的財力時，偶而就會有好事發生。**當別人把子彈打光時，你的機會就來了。**

■ 自我設限的放款業務

只要是符合我們放款條件的業務，我們都願意做。我們的放款政策在儲貸業當中比較另類。

我們不喜歡發放長期貸款，因為即使整體利率上升，我們的利息也不會有潛在的增幅。換句話說，我們不喜歡儲貸業中的利率上限，但這是市場中正常的競爭商品。

現在市場上，浮動利率貸款產品的利率上限通常是

---

[*]　原書注：股東會召開後不久，魏斯可憤然退出儲貸業的遊說組織：美國儲蓄機構聯盟（U.S. League of Savings Institutions）。參閱附錄二。

14％，我們的產品不同，我們的利率上限設在25％。當競
爭對手願意主動為未來的利率上漲風險埋單時，我們的產
品就沒有什麼優勢。

我們在放款業務上還有其他一些老派的想法。如果客
戶遭遇變故，無力償還貸款，我們也不願意落井下石，沒
收客戶的房產。因此就算我們能做到利率上限設在25％，
而且還保證能100％完全收回貸款，但是最終卻得沒收房
產，讓辛勤勞動的人感到痛苦，我不願意做這樣的貸款。

我還設置一個限制條件：不在沙漠地區放款。你可能
覺得我的想法很怪。棕櫚泉（Palm Springs）是個沙漠小
鎮，當地人頂著攝氏46度的高溫在沙漠中央抽水，要住酒
店還得搭船前往。我們不在這樣的地方發放貸款，我喜歡
在開發成熟的地區發放貸款。

我設了這麼多限制，這讓我們負責放款業務的鮑勃‧
阿斯頓（Bob Aston）很難做大業務規模。但只要是符合我
們條件的，我們就會立刻放款，速度快、額度高。雖然限
制很多，不過拓展業務以來我們也發放了5,500萬到6,000
萬美元的貸款。

開始放款業務之後，我們就發現有些市場我們必須努
力去開拓。鮑勃能力出眾，他有非凡的技能和敏銳的觀察
力，非常適合放款工作。我們的放款業務已經發展起來，
但我們希望能把規模做大。不過我們設下的限制很多，想

做大規模，非常不容易。

　　我們的放款產品之所以有市場，是因為我們的放款成本較低，利差比其他機構的利差低，我們也不收手續費。對某些貸款人來說，我們是非常理想的選擇。我們找到一個小小的利基市場。

　　當年，房地產業很熱門時，互助儲蓄發放大量的住房貸款，賺了很多錢。如今時代不同，我們新的放款業務沒有這樣的潛力，但我們還是很高興擁有這項業務。

　　這項新放款業務的資金全部來自於我們的子公司互助儲蓄。透過配息將大部分資金從子公司互助儲蓄中抽掉之後，互助儲蓄只會保留計提的壞帳準備金4,700萬美元。

　　魏斯可的主要資金不在儲蓄和貸款子公司裡，我們不會用互助儲蓄子公司之外的資本發放住房貸款。

■ 消防員基金保險公司前景不明

　　與消防員基金的合約到期之後，我們將結束合作。這不是壞事。在簽訂這份合約時，我們盡可能選擇對我們有利的條款，從現在的情況來看，我們沒有吃虧。

　　消防員基金保險公司的前景很難說。一方面，消防員基金保險公司有兩位出色、積極的領導者，一位是總裁鮑

勃‧布魯斯（Bob Bruce），他是個非常聰明的人，賺錢能力非常強；另一位是執行長傑克‧伯恩（Jack Byrne），他也是一個非常聰明的人，學過高等數學，做過精算師，賺錢能力也很強。消防員基金保險公司由兩位卓越的人才掌舵。

但另一方面，他們的經營環境非常艱難，他們從事產險生意，這個產業已經明顯進入週期逆境，他們即將面對巨大的困難。

結果如何很難說。他們兩個都是很有可能成功的人，只要是他們其中任何一個人參與的公司，我都不會放空；另一方面，他們正在玩的這場牌局形勢確實非常不利，更何況還有那麼高的槓桿。

有時需要戰鬥，有時需要撤退

今天上午，我正好看了一份資料，這是一家從事鋼鐵服務業的公司，規模和精密鋼材差不多，正在標價出售。於是我找出精密鋼材的財務報表，比較兩家公司的各項資料。精密鋼材比這家公司好得多，會計政策更保守，歷史紀錄也更優秀。

精密鋼材的問題在於，在目前的條件下，它的表現與

其他鋼鐵服務公司一樣好，管理也無可挑剔，這代表它沒有什麼可以改善的地方，它的業績已經達到這個行業當中的最佳水準。

長期來看，精密鋼材將繼續保持優秀的成績，只是精密鋼材在整個魏斯可中占比很低，業績再好，對魏斯可的貢獻也十分有限。

順帶一提，我看的那家公司要價很高。如今槓桿收購大行其道，大量公司被高價兜售。這家公司雖然不如精密鋼材，但也還可以，只是近兩倍淨資產的價格我們覺得太貴了。

各位魏斯可股東，這家公司的現任董事長，也就是我本人，曾經領導過一家經營印花票的公司，眼看它的銷售額從1.2億美元跌到200萬美元，銷售額下跌幅度高達99％。銷售額一路下滑，我卻無能為力，我想過各種辦法希望能止住頹勢，可惜都無功而返。

這個經驗讓我學到一個深刻的道理，**有兩件事對結果很重要：一個是形勢，另一個是人**。以前有一位投資界的老前輩，每當年輕人建議他冒險時，他總是會說：「會淹死的都是游泳健將」。

應對的狀況超出人力所能應付的範圍，你就會被淹沒。印花票生意走下坡的大**趨勢**，不論再聰明、再勤奮都無法扭轉。

　　波克夏海瑟威當年的紡織業務也是很好的例子。波克夏從紡織廠獲取大筆資金，將資金投資在別的地方。如果波克夏不服輸，堅持投入資金對抗下滑的大趨勢，那麼這個紡織廠就會耗盡波克夏所有資金。**有時需要戰鬥，但有時也需要撤退。**

　　我最喜歡的一個故事講的是同樣的道理。在南方某個小鎮，有一家全國連鎖超市在這裡開了家分店，這家分店是當地規模最大的超市，多年來生意一直很好。

　　有一天，沃爾瑪的山姆·沃爾頓（Sam Walton）宣布，沃爾瑪將在這個小鎮新開一家產品更齊全、價格更低的超市。小鎮上原有那家非常成功、非常有經驗的連鎖超市沒等山姆·沃爾頓的新店開張就宣布關門。

　　大多數企業家在面對這種決定時都會猶豫不決，這非常有趣。如果你說：「查理，走上拳擊場，挑戰全盛時期的拳王阿里（Muhammad Ali），放手去拚吧。」我會怎麼做呢？我會用華倫在波克夏年報中的話回答你。我會說：「別把我算在內。這是一場很有趣的比賽，但我是不會去參加的」。

　　印花票生意就是典型這樣的生意，不管你再怎麼掙扎都無法回天，投資這樣的生意最後只會血本無歸。

　　當然，我不是說波克夏海瑟威只要遇到競爭對手就會落荒而逃，而是說不會在山姆·沃爾頓的地盤上與他交鋒。

魏斯可的內在價值

我們通常不向股東提供內在價值的具體數字。無論是在魏斯可還是在波克夏，我們都盡可能詳盡披露資訊，並說明我們評估公司市值時遵守的原則，然後讓股東自己估算內在價值。

在互助儲蓄大量買進房地美股票後，互助儲蓄的價值有了明顯的提升。但大家也知道，當我們賣出互助儲蓄持有的房地美股票、分配互助儲蓄持有的4,700萬美元壞帳準備金時，需要繳納巨額稅款，因此在計算清算價值時，很大一部分資產將會因為納稅而消失。

從經營層面來看，正如我們每年一直重複說明的那樣，我們能力有限，很難從互助儲蓄的帳面價值上獲得可觀的回報。

換句話說，如果不考慮房地美股票的影響，在其餘資金用於配息之後，互助儲蓄將剩下4,700萬美元的淨資產。我預估，如果我們將來繼續小心經營，哪天互助儲蓄真的被清算的話，按照這4,700萬美元的淨資產計算，我們實現的稅後股東權益報酬率應該不至於太低，但指望我們有很高的股東權益報酬率，那可能就不太現實。

去年的大環境對互助儲蓄有利，但現在的環境卻正好相反。目前公債市場短期利率高於長期利率，這對儲貸業

來說不是好事。今年互助儲蓄的業績很難有好表現。

　　互助儲蓄的業務資產在整個魏斯可當中占比很低。魏斯可是從互助儲蓄的儲貸業務起家的，然而儲貸業務已經風光不再。目前互助儲蓄最主要的資產是它持有的大量房地美股票，這部分資產的規模已經遠遠超過儲貸業務資產。

附錄一、投資房地美的邏輯

在1989年2月的魏斯可股東信中，蒙格闡述投資房地美的邏輯，具體內容如下：

■ 魏斯可對房地美的投資

跟其他儲貸機構相比，我們旗下的子公司互助儲蓄始終有點另類，1988年，互助儲蓄又有不尋常之舉。互助儲蓄共買進240萬股房地美特別股，我們的持股數量占總流通股數的4％，已經達單一股東持股比例上限。在寫這封信時，這240萬股特別股已經全數發行，並全額繳納股款。

互助儲蓄買進的平均成本為每股29.89美元，1988年年底，此特別股在紐約證券交易所的交易價格是50.50美元。根據1988年年底的股價計算，互助儲蓄持有房地美股票的稅前未實現獲利約為4,950萬美元。按照目前的稅率計算，稅後淨利約為2,920萬美元，約合魏斯可每股盈餘4.10美元。

▇ 房地美的亮眼表現

　　房地美是一個混合體，由聯邦住房貸款銀行委員會監理，但已經完全由私人出資，股東主要是機構投資者。房地美的業務模式是買進住房抵押貸款，隨即將貸款轉為住房抵押貸款證券，為其提供擔保並在市場上出售。在此過程中，房地美可以賺取擔保費和「利差」，同時規避大部分利率風險。近幾年房地美生意很好，超越大多數儲貸機構，房地美超高的股東權益報酬率就是一個很好的證明。

　　根據房地美目前平均每股1.60美元的股息計算，互助儲蓄平均每股成本29.89美元，稅前收益率只有5.35％，稅後收益僅4.4％。

　　從房地美的歷史紀錄來看，它有能力穩步提升獲利和配息，進而帶動股價走高。房地美的特別股實際上等同於普通股。以下為房地美1985至1989年財務資料：

	每股獲利 （美元）	每股配息 （每元）	年末股價 （美元）	股東權益報酬率 （％）
1985年	2.98	0.53	9.19	30.0
1986年	3.72	1.13	15.17	28.5
1987年	4.53	1.10	12.13	28.2
1988年	5.73	1.25	50.50	27.5
1989年＊	–	1.6	–	–

＊　注：股東信發出時，1989年相關資料尚未揭露。

對於1988年底每股僅50.50美元的股票來說，這些財務數字非常亮眼。

房地美股價低迷的原因

投資者對房地美的股票反應冷淡，我們認為主要有兩個原因：（1）投資人對房地美缺乏了解；（2）投資人擔心房地美的監理部門可能失職，或迫於國會壓力，給予私人資本不公平待遇。

當然，房地美也可能因為違反對私人股東的承諾、放鬆信貸標準或錯估未來利率走勢而毀掉其出色業績，但我們認為出現這些風險的可能性不大。

投資者之所以擔心，主要是聯邦儲蓄貸款保險公司的前車之鑑讓他們心有餘悸。人們意識到，聯邦儲蓄貸款保險公司破產，主要是因為監理部門失職。監理部門未能及早出手干預，結果問題迅速惡化，最後到了無法收拾的地步。投資人因此對監理部門持懷疑態度，這完全可以理解。

我們認為，從聯邦儲蓄貸款保險公司的例子不能得出監理單位也會毀掉房地美的結論。聯邦儲蓄貸款保險公司與房地美公司沒有關聯，兩家公司的歷史和現實情況也截然不同。

聯邦儲蓄貸款保險公司因為監理單位無法控制的因素而病入膏肓，但房地美業績卻蒸蒸日上。國會應該會吸取教訓，不敢再貿然推出寬鬆政策，反而會從嚴監管，提高對儲貸業的資產品質要求。

儘管美國政府沒有明確表示擔保房地美出售的證券，但是在目前的住房抵押貸款證券市場與債券發行市場，房地美發行的證券幾乎等同於無風險的政府債券。憑藉這個巨大的優勢，房地美的管理者只要不冒破壞信用的風險，就能取得良好的經濟與社會效益。

與每年為買房者籌集的龐大資金規模相比，房地美每年向股東配發的股息微不足道，還不到籌集資金規模的1％。這種做法是正確的。對股息安全與穩定成長的需求，正好以正確的方式約束整個系統，房地美沒理由改變這個策略。

此外，最近產油區出現的房貸違約潮，也清楚表明堅守嚴格的放款標準才是正確的做法。在產油區，曾經優質的住房抵押貸款集中爆發風險，儘管盡責的放款機構向工作穩定、還款紀錄良好而且支付大筆頭期款的申請人發放貸款，最後卻仍出現大量不良貸款。這次產油區的違約潮足以讓房地美警醒，作為擔保信用的高槓桿企業，必須嚴格遵守安全邊際原則。

正如銀行放款標準在歷經1930年代的腥風血雨之後仍

能長期保持穩健一樣，房利美執行的房貸抵押放款標準，在經歷1980年代的大規模損失之後，也可能在很長的一段時間裡保持穩健。如果能這樣，再加上嚴格控制利率風險在最低限度，房地美股票對互助儲蓄可能是一筆相當不錯的長期投資。

我們公開投資房地美的原因，這不符合波克夏海瑟威的慣例，我們通常不談論我們投資的邏輯，因為這可能對我們後續的投資活動帶來影響。（另一個原因是不想把自己的錯誤判斷公諸於世，不過這不是主要原因。）

這次破例，是因為我們已經買到法律規定的上限，沒辦法繼續買進更多房地美股票。既然如此，我們選擇披露這項資訊。

但我們不建議魏斯可股東買進房地美股票。我們絕不鼓勵魏斯可股東模仿魏斯可的投資行為，照抄魏斯可的投資。

附錄二、儲貸業危機的前因後果

多年來，巴菲特與蒙格一直對儲貸業危機感到擔憂，在1989年2月的魏斯可股東信中，蒙格詳細分析儲貸危機的前因後果。具體內容如下：

1930年代，政府頒布一套法律制度規範儲貸業，之後幾十年儲貸業一直在這套法律制度下運作，不論是銀行還是儲貸協會都被限制只能為存款支付較低的固定利率。但法律規定儲貸協會可以多支付0.25％的利率，而且與銀行相比，儲貸協會還享有稅收優惠。

實施利率管制是為了抑制競爭，不讓1920年代各家金融機構為了爭奪存戶採取激進做法而導致大規模倒閉的風波重演。

政府為儲貸協會提供優惠政策，還為整個行業提供存款保險，但政府對儲貸協會提出的要求是只能將資產用於住房貸款，並且採取保守的經營方式，以避免壞帳風險。

在這樣的制度下，儲貸協會通常採取「借短債放長債」的經營模式，也就是吸收活期存款，並以固定利率發放長期住房抵押貸款。與政府規定的低存款利率相比，住房抵押貸款利率高兩個百分點左右，這個「利差」是儲貸協會的生存基礎。

◼ 制度存在內在風險

政府為儲貸業制定的這套規定本身存在風險。一旦利率迅速上揚，政府也只能順應趨勢，允許儲貸機構提升存款利率，否則儲貸機構的存戶將大量流失。一方面，存款利率被迫提升，另一方面，原有住房抵押貸款簽的都是固定利率，如此一來儲貸機構將腹背受敵，出現嚴重虧損。

此後，在低通膨、政府管控的存款利率緩慢上升的大環境中，儲貸機構找到生存方式，透過不斷做大規模，規避因利差被壓縮而導致的虧損。

儲貸機構不斷增加新的住房抵押貸款業務。新簽的貸款合約利率更高、規模愈大，愈能提升整體住房抵押貸款投資組合的平均利率。政府限制存款利率，但儲貸機構因政策規定可以支付高0.25％的存款利率，這就是儲貸機構能不斷做大的主要原因。

儲貸業的政策制定者有兩個目標，一是讓儲貸機構透過住房政策協助社會大眾；另一個則是不為政府聯邦儲蓄貸款保險公司造成損失。這些政策制定者深知富蘭克林（Benjamin Franklin）的名言：「空麻袋，站不直。」因此他們給予儲貸機構競爭優勢與稅收優惠，在保證儲貸機構獲利能力的前提下，讓它們有機會對社會做出貢獻。

此外，政策制定者從1920年代得到教訓，擔心激進資

本主義可能帶來危害，因此即使效率差一點，他們也傾向選擇聯合互助模式。所有聯邦以及絕大部分州政府特許的儲貸機構都是「互助」機構。這類機構由存戶所有，不以追求股東利益為目的。

在儲貸業最初發展的幾十年裡，這套恩威並濟的制度成為美國歷史上最成功的制度之一，聯邦住房管理局（Federal Housing Administration）成為效率最高的政府機構。這套制度以極小成本，為社會做出巨大貢獻。

■ 冒險逐利拖垮整體產業

但有少數州政府特許、但歸股東所有的儲貸機構，公司名稱中的「互助」僅是形式而已（魏斯可旗下的互助儲蓄就是如此）。時間久了，這些「互助」機構開始憑藉政府給予的競爭優勢為股東牟利。恰好房地產業進入長期繁榮階段，儲貸機構進軍美國房地產景氣最熱的地區，賺取不少利益。

看到同業賺錢，許多「互助」機構紛紛從「互助」模式改為股東所有制，並制定種種激勵措施，鼓勵管理高層為了獲利而冒險。冒險逐利的風氣擴散到整個儲貸業，包括一些曾經保守並仍保持「互助」模式的機構。

　　儲貸機構一心只想賺錢，但最終由於政府長期推行貨幣貶值政策，通膨與利率迅速走高，觸發儲貸業的內在風險，讓儲貸業的繁榮走到盡頭。

　　有些儲貸機構比較保守，持有高評等的長期固定利率抵押貸款，但即便如此，隨著利率上升，它們也出現巨額虧損；至於那些冒著極大風險、資產品質又較差的儲貸機構，則是直接宣告破產。

　　在前所未有的高利率環境下，大多數儲貸機構無法再憑藉做大規模擺脫困境。突然之間，銀行與儲貸機構兩者之間又殺出貨幣市場基金這個競爭者。儲貸機構的存款不但沒辦法增加，反而還因為外部競爭而分流萎縮。

■ 監理部門的補救措施

　　為了避免儲貸機構存款持續外流，波及房地產市場，監理部門解除對所有儲蓄帳戶的利率限制，還允許住房貸款利率隨市場利率波動。這是一個明智的做法，在英國已經實施很多年，但在美國卻拖了很長一段時間才實施。

　　即便如此，許多儲貸機構仍岌岌可危，因為負債利率不斷上升，資產利率卻固定不動。有些儲貸機構還能繼續經營，但沒有早年享受的政策優惠，失去競爭優勢，難以

維持足夠的股權資本。

　　儲貸業如此困難，對國會與各州立法機構來說，傾聽儲貸機構心聲、幫助儲貸業者走出財務困境似乎很合理，於是監理部門修改對儲貸機構投資的限制，允許它們參與風險更高、難度更大的投資，以追求更高的報酬率，擴大利差。但與此同時，存款保險制度卻原封不動地保留了下來。

　　保留存款保險、解除資產配置與存款利率限制，但新制度卻產生意料之外的嚴重後果。新制度實施後，任何儲貸機構幾乎可以不受限制地瘋狂擴張。

　　試想一家儲貸機構，有政府做信用背書，存戶要多高利率就給多高利率，把存款規模做大還不容易？對於這些儲貸機構只剩一個限制，那就是資本要保持在存款的一定比率。對追求發展的儲貸機構而言，這點限制根本不成問題。政府甚至主動降低對儲貸機構的資本適足率要求。

　　監理單位推出一系列紓困措施後，儲貸機構的規模很快就膨脹起來，需要更多資本來滿足資本充足率的要求。儲貸機構不斷做大，很容易就可以在帳面上提供充足的淨資產。任何一家銀行或儲貸機構，只要把短期利潤做上去，就可以迅速增加資本，做法無非是透過發放貸款或配置資產的方式，先把眼前的高利息或高利潤拿到手，但卻不考慮風險、不考慮未來必須承受的損失。

儲貸機構和房地產開發商合作，總是有房地產開發商為了拿到資金可以許下任何承諾。房地產開發商裡有很多出了名的樂觀主義者，也有很多信口開河的騙子。

還有一種方式也能提升短期業績：以固定利率發放長期貸款。這樣的貸款，信用品質可能沒問題，但未來必須承受利率變化風險。無論是信用風險還是利率風險都同樣致命。

透過這些方式，許多小型儲貸機構迅速擴大規模。在這個過程中，為了擴大存款規模，許多儲貸機構甚至聘請股票經紀人等仲介吸收存款。許多聘請仲介吸收存款的儲貸機構後來都破產了。

■ 拿納稅人的錢豪賭

儲貸業的新制度製造出一種惡性循環。新制度誘使品行不端的人做出不良行為，有些原本奉公守法的儲貸機構，因為陷入經營困境，也開始鑽法律漏洞。對於瀕臨破產的儲貸機構而言，新制度給它們一個翻身的機會。自己的錢賠光了，沒關係，可以拿國家的錢豪賭一把，賭利率、賭未來能賺錢。第一次輸了，沒關係，之後還可以加倍下注。新制度給了輸家再賭一把的機會。

儲貸機構提供高利率存款，請仲介協助吸收存款，有政府為存款提供保障，這樣的安排使輸家的賭局規模更龐大。

新制度導致的結果就像《愛麗絲夢遊仙境》一樣荒誕。就像《巴倫週刊》(*Barron's*)的約翰·利西奧(John Liscio)所說，「把資金流向有小問題的儲貸機構，然後在這個過程中把小問題機構變成大問題機構。」這次的制度調整算得上是監理機關史上最大敗筆之一。

最早參與賭局的那批儲貸機構，不管是因為精明或運氣好，基本上都賺很多。有一個經營儲貸機構的家族，短時間內就資產破億。這家儲貸機構論功行賞，提議將一位擔任高層主管的家族成員年薪提高到1,000萬美元。由於監理部門反對，它們只好把年薪改為500萬美元。

由於年薪無法達到預期，為了鼓勵這位主管提升業績，儲貸機構為他增設其他激勵機制，只要買進垃圾債，公司就會授予他特權，允許他以儲貸機構享有的優惠價，購買垃圾債發行機構的其他產品。

垃圾債利率高，但信用評等非常低。在美國嚴格的監理制度下，銀行幾乎禁止購買這種債券。近年來，垃圾債的發行主要是為了籌集資金進行槓桿收購，或是籌集資金進行重組，抵制惡意收購。

目前的做法是，由存款擔保銀行為規模龐大的公司債

當中最安全的部分提供資金，其餘部分由儲貸機構購買。優先順序的債券已經被銀行買走，留給儲貸機構的只有清償順位較後面的垃圾債。垃圾債是最劣質的貸款。

儲貸機構監理失靈，一個很重要的原因在於監理部門各自為政。儲貸業的監理職責分散在四個部門：國家級的儲貸機構監理部門與銀行監理部門、州等級的儲貸機構監理部門與銀行監理部門，各部門下又層層分設下級監理單位，權力太過分散，難以有效監督。

某些儲貸機構押對寶，一夕致富，其他人於是紛紛仿效，股票經紀人也希望透過推銷高風險投資商品賺取佣金，如此一來產業就陷入惡性循環。目前看起來這場賭局尚未結束，但我們已經看到所有投機泡沫初期階段的特徵。這場賭局也會像所有投機泡沫一樣，逃不掉破滅的命運。

儲貸業劣幣逐良幣

監理部門一方面放鬆限制，另一方面又為存款提供保險，沒想到讓某些儲貸機構因此走上賭博之路。有些儲貸機構承諾非常高的利率，拚命做大規模，這讓存款成本上升了，原本保守的儲貸機構別無選擇，只能考慮風險更

高、收益更好的資產，於是儲貸業上演「劣幣逐良幣」的一幕。

儲貸業中「劣幣驅逐良幣」的問題有著更基本的原因：監理單位為儲貸業提供存款保險、為困難企業提供很長的緩衝期、儲貸機構的利率不受限制、資產配置不受限制，這些既定政策難以改變，可能讓儲貸業的問題根本無法解決。

儲貸業的政策調整引發種種亂象，而問題的根源又在於事物的本質。在複雜的體系中，牽一髮而動全身，當一個變數被最大化時，其他變數往往會在無預期的狀況下被縮小，產生意料之外的結果。

監理部門調整政策後，儲貸機構可以輕易得到大量存款隨意投資，這讓儲貸機構的負債成本顯著上升，卻難以在資產端安全地開展放款業務。國會提高儲貸機構吸收存款的能力，卻嚴重削弱儲貸機構獲利的安全性。正如生物學家加勒特·哈丁（Garrett Hardin）或是經濟學家喬治·斯蒂格勒（George Stigler）所說的：「這是必然的結果！」

現在我們觀察到的狀況是，所有經營穩健、管理良好的儲貸機構，它們謹慎防範利率變化風險與信用損失風險，結果卻根本無法獲利。想要生存下去，除非擁有超強的預測能力，否則就是得承受信用損失與利率變化的風險。

即使是資產品質優良的儲貸機構，想正常獲利也很

難。因為根據現行規定，住房貸款利率有浮動上限，最多
只能比貸款發放時的利率高2.5％。至於資產品質不好的儲
貸機構，管理能力也較差，就更容易出現巨額虧損。這些
機構賠光股東本金後，剩餘的虧損就要由為存款提供保險
的政府機構埋單，但這些損失可能超過存款保險金所能覆
蓋的範圍。

監理機構為產業參與者提供寬鬆的資金要求、不受限
制的投資與規模自由，然後指望儲貸機構能嚴以律己，這
簡直就是異想天開。這種制度必定會帶來巨額虧損。現在
的制度根本不是自由市場經濟制度，而是毀滅價值的經濟
制度。

■ 為什麼銀行安然無恙？

如果上述邏輯正確，我們自然會想到一個問題：為
什麼銀行沒有陷入困境？聯邦存款保險公司為銀行存款提
供保險，它為什麼不像聯邦儲蓄貸款保險公司一樣陷入困
境？

我們認為上述邏輯同樣適用於銀行。銀行體系也為存
款提供保險，當銀行體系中的利率限制被解除後，我們觀
察到同樣的現象，也就是放款品質下滑、虧損明顯增加。

但與聯邦儲蓄貸款保險公司相比，聯邦存款保險公司的虧損較少，主要原因有二：

第一、長久以來銀行業累積了豐厚利潤，因此追求短期利潤的壓力較小。銀行能累積豐厚的利潤原因很多：銀行業長期壟斷支票帳戶業務，而且銀行業具有強大壁壘，新的競爭對手很難加入。銀行業也能透過調整貸款利率，有效防範利率風險。

第二，銀行業的監理機構監理措施更嚴格，讓銀行的國內資產品質受到更嚴格的控制。

其中第二點非常關鍵。嚴格監理，才能減少存款保險金損失。銀行監理機構可以提升監管程度，例如仿效證券交易所和商品交易所的清算機制，只要銀行虧損觸及本金，就立即暫時關閉，如此一來就可大幅縮小存款保險金遭受風險而虧損的機率。

即使監理嚴厲，但這不代表銀行就會採取避免高風險的經營方式，因為這種經營方式已經成為一種慣例，一旦風險來臨，所有人都會立刻陷入麻煩。在這種狀況下，被監理的機構會將監理單位視為無物，難不成監理機構會關閉所有銀行？

這種情況已經有先例。銀行業向外國發放貸款，造成極大損失，如果只有一家銀行牽涉其中，監理機構的處理會非常嚴厲，問題是幾乎所有大型銀行都持有大量難以回

收的國外貸款，銀行監理機構現在反倒對國內貸款嚴格，
放鬆對國外貸款的監理。

制度漏洞助長投機風險

正當儲貸業監理機構放鬆管制之際，全國投機風潮也
很盛行，這種大環境吸引大量投機分子進入儲貸業，讓儲
貸機構成為他們牟取不義之財的工具。

新制度存在巨大漏洞，大量缺乏誠信的機構拿到儲貸
執照，利用政府的信用背書瘋狂吸金，短短時間裡累積數
十億美元資產，但隨之而來的正是數十億美元轉瞬間化為
烏有。

油價大跌加速儲貸業的危機進程。這次油價大跌，讓
產油區遭到沉重打擊，陷入1930年代以來最嚴重的經濟衰
退，讓大量曾經很安全的住房貸款陷入違約。通膨、充滿
漏洞的產業制度已經讓聯邦儲蓄貸款保險公司叫苦連天，
油價大跌導致的違約潮又帶來更巨大的損失。

但即使是這樣漏洞百出的制度，如果監理人員和會計
師能早一步採取行動，聯邦儲蓄貸款保險公司也不至於虧
損至如此境地。可惜會計師是儲貸機構聘請的，他們既要
遵守職業道德，也要效忠客戶。自然地，他們非得等到聯

邦儲蓄貸款保險公司無可救藥才肯宣判死刑。

　　與一些儲貸機構一樣，國會也在逃避。如果想解決儲貸業困境，就必須清理帳目，之後國會可能需要藉由增加稅收來彌補損失，這是國會不想面對的後果。很多議員甚至直接干預聯邦住房貸款銀行的工作，為某些傻子或騙子提供保護，不讓某些儲貸機構破產。

　　監理機構的工作人員如同身處野戰醫院，條件艱苦，任務艱巨。他們就像醫生一樣，但國會不允許他們讓傷患承受短暫的痛苦，也不允許他們為傷患輸血。

　　隨著危機不斷爆發，聯邦儲蓄貸款保險公司最終的虧損總額很可能超過1,000億美元，成為美國史上最嚴重的金融災難之一。即使是某些儲貸機構暫時獲得救助、公司易主，但未來它們還是可能為聯邦儲蓄貸款保險公司帶來損失。

▌罪魁禍首是產業高層與立法者

　　聯邦住房貸款銀行委員會無法阻止聯邦儲蓄貸款保險公司破產，鑒於儲貸業所處的大環境以及法律制度的諸多漏洞，聯邦儲蓄貸款保險公司的破產或許難以避免。

　　拯救聯邦儲蓄貸款保險公司的行動失敗了，但監理人

員已經盡力。他們的工作環境像野戰醫院一樣艱難，沒有新鮮血漿可以輸送給傷患，我們不能對他們苛求太多。

歐‧亨利（O. Henry）寫過這樣一篇短篇小說。有一位罪惡多端的年輕女人被帶到上帝面前，上帝說抓錯人了，派人緝捕元凶，也就是這名女子的父親。正是因為這位父親沒有盡到教育子女的責任，才導致女兒誤入歧途。

我們也要找到讓聯邦儲蓄貸款保險公司破產的元凶。幕後真凶不是湧入產業當中的騙子和傻子，也不是不堪重負的監理人員，而是儲貸機構中為了追求私利、愚昧無知的高階管理者和政府機構當中的立法人員。他們應該早點採取行動，糾正錯誤，而非成為幫凶。

回頭來看，聯邦儲蓄貸款保險公司走上破產之路，美國儲蓄機構聯盟難辭其咎。美國儲蓄機構聯盟以成員利益為重，盲目地維護錯誤的行為，為正常的監理和積極的立法帶來極大阻力。我們感到很慚愧，因為過去互助儲蓄一直按時繳納會費，從來沒有反對聯盟的行為。我們對自己的做法感到後悔。

聯盟以維護儲貸業的長期利益為名，不惜損害全社會的利益。我們的沉默是對聯盟錯誤行為的縱容。我們將改正錯誤，如果聯盟仍然堅持不負責任的行為，互助儲蓄將退出聯盟。

新法將何去何從？

1989年，聯邦政府將頒布新法律，以解決聯邦儲蓄貸款保險公司的破產問題。新法律可能包含以下內容：

1. 大幅提高向聯邦儲蓄貸款保險公司繳納的存款保險金。
2. 增加儲貸機構資金要求，無形資產不計入股本。股本低於最低資金限額時必須立刻削減資產規模。
3. 加強投資限制，嚴格控制投資垃圾債等高風險資產，並嚴格監理高風險儲貸機構。
4. 嚴格限制每年的存款成長規模。
5. 禁止透過仲介吸收存款。
6. 實施更嚴格的會計準則，禁止藉由提前收取手續費等手段，虛增當期獲利。
7. 執行更嚴厲的監理措施，在破產之前就關閉出現損失的儲貸機構。
8. 嚴禁國會議員干涉監理行動。
9. 改革聯邦政府監理機構，以集中監理資源，提高監理能力。
10. 暫停發放新的儲貸機構營業執照。
11. 規定聯邦政府的法律高於州政府法律。

除了大幅提高繳納的存款保險金之外，其他所有措施都有助於減少聯邦儲蓄貸款保險公司的虧損。如果想解決聯邦儲蓄貸款保險公司面臨的困境，1989年的新法律中至少必須包含這些內容。

難以掌握的改革分寸

大幅提高向聯邦儲蓄貸款保險公司繳納的存款保險金，這項政策的影響可能好壞參半。

提高存款保險金，聯邦儲蓄貸款保險公司可以獲得更多資金，償還過去因為錯誤決策而積欠的舊帳。目前還不清楚新政策執行後，聯邦儲蓄貸款保險公司能得到多少資金。

但大幅提高存款保險金，儲貸機構將承受更大壓力。為了支付更高保費，儲貸機構可能必須追逐報酬率更高、風險更大的資產，進而埋下隱憂，為聯邦儲蓄貸款保險公司帶來更大損失。

以總負債為基數，每年提高0.25％存款保險費率，上升幅度似乎不大，不至於為儲貸機構帶來太大壓力。但儲貸機構的淨資產歸私人所有，不是政府所有，儲貸機構的所有者可以選擇撤資。更何況，儲貸機構還面臨激烈的外

部競爭，畢竟貨幣市場基金因為無須支付存款保險，成本
更低；銀行則是經驗豐富，能安全穩健地提高報酬率。

在競爭中處於劣勢，又得設法每年多賺0.25％，很多
儲貸機構迫於壓力必然鋌而走險，最終走向虧損。還有一
些儲貸機構認為淨資產報酬率太低，決定離開儲貸業，將
資金從儲貸體系中撤離，這將進一步削弱聯邦儲蓄貸款保
險公司承受損失的能力。

存款保險金提高多少才適當？法律制定者如何拿捏分
寸？這就像牧羊人一樣，手裡拿著剪刀面對一群綿羊，卻
不知道該剪多少羊毛。這帶來一個重要的問題：該留下多
少安全邊際？

對新法不抱希望

目前的政治決策大多數是一廂情願，很少經過深思熟
慮。對於1989年的新法律我們沒什麼信心，聯邦儲蓄貸款
保險公司未來可能還是會陷入危機。

不妨看看即將制定法律的這些人，他們的歷史紀錄如
何。儲貸業誕生時，為防範破產風險，當時的制度採取兩
項措施：

1.讓儲貸機構免於全面競爭並享受稅收優惠。當年

　　的制度設計者深知，可替代商品的產業競爭非常激烈。儲貸業經營的是貨幣，而貨幣是一種可替代商品。

2.要求儲貸機構配置低風險資產。

　　當年的政策設計者見證1920年代投機行為導致的巨大損失，因此設計出這套恩威並濟的制度，對儲貸業加以限制，讓這門行業保持長期平穩發展。但現代立法者卻在儲貸業失去「胡蘿蔔」後，放下監理「大棒」，以此做為對儲貸業的補償。現代立法者還有一個失職之處。負債利率已經放寬限制，他們卻依然不允許住房貸款採取浮動利率。

　　立法者還嫌制度漏洞不夠多，似乎還很願意吸引不法之徒進入儲貸業，為聯邦政府的存款保險體系帶來巨大衝擊。

　　之後聯邦儲蓄貸款保險公司虧損不斷增加，損失高達100億美元，但立法機構卻一拖再拖，導致問題愈演愈烈，然後危機爆發後，我們聽到的卻是一堆把責任推卸給別人的聲音。

　　我們應該正視這一問題，探尋根本的解決之道：

1.研究並借鏡更有效的儲貸體系，例如英國的制度。

2.退休基金體系資金充足，而且資金享受稅收優惠，承受利率變化能力較強。目前退休基金體系中的資產主要用於投資高周轉率的股票與高槓桿公司債，

可以考慮從退休基金體系拿出一定比例資金，用於
投資住房貸款。

3. 根據當前情況考慮其他更極端的解決方案。

實際上，危機爆發後，立法機構以表決的形式通過一
項提案，宣布聯邦政府只能動用預算外資金解決危機。這
樣的措施毫無力道，最終只會付出更大代價。回顧立法機
構的歷史紀錄，讓人很難對他們抱有信心。

擺在眼前的是一個非常棘手的問題。在魯拉帕路薩效
應（lollapalooza）*的影響下，儲貸業陷入的危機錯綜複
雜，我們現有的法律制定者沒有能力化解這個危機。

我們的儲貸制度背後，不同利益的政治團體有著不
同訴求（例如借款人希望限制住房貸款長期利率的上漲空
間），在各種因素的交互影響下，希望建立一套長期穩定
運行、有存款保險的儲貸體系，幾乎是不可能的任務。

因此，我們對1989年的新法不抱什麼希望。為了推動
教育改革，一位議員曾建議將圓周率四捨五入到整數3，這
次化解儲貸危機的立法同樣不會高明到哪去。

我們無意嘲笑這位國會議員，而是想指出一個事實
——人類的大腦天生存在缺陷。在面對複雜的問題時，我

---

* 　編注：這是蒙格對各種因素間相互強化，並將彼此極大化的現象所發明
　　的詞。

們的大腦總是難以從過去成功的經驗中跳脫出來。諾貝爾物理學獎得主馬克斯‧普朗克（Max Planck）曾說，儘管物理學家是人類的精英，以探索真理為己任，然而大多數老教授卻仍固執己見，不肯接受新觀念。只有當老教授退出歷史舞台，新一代不受舊觀念束縛，正確的新理念才有辦法普及。

我們認為儲貸業的危機是個難題，我們都缺乏破舊立新的能力。但我們說這是個難題也許是在為自己辯護，畢竟1980年代，互助儲蓄因利率變化遭受很大的損失。如果這不是難題、如果破舊立新很容易，我們的虧損該如何解釋？

■ 無論如何，互助儲蓄都將繼續遭受打擊

如果我們的預測正確，魏斯可股東將會看到互助儲蓄在1989年以及未來繼續遭受打擊。互助儲蓄從未有過導致其他儲貸機構破產的種種行為，但互助儲蓄卻同樣需要繳納更高的存款保險費，同時在投資方面受到諸多限制。

新法推出後，互助儲蓄可能因以下狀況而承受損失：

1.制定了行之有效的新法律。

2.立法機構爭論不休，沒能力徹底解決這個難題，制

定無濟於事的新法律。

3. 立法機構因危機爆發而對儲貸業採取懲罰措施，制定有害無益的法律。

我們最擔心出現最後一種情況。有一位維多利亞時代的英國首相說過一句話，大意是：「變化總在發生，你不迎接進步的變化，就會等到退步的變化。」這句話總是得到驗證。

總之，除了對房地美的投資之外，互助儲蓄沒什麼光明的前景。

附錄三、
互助儲蓄退出美國儲蓄機構聯盟的信

多年來，蒙格與巴菲特一直對儲貸危機表示擔憂。1989年，互助儲蓄正式宣布退出美國儲蓄機構聯盟，以下為蒙格遞交給美國儲蓄機構聯盟的信件。

先生們：

本人謹在此正式提交信件，宣布互助儲蓄退出美國儲蓄機構聯盟。互助儲蓄是美國證券交易所上市的魏斯可金融，以及紐約證券交易所上市的波克夏海瑟威子公司。魏斯可與波克夏均支持互助儲蓄退出美國儲蓄機構聯盟。

互助儲蓄加入聯盟多年，此次宣布退出並非草率的舉動。我們認為，聯盟目前的遊說行為錯誤百出，讓我們深感羞愧，因此我們不願意繼續保有會員身分。

儲貸業引發美國金融機構史上最嚴重的一場亂局。正如我們在今年魏斯可年報中所說的，這次爆發危機的原因很多，然而美國儲蓄機構聯盟難辭其咎。第一，多年來，聯盟一直藉由政治遊說，庇護少部分經營不善的儲貸機構，阻撓監理機構正常執法；第二，聯盟擁護寬鬆的會計政策，讓許多儲貸機構表面上看起來體制健全；第三，許多儲貸機構的資本適足率根本沒有達標，無法為存戶的存

款提供保障。

國會現在要治療已經罹癌的儲貸業，而聯盟正是主要的致癌物。如果國會沒有足夠的智慧和勇氣將致癌物斬草除根，那麼儲貸業的危機將再次發生。

目前，儲貸業需要深入的立法革新，然而聯盟卻仍積極遊說，抵抗最低限度的改革。例如不顧監理機構反對，堅持將看不見摸不著的「商譽」作為資本，極力主張降低資本適足率的要求。

聯盟的遊說行為是這場災難的源頭，但面對這場危機，聯盟仍然一意孤行，要求維持寬鬆的會計政策，要求保持低於適足率的資本，讓眾多儲貸機構繼續存在漏洞。聯盟的所作所為無異於在瓦德茲號（Valdez）漏油事件*發生後，埃克森公司仍然允許油輪船長隨意飲酒。

聯盟正確的做法是向國會公開道歉。長期以來聯盟一直在誤導政府，為納稅人帶來巨大損失。聯盟應該向大眾道歉，而不是變本加厲、一錯再錯。

很多人認為，同業公會應該像美國儲蓄機構聯盟這樣，為產業爭取利益，沒必要遵守道德準則。他們認為同業公會的目標只有一個：透過遊說和政治獻金鼓吹立法機

---

* 　編注：1989年3月24日，埃克森公司一艘巨型油輪在美、加交界的阿拉斯加州威廉王子灣附近觸礁，洩漏800多萬侖原油，造成極大的環境破壞。事故原因是油輪船長喝酒、昏睡，擅離工作崗位而造成。

構，與其他同業公會競爭，為自己的產業爭取利益。至於
犯錯後公開真相、表達歉意，這不是同業公會的分內之事。

各個同業公會背後，就像各個國會選區，都有觀點鮮
明和財力雄厚的選民支持，因此同業公會擁有極大的影響
力。如果同業公會只顧一己之私利，那麼就會為國家帶來
巨大傷害。

黑襪醜聞（Black Sox Scandal）*後，美國職棒大聯盟
進行徹底改革。美國儲蓄機構聯盟也應從公眾利益出發，
改過自新。過去聯盟盲目追求眼前利益，釀成危機，導致
機構成員深陷困局，如果聯盟依然盲目追求利益，未來機
構成員仍將繼續受到傷害。

出於上述原因，華倫‧巴菲特先生和本人要求互助儲
蓄退出美國儲蓄機構聯盟。另外，為了表明我們與聯盟的
不同立場，我們會向媒體公開這封信，以期引起社會關注。

互助儲蓄董事長查理‧蒙格

---

* 　編注：1919年美國棒球世界大賽，芝加哥白襪隊的球員被賭博莊家收
　　買，故意打假球輸掉比賽。「黑襪」即是對白襪隊的嘲諷。

4

商學院沒教的
重要知識

1990 年股東會談話

如何分辨好生意、壞生意

編者按

　　在1990年3月致魏斯可股東的信中，蒙格披露公司1989年的營收資料：1989年合併營業收入（不計投資收益）為2,441.4萬美元，每股3.43美元；合併淨利為3,033.4萬美元，每股4.26美元。

　　1988年和1989年的合併淨利細項如下：

	1989年		1988年	
	金額 （千美元）	每股 （美元）	金額 （千美元）	每股 （美元）
營業收入（虧損）				
互助儲蓄	4,191	0.59	4,694	0.66
魏斯可—金融保險業務	14,276	2.00	12,094	1.70
精密鋼材業務	2,769	0.39	3,167	0.44
其他營業收入	3,178	0.45	3,609	0.51
出售柏威理儲蓄銀行股權的收入	–	–	4,836	0.68
出售有價證券的收入	5,920	0.83	1,689	0.23
魏斯可營業淨利	30,334	4.26	30,089	4.22

　　蒙格對儲貸業做出深入分析，並宣布退出美國儲蓄機構聯盟之後，在1991年3月的魏斯可股東信中，蒙格還分析總結儲貸危機對銀行業所造成的影響，被巴菲特稱為「我所看到對銀行業最清晰、最有見地的討論」。從這些訊息，我們可

以感受到那幾年美國上下對這個問題的關注，也難怪在1990年魏斯可年會上儲貸危機會成為焦點。

另一個討論焦點是1989年集中爆發的垃圾債信用危機以及相關的風險套利投資方法。由於巴菲特與蒙格在風險套利方面師從葛拉漢（Benjamin Graham），蒙格也與股東分享葛拉漢教他們的幾項重要原則。

蒙格： 儲貸行業把自己的名聲給毀了。有的儲貸機構執行長動用1,000萬美元公款購買名畫，掛在自己家客廳欣賞；有的執行長為自己發放600萬、800萬、1,000萬美元年薪。還有儲貸機構，前陣子還在電視上播放廣告，突然之間就破產了。這些行為對破壞儲貸業的形象都很「有效」。

儲貸業因為巨額損失與愚蠢欺詐行為而遭受公眾唾棄，很難挽回聲譽。儲貸業的遊說行為已淪為笑柄。我不認為儲貸業是蓄意作惡，只不過是因為愚蠢與自私而犯下大錯。

如果儲貸機構能完全保持當年的互助模式，也許國家不至於遭受這麼嚴重的損失。這個假設可能會遭受到很多質疑，但我認為這種說法有一定的道理。英國就一直採取

互助模式，而且取得長期成功，沒像我們這樣陷入巨大的混亂。資本主義不是萬能的。到目前為止，資本主義是一套理想的制度，但也有一些地方社會主義能發揮用處。

以保險業中的財產保險公司為例，州立農業保險公司（State Farm Insurance Company）是公認的行業翹楚，它就是一家互助性質的公司，不歸股東所有*。

可惜在儲貸業採取互助的組織形式，或是限制銀行與儲貸機構向存戶支付的存款利率，這樣的主張與雷根和柴契爾的政策理念不同，得不到多數人支持，所以這一切都不會發生。

根據我的看法，不可能一方面由政府提供信用背書，另一方面又不限制存款利率。這樣的制度難以長久，因為它會驅使銀行和儲貸機構去冒險。

發放貸款，獲得漂亮的短期業績，這誰都做得到。有一個故事，有兩個人各持利刃，決一死戰。一個人劈了一刀出去，對方說：「你沒砍到我。」出刀的人回答：「晃晃你的腦袋試試」。

發放貸款時只考慮短期業績無異於飲鴆止渴。人們在壓力下會受到誘惑，也就是只專注高收益商品，畢竟賺不

---

* 編注：指不發行股票，以保戶互助模式經營的保險公司，保戶就是公司的所有者與投資者，因此沒有一般保險公司為股東追求短期獲利的壓力，可以專心經營。

到足夠的錢，就無法滿足資本適足率的要求，也沒辦法支付成本。為了追求利益，儲貸機構開始鋌而走險，追求不切實際的高收益投資，最後整個體系就會分崩離析。

　　無論是在銀行體系還是在儲貸機構體系，目前的會計政策仍然存在巨大漏洞，容易造成極大危害。最近在監理機構與會計業努力之下，會計規定有所改進，但仍然存在嚴重的漏洞。

　　例如，在現行會計規定下，銀行可以將某些貸款收入提前計入收益。如果讓我制定會計政策，我會規定在發放浮動利率貸款時收取的手續費，只有在貸款回收後才能計為利潤。現在會計規定比以前嚴格，但銀行仍然可以鑽漏洞，發放高利率、高風險的貸款，它們還是可以提前把一部分收入當作收益。按照現行規定，會計師無法阻止這件事，因此我們無法提前發現問題，防患未然。

■ 儲貸風控制度還是不夠嚴謹

　　儲貸機構之所以承受巨大壓力，主要有兩個原因：第一，儲貸機構享受政府的信用背書；第二，儲貸機構的存款利率不受限制。

　　迫於壓力，儲貸機構鋌而走險，主要有兩種做法：第

一種是買進高風險資產，追求遠遠高於正常水準的利潤或報酬率；第二種是將未來收入提前入帳。到了第二年，為了讓利潤繼續成長，維持總裁和董事長的薪資水準，就必須繼續冒險，讓更多收入提前入帳。於是儲貸機構像染上毒癮一樣，只能不斷繼續吸毒，根本無法考慮成本。

儲貸危機爆發，讓整個產業的制度得到明顯改善，然而在我看來，我們做得還不夠，制度還是不夠嚴格。

最近《華爾街日報》（*Wall Street Journal*）刊登一篇由梅耶爾（Mayer）撰寫的文章，揭露銀行的不良行為。在提高報酬率、增加收入的壓力下，銀行買進大量住房抵押貸款憑證。這是一種投資銀行開發出來非常複雜的商品：投資銀行將住房抵押貸款證券化，根據風險程度，將住房抵押貸款分成七種等級，其中某些等級非常投機。

在推銷住房抵押貸款證券化產品時，投資銀行家告訴銀行，只要買進他們開發的商品，再支付他們一筆高額費用，購買在期貨市場進行避險的服務，就能實現遠高於平均水準的報酬率。投資銀行還說這種操作沒有風險，投資銀行還可以出具證明，證明已經採取複雜的避險策略，消除相關貸款的利率風險。

他們真的期望聯邦存款保險公司和儲蓄機構管理局（Office of Thrift Supervision）的監理人員來檢查也無可奈何，什麼毛病都挑不出來。畢竟儲蓄機構管理局等監理部

門強調，銀行業要把避免利率風險放在首位，防止因為借
短債放長債而造成重大損失。因此，當銀行買進這些隱藏
在複雜策略之下的高風險產品時，還振振有詞宣稱自己是
在謹慎防範利率風險。

　　梅耶爾認為銀行是在鬼扯。

　　我知道互助儲蓄的所有員工，包括我在內，都贊同梅
耶爾的觀點。在投資銀行的幫助下，銀行突然之間開發出
奇妙的能力，根據建議買進住房抵押貸款證券，然後在期
貨市場對沖利率風險，就能穩穩賺大錢？對此我們非常懷
疑。

■ 儲貸業生意將愈來愈艱難

　　早期儲貸業很穩健，主要是因為當時制度良好，相對
不容易出錯。儲貸業的使命是為誠實守信的民眾提供第一
筆住房抵押貸款。但一旦儲貸業開始涉足複雜的領域，背
後還有政府做信用擔保，那就會開始出現問題。

　　我們現場有幾位銀行業的監理人員，有人想談談這個
問題嗎？對你們來說，如果一家銀行買進第四級的住房抵
押貸款證券，並透過期貨市場進行所謂的避險，你們能判
斷出其中的風險嗎？

監理人員：我認為你一針見血地點出風險問題。監理時，我們看到的資訊都是投資銀行提供的，而投資銀行是證券化產品的賣方，它們有自己的利益。但監理部門已開始修改法規，限制這類行為。

蒙格：我不知道結果會如何，但我不認為遊戲已經結束。我認為未來愈來愈多人會發現儲貸業這門生意很難做。

現在許多業內人士已感受到生意難做，有些儲貸機構曾經不缺錢，現在卻陷入窘境，被迫融資；有些儲貸機構本來很重視資產品質，現在卻因為業績太差，而不得不妥協。

提高存款保險金、加強監理，成本非常可觀。每個月在我的辦公桌上，與產業相關的法律變更檔案堆得跟電話簿一樣厚。已經修改的法規、即將修改的法規，我發現很多律師都跟不上這些變化，那就更別提其他外行人了。

法律變化很大，成本明顯增加。面對複雜的法律變化，監理人員也很難適應。我們可以問問現場的監理人員，你們覺得能跟上現在法律變化的腳步嗎？

監理人員：完全跟不上。

蒙格：看看，這是專業人士，這是他的工作，他卻說跟不上。

但現在形勢緊迫，不趕快採取措施不行。監理機構已經在努力了。我們大多數監理人員都是聰明正直的人，但

他們的負擔太重了。

　　在座的監理人員正在審查互助儲蓄，請問你們已經工作幾天？

監理人員：有六個星期了。

蒙格：審查我們這樣一家小公司就需要這麼多時間，如果要審查一家問題重重的大型儲貸機構呢？

監理人員：最近我們審查一家瀕臨破產的儲貸機構，花了九個月。

蒙格：感覺快崩潰了吧？我想起很久以前遇到的一位國稅局審計員，他到藍籌印花公司審查。這位審計員在國稅局工作18年，專門負責調查稅務欺詐案。他一直在和狡猾的律師、客戶打交道，18年下來，這位審計員無論看誰都跟我看到瘋狗一樣，充滿敵意。

　　這個人很不好相處，但我無法責怪他，如果你的生活經歷夠糟，你很難不變得憤世嫉俗。如果我去審查一家聲名狼藉的儲貸機構，看見高層主管吹噓自己做得多好，我一定會受不了。

　　監理工作做久了，有些監理人員會覺得所有人都像騙子，有些監理人員變得不願意太過計較，這太痛苦了，於是他們開始得過且過。

　　我不是在批評監理人員。長期審查惡劣的儲貸機構，就像打一場艱苦的持久戰，沒有人能堅持太久。

葛拉漢教我們的重要一課

在哥倫比亞大學讀書時，無論是物理、數學還是音樂、文學，葛拉漢每個科目都名列前茅。他能說流利的希臘語和拉丁語，用拉丁語創作詩歌。葛拉漢知識淵博，天賦過人。

葛拉漢晚年時，某次參加一場學生舉辦的聚會。聚會上，葛拉漢把事先準備好的一個小測驗拿出來考大家。

葛拉漢準備的測驗很簡單，都是是非題，但包括我和華倫在內的所有人，只有一個人答對超過半數的題目。

出席那次聚會的人平均智商應該都超過150，那怎麼會這樣？因為葛拉漢是個非常聰明的人，他在題目中故意設下陷阱，讓我們都中計。答對最多的那個人真的會做的題目只有三題，其他都是猜的。猜了半天，才勉強答對一半多一點。

葛拉漢始終沒告訴我們，他為我們上的這一課是想讓我們明白什麼道理。但我認為他想告訴我們的是：**當聰明人試圖誤導你時，你很難好好地判斷，也很難得出正確結論。**

如果你制定一套獎勵豐厚的銷售制度，再招募一批聰明員工，告訴他們，他們的工作是向儲貸機構推銷策略複雜的產品，賣不出去就不准吃飯，那你一定能因為這些聰

明員工的努力而得到龐大生意。

　　或許大多數儲貸機構的高階主管可以不為所動，但我只能說當葛拉漢設下陷阱時，我和華倫就上當了。

　　還好葛拉漢是個天才，我們很少遇到像他這麼聰明的人。另外**我們也很清楚自己的不足，所以我們謹小慎微地留在我們的「能力圈」當中。「能力圈」是華倫提出的概念，而且華倫和我都認為，我們的「能力圈」很小。**

　　我年輕時，有個朋友說：「如果世界是圓的這件事對蒙格沒有幫助，那他就不會知道世界是圓的。」我們試圖弄清楚我們知道什麼、不知道什麼，然後我們傾向活在自己的能力圈裡。

　　我們的風險套利是從葛拉漢那裡學來的，當機會出現時，我們會做這種投資。

　　舉個例子。有一家公司發布公告，宣布將以現金或其他形式出售公司，60天內會完成交易。交易完成時，股東會得到90美元，有時我們會在市場上以85美元左右的價格買進股票。

　　這樣的操作和發放貸款差不多。發放貸款要判斷信用風險，做這種風險套利要判斷交易達成的可能性。風險套利這種投資方法是葛拉漢研究出來的，本質上和發放貸款類似。在我們做風險套利之前，葛拉漢已經做了30多年。

　　葛拉漢是猶太人，他把風險套利稱為「猶太人的短期

公債」。歷史上，猶太人流離失所、四處漂泊，他們別無選擇，只能從事銀行業。久而久之，猶太人成了精通銀行業的民族。他們進入金融市場，把銀行業發放貸款的做法也帶到金融市場，這就是風險套利。

把葛拉漢和華倫的投資經歷加起來，在風險套利方面我們已經累積60多年經驗，我們從中獲得非常可觀的回報，我甚至不記得上次嚴重虧損是什麼時候。但未來我們一定會有失手的時候，我可以保證，風險套利這種投資不是萬無一失的。

風險套利是發放貸款的另一種形式，但這種投資方式剛好適合我們的個性與經驗。

學習從分析師角度看公司

商學院教了很多有用的東西，但是有一項重要的知識商學院沒教：商學院沒教學生如何分辨好生意、一般的生意和爛生意。

現在的商學院總是教學生從經理人角度看公司，研究一家公司如何管理。**商學院應該多教學生從證券分析師的角度看公司，研究一家公司是否值得買進。**學會從這個角度分析，經理人會發現很多管理問題都能迎刃而解，他們

能將公司管理得更好。

　　當年，華倫在哥倫比亞大學商學院讀書，師從葛拉漢。葛拉漢是名師，而華倫則是他的得意弟子，但葛拉漢從沒教導華倫如何區分好生意和爛生意。大型機構也難免百密一疏，就連我們最頂尖的教育機構也存在盲點。

　　對商學院來說，除非一家公司已經遭到整體社會譴責，否則譴責大公司的不良行為無利可圖，因為商學院需要那些大公司捐款並聘用它們的畢業生，因此可以理解的是，即使是在商學院的象牙塔裡，由於受到利益驅使，也無法保持完全客觀公正。

　　富蘭克林說過：「結婚前，擦亮雙眼；結婚後，睜一隻眼閉一隻眼。」商學院與大公司之間的聯姻關係，讓它們在某些事情上只能睜一隻眼閉一隻眼。它們在這方面做得很好。

■ 低級垃圾債，違約率驚人

　　大家可能記得，波克夏曾大量買進華盛頓公共電力供應系統（Washington Public Power Supply System）的免稅債券。我們做這筆投資時，市場上充斥著這家公司即將破產的新聞。**我覺得在別人避之唯恐不及的地方發掘投資機**

會，是一種很好的投資方式。我並不是說垃圾債市場中遍地黃金，但在垃圾債市場中一定也會有好機會，我們不能排除這樣的可能性。

葛拉漢曾說，高評級公司債往往不值得投資，因為高評級公司債的報酬率只比公債報酬率稍微高一點，下跌的空間大，但幾乎沒什麼上漲空間。

過去，大公司發行的債券都是高評級的，這些債券違約時信用狀況會一落千丈，這時葛拉漢可能會從中發現一些機會，他會說：「現在這些債券變成投資級債券了：一方面上漲潛力很大，另一方面有大量資產價值做緩衝，淨期望值很高，值得投資」。

在座許多人都覺得現在很難找到好的投資機會，不妨去垃圾債市場找一找，也許能找到一些機會。

不過有一個巨大的風險，在場的監理人員可能會有興趣。過去，儲蓄監理法律明確規定，儲蓄機構只能投資第一級抵押貸款。這是因為1930年代時，市場下跌幅度超過50％，就會使96％到99％的第二、三級抵押貸款全部蒸發。有鑑於此，監理機構明令禁止投資次級抵押貸款。

近年來，垃圾債瘋狂吸納資金，創造一層又一層債務：次級抵押、三級抵押……，最多能到六級抵押。這些信貸工具與過去人們習慣的信貸工具完全不同。過去大多數債務只有第一級，偶而會有第二級，現在垃圾債搞得層

層疊疊的。如果市場大跌,這些垃圾債的違約率可能會飆到六成、七成、八成,甚至九成。

麥可‧米爾肯(Mike Milken)*那一票人四處推銷他們的理論,鼓吹第六級債券很安全,更高的報酬率平均下來可以抵抗風險。如果公司發行的債券只有一個層級,這樣的說法的確可能,但像現在這樣一層套一層,只要經濟一下滑,最底層的人就會慘賠。米爾肯那一套理論根本就是胡扯。

有些社會地位很高的商學院教授也出來撰寫論文,為米爾肯的理論提供學術支援。這些教授讓我想起我朋友經常講的一句話:「拿人家的手短,吃人家的嘴軟」。

這些專家從金融理論中搬出一大堆公式嚇人,其實根本經不起檢驗。如果真的用金融理論嚴格分析,就可以很容易得出結論:最底層的第六級抵押貸款,只要市場一下跌,就可能出現90%的違約率。

被收買的專家學者們就像是在分析一堆橘子的資料,卻拿這些數據來預測長頸鹿的預期壽命。伽利略(Galileo)曾說「數學是上帝的語言」,商學院教授們用公式說謊,他們玷汙了「上帝的語言」。

---

* 編注:垃圾債券之王,曾一度在美國金融界呼風喚雨,但1989年因涉嫌證券詐欺被起訴,隔年入獄。

如果你打算投資垃圾債，你必須記住，買進優先順序非常低的垃圾債，在市場全面下跌時風險非常大。即使是高度分散的第六級垃圾債，也可能會讓你虧損95％。這和汽車貸款不一樣。從事汽車貸款生意，偶爾可能會出現損失一輛車的情況，例如有人用這輛車販毒，車被沒收了。從統計上來看，這種情況造成的損失是可以承受的。但第六級垃圾債與汽車貸款狀況不同，這裡存在車輛全部被沒收的風險。

我們老派而保守的放款策略

魏斯可旗下有一家業務規模比較大的保險公司，現在它承銷的保險業務量很小。我們已經暫時選擇用腳投票。

無論是我們的儲貸業務還是聖塔芭芭拉市的房地產業務，我們都留有足夠的安全邊際。除非整個社會遭遇天大的災難，人們都活不下去了，那我們才會陷入困境。

有一次，有人向哈佛大學校長德里克·巴克（Derek Bok）提出類似的問題。那時哈佛大學的捐贈基金規模龐大，遠遠超過其他學校，學術聲譽和社會影響力都處於巔峰。有人問巴克教授，如果政府持續削減大學的教育經費，哈佛大學會受到什麼影響？巴克沉吟片刻，回答道：

「我們不會是第一個倒下去的大學」。

我們發放貸款時非常謹慎，有意提高安全邊際，信用標準設定得很高。我們持有的長期貸款，99.999％都是安全的。在我們持有的貸款中，很多屬於房產價值高、貸款金額低的情況，例如房產價值40萬美元、貸款金額2萬美元。

雖然我們放款十分保守，但偶而還是會出現違約的情況，可能是借款人年老或酗酒。如果你有幾百筆貸款，無論你放款時多麼謹慎保守，你的損失率可能為零，但違約率不可能是零。有些借款人總是無法按時還款，這一部分貸款在我們的貸款總量中占0.5％左右，但我們有足夠的抵押品價值擔保。

我們與其他儲貸機構不同的是，我們的放款額度不低，我們願意發放100萬美元的住房貸款，但我們會非常謹慎，我們會要求40％或更多資產做為抵押。

我們只在人口稠密、開發成熟的地區發放貸款。例如，奧馬哈這樣的地方，雖然有大片的玉米田，但是它有很多成熟的社區，或是像南加州一些住宅區，依山傍水，沒有交通或汙染問題，在這樣的地方只要有40％以上的安全邊際，即使發放100萬美元的貸款也非常安全。

我們不在德州或奧克拉荷馬州發放貸款。幾年前，我們一位員工在棕櫚泉發放貸款，造成損失。棕櫚泉位於炎

熱的沙漠中，嚴重缺水，但人們要前往酒店卻還得搭船。所以我們吸取教訓，再也不敢去環境惡劣的地方，那樣的地方利率低、風險高，可能出現嚴重虧損。

魏斯可是一家老派保守的公司，我們所有董事都坐在一起，輪流審查貸款的資料。

我們不想隨便將貸款的權力下放給許多人。我們不為業務員設定任何業務目標，也沒有層層疊疊的管理階層和複雜的官僚主義。在內部，發放貸款的權責很清晰。我們竭力避免嚴重的放款損失。即便如此，將來還是可能會出現一、兩次損失，但發生嚴重虧損以致傷害股東利益的可能性幾乎為零。

從供水系統看放款業務

房地產貸款業務到底該怎麼做？我想從加州的供水系統說起。

加州設計供水系統時，參考的是很短一段時間內的氣象紀錄，但如果把幾百年來的情況都考慮在內，他們就會發現他們這套供水系統有缺陷，沒辦法應付嚴重的旱災。

你可以看見這種情況一再發生。有些資訊很具體，有些資訊比較模糊，於是人們只依靠具體的資訊做出決定，

其他資訊雖然對得出正確結果很重要，但因為比較模糊，沒有準確的數字，所以直接被丟到一旁。

我可以明確告訴大家，在魏斯可、在波克夏，我們試著不犯這種錯誤。我們始終秉持凱因斯（Keynes）的態度，這也是華倫經常引述的一句話：「**寧可大致上正確，也不要有精確的錯誤。**」也就是如果某件事非常重要，我們會盡力估算，絕對不會只靠部分準確的資訊就做決定。

開發房地產放款業務也是一樣的道理。例如過去五年，所有機構的住房貸款業務都很順利。我認為現在有些機構開發住房放款業務只要求一、兩成頭期款，它們一定是只看到過去三、五年的歷史經驗，認為未來景氣依舊如此。從儲貸業標準來看，這些貸款非常合理，也沒違反監理單位任何規定，但未來卻有可能出現嚴重虧損。把眼光放遠，參照更長時期的歷史資料，就會發現大多數住房貸款存在風險。

■ 我看好房地美的發展

我們仍然看好房地美，只要房地美在判斷信用風險方面一直夠精明，就能繼續賺錢。

正如我在年報中所說，房地美的業務比我們好得多。

沒有大批監理人員審查，不需支付這項成本，也不需向另一個監理單位繳納存款保險金。房地美聰明地規避掉利率風險。只要房地美堅持做好自己，將來能賺很多錢。

房地美未來是否可能因為政治化、官僚化，毀掉生意？我沒有看到這個跡象。我非常欣賞他們任命的董事，例如第一銀行（Bank One）的麥考伊（McCoy），第一銀行的業績在業界首屈一指，麥考伊是個非常有能力的人。還有亨利・考夫曼（Henry Kaufman），他被譽為「末日博士」，曾任職於所羅門兄弟公司。考夫曼絕對是一個風險嗅覺非常敏銳的人。房地美的董事會陣容非常強大。

房地美的管理者做得非常好，我最欣賞房地美的一點就是它對很多房地產開發商抱持懷疑態度。這是一種智慧。

有人可能會問，房地美是政府為支持住房抵押貸款市場而設立的機構，怎麼能如此排斥開發商？其實房地美不是對所有開發商都採取排斥的態度，而是具有嚴格的把關標準。房地美一開始就預計市場裡會有大量的不良行為。這是一個很合理的想法。

在座許多人之所以長期持有魏斯可的股票，也是因為互助儲蓄和房地美一樣，與開發商往來時有非常嚴格的把關標準。但即便如此，我們還是會遇到一些很糟糕的狀況，例如有些開發商資金斷鏈，無法還款，也沒辦法繼續施工，留下一堆爛尾樓。這些開發商都是產業中的領導企

業、社會名流，如果他們品行不端，我們一開始也不會跟他們合作。所以即使嚴格把關，還是會發生這樣的事，至於那些不嚴格把關的儲貸機構，遭遇的狀況更可怕。

房地美不是愚蠢的官僚機構，它們清楚知道房地產開發商可能帶來的巨大風險。發現問題時，房地美會開始改變流程、封堵漏洞，在問題開始發生之時就解決問題。與大多數銀行相比，與房地美合作感覺更踏實。你會覺得你更了解房地美，也更看好房地美前景。

房地美一旦成功，就能賺進大筆收益，帶來良好的投資報酬率。我認為他們犯下的唯一錯誤就是去年沒有增加配息，如果由我管理房地美，我會每年都提高股息。

做為一家大型上市金融機構，每年穩定提高配息可以在股東中擁有良好聲譽，提升社會影響力。我認為應該將配息比例維持在保守水準，但我會每年提高股息。不過這不是波克夏海瑟威的做法，但房地美和波克夏不一樣。

房地產小開發商信用緊縮

監理部門修改規則，限制對單一開發商提供貸款的規模，這確實讓許多房地產業者信用緊縮，並且在一定程度上減少住房供給。一個小型房地產開發商如果規模不夠

大，就無法從花旗等大型銀行獲得信用額度，只能從儲貸機構融資。現在，融資政策收緊，小開發商擴張的能力受到限制。房地產開發市場確實出現一定程度的信用緊縮。

但現有住房市場沒有出現信用緊縮現象。一些房貸違約是因為之前房價炒得太高，或是因為部分地區經濟下滑，與監理部門無關，監理部門並沒有緊縮現有住房市場放款。

目前商業票據還沒造成太大損失，但不能排除商業票據出現集中違約的可能。我認為銀行和儲貸機構犯了一些錯，如今監理單位與貨幣市場基金也重蹈覆轍，也想無所不用其極賺錢。

在波克夏的不同時期，我們制定過管理剩餘現金的各種規定。為了防範風險，我們的規定正好相反，例如我們會規定：參照高信用等級的標準報酬率，如果投資標的報酬率高出0.125％，就禁止投資。一筆投資，如果利率超越正常水準，就禁止購買。另外對於商品發行商我們也有限制條件。

然而，貨幣市場基金努力想把業績做得漂亮，以膨脹資產，向管理公司收取更多費用。為了中飽私囊，管理高層自然想盡方法賺錢，這樣下去遲早會崩盤，就像洛馬普

里塔（Loma Prieta）突然發生大地震一樣*。

　　貨幣市場基金仍然是一門好生意。在今年波克夏股東會上，有股東問我為什麼不把互助儲蓄變成一家貨幣市場基金。這是一個好問題。

　　我們沒有神奇的系統決定資金流向，在波克夏與魏斯可之間，一筆投資誰來做，主要是看機會出現時誰正好有現金。波克夏收購 PS 集團時，魏斯可的資金已經用在別的地方。另外當時我人在歐洲，這筆投資魏斯可沒做成也沒什麼關係。

　　世事無絕對，很少有投資能讓我們抱持百分之百的信心。《華盛頓郵報》和可口可樂算是我們最有信心的投資，其他投資都在其後。

　　很顯然，房地美和可口可樂的營業利益率很好，但這些都是間接持股。像可口可樂這樣的投資，最能經得起時間考驗。這幾家公司都經營管理得很好，我們不太可能會出售這些公司的股票。

　　我們在魏斯可年報中曾說過，我們的業務不簡單，儲貸生意很難做。魏斯可不是迷你版的波克夏。我指的不

---

* 　原書注：1989 年，美國加州洛馬普里塔發生 7.1 級大地震，造成 62 人死亡，超過 3,700 人受傷。

是規避風險或防範虧損方面，而是指在資產與業務品質方面，與波克夏相比，魏斯可望塵莫及。[*]很明顯的，如果波克夏股價大漲，魏斯可股價大跌，那麼你會選擇購買魏斯可股票。但以現在的狀況來看，如果是我，我不會因為魏斯可規模小、潛力大，就搶著買進魏斯可而不買波克夏。這麼做實在太過愚蠢。

■ 桶裡捉魚的投資機會已不復見

---

[*]　原書注：1989年蒙格曾談到魏斯可的問題：

「在魏斯可的內在價值中，只有很小一部分具有商業優勢，能長期實現較高的報酬率。母公司波克夏海瑟威則不同。波克夏持有的大部分是好生意，能長期獲得較高的報酬率。

魏斯可的體質不好。當年收購魏斯可時，魏斯可除了一些現金，旗下只有互助儲蓄一家主要企業。互助儲蓄的主要業務是吸收活期存款，發放固定利率的長期貸款。

當時本來有更好的投資機會，但我們被魏斯可便宜的價格吸引，只看到它的價格比清算價值還低，於是做了一筆不划算的投資。

低價買進體質較差的公司，除非能迅速轉手賣出，否則長期持有只能獲得平均值以下的收益。買進時低廉的價格看似占便宜，但時間久了就會發現，任憑你怎麼努力，這種公司都難以擺脫平庸的本質。

雖然我們也有不錯的投資，例如1985年投資通用食品公司，獲得豐厚的收益，但魏斯可終歸是一家平凡的公司，我們沒有化腐朽為神奇的能力。

內在價值高的好生意就像兔子，內在價值低的普通生意就像烏龜。魏斯可是一隻與兔子賽跑的烏龜，而且是一隻不愛動的烏龜」。

　　每做一筆投資，我們都希望報酬率高於平均水準，但近幾年好的投資機會不多。1970年代早期，當時機會很多，這些機會就像「桶裡捉魚」一樣，但現在這種狀況已不復見。

　　現在我們手裡持有大量資金，卻找不到足夠的機會，所以我們只能做一些報酬率一般的投資。例如我們最近買了一些可轉換特別股，預期報酬率很普通，只是比市政債券和公債好一點。我們不預期購買大公司的可轉換特別股可以得到巨額回報。*

　　我們發現很難用合理的價格買到好公司，如果你是以現金收購時更難。現在人們熱衷於收購，他們將這個行為合理化，畢竟大多數人花的不是自己的錢。

---

*　原書注：在1990年的魏斯可股東信中，蒙格總結1989年期間魏斯可及其子公司投資的可轉換特別股情況：

　　「1. 吉列（Gillette）

　　1989年7月20日，魏斯可投資4,000萬美元買進吉列新發行的可轉換特別股。該股票每年配發8.75％股息，吉列必須在10年內贖回，並可依照每股50美元的價格轉換為吉列普通股。巴菲特已經加入吉列的董事會。

　　2. 全美航空（USAir）

　　1989年8月7日，魏斯可投資1,200萬美元買進全美航空新發行的可轉換特別股。該股票每年配發9.25％股息，全美航空必須在10年內贖回，並可依照每股60美元的價格轉換為全美航空普通股。

　　3. 冠軍國際（Champion International）

　　1989年12月6日，魏斯可和旗下子公司投資2,300萬美元買進冠軍國際新發行的可轉換特別股。該股票每年配發9.25％股息，冠軍國際必須在10年內贖回，並可依照每股38美元轉換為冠軍國際的普通股。」

最新一期《經濟學人》（*The Economist*）中有一篇文章，分析管理階層與股東之間的利益衝突問題。這篇文章長達20頁。文章中，作者引用亞當斯密（Adam Smith）的觀點，提出管理階層與股東之間的利益衝突問題。「在大公司中股東是分散的，股東聘請的經理人控制董事會，你怎麼能指望管理階層會盡心盡力管理公司……。」

作者說，有兩家公司用實際行動證明經理人以公司所有者利益為重，才能造福股東。這兩家公司一個是波克夏海瑟威，另一個是漢森工業（Hanson Industries）。作者還認為，這種方式也能提高效率、減少浪費，進而造福整體社會。

快進快出不是我們的風格

魏斯可不會隨意賣掉子公司，波克夏也不會因為旗下子公司遇到困境，就一賣了之。只有當子公司出現我們無法解決的問題時，我們才會退出。一家子公司，管理階層誠實正直，但公司的獲利卻低於標準，遇到這樣的狀況，我們會吸取教訓，以後不做類似投資。但是我們不會把它賣掉，我們不會像打牌一樣，抓一張、丟一張。

華倫在波克夏年報中說過，隨意賣出子公司不是我們

的行事風格。我想不起來上一次波克夏賣出子公司是什麼時候，也許是賣出聯合零售商店（Associated Retail Stores）那次。聯合零售商店我們確實經營不下去，買方是一家儲貸機構，它想開拓商業放款業務。

　　我們覺得我們沒有足夠的能力經營聯合零售商店，那家儲貸機構認為它能為聯合零售商店提供貸款。後來這家儲貸機構的經營狀況也不甚理想。

　　魏斯可不打算出售旗下任何一家子公司，魏斯可本身也不會出售。這不是一個高周轉、投機取巧的公司，但我們也不保證什麼都不會改變。

　　如果真的要出售，最可能被我們賣出去的也許是儲貸業務。如果整個監理環境讓我們無法生存下去，我們會選擇賣出。但我不認為這樣的情況會發生。

5

葛拉漢的盲點

1991年股東會談話

有些公司值得高價買進

編者按

在1991年3月致魏斯可金融股東的信中,蒙格披露公司1990年的營收資料:1990年合併營業收入(不計投資收益)為2,503.8萬美元,每股3.52美元;合併淨利為2,542.9萬美元,每股3.57美元。

1989年和1990年的合併淨利細項如下:

	1990年		1989年	
	金額 (千美元)	每股 (美元)	金額 (千美元)	每股 (美元)
營業收入(虧損)				
互助儲蓄	4,099	0.58	4,191	0.59
魏斯可—金融保險業務	14,924	2.10	14,276	2.00
精密鋼材業務	1,985	0.28	2,769	0.39
其他營業收入	4,030	0.56	3,178	0.45
出售有價證券的收入	391	0.05	5,920	0.83
魏斯可合併淨利	25,429	3.57	30,334	4.26

1991年,美國尚未擺脫自1987年開始的經濟衰退,房價更跌到1982年以來最低,這讓與這些業務息息相關的銀行股壓力大增。富國銀行壞帳增加,提撥13億3,500萬美元做為準備資金,導致該年淨利趨近於零。但從1989年開始,波克夏卻陸續買進富國銀行股票,哪怕原始持股價值腰斬還是愈跌

愈買，愈買愈多。在今年股東會上，蒙格就細數富國銀行與這筆投資的優勢。

　　美國經濟當時陷入困境，主要原因是對於公司和個人的放款標準都過於寬鬆。蒙格也重點談論他對於負債的看法。此外，蒙格對於如何從自己和他人（葛拉漢、亨利・辛格頓）的錯誤中不斷學習的看法，也為我們帶來啟發。

蒙格：如果你手上持有大量流動資金，資產品質不錯，而且又具有財務彈性，我想總是會有好事發生。

　　現在我們的問題是，手上持有的資金比好機會多。以前我們有好長一段時間找不到好機會，然後大量買進房地美股票的機會就從天而降。那時我們抓住買進房地美的機會，現在我們在帳面上已經賺了幾千萬美元。

　　華倫曾說，**手握大量資產可以自由配置，就像手握球棒，等待好球丟來，想等多久都可以，不揮棒打球也不會有人罰你出局。**現在我們仍然耐心等待，未來還是會有好收穫。但目前我們眼前確實沒什麼好機會。

　　我們沒有好機會，但我們的處境比許多銀行和儲貸機構好，它們的處境非常艱難。

　　只要我們堅持到底，就能等到機會。如果保險業還是每年保費僅提高3％、虧損率卻上升10％，總有一天就會爆發巨額虧損。等到整個產業陷入嚴重虧損，價格就會發生變化，那時候就有機會。

　　我們不喜歡目前的狀況，但未來等到形勢改變，我們雄厚的資本就能發揮作用。

■ 從錯誤中吸取教訓

　　有人發現今年的年報有錯，感謝幫我們挑出這個錯誤的人。

　　最近我認識嬌生公司（Johnson & Johnson）的執行長，他讓我留下很好的印象。他告訴我他們的收購策略。收購一家公司五年後，他們會把所有高層主管集合起來，回顧當初收購的原因是什麼，總結收購成敗的經驗和教訓。當初提出收購建議的經理人會出席會議，根據收購結果接受批評或得到表揚。

　　這是一個非常好的制度。養成自我反省的習慣，可以推動整體社會文明進步。許多人總是逃避，但是嬌生公司不怕批評，從失敗和錯誤當中吸取經驗教訓，這是一件很了不起的事。

　　回頭檢視我們自己，魏斯可現金流充裕，負債水準非常低。我們的風格就是不大量舉債，這種風格讓我們一直經營得很穩健。

　　如果你喜歡舉債投資高風險事業，那就太瘋狂了。多賺那點錢，不值得。我有個朋友曾說，「一夜歸零的滋味不好受，我再也不想回到原點」。

　　我們非常謹慎，總是如臨深淵、如履薄冰。如果我們的目標是追求創造全世界最好的報酬率，那我們就會放大我們的資金槓桿，但我們不會這樣做。

　　至於整個國家的負債水準如何？這是一個大問題。現在為了刺激經濟，國家大力支持消費信貸，我對這樣的政策抱持懷疑態度。消費信貸大開方便之門，這讓很多人就像酗酒一樣，深陷其中無法自拔，每個月都刷爆信用卡。我覺得這種現象對我們的文明有害無益。

　　日本人和德國人不提前消費，他們的經濟體系比我們更健康。因此，我非常不贊同提前消費。

　　還有，我們很多公司也因為垃圾債的業務而負債累累，這對社會是不負責任的行為。國家法律不應該允許這種行為，垃圾債的始作俑者應該感到羞愧。

　　很顯然地，我們需要一套允許個人破產的制度。推銷消費信貸的業務員有高明的攬客手法，人們很容易被他們說服，掉進利率高達20％的陷阱。這就像很多人被勸著喝

酒，其中有10％的人會成為酒鬼。

美國如此大規模提倡消費信貸，將來可能會有15％到20％的人成為消費信貸的受害者。我覺得對於掉進消費信貸陷阱的人，不應該放任放款機構將他們逼上絕路，人們應該要有宣告破產的權利，要有重新開始的機會。

所以我認為允許個人申請破產的制度非常合理，效率也會很高。發放消費信貸的機構都是大公司，這點損失它們承受得起。

■ 美國公司的資本結構問題嚴重

佛羅里達州的狀況非常糟糕。有些騙子申請貸款買進300萬美元的豪宅，然後利用當地的《宅地法》做擋箭牌，拒不還錢。佛羅里達州已經成為這種騙子的天堂。

個人申請破產很簡單，但公司的破產流程就很繁瑣。許多公司資本結構複雜，例如一筆銀行貸款背後涉及120家銀行，債務依照優先順序分成六個等級，進入破產程序後，怎能不陷入混亂？

由於資本結構錯綜複雜，公司無力償債後，各家銀行因為放款損失而相互指責，根本無法達成協議。不同的債權團體為了保住利益，帶著各自的律師和代理人爭執不

休，就連債權人委員會也無法發揮作用。

　　像公司這樣的機構陷入困境，但我們解決問題的機制卻非常荒謬，因此一開始就不該允許公司使用複雜的高槓桿資本結構。

　　金融機構和投資銀行把美國公司的資本結構搞得太複雜、利益糾葛，就好像美國生產的汽車，壞了之後不能直接修理，必須把整台車全部拆開，然後請27個律師介入。這是一種非常不負責任的汽車製造方式，公司的資本結構也不能這樣設定。

　　我們的公司破產制度效率太差，代價高、時間長，造成大量浪費。破產制度如此沒有效率，持有各種股權和債權的機構只能眼看著事情毫無進展，一拖就是一、兩年。

　　美國公司的資本結構問題嚴重，現有的破產制度和信託契約讓我們很難以合理的社會成本處理破產公司問題。真是一團糟。

■ 投資富國銀行的邏輯

　　正如華倫在今年股東信中所說，富國銀行（Wells Fargo）是一家管理良好的銀行。富國銀行有效率良好的分行，它所在的加州具有良好的經營環境。

　　富國銀行吸收存款的成本比較低。從這方面來看，富國銀行與美國銀行類似，美國銀行也有效率不錯的分行，能以較低的成本吸收存款。與花旗銀行（Citibank）、大通銀行（Chase Bank）、華友銀行（Chemical Bank）相比，富國銀行吸收存款支付的利率成本比較低，就算把經營分行的成本考慮在內，富國銀行仍然具備明顯的成本優勢。

　　除此之外，富國銀行的管理高層人品正直、能力出眾，在控制成本方面非常嚴格。只要這次房地產危機的影響沒有那麼嚴重，富國銀行一定能迅速恢復，繼續創造大量利潤。

　　我們認為眼前的困難很可能是暫時的，富國銀行應該很快就會度過難關。我們買進富國銀行的價格非常保守，華倫說，按照我們買進的價格，就算這次富國銀行虧損10億美元也沒什麼關係，這次危機只是一個小小的突發事件而已。

　　再說情況或許沒那麼糟。根據我的了解，最壞的時候或許已經過去了。我們確實不清楚這次危機有多嚴重，但我們已經考慮過各種可能性，這筆投資和做創投差不多。我們可能永遠持有富國銀行這檔股票。

　　富國銀行這筆投資和可口可樂不同。根據我們買進可口可樂股票的價格，只要持有時間夠長就根本不可能虧錢。富國銀行這筆投資卻有虧損的可能，但它向上的潛力

夠大，所以還是值得投資。

我們也看好富國銀行的管理高層，願意投資他們管理的生意。我們的經驗是，如果你在富國銀行擔任放款人員，就算再怎麼認真審查每一筆貸款，還是會遇到出乎意料的風險。

時間是有限的，到底該仔細查帳之後做出判斷，還是做出大概的判斷就好？多年來我們形成一套自己的風格，我們的辦法很有用，所以我們會繼續沿用下去。

我從來沒聽說過收購哪家銀行是把帳上所有貸款都查一遍，這其中牽涉的事情之瑣碎是無法想像的。在某種程度上，你是透過觀察管理階層的思考方式、他們的背景以及過去做過的事，間接判斷貸款品質。

與其他銀行相比，富國銀行在面對開發中國家的貸款時，態度相對強硬，它們以極快的速度註銷這些貸款。如果你問其他銀行為什麼核准這些貸款，所有銀行都有藉口：「政府要求我們這麼做的。」富國銀行的卡爾・雷查德（Carl Reichardt）則會說那些貸款很愚蠢，然後他就停止放款。

我們很欣賞雷查德，我們以前與雷查德這樣的人合作過，合作得非常愉快。

魏斯可和波克夏從來不做任何總體預測。我們不知道這次加州的房地產危機會有多嚴重，也不知道銀行會受到

多大衝擊。總體經濟預測不是我們的專長。

我們只是認為，加州的情況可能沒有大部分人想像得那麼嚴重。不過當然，我們也不能完全排除情況嚴重的可能性。

在商業地產領域，辦公大樓和飯店的情況會比較慘烈，商店店面的情況會好一些。不過也有些專案沒什麼問題，有些開發商仍然會信守承諾。

富國銀行以房地產放款起家，管理高層都曾在房地產放款領域中歷練過。我有位朋友任職另一家銀行，他說過這樣一句話：「所有騙人的伎倆我都清楚。大多數騙子我都認識。」這種經驗非常寶貴。

富國銀行的高層是從洛杉磯老牌的聯合銀行（Union Bank）中歷練出來的。他們年輕時受到嚴格訓練，繼承一種嚴格審慎的文化。我認為與其他銀行相比，富國銀行受到的損失會少一點，恢復的速度也會快一點。

另外，加州移民源源不斷，可以為加州的房地產市場不斷注入活力。

新英格蘭地區的人口持續流出，加州的人口持續流入，因此你在談論房地產市場時就會出現不同的狀況。加州地區的銀行可能會遭受嚴重損失，但只要能撐過危機，受益於移民潮的銀行將可能再次走強。

■ 關於房地美的三個問題

像房地美這樣的大型金融機構，總是存在一些難以預料的風險。[*]正如我之前所說，房地美的管理高層頭腦聰明、人品正直。我們覺得自己也很聰明、正直，但每隔一段時間，我們也是偶爾會遇到意外的損失。

任何一家高槓桿的金融機構，無論管理階層多麼盡責，都可能遭遇意外的風險，**關鍵在於遇到風險後，是否能在第一時間採取行動**。現在，所有人都在隱瞞問題，在問題爆發之後試圖用會計手段掩蓋問題。這不是我們的風格，我們喜歡解決問題。

房地美在解決問題方面做得很好。它們在收益受到衝擊之後就改革作業程序，堵住漏洞，防止類似的問題再次發生。房地美的業務非常出色，比我們的儲貸生意好得多。正因如此，我們才買進房地美的股票。

---

[*]　原書注：在1991年的魏斯可股東信中，蒙格曾提到房地美這次的損失：「房地美的股票在1990年市值下降27%（從每股67.12美元降至每股48.75美元）。下降原因之一是公寓房屋放款的意外損失，特別是在紐約和亞特蘭大。因此，房地美明智地停止其公寓房屋放款購買計畫中明顯風險最大的部分，但它仍然是一些舊放款（幸運的是只占公寓房放款總額的一小部分，也是放款總額中非常小的一部分）的擔保人或所有者，這些貸款將在幾年內造成影響。房地美原來只與有誠信、有能力的抵押貸款放款業者打交道，後來卻利用槓桿擴展到其他地方。這就像一個人冒著失去所有東西的風險，去獲得他所不需要的東西。這是不明智的行為。」

股東會問答

股東問（以下簡稱問）：房地美是否用高槓桿的財務手法實現高利潤？

蒙格答（以下簡稱答）：如果你每年都能賺取高額的股東權益報酬率，那麼你如何做到這件事就沒有那麼重要。有的公司可能靠專利，有的靠規模效應，還有一些公司是靠善用槓桿、從不出現嚴重虧損以達成目標。所以如何做到並不重要，關鍵是能長期取得較高的股東權益報酬率。

問：為什麼沒有買進更多房地美？

答：按照慣例，我們不對這樣的問題發表評論，但我想說，我們不是全知全能的。

有時候好機會來了，我們看懂也抓住了。重點是你做對什麼，不是你沒做什麼。我們剛好做對了幾件事。

還有一些本來我們應該做對、但沒做好的事。有很多機會我們看懂了，卻沒抓住。那又怎樣呢？我們只能抓住幾個特別有把握的大機會，不可能對所有機會都有把握。

很多公司想做到全知全能，結果卻遇到大麻煩。它們以為設立27個子公司，讓每個子公司都在各自的領域獨占鰲頭，整個公司就會成為橫跨27個產業的大集團。這是一

個很瘋狂的想法。我們只有很少時候能看懂重大的機會。

問：你是否因為新英格蘭銀行（Bank of New England）被其他州銀行收購而感到遺憾？

答：是的，我感到很遺憾。我支持選擇同在波士頓的波士頓銀行買進新英格蘭銀行。

　　我覺得這個國家的銀行太多了。正如我在信中所說，我贊成聯邦存款保險公司將無力償債的銀行賣給另一家財務健全的本地銀行，而非其他州的銀行。不這麼做的話，聯邦存款保險公司將會損失慘重。

　　我不認為把新英格蘭銀行出售給這次的買方可以讓聯邦存款保險公司節省成本。這次被選中的買方獲得KKR公司支持。KKR公司的人確實是精英，但如果我是聯邦存款保險公司，我會選擇讓本地銀行買進新英格蘭銀行。

■ 葛拉漢很了不起，但也有盲點

　　葛拉漢的《證券分析》（*Security Analysis*）中有一部分內容永遠不會過時。但在《證券分析》成書之後的幾十年，我們也學到很多新東西。

　　葛拉漢說買股票就是買公司，看內在價值而不是價格

波動，我認為這一點永遠不會過時。但葛拉漢也有盲點，他不懂得欣賞好生意，不知道有些公司值得高價買進。

在《智慧型股票投資人》（ *The Intelligent Investor* ）其中一版中，葛拉漢在註解中說，他長期實踐自己這套價值理論，獲得良好收益，然而最後卻因為偶然投資一檔成長股而快速致富。這檔成長股為他賺取的財富，竟然占他一生所賺取金錢的一半。

葛拉漢沒有充分了解的是，有些公司長期持有就能獲得良好收益，哪怕買進的價格是淨資產的好幾倍。 可口可樂就是這樣的股票，它的價格比淨資產高很多。

大家可能會發現，我們不是全盤照抄照搬葛拉漢和陶德（David Dodd）*的做法。

問：亨利・辛格頓（Henry Singleton）的做法或許已經過時，那您和巴菲特呢？

答： 這個問題問得很好。辛格頓是個天才，透過一系列收購，他創造強大的企業集團，連續多年獲利超過奇異（General Electric），堪稱奇蹟。

可惜奇蹟總是會消失。公司總是會有跌宕起伏，會經歷興衰更替，不管誰是公司的經營者，這都是難免的。辛

---

* 編注：《證券分析》的另一位作者。

格頓的企業帝國失去光輝，不是因為辛格頓老了，而是因為他旗下的生意失去競爭優勢。

可口可樂沒那麼容易失去競爭優勢，與辛格頓的企業帝國相比，波克夏旗下的生意也具有更強的競爭優勢。

辛格頓創造的報酬率比我們高很多，他曾經連續多年保持在50％以上的股東權益報酬率，這是奇蹟。可惜我剛才說了，奇蹟總是難以持續。

華倫跟我有時候會想，如果當初我們不是做贈品券、鋁製品、紡織生意，而是做更好的生意，那會怎樣呢？

我們花了很長時間才想通這件事。

6

魏斯可與波克夏
的共同點

1992年股東會談話

我們強迫自己與眾不同

編者按

　　在1992年3月致魏斯可股東信中，蒙格披露公司1991年的營收資料：1991年合併營業收入（不計投資收益）為2,287.2萬美元，每股3.21美元；合併淨利為2,952.2萬美元，每股4.15美元。

　　1990年和1991年的合併淨利細項如下：

	1991年		1990年	
	金額 （千美元）	每股 （美元）	金額 （千美元）	每股 （美元）
營業收入（虧損）				
互助儲蓄	3,644	0.51	4,099	0.58
魏斯可—金融保險業務	13,986	1.96	14,924	2.10
精密鋼材業務	1,414	0.20	1,985	0.28
其他營業收入	3,828	0.54	4,030	0.56
出售有價證券的收入	5,825	0.82	391	0.05
出售止贖財產的收入	825	0.12	-	-
魏斯可合併淨利	29,522	4.15	25,429	3.57

　　1992年的股東會上充滿對各種錯誤的分析：所羅門、勞合社、IPO市場、房地美、日本泡沫破滅、美國房地產市場嚴重衰退等。但股東會上也有正面的看法，例如客觀看待魏斯可保險業務、時思糖果在改革中取得進步。

結論是，市場很艱難，唯有堅持原則，明白簡單的道理，強迫自己與眾不同，為人做事踏實和誠信，才能長期走下去。

蒙格：我們設有最低標準，只看通過最低標準的機會。我承認，過去一整年，所有通過最低標準的機會沒一個我們看得上眼。大多數被我們直接丟進垃圾桶，還有一些則是不在我們感興趣的範圍之內。

你可能會覺得，市場中應該有許多好機會。其實目前的市場比較特別，在市場出現巨額虧損的同時，真正優質的企業，價值反而上漲。那些華倫所說具有穩定競爭優勢、能實現良好報酬率的公司，在市場中的價值比以往更高。

股市學聰明了，我們看好的生意大家也開始看好，這對我們來說非常不利。

魏斯可的投資原則與波克夏一樣。華倫把投資原則明確地寫出來，主要是為了提醒自己不要違反這些原則。我們跟其他所有人一樣，每隔一段時間就會違反自己的原則。

股東會問答

股東問（以下簡稱問）：互助儲蓄有可能收購破產的儲貸機構嗎？

蒙格答（以下簡稱答）：只要條件適合的話就有這個可能，但目前我們還沒看到什麼好機會。銀行業與儲貸業陷入一片混亂，誰都不知道最後會怎麼樣。

令人驚訝的是，在銀行業陷入混亂之後，竟然會出現這麼大規模的整合。我怎樣也想不到，美國銀行和平安太平洋銀行（Security Pacific）竟然會合併。我到現在還反應不過來，不敢相信平安太平洋銀行已經變成美國銀行。這是一個驚人的合併案。

國民城市銀行（City National）以前只是一家小銀行，現在它已躋身為加州第五大銀行，真不知道銀行業未來還會如何變化。

儲貸業過去也曾有過整合，但規模比較小，不像美國銀行併購平安太平洋銀行那麼大規模。如果出現富國銀行合併第一州際銀行（First Interstate）或其他類似規模的合併，那加州銀行業可就真的要發生巨變。那樣的話，加州銀行體系將展現出全新面貌，會變得更加合理，更接近加拿大的銀行體系，但與我們習慣的加州體系會相當不同。

IPO（Initial Public Offerings）[*]是另一個話題。今天早上，我剛好和人談到為了IPO而造假的事。

一家謀求上市的企業正在偽造損益表，我清楚看到偽造財務資料的過程。經過包裝，不久這家企業就會加入IPO的行列。然而我已經看到這家企業的內幕，它的一切都是虛假的，沒有任何前景可言。

目前IPO的熱潮當中存在嚴重的造假行為，人們為了賺錢不擇手段，也沒有任何顧忌。人們將任何可以賺錢的行為合理化，很多新股的公開說明書令人反感，華倫應該也讀不下這樣的東西。這讓人太不愉快了，感覺就像是在下水道的汙水裡淘金一樣。

我從魏斯可領取的薪水是零，而且我已經到了退休的年紀，我可不想將多年累積的退休金拿到下水道篩選。我們不關注IPO市場。

跟其他大型保險公司相比，波克夏的保險業務員工人數算少，但還是比魏斯可多。魏斯可的保險業務沒有專門員工，我們把需要做的工作外包給母公司，母公司只收我們很少的費用。因此我們的營運成本幾乎為零。

我們沒有專門的員工，成本低，這是我們的優勢，但

---

[*] 編注：首次公開發行，指企業第一次透過證券市場發行股票，是公開上市集資的一種形式。

這也代表我們沒有開拓業務的能力。

波克夏的保險在全美國只擁有10幾億美元業務量，相對於波克夏的資本來說，這是非常小的業務規模。魏斯可的狀況更糟糕。除非遇到一些特別的機會，魏斯可才可能重新取得具有規模的業務量。

我們持有大量資金，卻找不到條件適合的保險業務。只要條件合適，我們可以在保險業務中投入幾千萬、幾億美元，但現在很難找到條件適合的保險業務，除非是經歷幾十年累積、建立起一套優秀系統的公司。例如州立農業保險、蓋可保險（GEICO），這兩家公司都有非常好的系統。它們的商業模式好、管理也好，而且有幾十年歷史，這樣的公司就能擁有穩健的業務。

魏斯可沒有這樣的系統，所以我們得尋找一些特別的機會。州立農業保險、蓋可保險那樣的公司不是隨便可以學得來的。魏斯可的保險業務實在平凡無奇。

■ 與消防員基金保險公司的合作

與消防員基金保險公司合作的那幾年，對我們來說是很好的交易。雖然綜合比率超過100，但我們透過投資浮存金獲得收益，足以抵消理賠造成的損失。長期來看，這

顯示魏斯可從這次合作當中獲得良好收益。可惜我們與消防員基金保險公司的合作已經到期。我們從這次合作中所獲得的利潤就像油井中的油，愈採愈少。根據合作協定，我們的浮存金不會增加，而是每個月遞減。波克夏的浮存金向上成長，而魏斯可的浮存金向下遞減。幸好這次的合作，我們時機點掌握得很好。

事實上，所有承銷大量責任險的保險公司都倒楣了。它們都得提撥大量準備金，用於賠付石棉所造成的疾病，以及其他各種與汙染環境、產品危害相關的風險。誰能想到保險公司得為過去埋下的風險承受如此之重的負擔？

根據我們與消防員基金保險公司簽訂的協定，對於它在1930至1950年代簽署的舊保單，我們無須承擔責任。我們逃過這一劫。

工傷險與車險

我還沒和波克夏討論過這個問題，但魏斯可和波克夏應該不會因為洛杉磯暴亂而受到影響。*保險公司承保工傷

---

* 原書注：1992年洛杉磯發生暴動，起因是一場員警暴力事件。最初零星的街頭事件演變為萬人規模的暴動，發生搶劫、攻擊、縱火甚至謀殺事件，導致53人喪生，超過2,000人受傷，財產損失超過10億美元。

險，可能受到政治因素干擾，立法部門等政府機構可能突然更改法律規定，例如司法系統突然修改司法解釋，更改後的法律要求追溯保險公司的歷史責任，導致保險公司承擔巨額賠償。

因此對於承保工傷險的保險公司而言，政府更改法律可能會為它們帶來巨大損失。工傷險是一種長尾險種，但政府卻有權界定賠付範圍……。

雖然有政治因素干擾，但有些保險公司兢兢業業耕耘這個領域，還是能取得不錯的成績，特別是處於領先地位的幾家保險公司。我認為工傷險這項業務很難做，它存在意外的干擾因素，必須面對法律更改的不可抗力。但處於領先地位的公司也許能把工傷險做好。

工傷險業務存在長尾風險，汽車保險業則不同。對於從事汽車保險業務的公司來說，只需要賠償交通事故即可。交通事故的賠償很明確，從事汽車保險業務的公司可能付出的成本是一定的。

工傷險的賠償則沒那麼明確，從事工傷險業務的保險公司，可能要付出巨額成本。例如，環境汙染導致員工身患重病，喪失勞動能力，承保工傷險業務的保險公司可能要支付40年的醫藥費。從本質上來看，汽車保險業務的風險不在於過去承接的保單可能爆發危機，導致保險公司陷入破產，風險在於監理部門強制要求降低車險價格，導致

保險公司陷入虧損。

　　但價格太低，保險公司只要願意停止拓展車險業務，就可以止住虧損。例如紐澤西州保險部門強制要求降低車險費用，很多保險公司選擇用腳投票。

　　從事車險業務的公司可能被迫停止業務，但它們能承受有限的虧損，然後選擇離開。拓展工傷險業務，說不定哪一天被埋藏在過去的風險突然找上門，一下子就要理賠五億美元。

　　所有保險業務都存在被迫退出的風險，只是各州情況有所不同。但我不認為車險業務會承受來自歷史保單的理賠風險。

▉ 制度漏洞會毀掉優良傳統

　　勞合社的巨額虧損不會對我們造成影響，但勞合社這次爆發的危機*是個災難，它需要進行徹底的改革。

　　勞合社擁有良好聲譽，也曾創造過光輝的歷史，如今陷入困境是因為制度出問題：勞合社的規定違反基本的心理學定理。

---

* 　原書注：1990年代，勞合社因數十億美元的石棉與環境汙染鉅額索賠而出現經營危機，1992年虧損達20.6億英鎊。

　　根據勞合社規定，員工薪資來自總成交量的固定比率。重要的應該是淨利，而不是成交額，但勞合社卻根據成交金額讓員工抽成。**人類的本性是追求自我利益，就算這麼做會為他人帶來巨大損失，人們也依然會從自己的利益出發。**員工一味追求自己的利益，不顧公司利益，導致勞合社遭受重大虧損。

　　多年來勞合社因為有著誠實守信的優良傳統而屹立不搖，但即使擁有誠實守信的優良傳統，如果你的激勵制度迎合人性中最醜陋的一面，時間久了，制度漏洞還是會毀掉優良傳統。

　　一個聰明的問題是：「為什麼多年才出問題？」這是因為勞合社與英國社會擁有如此馬虎又愚蠢的系統，讓它們花了這麼久時間才陷入這麼可怕的麻煩。

　　當然，銀行業存在同樣的問題。銀行根據發放貸款的總額讓員工抽成，至於七、八年後放款能否收回都不影響員工薪水，這就是一種不健全的制度，可能導致嚴重的問題。

　　有趣的是，我說的這個道理，對任何受過基本教育的人來說都淺顯易懂，然而很多公司擁有大量受過良好教育的員工，卻違背如此簡單的道理。為什麼會這樣？我們的商學院、高等教育機構應該好好研究。

　　未來會如何很難預測。在波克夏的股東大會上，我說

過去12年對投資人來說就像在天堂一樣，大家都賺到錢。做為大型機構投資者，產險公司也賺了很多錢。豐厚的投資收益掩蓋掉產險公司許多問題。

但我認為，未來產險公司的投資收益一定會下滑，那時它們的問題就會浮上檯面。

這也是我們目前幾乎沒承接什麼保險業務的原因。那些與我們世界觀不同的人正在為我們的業務定價。魏斯可、互助儲蓄和波克夏海瑟威有一個共同點：**如果我們不喜歡別人做的事，我們就不跟著做**。至少我們過去始終如此。

大多數做生意的人都無法忍受看到競爭對手往同一個方向跑，自己卻孤零零地站在原地，因此明知大家跑的方向是錯的，還是跟著跑。這種行為深植於人性，這也是一種心理學的原理。但我們不一樣，**我們強迫自己與眾不同**。

■ 所羅門從危機中吸取教訓

我認為所羅門的信貸系統其實比許多大型銀行更嚴格，可惜就像我剛才說的，勞合社因激勵機制存在漏洞而陷入巨額虧損，所羅門也有這樣錯誤的激勵機制。我想我不應該再多說什麼，但現在所羅門已經比過去好很多。

　　企業文化一旦建立起來，就很難改變，除非所有人都感受到強大的外部壓力，文化才可能在短時間內發生根本上的改變。**處於一種文化的慣性當中，人們不會主動做出改變。**

　　所羅門有許多優點，過去它們具有強大的獲利能力，現在依然如此。認為所羅門已經喪失獲利能力的人錯了，所羅門的優秀員工還在，雖然遭受危機，但所羅門並沒有失去獲利能力。

　　華倫是所羅門的臨時董事長，未來華倫卸任這項職務之後，仍然會關注所羅門公司的發展。原因有兩個：第一，我們是所羅門的大股東；第二，我們現在對所羅門進行的改革，是希望在我們離開之後，所羅門仍然能運作良好。這是我們的經營理念與風格。*

　　華倫不會一直管理所羅門的事務，華倫在波克夏海瑟威有自己的工作，他更希望把精力放在那裡。但如果在開往歐洲的女王伊莉莎白二世號郵輪上，濃霧彌漫，有人突發疾病需要手術，而你是船上唯一的神經外科醫生。你左看右看，別人都不行，身為一個有良心的人，你只能挺身

---

* 　　原書注：1991年，所羅門兄弟公司因為一名債券交易員違規超買美國公債陷入危機。華倫、蒙格與托爾斯＆奧爾森律師事務所努力挽救該公司。華倫出任公司臨時董事長9個月，直至1992年6月情況逐步好轉才卸任。

而出，拿起手術刀，盡力救治病人。這就是華倫在所羅門危機爆發時的處境。我認為華倫在關鍵時刻挺身而出救援所羅門，是值得稱讚的。

我認為，即使我們沒有持有所羅門7億美元的特別股，但華倫在所羅門的董事會擔任董事，他一樣會挺身而出。

所羅門調整股權和債務結構，並不是為了保護波克夏海瑟威持有的特別股，所羅門重組是為了保證它今後能更加負責地經營，保證償付所有債務。

無論是銀行、儲貸、保險還是券商的控股公司，公司結構都有可能藏匿風險。鑽制度的漏洞是人性使然，人們總是會在公司結構中玩弄手段，例如雙重槓桿（double leverage）等。實際上，幾乎一半以上的銀行控股公司都是如此。

我們人類天生就喜歡採取行動，拿自己的錢是如此，拿別人的錢更容易沉迷於這類金錢遊戲。

所羅門到鬼門關前走了一趟，這種與死亡擦肩而過的經歷讓所羅門深刻吸取教訓。我不認為過去的所羅門是個不負責任的公司，但我認為它現在的整體態度比以往更負責。

■ 房地美能在變化中求進步

從目前的情況來看，互助儲蓄不需要賣出房地美股票。監理部門更改法規，我們只需要遵守監理部門制定的會計規定，分階段把房地美的股票減記為零就可以。只要我們向互助儲蓄注入更多資金，就不必賣出房地美股票。

互助儲蓄必須滿足監理機構規定的資本適足率要求，在房地美股票減記為零後，也許我們不會把房地美股票一直留在互助儲蓄。未來我們可能會向互助儲蓄注入更多資金，也可能賣出一些房地美股票。我們有彈性根據實際情況做我們想做的事。

在我們看來，房地美的生意非常好。正如我們在年報當中所說的，房地美的業務比一般儲貸業務好得多。房地美可以做為中間商賺取利差，實現較高的資本報酬率，這就是我們大量買進房地美股票的原因。我們認為房地美的業務比我們的生意好，於是我們抽出資金，投入房地美。法律允許我們這麼做，投資的邏輯也非常清楚。

如今房地美必須適應各種變化，但我認為房地美這些變化是好的。房地美曾遇過公寓放款詐騙，它立即採取有力措施，停損並堵住漏洞。總的來說，我們看好房地美的改變。

■ 日本金融業的問題

　　華倫在波克夏年報中說過，他說我們買房地美，但沒買房利美（Fannie Mae），是因為當時他太愚蠢。他說如果他當時聰明點，就不會錯過房利美。這是華倫的解釋，不是我說的，但他說得很清楚。

　　華倫說他犯的錯是「咬手指」，意思是說你明知該做一件事，但你卻做了別的事。這是一種很常見的人類行為，人們總是改不掉嬰兒時期咬手指的習慣。

問：如何看待日本的泡沫破滅？

答：這個問題問得很好，但我沒有資格回答這個問題，我只能談談我的觀察。過去一、二十年，日本憑藉踏實的努力讓製造業水準領先全球，非常了不起。工程學是人類最崇高的技術之一。以飛機為例，為了確保飛機安全飛行，製造過程不能有半點疏忽。當然，以飛機製造領域而言，美國是一個值得敬佩的國家。

　　一個國家，它的製造業崛起，向其他國家展示如何以更可靠的方式生產產品，這是了不起的成就。日本的製造業處於世界領先地位。

　　但遺憾的是，日本的金融業與製造業不同。日本金融業表面上偽裝得像日本的製造業一樣品格高尚，實際上卻

金玉其外、敗絮其中。日本金融機構有很多問題，而這些問題都開始零星地暴露出來。

我認為就像我們糾正過很多金融業的極端行為一樣，我們也會看到日本的情況有所改變。

在日本這場經濟泡沫中，人們相信透過借錢炒股、高槓桿買股票能穩賺不賠。顯然，日本的金融領域存在不正當的會計和哄騙行為，這與日本人在其他領域所展現出來的誠信完全不同，希望日本金融業能向它的製造業看齊。

問：是否對日本經濟泡沫破滅感到擔憂？
答： 你的問題超出我的能力範圍。我認為日本人民非常有才能，他們很有紀律，他們必須如此。他們的金融系統有一些嚴重的財政缺陷，但我相信他們有辦法度過難關。

美國商業地產災難還沒到頂

我猜會有人問美國商業地產的問題，目前市場正在經歷1930年代以來最嚴重的一次衰退。《財星》（*Fortune*）雜誌刊登一篇卡洛‧盧米斯（Carol Loomis）撰寫的文章。卡洛是我們的朋友，她是非常傑出的記者，我推薦大家讀一下卡洛寫的這篇文章。

　　目前，全美房地產的抵押價值與實際價值都出現巨幅下滑，這是自1930年代以來我們第一次經歷這麼嚴重的房地產危機。

　　房地產開發商總是用借來的錢蓋房，但現在人們不願意再借錢給開發商，開發商拿不到新資金，許多商業地產公司陷入資金短缺的困境。

　　有些專案已經接近完工，繼續下去比停止更有意義，因此銀行不可能停止提供資金。但即便如此，有些建案還是停工了。我看到一棟辦公大樓，蓋了三分之一就停工，只剩下生鏽的鋼筋聳立著。

　　不過大部分建案還是會硬著頭皮往下做，因此房地產市場過度擴張造成的惡果還沒完全顯現出來，未來還會有很多更嚴重的虧損。

7
波克夏之道
1993年股東會談話

只要機率站在我們這邊，我們願意忍受顛簸

編者按

　　在 1993 年 3 月致魏斯可的股東信中，蒙格披露公司 1992 年的營收資料：1992 年合併營業收入（不計投資收益）為 2,250 萬美元，每股 3.16 美元；合併淨利為 500.1 萬美元，每股 0.70 美元。

　　1991 年和 1992 年的合併淨利細項如下：

	1992年		1991年	
	金額 （千美元）	每股 （美元）	金額 （千美元）	每股 （美元）
營業收入（虧損）				
互助儲蓄	3,746	0.52	3,644	0.51
魏斯可—金融保險業務	13,146	1.85	13,986	1.96
精密鋼材業務	2,075	0.29	1,414	0.20
其他營業收入	3,533	0.50	3,828	0.54
出售有價證券的收入	147	0.02	5,825	0.82
出售止贖財產的收入（虧損）	（146）	（0.02）	825	0.12
與互助儲蓄放棄儲蓄和貸款業務 　有關的費用 *	（17,500）	（2.46）	-	-
魏斯可合併淨利	5,001	0.70	29,522	4.15

*　包括針對約 4,700 萬美元的互助儲蓄銀行淨資產的所得稅準備金，這些淨資產一直被視為所得稅方面的壞帳準備金，之前未被課稅。由於互助儲蓄決定放棄儲貸業務，需徵收壞帳準備金，所以在 1992 年終認列。

這一年,魏斯可旗下的互助儲蓄出售它的存款業務,其
房地產(包括聖塔芭芭拉市海濱房產)轉讓給一家新成立的
魏斯可子公司,這家子公司之後將管理這些房地產,並進行
適當處置。在這些交易之後,互助儲蓄將保留之前的大部分
資產(主要包括房地美股票與證券化抵押貸款形式的間接貸
款)。互助儲蓄隨後被併入魏斯可金融保險公司,後者將繼續
發展互助儲蓄近年來的業務。

不過,這些延伸的業務未來將由內布拉斯加州
(Nebraska)的保險部門監理,取代由各州與聯邦機構管理的
現行模式。蒙格預計,未來合併後業務的營運成本將大大降
低,資產配置的選擇也將增加。

蒙格:我們已經簽訂合約,決定出售互助儲蓄的存款業
務。監理單位批准後,我們會在幾個月內關閉剩下的兩家
分行,買方是帕薩迪納市另一家聲譽卓著的儲貸機構。我
們經營儲貸業務很多年,如今把僅剩的兩家分行賣出去,
還真有點依依不捨。

互助儲蓄的其他業務將併入我們在內布拉斯加州的保
險公司,這代表我們退出在帕薩迪納市經營多年的儲貸業

務。魏斯可還會是一家上市公司。但現在我們在加州沒什麼業務，主要業務都在中西部。

把總部設在內布拉斯加州是否比設在加州有優勢？至少對我們來說是這樣。

華倫和我在內布拉斯加州長大，我們的根在那裡。波克夏在內布拉斯加州是一家知名企業，我們也非常滿意那裡的經商環境與保險監理制度。過去二、三十年，內布拉斯加州的金融醜聞很少。我認為內布拉斯加州是企業設立總部的好地方。

另外，中西部的營運成本非常低。在全國所有保險公司當中，波克夏海瑟威的總部營運成本應該是最低的。

有一次，有一棟大樓廉價出售，華倫本來想買下來，做為波克夏總部。後來華倫擔心辦公場所太奢華，容易滋生奢靡風氣，於是就沒買。我們仍然待在非常低調的場所辦公。

股東會問答

股東問（以下簡稱問）：賣出互助儲蓄是否會對魏斯可的淨資產產生影響？

蒙格答（以下簡稱答）： 對於這個問題我想這樣回答：第
一，會有影響；第二，有影響又如何？

　　會計規定很奇怪。我們持有房地美的股票，現在的會
計規定要求我們提高房地美股票在帳目上的價值，將房地
美股票按照市值入帳，並減去賣出時所需繳納的資本利得
稅。如此一來，魏斯可的帳面價值將大幅增加，但這對我
們股東的長期利益並不會產生任何實質變化。

**問：房地美依市值入帳之後，保險子公司的淨資產將是多
少？**
答： 我還沒有仔細算過，但應該會產生很大的影響。

　　截至1992年底，我們的淨資產是3.5億美元，房地美
依市值入帳後，淨資產可能會增加至少3億美元。

　　波克夏擁有許多前景良好的業務，還有保險業務。魏
斯可旗下現在有一個高槓桿的保險業務、從事鋼鐵服務業
的精密鋼材，以及一些房地產業務。

　　我不是在評論市場價格，但如果魏斯可股價大跌，波
克夏的股價大漲，兩檔股票的股價有一定差距，那魏斯可
這檔股票可能更值得買。然而，單看業務品質，如果你用
資產負債表上的數字去推算的話，波克夏的前景比魏斯可
好得多。

▉ 退出儲貸業的原因

我認為儲貸業仍將繼續存在。留下來的一些儲貸機構會一直保持良好的經營紀錄，你不應該因為我們退出儲貸業，就認為所有儲貸機構未來都會很糟糕。從組織型態與思考方式來看，我們不適合從事儲貸業，但有些人卻非常適合從事這一行。

我認為世界儲蓄（World Savings）是全國一流的金融機構之一，金西金融（Golden West Financial）的員工非常出色，大西部儲蓄和貸款公司以及美豐儲蓄（Home Savings of America）也都是經營有方的儲貸機構。由於南加州房地產危機，這幾家儲貸機構都遭受不小衝擊，但從歷史業績來看，這些公司多年來一直經營得非常好。

這些年我們一直從事儲貸業是由於歷史的偶然。從某種意義上來說，帕薩迪納市互助儲蓄是魏斯可的起源，然而魏斯可的未來並不在這裡。我們選擇離開是合理的。但我們離開這個行業，不代表別人做不好。

我們沒資格坐在這裡瞧不起其他儲貸機構，相反地，我認為像世界儲蓄那樣優秀的儲貸機構，倒是可以好好為我們上一課。

在我們完全退出儲貸業之前，我們可能還會因為發放貸款時出現疏忽而損失兩、三百萬美元。我們做了很多傻

事，所以我們活該虧錢。當你經營一家金融機構，稍微一鬆懈，很容易就會出現虧損。

我曾經和一家大型儲貸機構的管理高層聊天。我問他：「你們和獨立的貸款經紀人一起合作過嗎？有沒有出現什麼問題？」這就像問一位85歲的老太太身體狀況有沒有什麼問題一樣，我聽到的比我想像的還要多。

他說：「我很清楚不能跟貸款經紀人合作，可是年輕的經理都想這麼做。」於是貸款經紀人出現了。然後他們說謊、誇大其詞，為了賺取佣金什麼花招都使出來。

你知道為什麼世界儲蓄沒這個問題嗎？世界儲蓄有個規定，不准貸款經紀人自己填表格。世界儲蓄說：「把客戶帶來之後就可以離開，我們不允許貸款經紀人填寫任何東西」。

你可能會說這個道理很簡單，但我就不夠聰明，沒有做到這一點。剛剛提到的那家大型儲貸機構也沒那麼聰明。這是一個很好的教訓。所有金融機構，包括我們，在回顧過去時總會覺得有幾分後悔。

很多儲貸機構搶著做手續簡便的貸款。如果貸款對象是特定的移民，這些人吃苦耐勞、勤儉節約，拚命想要出人頭地，那麼這種貸款還行得通。但不是所有人都像這些移民一樣。如果儲貸機構不做任何選擇，一律提供手續簡便的貸款，那就必然會出現損失。

新監理政策讓中小企業受害

《金融機構改革復興與實施法案》（The Financial Institutions Reform, Recovery, and Enforcement Act, FIRREA）採取強而有力的措施，保證儲貸業不會再次為國家帶來重大損失。你可以說他們在很多方面有點矯枉過正，這是難免的。很多措施確實非常嚴厲。銀行業的監理單位也同樣推出非常嚴厲的改革措施。

監理政策的改變帶來一些新變化。過去，如果你認真經營一家小公司，而我是跟你打交道的銀行，我很保守，資本很充足，獲利能力很好，在生意不景氣時我可以根據你的人品和其他許多因素來決定是否協助你度過難關。如果我臨時需要少量資金，我可以向聯準會求助，暫時從聯準會那裡借到資金。

現在情況不一樣了。為了避免存款保險金出現嚴重虧損，監理單位修改法律規定。透過修改法律，監理機構相當於對我這家銀行說：「以前你可以認為自己資金充裕、經營穩健，可以自己決定想為那些陷入困境的公司擔保多少。現在你認為自己是一家銀行，但在我們監理單位眼裡，你只是個保證金帳戶。一旦你的放款出現損失、只要你有客戶破產，我們就會收緊管控，直到你增加保證金或是處理好你的損失為止」。

　　如今監理單位下達命令，銀行不敢不從，只能向小公司催收貸款。監理法規修改之後，壓力轉移到那些正直、勤勞的小公司身上。

　　在我們的文明社會中，當危機出現時，不應該把壓力施加在小公司身上。我認為應該讓銀行體系和美國的大公司來充當社會的避震器才對。我們不應該讓小公司和小公司的員工承受資本主義週期波動產生的衝擊。現在我們為了避免存款保險金遭受損失，臨時建立起制度，然後把壓力轉嫁給最無力承受衝擊的弱小群體。

　　我也不知道如何制定更好的政策。我認為我們必須遏止高風險的投機性放款，但在某些方面，政策已經有些矯枉過正。

■ 我們不介意坐雲霄飛車

　　波克夏擁有雄厚資本，非常適合發展巨災保險業務。做巨災保險生意的過程像坐雲霄飛車一樣，但至少這是一個非常有效益的業務。

　　有些時候我們只需要收取保費，把錢存到銀行就可以，沒有存貨、沒有應收帳款，只要收錢就行。其他時候我們要理賠客戶損失，理賠金額可能是保費金額的好幾倍。

　　這種生意不難，可是大部分人討厭這種生意，因為他們忍受不了像坐雲霄飛車一樣的大起大落。我們不一樣，**只要機率站在我們這邊，我們就能忍受過程中的顛簸。**

　　如果賠率是 2 比 1，勝率是 60％，雖然輸了很難受，我還是願意大手筆押注。**這就是波克夏的操作方式，我們不介意坐雲霄飛車。**當其他人害怕雲霄飛車大起大落，害怕因為無力理賠再保險合約而陷入破產時，我們反而可能迎來一段業務繁榮的時期。

　　夏威夷的那場颱風沒為我們帶來什麼損失，但颱風「安德魯」（Hurricane Andrew）卻讓我們把去年一整年收的保費都賠出去。颱風「安德魯」也讓蓋可保險受傷嚴重。所以總的來說，去年颱風「安德魯」確實為波克夏帶來損失。

　　颱風「安德魯」為保險業帶來有史以來規模最大的損失。波克夏在佛羅里達州的業務規模不算大，但其他很多保險公司卻遭受到滅頂之災。有些保險公司因為機率很低的大災難而陷入嚴重虧損，這證明它們承銷保險業務的策略有問題。例如距離上一次地震發生的時間愈久，下一次地震發生的風險愈大。然而有的保險公司在承銷地震險時，卻因為距離上一次地震的時間很久，所以保費訂得很低。現在被颱風「安德魯」狠狠教訓一頓，它們應該學乖了。

多年來，保險公司都把颶風災害的保費訂得太低了，所有保險公司都低估巨災風險可能帶來的危害。如果上一次來了一個暴風半徑32公里的颶風，誰都覺得不可能會有一個暴風半徑112公里的颶風。但當暴風席捲而過，大片房屋和建築同時被摧毀，受災面積太大，甚至超出救援能力時，保險公司的損失就會直線上升。

眼看著索賠的要求席捲而來，一開始保險公司會準備3億美元，三個星期之後提高到5億美元。又過了三個星期，保險公司會說「看起來需要6.2億美元」。面對急劇上升的損失，保險公司已經不知所措。

我認為現在大家知道佛羅里達州、長島（Long Island）會遭遇颶風侵襲，而且在很大的範圍都有可能受到超大的颶風侵襲。這是好事，是時候讓人們了解這件事。

在波克夏股東會上，華倫說：「很多人不知道，美國最大的幾場地震中，有一個就出現在密蘇里州（Missouri）的新馬德里鎮（New Madrid）。不認為有地震帶的地方，也可能會發生大地震」。

波克夏承接風險之後，不會轉讓給其他再保險公司。還有一家公司也和波克夏一樣，完全自己承接風險，不購買再保險服務，這家公司是州立農業保險。州立農業保險不購買再保險服務，也不承接再保險業務。

我非常欽佩州立農業保險。事實上我們在聖塔芭芭拉

市的房地產建案沒有向波克夏子公司購買保險，而是選擇
向州立農業保險投保。州立農業保險更專業，在公寓與住
房開發保險領域，州立農業保險累積了幾十年經驗，表現
得非常出色。州立農業保險效率高、服務好，擁有誠實正
直的文化。根據資本計算，州立農業保險是美國最大的保
險公司。

州立農業保險採取互助的組織形式。有人說這種組織
形式不可能經營得很好，但州立農業保險卻做到了。

巨災保單通常設有很高的理賠觸發條件，沒達到觸發
條件就不會觸發任何賠償責任。我們承保的每筆巨災險合
約不盡相同，大多數保單規定，只有在24小時以上出現幾
千萬、上億美元的財產損失，才會觸發損失賠償。合約也
要求，只有在保險買方本身在災害中遭受巨大損失，才會
觸發賠償。所以巨災保單很少達到理賠觸發條件，但一旦
需要理賠，就要支付巨額的天價賠償。

承接巨災險的保險公司都是財力雄厚的大公司，唯一
能讓它崩潰的就是20年才會出現一次的大災難，難怪承接
巨災險的保險公司每年都會購買再保險，以確保它們這一
年能每晚睡個好覺。

波克夏承接的所有巨災險保單都設有理賠上限，但有
的保單規定我們有義務接受客戶續約一次。這樣一來，如
果颶風「安德魯」過境一周之後又來了一場超級颶風，波

克夏這一年一定會虧錢。

總是有人對波克夏說：「你們那麼多資金，為什麼只承接那麼少業務？所有保險公司都在做大規模。評等機構說你們每年的承保量可以是資本額的兩倍。」大家看著我們100億美元的保險資本，然後說：「你們的承保量可以做到200億美元，為什麼只做10億美元的業務？」

一段時間之後，可能又會有人問我們：「為什麼別的保險公司都倒下了，你們還活著？」

也許這兩個問題之間有些許關聯。

有人問一位登山家，你為什麼喜歡登山，他回答說：「因為山在那裡。」*有些保險公司的經營態度也是如此。它們覺得自己是保險公司，有保險業務可做就一定要做。

我們不會因為自己是一家保險公司，就什麼保險業務都接。我們只做合理、值得承接的保險。如果在這個基礎上能將業務規模做大，那就更好了。但如果值得承接的業務少，我們也必須忍受。我們的資金不會因為我們的保險承保量不理想而消失。

未來一定會有我們願意承接的業務，但這些業績一定會像雲霄飛車一樣有起有落，而且有的年份業績好，有的

---

* 編注：英格蘭登山家喬治·馬洛里的名言。他在被問及為何想要攀登聖母峰時回答說：「因為山就在那裡。」（Because it's there.）

年份業績差。

我沒關注過在芝加哥期貨交易所（Chicago Board of Trade）交易的巨災指數期貨。我們的文明傾向創造出愈來愈多新交易商品，這不是我欣賞的發展。如果讓我來管理世界，交易會減少很多。

◼ 裁員成本是一項巨大的隱形負債

問：除了股票選擇權薪酬和退休醫療福利，還有哪些資產負債表外的項目也沒有被計算為成本？

答：最大的一項就是裁員成本。如果你的公司和IBM一樣，在業務衰退時大量裁員，大筆發放遣散費，那就會導致資產負債表上的流動資產大量減少。這就好像一家汽車經銷商在銀行存了100萬美元現金，但銀行有個規定，一旦這家汽車經銷商的銷售額下降30％，銀行就會從100萬美元現金中拿走70％。這麼一來，你的銀行帳戶看起來就不像美國一般公認會計原則（Generally Accepted Accounting Principles, GAAP）認定下的這麼有錢，因為這筆錢可能會突然消失一大部分。

因此我們知道，除了股票選擇權薪酬和退休醫療福利沒被計算為成本之外，**許多公司還有另一項隱形負債，也**

就是裁員時要支付的大筆遣散費。

這種支付大筆遣散費的做法是隨著經濟發展而逐漸產生的。過去，人們只看資產負債表，如果有幾個員工離職，公司的資產沒有任何變化。這讓我想起當年彼得・奇威特（Peter Kiewit）還在世的時候，有人問他，為什麼不把高層主管的名字寫在總部辦公室的門上。他回答說：「主管們來來去去，但辦公室的功能保持不變」。

過去很多人抱持著彼得・奇威特這樣的態度，認為員工再怎麼流動，公司的資產都不會產生變化。但我們現在有一種新文化：公司只要一裁員，就必須向離職的員工支付大筆遣散費。

我們也支付過遣散費。我不是說員工失去工作，生活被打亂，不應該給他們補償。我只是覺得這裡出現一個有趣的會計問題。試想，只要公司決定進行一次中等規模裁員，資產負債表上就會突然冒出70億美元負債。

丹尼斯，這個問題你怎麼看？

丹尼斯・尼爾（Dennis Neer）：我想模仿您對巴菲特說的話，「我沒什麼要補充的」。

現在會計準則已經修改，正如您剛才所提到的，退休醫療福利現在需要攤提。還有一項法規規定，公司決定裁員後，必須攤提未來可能產生的成本，包括退休福利、醫療費用報銷等所有項目。但是在公司決定裁員之前，這些

費用是不需要列入應付費用的。根據這樣的會計處理，決定裁員的公司好像眼看著一艘巨大戰艦朝它緩緩駛來，等待著戰艦的撞擊。

答：裁員的遣散費是一大筆開支，所有從事證券分析的人都應該要留意這件事。

奇怪的是，歐洲公司裁員所付出的代價更高。歐洲各國對裁員有非常嚴格的規定。例如，你在法國開一家只有40個員工的小工廠，如果你決定關閉工廠，你就必須養著這40個員工，一直養到他們退休。

尼爾：上星期我正好在法國，幫一個客戶處理裁員事宜。在法國，裁員規模在9人以下，可以不經過工會或政府批准，但如果裁員規模在10人以上，就必須經過政府審查，而且必須把遣散費用清清楚楚列出來。在法國，裁員成本非常非常高。

答：在一個非常穩定的國家，可以透過法律強制要求公司支付高額補償金。但很多企業其實處在一個惡性競爭的世界裡，必須面對其他企業依靠廉價勞動力、高科技競爭的問題，這就讓它們處於極大的風險當中。

當人們決定在法國開工廠時，往往不知道這個風險，工廠一開就承擔一項巨額的隱形負債，而你的會計師會在事情發生之後才告訴你法規是什麼。

如何避免這項負債呢？最好的辦法就是從事不需要考

慮裁員問題的生意。過去20年，山姆·沃爾頓的公司應該沒怎麼考慮過裁員成本，但不是每家公司的生意都像沃爾瑪那麼好。

在大多數公司，裁員都是個痛苦的過程，員工痛苦、股東痛苦、所有人都痛苦。然而，裁員是資本主義的一部分。IBM的裁員造成劇烈影響，很多人曾經在IBM擁有穩定的工作，突然之間面臨前所未有的變化……但這就是資本主義。

有些行業，例如高科技、航空等領域，改朝換代的速度非常快，公司難免會大規模裁員，很多人可能會遭遇突如其來的變故。

■ 加州危機還在持續

加州有好幾個行業的大公司進行裁員，其中商業地產是重災區之一。加州遭遇自1930年代以來最嚴重的房地產危機，所有房地產商都奄奄一息。

房地產危機也擴散到其他行業，魏斯可旗下的子公司新美國電器就受到影響，銷售額大跌。在這種情況下，由於沒有大量裁員的開支，我們還能保住過去累積起來的資金，不過企業獲利就歸零了。

很多家電業的公司比我們還慘。這一行的價格比前幾年下滑50％，有些公司不惜以低於成本的價格銷售，只是為了讓公司還能繼續經營下去。

加州的航空業裁員，房地產業衰退，房地產開發已經停滯不前。有些房產五、六年前賣出去，一直保持著良好的還款紀錄，現在也出現問題。位於航空工業區的一些房產已經被銀行收走。加州的情況確實不樂觀。

我還沒看到衰退結束的跡象。加州還是一片慘澹。我對加州房地產開發商就這樣被經濟衰退擊倒感到驚訝，連許多經營保守、負債率低的開發商都虧光了。房子根本賣不出去。

就拿我們在聖塔芭芭拉市的房地產建案來說，銷售得有多慢？可是在整個聖塔芭芭拉市裡，我們的銷售情況還算好的。如果你覺得我們銷售速度慢，你應該去看看我們附近兩公里外那個建案，只賣出三戶，其中兩戶還是熟人買的。

人們的信心跌到谷底。在許多家庭，夫婦當中有一人失去工作。專業人士的收入大幅下滑。診所、律師事務所、會計師事務所的生意都很蕭條，特別是南加州。加州南部的情況比北部惡劣得多。

很多時候降價不是解決問題的辦法。很多年前，我還是個年輕傻小子時，和別人一起合夥做過房地產生意，我

們也經歷過一次可怕的經濟衰退，房屋銷售一落千丈。我
們認為，就算我們降價20％，銷售也不會有什麼起色。於
是我們按兵不動，就算兩個月才能賣出一套房產也始終不
降價，一直到最後把所有房子都賣出去。

互助儲蓄有過同樣的經歷。很多老股東應該還記得互
助儲蓄1968年在邦尼梅德（Bonnymede）開發的房地產專
案。無論互助儲蓄怎麼做，當時擔任董事長的路易斯・韋
森特都會說：「在四年的時間裡，互助儲蓄每個月只能賣
出兩棟住宅。就是這個節奏」。

房地產市場就像這樣，在某些時期的解決方案不是降
價，而是堅持到底。

我們互助儲蓄在蒙特西托開發過三個進展緩慢的專
案，我們經歷過三次房地產衰退期。就算我們再笨，也應
該明白，降價是沒用的。

從另一方面來看，過去的事情最後都得到不錯的結
果，更何況我們現在手裡的這個房地產建案，絕對能吸引
買家。

問：加州形勢如此惡劣，為什麼仍然看好富國銀行？
答：社會仍然需要銀行，需要銀行提供的儲蓄和貸款等服
務。現在加州只剩下三、四家大型銀行，它們擁有絕大部
分市占。

　　零售銀行業務是一門好生意，只要管理得當，即使在現在的環境之下仍然能有不錯的業績。加州的大型銀行具有明顯的競爭優勢，只要經營得當，它們就有很大的潛力能獲得非常好的資本報酬率。

　　富國銀行在開拓業務方面比較積極，而且在加州有大量業務，但是它遭受的貸款損失竟然不大，這要歸功於富國銀行的嚴格管理。

■ 我們有資金，在等大機會

問：魏斯可是否有意收購其他公司？

答：當然，只要有好機會的話。大家也知道，最近我們找不到什麼好的投資機會。現在我們資金多，機會少。現在要收購比你想像得還要難。

　　以波克夏為例。去年波克夏收購一家生產護士鞋的小公司。這筆收購是波克夏旗下的布朗鞋業（H.H.Brown）做的。鞋業沒有更新換代的問題，去年生產的41號鞋，今年還可以賣。

　　波克夏還收購一家小型保險公司，這家保險公司的總部恰好也在奧馬哈。這家公司想加入波克夏海瑟威，而且不要現金，只要波克夏的股票。我們已經很久沒做過大型

收購，太難了。我真希望我們有好消息可以告訴你，可惜沒有。我們在等待機會，也許新的機會會出現。我們手裡有錢，不怕沒機會。

問：當前市場是否與1970年的市場類似？
答：我們不預測總體經濟變化，也不預測股市走勢，我們不靠預測做投資。我們選擇我們最看好的機會投資，我們不會因為看多或看空股市而殺進殺出。

也許有人夠聰明能預測股市漲跌，不過對此我深表懷疑。反正我們沒有聰明到可以預測股市。

房地美和房利美前途看好

只要聽聽廣播，你就會知道房地美和房利美搶占很大一塊市占。因為這兩家公司興起，貸款仲介也隨之發展起來。房地美和房利美從儲貸業搶走大量生意。

儲貸機構必須依照存款金額的0.25％繳納存款保險金，還得承擔其他龐大的監理成本，但房地美和房利美不需支付存款保險金，光憑這一點，它們的成本就比儲貸機構少很多。房地美和房利美還透過貸款仲介機構拓展住房抵押貸款業務。由於仲介機構的進入門檻很低，所以這兩

家公司擁有大量仲介機構為它們服務。

房地美和房利美，加上眾多的仲介機構，讓很多儲貸機構沒生意可做。房地美和房利美成為產業的兩大巨頭，前途無量。

它們的優勢如此之大，想不賺錢都難。

問：房地美和房利美如何防範貸款仲介機構的詐欺行為？
答：房地美和房利美也曾經吃過虧，但它們從錯誤中學習。這兩家公司和我們儲貸機構一樣，都曾經有過一連串損失。

被欺騙的感覺非常不好，如果你有一個聲譽不佳的貸款經紀人，全世界都會記得這件事，不斷揭你瘡疤，讓你難堪，這讓人感到非常難受。所以經歷過仲介詐欺後，房地美和房利美收緊標準。現在它們的管理非常嚴格。

仲介機構也心知肚明，它們就像鑽石經銷商一樣，只要有過一次騙人的行為，下次做生意就沒有這麼好運。仲介機構需要房地美和房利美，它們可不想把自己的飯碗給搞砸。

到目前為止，房地美和房利美沒吃過大虧，部分原因在於它們有嚴格的管理制度，就像世界儲蓄一樣。所有人都在反覆學習同樣的事。人性就是如此，因此你必須有強硬的制度。

▇▍所羅門已經重新走上正軌

所羅門失去很多員工，有些犯錯的員工被裁掉，但也有些優秀員工自己離職。失去優秀員工是所羅門的損失，特別是當它正處在新聞浪尖時，正需要優秀的員工幫它度過難關。

我認為現在所羅門的狀況已經逐漸好轉。我非常欣賞所羅門集團與子公司的新執行長，我認為所羅門有非常優秀的人才。

就本質而言，投資銀行這門生意具有業績時好時壞的特性，只因為所羅門的業績有些波動，評等機構就調降所羅門的評等，我認為這是不對的。波克夏每年的業績也有波動，但評等機構不會調降波克夏的評等。評等機構明白波克夏有意識地承受一些波動，反而會讓自己變得更強大。

所羅門公司人才濟濟，有很多聰明的員工盡心盡力試著規避風險。那麼，所羅門還是存在風險嗎？不久前紐約聯邦準備銀行總裁發表一篇演說，他認為風險還是存在。

我們的金融體系太複雜了。很多期貨交易沒有清算機構、沒有以市價入帳，這是一個很危險的系統。所羅門以及許多金融機構的大量部位確實能做到以市價入帳，我們很多衍生性金融商品合約設有追加保證金的條件。所以即使發生最糟糕的情況，事情可能也不會像你所想像的惡

劣。但目前的衍生性金融商品與交易確實存在系統性風險。

所羅門每筆交易都經過縝密的計算，它很清楚自己可能會出現大筆虧損。如果兩筆大交易連續失敗，所羅門整季的業績就泡湯了。像所羅門這樣的投資銀行，它們從事的衍生品交易本身存在著系統性風險，即使經過縝密計算，還是可能出現單季虧損，所以會有業績波動的風險。

與其他投資銀行相比，我不認為所羅門表現不佳。在很多方面，我認為所羅門的表現甚至比較好。

但是所羅門畢竟不是波克夏海瑟威。美國有14家信用評等為AAA的公司，波克夏是其中之一。我認為永遠不可能有投資銀行獲得AAA的評等。投資銀行這門生意本身就存在一定風險。

華倫和我現在已經不再管理所羅門的事務。華倫出任所羅門董事長，在所羅門工作大概八、九個月吧。所羅門已經恢復正常，它在很多方面得到改善，它突然出現在頭條新聞的風險應該比以往更低。

全美航空特別股的投資

我們持有全美航空的特別股。我在全美航空董事會擔任董事，全美航空規定的退休年齡是70歲，這表示我只能

再任職幾個月。

全美航空現在比其他航空公司表現得稍微好一些，但價格戰會打到什麼程度、打多久，還是很難說。

根據計算，我們持有的全美航空特別股能有9.25％的報酬率。到目前為止，它一直在配發特別股股息。然而全美航空也一直在增資發行普通股，最近才剛剛又增資發行兩億美元普通股。

華倫說這筆投資是他的「非受迫性失誤」。我們減持這支特別股，但這筆投資還在，還沒結束。

問：英國航空（British Air）入股全美航空，是否有助於提升波克夏這筆投資的安全性？

答：我們認為會有幫助。英國航空是全世界營運紀錄最優秀的航空公司之一。科林・馬歇爾爵士（Sir Colin Marshall）領導英國航空多年，取得出色的成績。

馬歇爾爵士出身於社會底層，他從事過租車業、航運業，早年一直在服務業打拚，累積豐富經驗。掌管英國航空以來，馬歇爾爵士盡職、盡責，把公司管理得非常好。

全美航空與英國航空攜手合作，符合雙方的共同利益。

對於這次合作，其他航空公司頗有微詞。它們認為既然英國航空能入股全美航空，英國也應該允許美國的航空公司進入英國。在我看來，這些航空公司的想法很愚蠢。

英國現在只是個小國，長期壟罩在經濟陰霾之下。我們的傳統、我們的文化、語言全都起源於英國。一家聲譽卓著的英國航空公司持有一家美國航空公司的部分股權，這有什麼大不了？英國和美國公司交叉持股的情形可多了。

美國的航空公司之間有一個歷史悠久的傳統，就是為了一點小事大打出手，不鬥個你死我活決不罷休。對我來說這太瘋狂了。我希望美國航空公司之間的價格戰收斂一點，否則最後整個產業都會被拖垮。

我非常欣賞全美航空的員工，我認為他們是一群聰明、工作勤奮的人。如果運氣好的話，一切都會很順利。

有些美國航空公司說，英國航空入股全美航空，他們就能控制全美航空。

英國人無法控制全美航空。全美航空的大量股票由其他股東持有，還有獨立的董事會。全美航空與英國航空的合作完全符合法律規範。但有的航空公司仍然不相信，他們說不管合約怎麼寫，英國航空一定會取得全美航空的控制權。其實真的沒有。

我和華倫在董事會擔任董事就可以證明這一點。華倫和我怎麼可能為一家外國航空公司充當傀儡？我們欣賞英國航空，但我們擔任全美航空的董事，完全獨立於英國航空，我們代表的是波克夏和魏斯可的利益，以及其他全美航空股東的利益。

▇ PS集團的投資困境

PS集團是另一個讓我們有點尷尬的投資，一堆問題同時出狀況。

PS集團裡有很大一部分資產與全美航空有關。全美航空的困境導致PS集團出現大量損失，而且全美航空的股東淨資產還曾一度跌到零。

不過讓我來問大家一個問題。你們猜猜，如果不考慮過去收購所帶來的商譽，通用汽車（General Motors）現在的淨資產是多少？大概是零。也許我們已經創造一種新的美國時尚：以最快的速度把資產歸零。我年輕時，美國公司可不是這樣的。

▇ 每況愈下的藍籌印花

藍籌印花是魏斯可的母公司，鮑伯·博德（Bob Bird）負責管理藍籌印花。告訴大家一個好消息，我們打算提高舊贈品券的兌換價值，不過可供兌換的商品選擇有限。

鮑伯，我們什麼時候能提高贈品券的兌現價值？

鮑伯·博德： 9月，我們會為股東兌換價值更高的商品。

答： 在所有從事印花票生意的公司裡，從來沒有一家像我

們這樣。

順帶一提，做為藍籌印花「出色」的管理高層，我們把這家公司的銷售額從每年1億2,000萬美元做到30萬美元。這可不是什麼值得驕傲的事。

儘管藍籌印花的主要業務不行了，但我們還是取得一定的成功。藍籌印花的股票，現在價值大約有10多億美元。

多年前，在我們還沒收購藍籌印花這家公司時，藍籌印花遭到一項集體訴訟，法院判決藍籌印花將少量股票寄送給加油站經營者，做為對他們的補償。我太太有一家常去的加油站，她告訴那個加油站老闆，拿到藍籌印花股票後不要賣。後來有一天，加油站的老闆看到她，一個勁地向她表示感謝。

或許我們應該再收購一家瀕臨倒閉的公司。想想看，如果我們當年一開始從事的是好生意，會發生什麼事呢？或許我們也有可能被好生意寵壞了，或許根本不可能成功。

■ 金融業的誘惑

保險公司有好有壞，有的經營穩健，有的早晚要倒閉。金融機構當中有許多讓人感到灰心之處。

金融業的誘惑實在太大，人性根本禁不住考驗。只需要動動手指頭，大筆金錢就會進帳，人們很容易被沖昏頭腦。一站在吃角子老虎機前，人們就會失去理智，不斷投注、不斷下注，沉迷其中無法自拔。

我認為保險公司的管理高層也好賭，他們沉迷於交易中。

最近勞合社風雨飄搖，它幾乎在同一個時間做錯所有事。想想看在年邁的老人眼中看來，這世界變成什麼模樣？他們是否曾想過會在有生之年看到勞合社、通用汽車、IBM、西爾斯百貨（Sears Roebuck）、柯達（Kodak）這些昔日的巨頭一個接一個倒下？

勞合社是否能活下去？很難想像歷史如此悠久的公司無法存活。但我也不認為勞合社就一定能活下去，就算活下去，它也可能變成完全不同的組織。

名聲很重要，勞合社這次的危機讓它名譽掃地。勞合社捲入大量醜聞，欺詐訴訟、巨額損失、保險業務員自殺⋯⋯你不會想要有這樣的名聲。

問：誰制定魏斯可的發展策略？
答：魏斯可的策略怎麼來的？這些策略是一個混合體，我們管理高層都參與決策。但我認為可以這麼說，魏斯可最重要的一個人不在這，他的名字是華倫・巴菲特，他在內

布拉斯加州。

我看華倫還很年輕，精力充沛，62歲依然充滿工作熱情，看不出有任何放慢腳步的跡象。

波克夏的董事長可能會變老，但波克夏的資產不會消失，波克夏的組織架構不需要更換大量人員就能正常運轉。我們的組織架構非常精簡，就算時間推移，我們的組織也只有兩、三個關鍵的地方需要更動。

天主教會則不同，在波士頓，牧師的平均年齡高達59歲。天主教會有牧師高齡化的問題，這可不是隨便找幾個人來就能解決的事。我們波克夏用不著換那麼多人。

我喜歡書呆子成功的故事

我推薦大家閱讀加勒特・哈丁的新書《生活在極限之內》（*Living Within Limits*）。哈丁在這本書中總結他畢生所學。哈丁是一位真正的思想家，這是一本非常精彩的書，由牛津大學出版社出版。

在座各位應該不是科技迷，你們大多數人跟我一樣，喜歡更簡單的東西。但我認為比爾・蓋茲（Bill Gates）的傳記讀了很有啟發。讀了這本書，你就會知道在軟體革命中，編寫軟體和銷售軟體需要付出什麼樣的努力。這本書

讀起來很有趣，可以說這本書講的是書呆子成功的故事。

我喜歡書呆子成功的故事。原因是什麼應該不用我說了吧？

8

承擔風險的前提

1994年股東會談話

合理的報酬與風險機率小

編者按

在1994年3月致魏斯可股東信中，蒙格披露公司1993年的營收資料：1993年合併營業收入（不計投資收益）為2,038.2萬美元，每股2.87美元；合併淨利為1,971.8萬美元，每股2.77美元。

1992年和1993年的合併淨利細項如下：

	1993年		1992年	
	金額 （千美元）	每股 （美元）	金額 （千美元）	每股 （美元）
營業收入（虧損）				
互助儲蓄	2,458	0.35	3,746	0.52
魏斯可—金融保險業務	12,434	1.75	13,146	1.85
精密鋼材業務	2,189	0.31	2,075	0.29
其他營業收入	3,301	0.46	3,533	0.50
出售有價證券的收入	1,156	0.16	147	0.02
出售止贖財產的收入（虧損）	-	-	（146）	（0.02）
不尋常的所得稅費用	（1,109）	（0.16）	（17,500）	（2.46）
處理互助儲蓄的存款和貸款的收入	906	0.13	-	-
處理新美國電器約80%股權的損失	（1,617）	（0.23）	-	-
魏斯可合併淨利	19,718	2.77	5,001	0.70

如上表所示，魏斯可出售1988年收購的新美國電器。

1993年，根據股權比例，魏斯可在出售業務前的六個月期間淨損失為192萬美元，在最終處置其權益時實現160萬美元的額外稅後損失（每股0.23美元）。出售新美國電器的決定是由新美國電器公司執行長葛蘭·米切爾主導，他無法再忍受自1930年代以來的惡劣商業環境。蒙格認為，魏斯可進入電器設備領域的時機不佳，是他誤判的結果。

1993年，美國市場大型股大漲，但在1994年第一季時，或許是因為聯準會升息與墨西哥政治動盪等內外因素影響，大型股持續下跌。因此，1994年5月25日魏斯可股東會召開時，股東們十分關心好不容易恢復元氣的市場是否會再次風險加劇，特別是相較於1970年代初「漂亮五十」那段時期。

蒙格對此做出回應，也具體談到富國銀行、所羅門、房地美面臨的風險與應對措施。蒙格也根據自己的親身經驗分享在商業上，如何從別人的經驗中學習，以及什麼樣的知識更重要。

股東會問答

股東問（以下簡稱問）：在您職業生涯早期階段，是否有什麼特殊的商業或投資經驗，讓您確信投資優質企業更

好？是從實際投資經驗歸納出來的，還是透過理論分析得到的結論？

蒙格答（以下簡稱答）： 我們大家都在追尋智慧。我很想告訴你，我只是讀讀報紙，看看別人的經驗，就能得出正確結論。我確實從別人的經驗中學到很多東西，如果你不能從別人的經驗當中學到東西，你的人生注定會遭遇許多波折。

但是，許多道理是我遭遇過挫折之後才明白的。多年來，我在一家收割機經銷商擔任董事。這家公司位於中央谷地，它是國際收割機公司（International Harvester）的經銷商。這家公司的生意非常差，手上從來沒有現金。做這樣的生意，不管賺、賠都看不到現金，這一點都不有趣。多年來我目睹這家公司慘澹的經營狀況。後來，我又經營電子產品的生意，沒想到出現磁帶這種新技術，我們的產品直接被淘汰了。那是一段很痛苦的經歷。

所以有些道理，我們吃過虧之後才明白。

還有一次，也是年輕時，華倫和我買下巴爾的摩（Baltimore）一家百貨公司。那也是個錯誤。這筆投資做錯了，因為當時我們年少無知。

但其實那時我們的年紀也不小，不應該犯這個錯誤，我們只是沒有從別人的錯誤中學到足夠的教訓。

還好我們很快就意識到我們無法駕馭這門生意。事實

上我們也很快就知道，巴爾的摩那個百貨公司，不管誰來
經營都會束手無策。

　　我們買進那家百貨公司時，當地有四家連鎖百貨，它
們平分掉市占。四家百貨公司之間的競爭愈來愈激烈，如
果想要繼續經營下去，就需要投入大量資金。幸運的是我
們退出這門生意，收回成本，好像還賺了每年2％的利息。
但這筆投資讓我們學到一個非常寶貴的教訓。

■ 尋找不需投入更多資本就能成長的公司

　　華倫有時會在商學院授課。他曾經拿出兩家公司的歷
史業績，讓學生們比較，但不告訴學生是哪兩家公司。這
兩家公司一家是從事報業的湯普森出版公司（Thompson
Publishing），另一家則是美國電話電報公司（AT&T）。

　　很明顯，這30年來，電信公司對股東來說是個糟糕的
投資，因為它必須一直不斷發行新股、投入更多資本，才
能確保獲利，根本沒有現金可以發給股東。我們說的是歷
史上的美國電話電報公司。後來它拆分，前幾年轉型，現
在已經是一間完全不同的公司。

　　湯普森出版公司比美國電話電報公司強多了。它是
一個報業集團，經營很多地方報紙，總是有源源不斷的現

金。除非是要收購另一家報紙，否則湯普森出版公司的業務根本不需要投入更多資本。因此投資湯普森出版公司的股東變得有錢，但投資美國電話電報公司的股東卻沒有。

之所以有這麼大的差異，主要是因為一家公司不需要投入更多資本就能成長，而另一家公司成長所需要的資本，遠遠超過企業的獲利。

如果追加投資，就能擁有很好的投資報酬率，投資人當然願意投入更多資本。但現在有很多公司，股東投入更多資本，表面上看起來股東權益報酬率數字還不錯，實際上股東卻無法獲得真正的收益。

這就像我之前提到的經銷收割機的公司，就算它股東權益報酬率達到10%，但它也拿不出一塊錢分紅給股東。

像這樣的公司很多，這些公司都是投資陷阱，都是假象。**投資就要買現金流好的公司，你應該尋找停下來喘口氣就會被錢淹死的公司才好。**

■ 兩種投資方式

投資時，你偶而會想做一些虧損機率大、但賺錢也可能賺得非常多的投資。但你大部分時間會想投資在只要持有時間夠長，就幾乎不可能會出現虧損的投資。

這兩種投資我們都做，但這兩種投資的做法完全不一樣。**股票投資時，你需要的是智慧，以及希望機率對你比較有利。**

有些人會根據第一種投資方式發放貸款。他們知道自己借出去的貸款違約率很高，所以他們會收取36％的利息。他們知道有人借錢之後會去販毒，他們的車可能會被警察沒收，貸款就收不回來。但只要利息夠高，可以彌補大量貸款損失，這樣的放款生意也可能會賺錢。

我們可不想做這樣的生意。

投資銀行存在系統性風險

問：您說過要學習投資經驗。當然，吸取投資經驗教訓的一種方式就是回顧過去幾百年金融投資史。從各種客觀衡量標準來看，過去三年的金融市場，或許出現有史以來最大的一場投機泡沫。

首先，您是否同意這個看法？第二，史上沒有一個投機泡沫可以簡單收場，您可以評論一下這將帶來什麼後果嗎？

答：通常華倫跟我不會預測市場何時崩盤，也不預測大的總體趨勢。這不是我們的專長。**我們試著根據相對價值來**

選股，之後無論總體經濟如何波動，我們都安之若素。

回到你的問題，我不認為現在股市正經歷有史以來最嚴重的一場泡沫之一。1973年、1974年股市崩盤之前的「漂亮五十」（Nifty Fifty）*時期，美國證券交易所（American Stock Exchange）裡每檔股票都在漲，那才是真正的泡沫。最近發生的狀況其實只是像可口可樂這樣的好公司本益比變高。好公司變貴，這未必有什麼不對。

問：那麼債券市場呢？這次似乎債券市場中存在比較嚴重的投機。

答：確實，有些避險基金在債券市場上進行比較明顯的投機操作，但它們都虧損了，應該不至於影響整體金融市場。如果有一天連擦鞋童都開保證金帳戶，借錢買股票，那時股市要是崩盤，才會對整體社會造成強烈衝擊。

某些系統從本質上來看災難風險較小。任何像所羅門這樣業務結構複雜、規模龐大、涉及大量放款的公司，即使再努力控制風險，也無法徹底消除出現最低風險的可能。你無法從系統中去除這些風險，所以才稱之為系統性風險。你只能儘量把這些風險發生的機率降到最低，但不

---

* 編注：1970年代於美國紐約證交所交易的50家代表性企業，包括可口可樂、美國運通、麥當勞等。

可能完全從系統中消除。

　　所羅門的槓桿那麼高，那麼多員工都可以透過口頭指令或鍵盤操作掌控數十億美元資金，當然存在系統性風險。

　　像所羅門這樣的投資銀行一旦陷入危機，紐約聯邦準備銀行可能會見死不救。

　　如果所羅門出現巨額虧損，向紐約聯邦準備銀行求救，紐約聯邦準備銀行可能點頭答應，也可能告訴它一句：「走開」。這就是當年它們對德崇證券（Drexel）說的話。紐約聯邦準備銀行冷淡地決定讓德崇破產。

　　但如果求救的是銀行，監理機構可不能坐視不理，監理機構會動用存款保險解救銀行。大型券商和仲介機構沒有這樣的政府支持，它們得不到政府救濟，這就增加投資銀行的系統性風險。所羅門上次陷入危機時就對此深有體會。

■ 承擔風險的前提

　　可以說，在加州承接大量房屋保險業務，就存在一定的系統性風險。最近加州的保險公司就嘗到系統性風險的滋味，我把這種風險稱之為「地震風險」：出現的機率很低，但一定會發生，而且造成的損失會很可觀。

20世紀保險公司承接的房屋保險業務太多了，遠遠超出它淨資產所能承受的範圍。我們絕對不會冒這麼大的風險，我們所有巨災險都設有上限，也就是說，我們每一張保單都設有最高理賠金額。我們把最高理賠金額加起來，如果覺得總額太高，有點不安全，我們就不再承保。20世紀保險公司則不然，它不停承接新業務，不知道即將摧毀整個公司的風險已經悄然而至。

我們非常謹慎地面對系統性風險。除非我們犯了嚴重錯誤，否則我們不會遭遇系統性風險。

我們認為像許多保險公司那樣行事是瘋狂的。許多產險公司承接大量房屋保險業務，現在它們發現只要颶風「安德魯」稍微偏一點，從大城市中心掃過，它的破壞力就可以輕而易舉變成原本的四倍。這樣一來，大部分保險公司都得破產。這太瘋狂了。

一旦陷入如此愚蠢的境地，那些保險公司日子會變得很難過，因為它們不能說：「唉，我改變主意，不想做了。」它們要是膽敢這麼說，保險監理員一定會告訴它們：「我代表的是公眾利益，我不管你們風險如何。我不希望憤怒、擔心的屋主指著我，對我憤怒地大叫」。

因此，保險監理員往往會以一種極不平等的方式行事，他們偏向投保人，不管這對保險公司來說公不公平。所以除非保險公司願意完全退出加州市場，否則就算犯下

錯誤，這些已經承攬的保險也不可能中止。

我一直對人類的行為模式很有興趣，這讓我想到一幅漫畫。漫畫裡畫了一個牛仔，他騎著一頭騾子，騾子一腳踩空，順著斜坡往大峽谷的谷底衝。牛仔拚命拉著韁繩，邊拉邊喊：「你給我停下來！停下來！」但已經太晚了，再怎麼喊都沒有用。

投資很容易陷入牛仔的困境，管理企業也是如此。

在之前的股東會上，我曾引用銀行業一句格言，這句格言是德州一位老銀行家說的。他說：「在發放貸款之前，就把貸款收回來」。

很多時候，還真的只有在發放貸款之前才能把貸款收回來。這話太有道理了。

我們像躲避瘟疫一樣遠離無法擺脫的困境。波克夏海瑟威願意承擔較大的風險，不怕虧損好幾億美元；魏斯可也願意承擔風險，不怕虧損幾千萬美元。**但我們承擔風險的前提是我們能得到合理的報酬，而且風險機率小，即使風險發生，我們的淨資產也足以應付**，不至於影響貝蒂·彼得斯（Betty Peters）的財務狀況，不會影響她去海外旅行。貝蒂剛從海外旅行回來。

貝蒂·彼得斯：謝謝你，查理。

答：我們希望即使有風險，我們的股東也只會感到生氣，但不至於虧得元氣大傷。

　　你提出的這個問題非常重要。很多公司的激勵制度非常不合理。管理階層的決策讓公司承受風險，但在大多數時候風險沒爆發，表現得很好。可是一旦風險爆發，管理階層只是受薪階級，可以置身事外，損失都是股東的。從股東的角度來看，這種決策機制非常不合理。

問：房地美業務中的槓桿是否也會讓它存在系統性風險？

答：當然。但到目前為止房地美運作得非常好。如果你把經濟衰退、信用緊縮算進來，房地美也經歷過一些風險，但損失並不大。在房地產市場危機時，那些額度低、信用紀錄良好的住房抵押貸款表現得很好，房地美沒有出現太大虧損。

　　如果你的小額住房抵押貸款每個月要還款800美元，當你被解雇時，你的岳父、你的兄弟會幫你一把。但如果你每個月要還款1萬美元，你的岳父就幫不上什麼忙。所以在房地產市場衰退時期，大額抵押貸款的損失很嚴重。房地美和房利美主要經營小額抵押貸款，沒遭受到太大損失。

　　房地美和房利美認為它們已經採取有效的避險措施，充分防範利率風險。我認為我比較信任房地美和房利美。

　　其實，對於複雜的避險操作，我始終抱持著懷疑態度。前不久亨利・考夫曼在演講中說了一句話，他說：

「『風險管理』是個很時髦的現代商業用語，但它的問題在
於，似乎只要把『風險管理』掛在嘴上，風險就真的得到
管理」。

**問：大概四個月之前，債券市場出現大家都沒預見的風
險，也就是債券組合的存續期間風險（Duration Risk）*。您
談到房地美和房利美如何應對投資組合中的信用風險。您
是否可以談一下存續期間風險是否會對這兩家公司造成影
響？**

答：我們之所以拿出大筆資金投資房地美，很重要的一個
原因就是看好它的商業模式。從房地美經營之初，它就把
大部分存續期間風險轉移出去。我們非常認同這種經營策
略。

　　近年來，房地美這項策略開始有點鬆動，但基本上
房地美的策略還是沒變，它仍然讓別人去承擔存續期間風
險，也就是利率風險。

　　所羅門投入大量資源控制利率風險，它採用很多複雜
的模型，安排很多員工專門做這項工作，竭盡全力試圖擺
脫利率風險。

---

*　編注：債券存續期間愈長，代表持有長天期標的較多，對市場利率波動
　的敏感度愈大；存續期間愈短，代表持有長天期的投資標的較少，對市
　場利率變動的敏感度相對較小。

　　所羅門已經很努力，但我認為想要徹底消除利率風險是不可能的。不過至少它們正在努力嘗試中。

　　在某種程度上，控制利率風險的方式實際上是把部分利率風險轉化為信用風險。在防範利率風險的操作中，涉及一系列複雜交易，而所有這些交易只有在對方信守承諾的情況下才能發揮作用。降低利率風險，實際上是在信用風險和利率風險中尋求一種平衡。

　　要做到這件事，需要大量的人才與準確的判斷力。所羅門人才濟濟，而且它們也一直在努力。

問：所羅門是否也像基德與皮博迪證券公司（Kidder Peabody）一樣持有大量住房抵押貸款證券？

答：我沒具體看過，不過我不這麼認為，我認為基德與皮博迪證券公司持有的規模更大。你如果拿這個問題去問基德與皮博迪證券公司，他們一定會說：「放心吧，我們已經做好避險。」至於到底有沒有做好避險，我沒有資格評論。

　　人人都說自己已經避險。現在的金融界沒有人願意承認自己沒有避險，特別是那些擁有MBA學位的人。我從來沒聽華倫說過他有避險。

▌注意隱形負債

問：您之前提醒我們，要留意資產負債表之外的債務。事實證明，您非常有遠見。例如去年您說，保險公司逃避現實，根據經驗而不是充分考慮風險就盲目承接保險業務。今年，我們就看見20世紀保險公司陷入困境。您還曾指出退休醫療福利沒有認列為成本。現在會計規定改了，這筆開支必須認列為成本。

我想請問，您認為現在在資產負債表之外，有哪些負債需要注意？

答：裁員成本也是一項實際存在、規模非常大的債務，但沒有反映在資產負債表上。一家公司未來決定裁員時，資產負債表上的資產會大幅減少，但它現在的資產負債表上並沒有認列這筆可能因裁員而產生的巨額負債。在這種情況下，我認為會計制度存在漏洞，沒有充分反映現實。

很多公司因為裁員而必須支付高達幾億、幾十億美元的成本，成本之高令人咋舌。事實上，縮小企業規模所要付出的成本確實存在，但這項成本並沒有被認列在資產負債表上。所以我認為現實生活中有一些事情正在發生，但會計師卻在麻煩來臨之前根本沒發現這些事。

投資人必須考慮這種事。你可以從已經公布的財務報表數據開始分析，因為從投資人角度來看，報表中有很多

錯誤的數據。

丹尼斯，你是不是必須完全遵守會計準則，不管你自己有什麼不同意見？

丹尼斯・尼爾：沒錯。就裁員成本而言，在公司管理高層正式做出裁員決定之前，你不會認列這項成本。公司可能清楚知道要裁員了，但還沒正式做出決定，按照現行會計制度的規定，只要沒正式宣布，公司就不必認列這項成本。只有正式宣布，這筆負債才會出現在公司的資產負債表上，所以這筆負債何時認列，公司在很大程度上可以自己決定。這就是問題所在。

答：這是會計制度上的一大漏洞。你問我什麼是大家都沒看到的大問題，我想我已經點出一個。這個問題很大，裁員成本可能是一項龐大的隱形負債。看看IBM的淨資產，當它必須裁員時，它的那些淨資產幾乎根本不敷存在。

一家公司走到崩潰邊緣時，最有可能做出惡劣的會計舞弊行為。因為走投無路，只好做假帳，使出各種方式虛增收入，例如把存貨算成應收帳款。最嚴重的造假來自誘惑最大的地方。造假動機最強烈的公司，搞出來的會計舞弊行為愈惡劣，這非常符合邏輯。

另外我認為，好大喜功的那種人，在高壓環境下可能會表現得很糟糕，畢竟他們本來就是一心想著不勞而獲的人。你為什麼要信任這種人？現在我有時候會接到石油投

資推銷員的電話，想想看，如果你的孩子長大之後成為這種人……。

很多年前，我還年輕時，南加州有一家石油公司，老闆是有名的老酒鬼兼無賴。這家公司在場外市場交易，公司的暱稱是「超級騙子」。交易商會說：「超級騙子報價多少？」「15.25美元」。

大家都說，就算這家公司真的找到石油，也會被老酒鬼偷走。

問：您認為加州房地產市場和銀行體系還有繼續下跌的風險嗎？

答：身為富國銀行股東，我們一直很關注加州的房地產市場和銀行體系。在這次嚴重的房地產危機中，富國銀行用優異表現交出一張完美的成績單。富國銀行損失慘重，但它的虧損完全在可承受範圍之內。我認為富國銀行的狀況已經得到良好的控制。

問：這麼嚴重的一場危機能安然無恙地度過，富國銀行是怎麼做到的？

答：我認為富國銀行的房地產放款在總資產中所占的比重應該不比其他銀行低，之所以損失比較少，主要有兩個原因：第一，富國銀行的客戶群體信用更好，貸款品質更

高；第二，在發現危機之後，更快、更果斷地採取行動。這兩個因素加在一起讓富國銀行的損失更少。

西屋信用（Westinghouse Credit）絕對是個反面教材，它把發放貸款的權力交給一個傻子，這個傻子把錢借給開發商用來建設酒店。不但把錢借給開發商，還借給蓋酒店的開發商，真是錯上加錯。西屋信用就這麼被這場危機打敗。但富國銀行比西屋信用聰明得多，沒被危機打倒。一家銀行的房地產放款品質如何，不能只看總金額，也不能只看簡單的分類。有些銀行的放款組合品質遠遠優於其他銀行。

整體來看，我認為北加州目前狀況不錯，南加州可能還需要一段時間才能走出來。

■ 透過房地產賺大錢的是少數

問：您在年報中説，長期來看，房地產上市公司沒有為股東創造太多價值。這是因為房地產上市公司需要繳納企業所得稅嗎？還是有別的原因？

答：繳納企業所得稅是部分原因，即使不考慮這個因素，我覺得房地產這門生意也很難做。過去40年，投入大量資金的大型房地產建案有很多，但真正能為企業帶來可觀複

合報酬率的沒幾個。

　　當年，美國鋁業公司（Alcoa）買進洛杉磯西部世紀城（Century City）大筆土地，地價每平方公尺才50多美元。那是個黃金地段，治安良好，非常有前景。美國鋁業買進這塊地的時機也好，買進之後沒多久，就趕上南加州最繁榮的時期。然而儘管用這麼便宜的價格買進一大片地，經過多年開發，扣除利息成本，美國鋁業卻沒賺到什麼錢。

　　我們魏斯可也有一塊地，地價成本每平方公尺才10美元，而且緊鄰聖塔芭芭拉市的海岸線。我們很多年前就拿到這塊地，也沒賺什麼錢。

　　大塊的土地，哪怕處於黃金地段，也會讓開發商一敗塗地。偶爾有人能成功，但那終歸是少數。總之，房地產是一門很難做的生意。

■ 投資全美航空是個錯誤

問：魏斯可投資全美航空的特別股，您是否能評論一下這筆投資？您將這筆投資減記為75％，請問您如何得出這個數字？

答：估算這個數字時，我們參考當時全美航空其他特別股的價格。我們盡了最大努力，儘量按照當時的情況計算出

一個公平的價格。*我非常樂意回答這個問題。對於我們犯的錯誤，我認為應該不斷揭起瘡疤，讓我深刻反省自己的錯誤。我願意反省，雖然過程不好受，但我知道這麼做是對的。

這筆投資是個錯誤。全美航空的生意太難做，它面對的困難太多。航空業提供的服務屬於沒有差別的普通商品，工會的行為又已經發展到非常極端的程度。現在公司陷入混亂，要採取措施改正現在這個局面，人們很難達成共識。

如果我是飛行員、機械工程師或空服員，我願意完全放棄與工會簽署的合約，以保住80％左右的工作崗位。但工會成員是否會像我這樣思考，我就不知道了。

我不是在開玩笑。我如果是工會成員，我真的會這麼想。如果他們不能以大局為重，做出一定程度的讓步，全美航空可能難逃厄運。

全美航空的董事長賽斯·斯科菲爾德（Seth Schofield）從行李管理員開始做起，一步步做到今天這個位置，非常了不起。賽斯誠實、直爽、有智慧，每週工作70個小時。我認為他是個好人。賽斯還有個特質我也非常欣賞：他一

---

* 　原書注：蒙格在當年的股東信中寫道：「我們估計1,200萬美元全美航空股票的價值，比我們購買時少25％」。

直不斷學習。很少人能做到這件事。

　　賽斯的背景可能讓他比較容易獲得工會信任。他的職涯與大多數航空公司董事長不同。

　　在其他航空公司，你會發現很多高層主管自己拿著豐厚的薪酬，卻不遺餘力壓榨工會。這不是我的行事風格，大家應該有難同當才對。當年，通用汽車一邊要求員工減薪或離職，一邊增加高層主管的退休金，這種行為令人難以接受。不過現在通用汽車管理高層換人，不會再有當年的行為。

　　賽斯能挽救全美航空。全美航空的高層主管一定會與所有員工共體時艱。很多公司高層主管做不到這一點，他們不願意放棄自己的利益。

問：航空業是否也和百貨業一樣無可救藥？

答：我們開始大筆減持這筆投資，這就說明我們認為確實出現有可能無法解決的問題。

　　我不認為完全沒救，我認為賽斯·斯科菲爾德也許能挽回局面，他是個誠實正直、令人敬重的人。工會的領導人也不傻，他們很清楚其中的利害關係。

■ 魏斯可無法與波克夏並駕齊驅

問：波克夏海瑟威的長期目標是每年淨資產成長15％，魏斯可是否也有類似目標？如果有的話，目標是什麼？

答：除非我們運氣特別好，否則我們的年報酬率將低於波克夏訂下的目標。過去幾年我們都沒達到15％，未來應該也達不到。

我們的目標是盡力而為，其實這也是華倫的目標。過去每年23％的報酬率，股東們已經習慣成自然，華倫訂下15％的目標是想告訴大家，每年23％的報酬率不是天經地義的。15％是華倫根據波克夏現有規模，以及他盡最大努力所可能實現的預估報酬率。

魏斯可和波克夏都會盡力而為，但魏斯可的報酬率會比波克夏低。

魏斯可和波克夏都是保險公司，但兩者無法相比。波克夏擁有大規模的保險浮存金，魏斯可沒有。波克夏旗下一些保險公司擁有經過幾十年累積而形成的競爭優勢，魏斯可也沒有。波克夏保險業務的實際價值遠高於帳面價值，魏斯可的不是。就這麼簡單。

問：我發現波克夏海瑟威把4,000萬到5,000萬美元的保險業務分保給其他保險公司。波克夏為什麼不分保給魏斯可

部分業務？

答：我在年報中提過，只有在對雙方都有利的情況下，魏斯可才會從波克夏承接業務。這次波克夏是出於偶然因素而轉讓部分業務，但我認為未來還會有很多這樣的情形。

問：您能否分析一下，如果波克夏透過換股收購魏斯可，對雙方有何利弊？

答：早年換股是行得通的，但那時有一部分魏斯可股東不同意。現在情況不一樣，換股對波克夏來說不划算。

除非波克夏能獲得同等價值，否則它不可能發行股票。魏斯可也是一樣。

從我們入主魏斯可開始一直到今天，我們的流通股數量始終沒變，20多年都沒變。我們絕不會輕易發行新股。

就像我在魏斯可年報中提到的，波克夏擁有一些魏斯可沒有的價值。然而魏斯可最近股價很高，遠遠超過它的清算價值。按照現在的情況，沒辦法換股。

問：在今後五、六年裡，波克夏是否會考慮將旗下眾多子公司單獨上市，以展示您投資組合中各個子公司的真正價值？

答：華倫回答過這個問題。我們覺得波克夏現在這樣就很好，非常符合股東利益，我們完全不考慮讓旗下子公司單

獨上市。

　　其實，我們非常討厭那種混亂的複雜結構。說實話，我們的腦容量非常有限，我們想把有限的腦容量用在更有意義的事，不想讓複雜難解的狀況把我們的精力消耗殆盡。讓子公司單獨上市，波克夏將只能持有大量子公司的部分股權，這不是我們想做的事。

　　我們有幾家像魏斯可這樣的公司是出於歷史因素，還有一些是我們在收購家族企業時做出的安排，因為有些企業希望保留部分股權。每家公司都有自己的原因。我們不可能主動把波克夏的結構搞得那麼複雜，充斥各種利益衝突。我認為很多複雜的東西都是投資銀行向受過金融教育的公司高層兜售的胡言亂語。

　　有時候把一家子公司徹底分拆出去是合理的，但是把子公司20％到30％的股份拿出來單獨上市，我認為這通常是愚蠢的想法。

　　我希望我們有更多機會。如果你回顧波克夏子公司藍籌印花的收購紀錄，你會發現它平均五年就有一筆重要的收購。我們都已經盡力了，五年才能完成一筆重要的收購。華倫說過很多次，現在以合理的價格收購整間公司，非常不容易。我們的競爭對手出價很大方，他們用的是別人的錢。而波克夏在考慮每一筆收購時，**我們把波克夏的錢當成自己的錢。**

我們年輕時每五年才能做成一筆收購，那時候競爭還不像現在這麼激烈。現在想要大規模收購只能靠上天眷顧。

倒也不是完全沒機會，但我認為可能性不大。

有些知識比別的知識更重要

問：如果由您來管理我們學校，為了培養未來的商業人才，您會如何安排課程？哪些課程最需要學習？

答：在學生時代，當我學到排列組合時，我眼前為之一亮。我記得應該是在高中二年級時學的。我一接觸到這門知識，我就知道這個知識很有用。奇怪的是我的數學老師卻不覺得排列組合有什麼重要。

但我知道排列組合非常重要，所以我學會這個知識，我一輩子都在運用這個知識。

排列組合很重要，一元二次方程式沒那麼重要。我不知道你們是不是跟我一樣，但我投資這麼多年，從來沒用過一元二次方程式。從事商業和投資卻不懂排列組合，不會用排列組合的方式思考，我有個經常使用的比喻可以描述這種情況：你會像個只有一條腿的人和別人比賽踢屁股一樣。

9

別在意波動

1995年股東會談話

只要能到達正確的終點，我不介意路途顛簸

編者按

在 1995 年 3 月致魏斯可股東信中，蒙格披露公司 1994 年的營收資料：1994 年合併營業收入（不計投資收益）為 2,465.9 萬美元，每股 3.46 美元；合併淨利為 1,897.2 萬美元，每股 2.66 美元。

1993 年和 1994 年的合併淨利細項如下：

	1994年		1993年	
	金額 （千美元）	每股 （美元）	金額 （千美元）	每股 （美元）
營業收入（虧損）：				
魏斯可—金融保險業務	21,582	3.03	12,434	1.75
精密鋼材業務	2,900	0.40	2,189	0.31
互助儲蓄	-	-	2,458	0.35
其他營業收入	177	0.03	3,301	0.46
出售有價證券的收入	163	0.02	1,156	0.16
全美航空特別股減記	（5850）	（0.82）	-	-
非經常性所得稅費用	-	-	（1109）	（0.16）
處理互助儲蓄的存款和貸款的收入	-	-	906	0.13
處理新美國電器約80%的股權的損失	-	-	（1617）	（0.23）
魏斯可合併淨利	18,972	2.66	19,718	2.77

1995 年 5 月 25 日，魏斯可在帕薩迪納市召開股東會。雖然有巴菲特力挽狂瀾，但此時所羅門仍未恢復信譽和元氣。

針對這一年媒體對所羅門所做出的負面報導，蒙格綜觀投資銀行生意，展望所羅門前景，並表示對這筆投資充滿信心。

這一年，蓋可保險成為波克夏的獨資子公司，但整體而言，蒙格認為保險生意並不容易。蒙格還針對銀行業、電視台與報業發表評論。他坦言自己也是因為投資收益高而轉行做投資，但到底該如何投資，還是要自己多思考、少行動，看準機會才能下重注。

股東會問答

股東問（以下簡稱問）：最近媒體出現許多與所羅門兄弟公司相關的負面報導。有的報導說所羅門管理階層人品正直，但能力不佳。請問您如何看待所羅門前景？

蒙格答（以下簡稱答）：所羅門是一家投資銀行，我們先從投資銀行這個產業說起。

回顧過去50到70年的歷史，我們可以發現倒閉的投資銀行很多。翻看30年前的發行公告，那一長串投資銀行當中，40家裡面可能有38家消失無蹤。在一家公司的發行公告上，名單中的投資銀行甚至一家都沒有存活下來。

有些投資銀行沒有完全破產，只是遭受巨大虧損，然

後被其他投資銀行併購。總之，過去100年裡活躍的投資銀行可能不下100家，但活下來的只有四、五家。

所羅門是投資銀行界的後起之秀。二、三十年前它還只是一家交易債券的小型機構，憑著衝勁和智慧逐漸壯大，發展成一家大型投資銀行。但從投資銀行的發展歷史來看，這一行的死亡率非常高。

多少投資銀行被併購，消失得無影無蹤。那些投資銀行曾名噪一時，最後卻難逃覆滅的命運。

為什麼投資銀行從事證券交易，賺取佣金、抽成，經營卻如此困難？答案是錢太好賺，人們很容易迷失自己。到處都是容易賺的錢，總有人一夕致富，也總有銷售人員會為了錢越過法律或道德的底線。

投資銀行裡每天都有大量資金流動，連決策部門都可能受不了誘惑而失控。因此，投資銀行是一門艱難的生意。

換個角度來看，最後活下來的大型投資銀行，例如美林證券（Merrill Lynch）、高盛（Goldman Sachs）、摩根士丹利（Morgan Stanley），雖然也有波動，但這些年來它們一直經營得很好。

根據規模和產業地位來看，所羅門大概能排在第五或第六，在全球也算得上聲譽卓著。所羅門有許多優秀人才，也有雄厚的資本實力。我認為所羅門是產業倖存者之一，我甚至相信所羅門不但能活下去，而且還能活得很好。

　　儘管如此，至少在短期內所羅門不可能成為一家每年、每季都表現得很好的企業。所羅門業務規模龐大，還擁有大量的自營交易，與美林相比，所羅門的獲利波動必然會比較大。多年來所羅門一直採取這種經營模式，業績一直具有波動性。

■ 只要終點正確，我能忍受過程顛簸

　　這種波動讓很多人感到困擾，但我不在意。**只要能到達正確的終點，我不介意路途一路顛簸。**在持有一筆投資期間，如果一路顛簸能讓我換來每年高一、兩個百分點的報酬，我會非常樂意。我認為與其他投資銀行相比，所羅門走的路比其他人更顛簸，不過我猜它會做得很好。

　　我很欣賞所羅門的兩位領導人。如果所羅門再次陷入同樣的危機，他們是否能做出不同的決策？當然會。誰都知道應該吸取教訓，我們不都是這樣嗎？

　　大家都知道我們持有所羅門的特別股，而且具有強制贖回條款。當年我們做這筆投資，是用它來替代市政債券，但如果當時我們知道之後要參與管理，為所羅門收拾殘局，我們就不可能投資。我們不知道所羅門違規投標公債會讓華倫被迫出任所羅門執行長。

　　總之，投資銀行是一門難做的生意，我認為我們會經歷顛簸起伏。不過我不擔心魏斯可這筆投資會虧錢。

問：這些年來，魏斯可和波克夏的保險生意愈做愈大。您之前曾說保險業競爭非常激烈，而且保險業是唯一一個做得不好卻反而會得到更多現金的產業。現在保險業還是這個情況嗎？

答：保險業這門生意不是十拿九穩的。不信看看勞合社，現在還生死未卜。儘管曾經擁有金字招牌，但現在勞合社這家百年老店可能連三、四年都撐不下去。

　　很多曾經輝煌的保險巨頭都隕落了。20世紀保險公司曾經也非常優秀，結果只因為一次大地震就走到破產邊緣，不得不尋求再保險。波克夏承接這筆業務，魏斯可也承接一小部分。由此可見保險業這行沒有那麼一帆風順。

　　不過話說回來，仍有許多保險公司的表現很出色。波克夏持股的蓋可保險生意就非常好。此外，保險業當中也有許多不錯的利基市場。在大型保險公司中，州立農業保險公司經營得非常好，雖然可能會遭受到一些極端風險影響，但它經營有方，經營方式很明智，也合乎道德。

　　但平均來說，產險公司為投資人帶來的長期報酬很普通。這不是一門輕鬆的生意。

　　保險業當中每家保險公司都不同，不能一概而論。魏

斯可與波克夏和其他保險公司不同，我們耕耘自己小小的利基市場，有自己獨特的經營方式，我們跟其他保險公司不一樣。

　　如果一場超級颶風席捲長島，或是一場大地震襲擊南加州，可能就會讓許多營運良好的保險公司破產，它們沒有為此做好準備。

　　我不認為魏斯可和波克夏會因為這種事而倒閉。我們始終遵守嚴格的紀律，把防範重大風險放在首位。

◼️ 見機行事，抓住兩、三個大機會

問：去年波克夏很活躍，收購大量股權，魏斯可卻按兵不動，為什麼？這是基於現金流的客觀決定，還是主動選擇不進行收購？
答：魏斯可的投資主要取決於是否有閒置資金，去年我們主要是持有既有的投資。順帶一提，最近房地美、吉列和可口可樂的表現並不差。

問：請問如果今後魏斯可要進行大筆投資，現金將從何而來？
答：如果未來出現大機會，我們的資金主要有兩個來源：

一個是現有業務和投資的獲利與股息；另一個是賣出持有的部分投資。我們和大家一樣，需要資金的時候也需要籌措。

如果我們看到特別好的機會，我們有可能會借點錢投資。過去我們也曾這樣做。總之，波克夏的文化是對高槓桿採取敬而遠之的態度，但這不代表我們永遠不會借錢投資。

問：魏斯可旗下的保險業務是否能帶來更多浮存金用於投資？

答：目前魏斯可旗下的保險業務產生不了多少浮存金。過去我們曾經做過一、兩筆交易，使我們的浮存金顯著增加。現在我們只能盡力而為，我無法預測未來浮存金是否會增加。

魏斯可的保險公司雖然資本規模比較大，但業績並不特別出色。而且從保險業務的收益來看，我們獲利偏低。當然我們會想辦法提升保險業務的獲利能力，不過這不容易。

問：過去 10 年、15 年，波克夏的保險浮存金成長速度很快，請問未來能繼續保持這樣的水準嗎？

答：過去十幾年，波克夏並不是按照事先定好的計畫按部

就班發展，而是見機行事，**抓住兩、三個大機會才達到今天的規模**。我認為波克夏未來仍然會這麼做。

我不知道波克夏的浮存金是否會繼續成長。如果波克夏能抓住大機會，它的浮存金就會繼續成長，而這需要我們能敏銳地掌握時機才行，浮存金可不會自己成長。

問：最新一期《傑出投資者文摘》(*Outstanding Investor Digest*) 刊登您在南加大 (University of Southern California) 發表的演說，您在演說中談到經銷通路效率愈來愈好。您是否認為隨著科技進步，銀行的經銷通路效率更好，吸收存款的效率也會提高？

答：這是一個好問題，我們在現場來個小測試。去年，你們有多少人去銀行的次數不到五次？過去兩年，你們有多少人根本沒去過銀行？

看看大家舉手的情況就能回答這個問題。銀行的經銷體系變了，變得更快捷、更方便。世界正在改變。

問：為了建立一定的規模經濟，各大銀行正努力擴大存款基數。它們的努力有意義嗎？網路或其他電子存款方式是否可能取代銀行？

答：那些努力擴大規模的人現在對未來感到憂心忡忡，害怕比爾·蓋茲等科技新貴搶走它們的飯碗。如果我有預測

未來的能力，那我就會在所有領域戰無不勝，但我沒有，我不知道未來會變成怎樣。

對擁有很多自動化業務的銀行管理者來說，銀行是利潤豐厚的生意。銀行給存戶的利息很低，自己的利潤很高。至於銀行能否永遠保住這個優勢？這就是銀行業有趣的地方，也是它們為什麼會擔心比爾‧蓋茲的原因。

之前銀行發明信用卡，對早期投入這個領域的人來說，這是一個完美的金礦。誰知道呢？說不定它們還能在未來的系統裡找到新的金礦。還有一種可能是，銀行的業務將日益普通商品化，銀行將失去昔日賺錢的能力。這些都是非常有趣的問題，但我沒有比你更好的看法。

大家知道，我們賣掉自己的儲貸機構。我們以前有一家小型儲貸機構，但監理負擔過於沉重，所以我們退出這個行業。未來儲蓄業的監理會更寬鬆，還是更嚴格？我個人認為情況會愈來愈糟。

問：眾所周知，銀行業是一個週期性很強的行業，但現在銀行都在涉足不同型態的經營方式，有很多不同業務，例如信用卡、基金等。你認為銀行業是否正朝成長性產業轉型？

答：當年電視機發明之後席捲全世界，那時候的電視機是一個具有成長性的產業。我們現在銀行數量很多，銀行不

可能具備像當年的電視一樣那麼高的成長性，畢竟人口數量有限，對銀行業務的需求有限，存款可能達到的規模也有限。因此，我不認為銀行會突然之間變成一個具有高成長性的產業。

對精明的經營者來說，銀行是非常好的生意。銀行業將來可能有危機，也有契機，但我不知道到底未來會如何。

不過我們還是非常看好銀行業，波克夏持有大量富國銀行的股份，魏斯可也持有富國銀行股份。

問：電視台做為一個經銷管道，競爭優勢已不如從前。電視台還能保留一定的定價權嗎？您還會投資電視台嗎？
答：在美國，電視台仍然是非常好的生意。電視台可以把有聲音的彩色畫面以很低的成本傳輸給龐大收視群，由於無線電頻率和波段有限，所以電視台一直是一門非常賺錢的生意。

現在的競爭激烈，出現有線電視、衛星電視之後，電視台的生意沒過去那麼好。如果沒有這些競爭對手，電視台會更賺錢。

這讓我想起我有個同事，有一次在一艘船上遇到箭牌（Wrigley）口香糖家族的一位繼承人。我這位同事對箭牌公司稱讚不已，他說箭牌是個好公司，他還對這位女繼承人說，她能繼承箭牌公司的偉大財富，一定感到很光榮。

　　這位女繼承人回答說：「箭牌現在的生意是很好，但是當年我爺爺瑞格理（Wrigley）壟斷全球樹膠供應的時候，箭牌的生意更好」。

　　現在的電視台和箭牌一樣，如果還擁有以前那麼多市場影響力，它們能賺更多錢。不過現在這樣就已經很不錯了。

問：您覺得現在報業的經濟效益如何？報紙會被淘汰嗎？還是仍然值得投資？

答：關於這個問題，華倫在年報中說了很多。報紙仍然是一個了不起的行業，但沒有以前那麼偉大了。

　　報業現在面臨許多不利因素。讀報的人愈來愈少，有些地區居民雖然讀報，但讀的是其他語言的報紙，這也是一個不利因素。另外有些零售商不怎麼投放廣告也取得巨大成功，例如普萊斯會員店（Price Club）和好市多（Costco），這又是另一個不利因素。所以報紙仍然是好生意，但報業已不如以往。

問：去年在股東會上，您說全美航空仍然有可能與工會達成和解，走出困境。最近全美航空表示它與工會的談判取得進展。然而，問題多拖延一天，全美航空就多虧損一天。您認為全美航空的前景如何？

答： 這個很難說。去年股東會上，我說問題有可能解決，前提是工會能理智思考，考慮長遠利益，如此他們就有可能很快做出合理的決定。

然而工會領導人、工會顧問都承受著巨大壓力，他們很難做出理智的決定。因此大家是否能團結起來，我也不知道。

但我要告訴你，全美航空倒閉，對飛行員影響很大，飛行員可能完全找不到工作，就算找到新工作，來到一家新的航空公司，他們也只能從頭做起。他們的損失會非常龐大。一位飛行員原本年薪15萬美元，他所在的航空公司倒閉，他找到的下一份工作不可能年薪還會有12萬美元，他的收入會減少非常多。

我一直認為**為了多占一點便宜，或少吃一點虧，人們會拿對自己十分重要的東西去冒險**，連那麼好的工作都不要，簡直瘋了。

如果我負責管理飛行員工會，這件事早就解決了。鬧了這麼久實在太離譜。我說這些話是站在飛行員的立場，不是為了維護全美航空的利益。*

---

* 原書注：自擔任全美航空董事以來，查理和華倫便一直在應付無止盡的法律訴訟、營運難題，以及工會帶來的麻煩。到了今年，糾纏許久的壓縮成本問題依然沒有得到工會讓步，蒙格和巴菲特雙雙從董事會辭職。

問：您認為PS集團的前景如何？

答：魏斯可沒有參與投資PS集團，但幾年前波克夏收購PS集團大量股權，損失不少錢。一、兩個錯誤的決策，加上航空業陷入混亂，讓PS集團出現重大損失。

我認為PS集團的管理高層正努力帶領公司走出困境，不過別對它抱什麼希望。我還能說什麼呢？我們不可能每次都贏。

問：魏斯可買進房地美時，您在年報中列舉您看好房地美的理由。然而，最近房地美把10億美元交給一些基金經理，買進奇怪的投資商品。房地美是不是有點偏離正道？

答：我沒有特別關注房地美每個細節。所有現代的金融機構都比我們更喜歡四處尋找機會投資，這是必然的，因此我們投資的任何一家金融機構，不論是銀行還是其他機構，都不可能像我們一樣安分等待時機的到來。

看到它們四處投資，我們只能搖搖頭、歎歎氣。你提到房地美的這個投資，我不知道是對是錯，我只知道房地美業務紀錄良好，多年來一直穩穩地堅守主業。

我認為人們做的很多事不如不做。我曾說過，如果有人把厚厚的新股公開說明書遞給你，而他是靠這個賺佣金的，你最好別去讀這份說明書。就算有可能錯過幾個機會，也別去看。記住這件事，這一生你能過得更好。

我們有很多類似這樣的小規矩，我們不可能讓世界上所有人都遵守我們的規矩，但我們比大多數人都願意忍受過程的顛簸。

人各有志，我們不能期望全世界都擁有我們這樣的處世態度。

■ 社會認同的心理學陷阱

問：在新世紀慈善基金會（Foundation for New Era Philanthropy）的龐氏騙局中*，為什麼會有那麼多人上當？他們為什麼相信能在六個月裡收益翻倍？

答：我認為這是一個觸及人性的問題。面對這麼瘋狂的事情，這些有身份、有地位、頭腦聰明的人為什麼突然變得這麼愚蠢？這是一個非常有趣的問題。

這場騙局利用心理學所說的「社會認同」（Social Proof）現象**。看到兩、三個人帶頭這麼做而且奏效，其他人就相信了。「畢竟如果連高盛董事長都參加，那一定

---

*　編注：1990年代，新世紀慈善基金會操弄受害者的行善動機，從教會與各慈善團體處騙取1億3,500萬美元，之後宣告倒閉。受害者遍及各階層，包括許多金融界知名人士，如慈善家洛克斐勒、前美國財政部長威廉‧西蒙、高盛前董事長約翰‧懷特海德。

**　編注：指人們經常依靠其他人的行為來決定自己應該怎麼做。

就沒問題。」「賓州大學（University of Pennsylvania）也
加入了，那一定沒錯。」不自己思考，而是盲目地跟著別
人行動，這是一種非常危險的思考方式。

　　居然有人相信捐款給慈善機構，半年就能把錢翻倍
……這是個經典案例。人們很容易隨波逐流。

投機風潮對社會有害無益

問：您如何看待當前的投機行為？

答：在我看來，現在有太多投機行為，而且投機風氣絲毫
沒有收斂的趨勢。

　　我不喜歡這種投機風潮。長遠來看，投機行為對社會
無益，瘋狂的投機行為甚至可能為社會帶來嚴重的危害。
我們的社會太熱衷於短期交易。

　　從現代的標準來看，像我這樣憎恨投機的人根本是
老頑固。但我個人認為，如果美國的證券交易量可以減
少80％，我們的社會會更好。如果我有能力，我會調高稅
率，讓現在的交易減少80％以上。

　　我一直不明白，在我們的社會中，很多優秀的人才整
天坐在那裡交易一些小紙片，各種中間商像賭場裡的荷官
一樣發牌和處理籌碼，這對我們的文明有什麼好處？但你

去問商學院的教授，他們會說交易愈多愈好。也對，如果
市場上沒有那麼多投機交易，金融系教授還能做什麼？

　　試想市場上沒有投機行為會變得怎樣。「買進可口可
樂股票，持股不動。」然後市場一片寂靜。「紐柯鋼鐵公
司（Nucor）需要新建一座廠房，於是便發行A級的10年
期債券。」然後，市場又是一片寂靜。

　　市場上沒有投機行為，企業財務管理就無用武之地，
人們會覺得很無聊。

問：您從法律專業轉行走上投資之路，過程是什麼？

答：很多人都是對資本運作過程感興趣而走上投資之路，
我也不例外。我有一個大家庭，要養活很多人，當年我覺
得如果我能學會投資，就有可能賺很多錢，財富自由。從
事法律可能無法做到這件事，於是我逐漸從法律業轉行到
投資業。

問：您為最初一批客戶提供多久的投資顧問服務？

答：我的客戶一直不多。身為理財經理，我自己從投資中
賺的錢已經夠多，不需要太多客戶。我的客戶是少數一些
信任我的人，有些是我當律師時的客戶，有些是家人和朋
友。

　　就規模而言，為別人管理資金時，我的規模非常小。

我曾經算過，在我所有財富當中，只有非常小一部分來自從事法律服務和資金管理業所獲得的薪酬，其他絕大多數財富是我透過投資自己資金累積起來的。

■ 勝算大時要下重注

問：您認為，投資組合應該集中持股，您是怎麼得出這個結論的？

答：好的。1960 年代初期，我曾經把一張複利速算表擺在面前，估算各種情況。我計算如果我只持有三檔股票，可能會承受什麼樣的波動，可能會有什麼樣的優勢。拿著一張複利速算表和一個計算機做高中代數運算，我仔細思考了很多種情況。

我得出的結論是，**只要我能應對這些波動，同時持有三檔股票就足夠了。**我只是大略計算一下再加上邏輯推理就得出這個結論。身為一個撲克牌玩家，我知道**勝算大的時候要下重注。**

我知道集中持股要面對的波動比較大，但我也知道自己是個心理承受能力很強的人，所以我的個性非常適合集中持股這種方式。

順帶一提，我也確實遭遇到一些波動。查一下惠勒蒙

格合夥公司（Wheeler, Munger & Co.）1973年和1974年的
報酬率，你就知道我那時候有多狼狽。*但其實大跌的那兩
年為我之後發生的好事奠定了基礎：我在1973、1974年股
市大跌時持有的股票，價值是市場價格的三倍。

所以只要我能撐下去，市場就不能把我怎麼樣。那段
時期確實很難熬，但我認為**年輕時就應該有股拼勁，好好
吃苦磨練**。不敢拚、怕吃苦，那就太懦弱了。

---

* 原書注：惠勒蒙格合夥公司前期的表現十分驚人。到了1973年，公
  司在空頭市場中遭受打擊，資產縮水31.9%（當時道瓊工業指數下跌
  13.1%），1974年則縮水31.5%（同期道瓊工業指數下跌23.1%）。後
  來到1976年初清算公司時，惠勒蒙格合夥公司元氣有所恢復。最終，
  從1962年到1975年，公司的年均複合成長率是19.8%（同期道瓊工業
  指數的年均複合成長率只有5%。

10
投資時的三種不為
1997年股東會談話

我們傾向投資比別人看得更懂的產業

編者按

在1997年3月致魏斯可股東信中，蒙格披露公司1996年的營收資料：1996年合併營業收入（不計投資收益）為3,073.4萬美元，每股4.32美元；合併淨利為3,061.9萬美元，每股4.30美元。

1995年和1996年的合併淨利細項如下：

	1996年		1995年	
	金額（千美元）	每股（美元）	金額（千美元）	每股（美元）
營業收入（虧損）				
魏斯可金融保險和堪薩斯銀行業擔保公司的保險業務	27,249	3.83	26,496	3.72
精密鋼材業務	3,033	0.43	2,386	0.33
其他營業收入	452	0.06	1,326	0.19
出售有價證券的收入（虧損）	（115）	（0.02）	4333	0.61
魏斯可合併淨利	30,619	4.30	34,541	4.85

1996年第三季，魏斯可公司以大約8,000萬美元的現金收購堪薩斯金融擔保公司（Kansas Bankers Surety Company）。堪薩斯金融擔保與魏斯可金融保險業績合併，根據合併會計慣例進行調整後，為保險業務的營業收入貢獻228.8萬美元。

堪薩斯金融擔保公司成立於1909年，為堪薩斯州的銀行

提供存款保險，主要客戶群為中小型社區銀行，遍布22個主要的中西部州。除了為聯邦存款保險公司承保範圍之外的銀行提供存款擔保債券，業務內容還包括提供董事及高階員工責任險、銀行雇主責任險、銀行年金和共同基金責任險，以及銀行保險代理人職業過失與疏忽大意責任險。當時堪薩斯金融擔保公司由總裁唐納德‧托爾（Donald Towle）與13名員工管理。

1997年5月2日，魏斯可在帕薩迪納市召開股東會。蒙格的談話重點包括好生意、房地美、全美航空的投資，以及關注個股評價而非總體經濟政策等。他還談到多元思維模式的重要性、投資時的三種「不為」，以及今年重讀的一本書。

───────── **股東會問答** ─────────

股東問（以下簡稱問）：餐飲業、酒店業、博弈業等公司不一定有自由現金流，它們有的像麥當勞一樣，需要買進更多地產，有的則是需要投入大量資金用於店面裝修與購買設備。

這類公司的獲利可能不低，但它們的自由現金流卻不多。該如何對這些公司進行現金流折現（Discounted Cash

Flow）分析？

蒙格答（以下簡稱答）： 要看資本投入是否有效。通常我們會把開設新店視為新投資，如果只是舊店搬遷，銷售額不變，就不是有效的新增投資。所以不能只看資本開支的統計數字，而是必須了解哪些資本投入可以擴大業務規模，哪些只能用於維持現有業務。

關鍵是要分清楚：為了維持現有業務需要有多少資本支出？資產報酬率高的公司，投入大量資本，有助於將來的成長，這樣的資本投入是好的，我們喜歡，所有人都喜歡。

因此你必須要有分辨能力，分清楚資本投入是否有效。有時候這很難。例如有時一家公司投入資金維護和修復舊有業務。投資之後，原本的業務長出新的商機。表面上看起來是支出維護費用，實際上投資後，公司的業務規模卻擴大了。這需要我們在分析資本開支時，能從現象面看懂本質。

但我們只會很粗略地進行現金流折現分析，我從沒看過華倫用現金流折現法一步一步精確計算公司價值。如果他無法不花腦力隨便想想就得出結論，我們就不投資。

波克夏旗下的子公司可能會進行精確的現金流折現計算，分析購買新設備等投資是否合適。不過我認為，即使是公司分析固定資產投資的合理性，也最好做那種想都不

用想的投資。

華倫經常說好生意和爛生意的區別。他說好生意，每個決定都簡單，想都不用想；爛生意，每個決定都困難。

▉ 投資要選容錯率高的好生意

問：富國銀行收購第一州際銀行，我聽說過程中發生一些事。您認為併購的同化過程（assimilation process）＊需要多久？到底發生什麼事？

答：通常同化過程中出現問題的機率很高，但偶而也會出現一樁成功案例，例如之前富國銀行收購克羅克國民銀行（Crocker National Bank）就是成功的案例。也許是因為收購克羅克國民銀行的過程很順利，所以富國銀行又收購第一州際銀行，結果這次的同化過程卻沒那麼順利。

這讓我想起好時公司（The Hershey Company）的故事。很多年前，好時決定進軍加拿大糖果市場。好時認為就算到了新國家，也要保持原本的味道，所以好時堅持傳統工藝，不用現代化的離心機，而是使用原始的石磨研磨可可脂。因此，好時把石磨研磨的生產程序完全複製到加

＊　編注：指一方公司放棄舊有的文化，完全採取另一方公司的文化。

拿大。

　　好時用了五年時間才在加拿大複製出正宗的好時風味巧克力。換個地方生產表面上看起來很容易，其實要克服許多困難。好時必須整合一堆新業務，又要讓消費者滿意，還面對競爭對手的挑釁，這是非常棘手的事。

　　好時進入加拿大市場的同化過程非常艱辛。

　　當年，我們把魏斯可的主要銀行帳戶從平安太平洋銀行轉到美國銀行，出現帳目不平的問題，美國銀行的工作人員怎麼查都無法解決，最後我們只好把資金取出，關閉這個帳戶，然後製作調整分錄（adjusting entry）[*]。

　　五年後，沒人會記得富國銀行今天收購第一州際遇到的問題。五年後，富國銀行將和美國銀行一樣，在加州擁有大量市占。真正的優質企業就是它禁得起損失、禁得起困難，還有幾個錯誤判斷。

　　我年輕時曾經在一家礦業公司當律師，這家礦業公司的老闆是個了不起的老人，他常說：「查理，好礦不怕管理差」。

　　對投資人來說，**投資要選容錯率高的好生意，能禁得起一點管理問題、一點困難，但好生意依然還是好生意。**

▎▋ 基數愈大、成長愈難

問：過去八年房地美生意非常好。最近房地美生意仍然很好，但資本報酬率略微下滑。您認為未來 15 年房地美的生意會如何？

答：房地美是一個了不起的企業。房地美和房利美兩大巨頭已經壟斷住房抵押貸款市場。過去，在住房抵押貸款市場當中，最活躍的是互助儲蓄等儲貸機構。現在兩大巨頭取代儲貸機構，它們以更有效率的方式提供住房抵押貸款服務。

不僅如此，兩大巨頭還承續傳統儲貸行業中最合理的經營模式，只為單戶住宅提供貸款，而且每筆貸款都有上限，這樣就能排除掉大量麻煩。

現在，加州房地產危機已經逐漸平息，我們經歷了自 1930 年代以來最嚴重的一場房地產止贖潮。房地美雖然也遭受損失，但整體虧損不大。

有些人貸款 80 萬美元，購買一棟 100 萬美元的房子。在房地產危機中，經濟不景氣，他們無力償還貸款，也無法向親戚求救說：「唉，我每個月要還 1 萬 4,000 元房貸，現在景氣不好，你能幫幫忙嗎？」

但如果這個人每月房貸只有 800 美元，就算經濟不景氣，遇到困難，親戚朋友就能幫得上忙。

因為房地美的經營模式合理，所以它遭受的損失比較少。

房地美和房利美建立獨特的競爭優勢，這是人們真正需要的基本信貸。它們的業務流程愈來愈方便快捷，雖然也透過仲介機構獲得貸款業務，但它們對仲介機構採取鐵腕手段，有效遏止仲介機構的不良行為。

這兩大巨頭因此擁有龐大的業務。正因如此，我們賣掉自己的儲貸機構，買進房地美的股票。

但正如華倫所說，基數愈大，成長愈難，公司的經營業績也是如此。一家大公司不可能無限期保持很高的複合成長率。房地美未來不可能像過去一樣高速成長，但我們認為房地美仍然是一家非常優秀的企業。

■ 現在做投資愈來愈難

問：對波克夏來說哪些股票有機會，也就是現在你們能看懂、一直在關注、只等價格合適就買進的股票？
答：我先問你一個問題：你覺得現在尋找投資機會變容易還是變難？

問：我覺得更難了。

答：那我們同病相憐。

問：我覺得有些股票很有吸引力，但太貴了。我大概關注50家公司，其中只有5家價格合適，可以買。我想知道你們關注的範圍有多大。

答：你比我們強多了，你的標的比我們多四個。現在，大家都覺得投資沒以前那麼好做了。

在座的投資人當中，有很多人堅守傳統的投資方法，追求買進遠遠低於清算價值的股票。清算價值是假設把整個公司解散清算後可以變現的價值，這個數字很容易計算。

但是有幾個因素導致這種傳統風格的投資變難了。首先，稅法變了。一家擁有商譽等可增值資產的公司必須在徵收公司稅的狀況下出售資產，這對清算價值產生巨大的負面影響，因為要繳納這部分的稅款，股東得到的清算價值少了一大半。

接著有一大批財大氣粗的買家，以及一些長期成功的投資者，讓大量資金流入退休基金或基金會。人們看見在過去很長一段時間裡，投資股票能帶來豐厚的收益，這就產生一種正回饋效應，大家都來投資股票。這就為你我這樣的價值投資者帶來投資難度，我們沒那麼容易找到好機會了。

看看我們現在沒什麼動作就知道，這不是因為我們的

投資能力不行，而是因為投資愈來愈難。

身為價值投資者，我們會比你們更早陷入困境，因為我們的規模比較大。但幸運的是我們養成這樣的思考方式：有些公司，即使我們以很高的價格買進，但價格還是遠遠低於其內在價值。

這種方式投資必須準確判斷一家公司的前景，也就是要知道一家公司現在的生意是好生意，而且還要能看出它在未來很長一段時間裡都會是好生意。

過去，傳統那些所謂的價值投資者認為我們這種投資想法不可取，但其實這種投資方式很有用，不過你必須看準機會。換句話說，如果你能正確地從「漂亮五十」當中篩選出真正優秀的五家公司，這種方式仍然能讓你取得良好的投資績效。

不過即使我剛才說的這種看準好生意的投資思維成功，也可能沒什麼用。再好的生意，價格太高，也不值得投資。這是很明顯的，**沒有任何一樁生意值得付出天價。**

問：我是一個投資新手，我還沒累積起大量財富，但您剛才說現在的機會不多，有點嚇到我。請問我們這樣的菜鳥還有希望嗎？

答：我認為你們這些菜鳥，在你們的一生中會有屬於你們自己的機會。但是如果你們想在今後五年裡輕鬆致富，我

想你們會發現，與你們周圍的老鳥相比，你們的投資之路可能會難一些。

不過你不該氣餒。難就難，別灰心。

問：我還年輕，我有10年、20年的時間。

答：對你們年輕人來說投資之路還長。**有時候需要播種，有時候需要收穫，也有時候需要熬過寒冬。**有個故事說，孩子問他的爺爺在法國大革命期間做了什麼，他爺爺回答：「我活下來了」。

有時候能活下去就不錯了。你必須知道什麼時候做什麼事，或至少把各種情況都考慮一遍。

■ 我們從不關注聯準會

問：聯準會似乎是一個最大的未知因素，聯準會的行動總是讓人猜不透，這似乎和別的國家不太一樣。

答：關於聯準會，我們沒有特別有用的訊息。幾十年來我們沒有關注過聯準會的一舉一動，這也沒有影響我們投資。所以我們不太可能現在開始關注聯準會的動向。

不過當然，你很難不關注股市的市值。對我們來說，我們最擔心的不是突然出現1987年那樣的暴跌。在未來很

長一段時間裡，我們會一直買股票，而不是賣股票。我們創造出很大的資本。未來，我們將一直買進股票。

像我們這樣長期買進股票，我們可能在乎50年之後的股價，但我們不願看到短期內股價一直上漲。

所以我們不擔心再次出現1987年那樣的暴跌，我們擔心的是儘管有小幅波動，但股價一直漲，漲到很高的價格，然後停留在高檔價位。每年都小幅上漲，根本沒什麼回檔。換句話說，我們最擔心的就是現在市場的情況一直持續下去。

但這正是大多數人要的，他們希望市場一直像現在這樣上漲。股價一直漲，基金公司、基金經理人、券商會笑逐顏開，但這對我們來說卻不是一個理想狀況。對魏斯可或波克夏的長期股東來說，這也不理想。

股價完全有可能出現我所說一直上漲的情形。與過去相比，大家可能覺得美國公司的股價太高了。然而，如果美國公司能繼續保持現在的資本報酬率，如果公債利率仍然保持在7%左右，美國公司現在的價格未必很貴。

我對美國企業是否可能繼續保持目前這麼高的資本報酬率感到懷疑，但我認為股價確實可能一直上漲，股息殖利率低、股價卻非常高。

對你們來說，這種狀況也不有趣。股價愈漲，你們的投資愈難做。你們喜歡不需思考就能做出決定的股票，

三元的資產、兩元的價格，你們早習慣這種無腦買進的機
會。股價繼續漲下去，你們很難找到那麼明顯的投資機
會。然而股價有可能一直漲，而且會持續一段很長的時間。

　　股價長期上漲，在今後50年裡，波克夏和魏斯可的股
東獲得的報酬會減少。

**問：您剛才說股票價格上漲，那麼請問現在收購私人公司
是否也要付出非常高的價格？**
答：有的私人公司具有成為上市公司的潛力。如果公開交
易的上市公司價格上漲，當然會影響這類私人公司的價
值。另外現在進行收購，很容易獲得資金支持，收購資金
增加會加劇競爭，也抬高私人公司的價格。

　　南方有個企業家，名叫派克，他有個小型集團公司，
經營電視台和報紙。他去世之後，他的繼承者決定把公司
賣出去。我們看了一下這筆收購，後來放棄了。

　　但有個人從阿拉巴馬州（Alabama）的退休基金借到
錢，做了這筆收購。他用於收購的所有資金幾乎都是從退
休基金借貸，利率很高，至少有10％、12％。他收購這家
小型集團公司的價格非常高，價格高到令人瞠目結舌。結
果前陣子，他還清所有貸款。

　　現在在市場上，連退休基金都開始拿出幾億美元幫助
人們以破紀錄的價格收購企業。在這樣的環境下，我們的

競爭對手抬高價格，魏斯可或波克夏很難進場收購。

波克夏最近談成的幾筆收購都是透過發行股票收購，這不是偶然。現在這種環境，很難用現金收購。

■ 華爾街帶來的影響

問：華爾街正在推銷保險風險證券化產品，您的看法為何？這會對魏斯可的保險業務產生什麼影響？

答：華爾街將保險風險證券化，確實會影響波克夏和魏斯可的保險業務。投資銀行的本質，或者說現代金融的本質在於，只要能為資金帶來可觀回報，投資的觸角就會伸向任何地方。投資銀行將保險風險證券化，確實可能產生一系列影響。投資銀行會讓資金流向任何它能說服資金流向的地方。即使對投資人不利，它也能取得佣金，這種激勵制度會導致許多問題。

為了利益，華爾街闖進保險業。投資銀行宣稱自己可以把保險風險變成證券，其實也就是用電腦算一算，再用印表機印出來，然後就可以開始四處銷售。

保險風險證券化也發生在波克夏與加州政府簽訂的再保險合約當中。摩根士丹利參與其中，打算將合約證券化，但它們花了很長一段時間也無法提出具體方案。加州

政府後來找到我們，詢問我們是否願意接下案子？我們只花兩秒就點頭承接。華爾街將保險風險證券化就到此結束。

　　很多時候投資銀行確實會搶走我們的生意。如果摩根士丹利沒有進入保險業，我們的生意會更好做？當然。至於證券化的潮流會持續多久、發展成多大規模，我不知道。我只知道華爾街會拚命把證券化的規模做大。

■ 訓練自己使用多元思維模型

問：您在南加大發表過一次演講，演講時，您說您是透過心智思維模型思考的，而且同時會有好幾種思維模型。您能談一談您的心智思考模型嗎？

答：毫無疑問，人類的大腦必須透過心智思維模型才能正常運轉。語義學家已經透過研究充分證明，大腦是透過比喻進行思考的，而比喻也是思維模型中的一種。因此，大腦透過模型思考，所有人的大腦都是如此。

　　最基本的模型運作效率最好，掌握基本思維模型，能讓你的大腦運作得比別人更好。在科學中，只需少數幾個公式就能正確做出極大比率的預測。同樣地，在複雜的現實生活中，也有少數幾種心智思維模型是最重要、最常用的。只要理解並熟練掌握這幾個最重要的模型，就能對你

的人生有所助益。

另一個提升自己的方式是掌握多種模型。很多人只懂一、兩種思維模型，因此在現實生活中，他們總是試圖將所有事情塞進這一、兩個模型。這就是為什麼我們總說：一個人手裡拿著槌子，看什麼都像釘子。這就是大腦的運作方式。

如果你想像我們一樣思考，你就必須擺脫只用一、兩種模型思考的習慣，你必須掌握多種模型，用各種心智思維模型去分析世界。

你還必須了解多種模型之間如何交互作用，因為經常會有兩種模型同時發揮作用的狀況。在這種情況下，二加二未必等於四，而是可能等於六或是八。

物理學中有一個臨界質量*的概念：你只需要在混合物當中再多添加1克普通物質，就會爆炸。有時候簡單的計算不能預測會發生什麼事。

事情也可能反過來。如果有兩、三種力量同時向你發揮作用時，也可能會產生巨大的破壞力。

我認為這些都是顯而易見的知識，每個人應該從小就知道，我也認為每個人必須學會這樣的思考方式。我們

---

* 編注：在核工程中，臨界質量是指持續核連鎖反應所需裂變材料的最小量。

現在的教育有所欠缺，總是把學生的思想限制在學科的圍牆之內。於是人們只懂得用一個學科內的一、兩種模型，無論遇到什麼問題，都想辦法把問題塞進這一、兩個模型裡。這樣做效果並不好，不會使用多個心智思維模型的人，在生活中會吃很多虧。

我知道這聽起來很極端，但生活中確實有很多這樣的人，他們只用一、兩個模型就度過一生。這種生活方式太糟糕了。

同時使用多種思維模型，可以體會到思考的樂趣。在我們投資的公司中，既有食品飲料業的可口可樂，也有國防工業中的通用動力（General Dynamics），還有金融業中的銀行以及生產刮鬍刀的吉列。顯然，同時投資這麼多種公司，我們的頭腦裡必然有一套以多種模型為基礎的思維體系。然後你會發現，這些思考模式背後都有一些最高的理念，例如高資本報酬率。

全美航空的投資時機太差

問：全美航空這筆投資一度表現很糟糕，現在看起來卻是筆好投資。您現在如何評價全美航空這家公司的生意？

答：謝謝你提出這個問題，給我一個展現謙卑的機會。

英國航空剛剛以高於成本的高價賣出它持有的全美航空特別股，大賺一筆。但很可惜，根據全美航空現在的股價，我們的特別股仍然無法透過行使轉換權獲利。很顯然地，我們買進這筆投資時沒有展現出我們最大的智慧。

你們應該記得，當初做這筆投資時，我們本來是打算用它來取代固定收益產品，如果沒有強制贖回條款與定期配發股息這兩個條件，我們絕對不會購買這種股票。

另外，我們在這筆投資中加入一個條款：如果全美航空特別股違約，停止配發股息，那麼未來除了支付累積的股息之外，還必須額外支付最優惠利率加5％的利息。當全美航空陷入困境時，如果停止配發我們的特別股股息，它每年就得多承受幾千萬美元的利息，將來要支付給我們的利率高達13％到14％。因為這個條款，後來全美航空陷入困境，但仍然按時配發我們的股息。

做這筆投資時，我們考慮到航空公司可能經營困難，所以我們堅持要有特別條款，構築堅固的安全防線。後來全美航空真的陷入困境，事實上，全美航空特別股差一點衝破我們的最後一道安全防線。

從現在的情況來看，我們應該能收回本金和9％的股息，說不定還能有些額外收益。

不管怎麼說，這筆投資做得不好。

■ 投資時的三種「不為」

問：多年前，波克夏投資過克利夫蘭‧克利夫斯公司（Cleveland Cliffs）和漢迪‧哈曼公司（Handy Harman）。您如何看待金屬業前景？波克夏是否會再次投資金屬業？

答：與我們投資的其他領域相比，我們投資天然資源類公司的表現鐵定不是很好。一般來說，如果你習慣買進後長期持有，天然資源這種大宗商品業務會很難做。

其實加州有一個露天硼礦，我很想投資。硼是一種無法人工合成的元素，這個礦又是露天礦，可以直接開採，成本非常低。當然，加州的社會治安良好，硼也沒什麼危害，而且這座礦場還位於人跡罕至的沙漠腹地，所以也沒有環境問題。

如果能把這座礦買下來就好。可惜這座礦場的主人也知道這是個好礦，不可能賣出。

問：最近政府放鬆對電信業和公用事業的管制，波克夏和魏斯可是否看到其中的投資機會？能否從中挑選出未來贏家？

答：不太可能。電信業和公用事業不是我們擅長的領域。有些產業我們能比別人看得更懂，我們傾向投資那些產業。

通常，我不太看好人人都在爭搶別人業務的投資機

會，對我來說，這只會帶來更大的競爭壓力。而且我們不喜歡快速的技術變革，因為我們搞不懂複雜的現代科技，所以不投資變化迅速的高科技行業。

毋庸置疑，未來也許有大好機會，但這些機會應該不是我們的。

◤ 卓越的人值得支付高於內在價值的價格

問：您曾說過，如果特別看好一家公司的基本面，應該勇於支付高於內在價值的價格。請問您願意支付多少溢價？

答：你錯誤引述我的話，**我從來不會以高於內在價值的價格買進股票。**也許有些公司的生意特別好，與傳統的葛拉漢追隨者相比，我們能看到更高的內在價值，但**我們仍然堅持以低於內在價值的價格買進。**

只有一個例外：如果你在生活中遇到一個卓越的人，有機會追隨他，你知道他不會欺騙你，雖然他現在還沒做出成績，但你相信他未來大有可為，在這種情況下，你也許應該考慮抓住這個機會。

這樣的人不多，年輕時的華倫顯然是其中之一。年輕時的華倫沒有漂亮的業績、沒有豐厚的資產，但他最初的投資者信任他，把資金交給他管理，支付給他超額報酬，

他們為華倫支付高於內在價值的價格。

卓越的人很少，如果有機會追隨他們，或許值得付出溢價，未來可能會讓你獲得豐厚的回報。

前幾天有個人寄給我一張5萬美元支票。他說：「如果你願意讓我免費為你工作，就兌現這張支票。」我覺得這個做法很有意思，不過很顯然對我沒什麼用，因為我不記得他的名字了。不過這確實引起我的注意。他這樣做不是完全沒有道理，只是他找錯人了。但在某個地方，一定有人值得他投資，5萬美元對他來說會是一筆非常不錯的投資，不過我想這樣的機會不多。

總之，**做投資還是要堅持以低於內在價值的價格買進。只是你也必須知道，某些優秀企業的內在價值非常高。**

問：除了葛拉漢、菲力浦‧費雪（Philip Fisher）以及您和華倫，還有哪些投資家值得我們學習？

答：現在外面有成千上萬優秀的基金經理人我連聽都沒聽過，我們和他們是不同時代的人，但我認為我們的投資方法不會過時。只是你如果想學如何在金融衍生性商品和英國公債之間做收斂交易（convergence trading）*，我們不是你要找的人。

---

*　編注：也就是不把商品漲跌納入考量，而認為商品價格報酬應該會收斂到常態分配上。

但如果你想學經典選股，我們的基本方法不會過時。

我們的方法是非常基本的東西，像我們這樣做投資，你只需要在股票市場中找到定價錯誤的機會。你應該發揮自己的長處，在自己擅長的領域中篩選，找出定價錯誤的機會。你應該在自己具備優勢而非劣勢的領域當中找尋機會。

這些都是非常基本的想法，但做到這些事就夠了。如果你希望像我們這樣投資，我認為除了我所說的這些事，你不需要很多其他的新想法。就像是學會 F=ma 和 E=mc² 之後，你就不用再研究其他公式。

但這只是開始。在學會基本方法之後，還有很多工作，**你必須要找出自己能看懂的機會，不做自己看不懂的投資。**

■ 這本書凝結一位老人一生的智慧

問：查理，去年您向我們推薦《自私的基因》（*The Selfish Gene*）這本書。請問今年您讀了什麼值得推薦的好書？

答：今年我重讀一本經典之作：加勒特·哈丁寫的《生活在極限之內》。我在第二次閱讀時發現一些在第一次閱讀時忽略的見解，其實是很重要的想法。

　　加勒特這本書寫得非常好。寫這本書的時候，加勒特已經將近八十歲了。這本書還榮獲美國大學優等生榮譽學會科學圖書獎（Phi Beta Kappa Award in Science）。加勒特是一位生物學家，他也是一位非常優秀的作家。

　　加勒特舉了很多有趣的例子，其中一個有關複利。假設耶穌受難那年，把2克黃金存進銀行，以每年5％的複利成長，經過2000年之後，這2克黃金的體積竟然比地球大出幾千、甚至幾百萬倍。

　　這很有趣。這個例子也提醒我們，想要實現長期複利成長是非常困難的。

　　對任何有思想的人來說，這是一本非常好的書。如果你買了這本書，我建議你讀完之後再從頭讀一次。這是一個聰明人一生智慧的濃縮。

　　加勒特文筆非常好，在書中旁徵博引，舉了很多例子，很難在短時間內把書中的智慧全部消化吸收，但我想你們會喜歡這本書。

11

閱讀年報的方式

1998年股東會談話

先建立背景資訊

編者按

在1998年3月致魏斯可股東信中,蒙格披露公司1997年的營收資料:1997年合併營業收入(不計投資收益)為3,826.2萬美元,每股5.38美元;合併淨利為10,180.9萬美元,每股14.30美元。

1996年和1997年的合併淨利細項如下:

	1997年		1996年	
	金額 (千美元)	每股 (美元)	金額 (千美元)	每股 (美元)
營業收入(虧損)				
魏斯可金融保險和堪薩斯銀行業 擔保公司的保險業務	33,507	4.71	27,249	3.83
精密鋼材業務	3,622	0.51	3,033	0.43
其他營業收入	1,133	0.16	438	0.06
已實現的證券收入(虧損)	62,697	8.80	(115)	(0.02)
出售止贖財產的收入	850	0.12	14	-
魏斯可合併淨利	101,809	14.30	30,619	4.30

1997年11月28日,魏斯可及其子公司收到4,000萬美元面額的旅行者集團(Travelers Group)9%特別股與1,784,204股普通股,以交換其所持有的所羅門股票(這和所羅門與旅行者合併有關)。1998年3月13日,魏斯可將所持有的全美

航空特別股轉換成309,718股普通股。這些股份是在1989年以1,200萬美元購入，1994年調整減記為300萬美元。

從1989年的幾筆投資到現在，（1）最初投資所羅門的8,000萬美元，如今轉換為旅行者股票，淨值比當時支付的多2.121億美元；（2）1,200萬美元的全美航空特別股於1998年轉換成普通股後，以2,173.8萬美元售出，稅前收益1,873.8萬美元（稅後1,218萬美元）；（3）投資吉列特別股的成本為4,000萬美元，1991年轉換為吉列普通股，以3.214億美元的年終市場價值認列；（4）1995年，出售冠軍國際的特別股，初始成本為2,300萬美元，實現690萬美元的稅前收益（稅後420萬美元）。

蒙格對此的感受是：「我曾說過很少有投資人透過投資頂尖公司的可轉換特別股而獲得巨大收益。但經驗再次證明，我們是糟糕的預言家」。

蒙格：魏斯可金融公司第三十九屆股東會現在開始。截止股權登記日，魏斯可金融公司的流通股數是7,119,807股。順便說一下，過去幾十年來這個數字從來沒變過。

股東會問答

股東問（以下簡稱問）：我非常認同魏斯可對於股票選擇權的態度，但我不知道還有哪家公司和魏斯可一樣也不用選擇權做為激勵措施。您能列出哪些公司沒有股票選擇權政策嗎？

蒙格答（以下簡稱答）：我沒有特別關注這個問題，不過可以肯定的是，絕大多數美國公司現在都採用股票選擇權做為激勵措施。

百年老店三花公司（Carnation Company）從來不用選擇權獎勵管理高層。三花是一個家族企業，三花公司的辦公室提供咖啡，但是你必須從自己的口袋裡拿錢出來購買。這是創辦人埃爾布里奇・阿莫斯・斯圖亞特（Elbridge Amos Stuart）打造的公司文化。我非常欣賞這樣的公司。

隨著三花公司逐步發展，它的管理高層也變得富裕起來。他們是因為持有公司股票而變有錢，但他們的股票不是透過行使選擇權得來，而是像其他股東一樣，自掏腰包買來的。三花的理念很保守、很老派，很符合我的個性。

像波克夏和魏斯可這樣沒有股票選擇權的公司太少了。這股風潮已經席捲全世界，這是一個有樣學樣的世界。

有時候公司採取選擇權會有很好的激勵作用，因此

在某些行業，你不得不發放股票選擇權，矽谷的公司就是如此。矽谷的競爭非常激烈，你不可能用像斯圖亞特那樣老派的方式與對手競爭。不管選擇權制度合不合理，在矽谷，可能不這麼做不行。

如果我管理一家矽谷公司，不得不發放選擇權，我會儘量把成本如實認列在帳目中。不過公司的會計可能會告訴我，我的認列方法不符合會計政策的規定。

在波克夏股東會上，華倫說，如果我們收購的公司採用選擇權計畫，我們就會將計畫改成金額相同、但不用選擇權的激勵方案，如此一來，高層主管薪資的稅收政策和入帳方式也會相應產生變化。我們認為我們的方案更誠實。只要有可能，我們就會盡可能採用我們的制度。我們並非不贊成根據業績發放薪酬的激勵措施，我們只是不喜歡股票選擇權的會計處理方式。

現在，採用股票選擇權激勵高階主管已成為大多數公司的普遍做法，但我們認為，這種激勵措施不合理。我們和別人的看法不一樣，我們屬於少數的另類。但我們對此毫不在意。如果你感到困擾，你可以持有其他公司的股票。

我們這次開會的地方太豪華，我向大家道歉。在座許多人都參加過我們的股東會，都知道我們之前一開始是在互助儲蓄大樓的地下室召開股東會。之後我們換了地方，那是魏斯可擁有的一棟大樓，租給一家飯店。後來那家飯

店關門，現在那棟大樓空著呢。

　　我們沒在那棟大樓開會是因為那個地方現在空著，需要打掃、搬桌椅，比租用這個地方幾小時加起來的費用還要高。儘管你們踴躍出席締造出每平方英尺的使用率紀錄，但我知道魏斯可選這麼豪華的地方開股東會，你們當中有很多人會感覺很不舒服。

問：之前魏斯可的交易量很小，但過去兩、三年魏斯可的交易量似乎比過去增加許多，您能談談原因是什麼嗎？
答： 波克夏和魏斯可發展到今天已經形成一個獨特的教派，這是我們無心插柳的結果。你可以說這是很好的教派，我們喜歡加入其中的人。在某種程度上，我們的追隨者對我們所做的事異常感興趣，很安心與我們一起投資。我認為這對波克夏與魏斯可的股價產生影響。

　　我認為，正是你們的加入，才產生這種效應，成就波克夏和魏斯可今天的股價。我記得最早的魏斯可股東會只有十幾個股東出席，而且其中大部分是帕薩迪納市本地人。

問：您在史丹佛大學演講時，有人引用您的話，說波克夏的股價太貴了。您立即澄清說您說的是：「波克夏股價不便宜，我從沒說過波克夏股價太貴」。
答： 是的。

問:之前的股東會,您和華倫經常告訴我們過去一年公司的內在價值與股價之間的關係,是股價成長超過內在價值成長,還是內在價值成長超過股價成長。請問您能不能告訴我們去年的情況?去年魏斯可和波克夏的內在價值與股價之間的關係如何?

答:魏斯可和波克夏非常不同。魏斯可的大部分資產是流動資產,子公司業務規模小,很容易計算資產價值。魏斯可的清算價值是多少,大家也可以很容易計算出來。

波克夏和魏斯可不一樣,我們始終不公開估算波克夏的內在價值,但魏斯可的評價很容易,所以我們在魏斯可年報中估算魏斯可的內在價值。

我們之所以公開估算魏斯可的內在價值,一方面是因為魏斯可評價容易,另一方面是因為魏斯可有一群股票吹捧者,他們說魏斯可是迷你版波克夏,吹噓說魏斯可規模小,所以會成長得更快速。*

他們把魏斯可捧得太高了,他們說的話我們都不相

---

* 原書注:蒙格從1994年開始公開魏斯可的估值。在1998年3月的股東信中,他寫道:

「正如所附的財務報表所示,魏斯可的淨資產從1996年底的12.5億美元(每股176美元),增加到1997年底的17.6億美元(每股248美元),這是會計師根據慣例計算的結果。

1997年報告的淨資產增加5.13億美元,原因有三:(1)4.19億美元來自投資價值的持續淨增值,並扣除未來的資本利得稅;(2)9,400

萬美元來自1997年的保留盈餘;(3)收到的股息。

上述每股248美元的帳面價值近似於清算價值——假設魏斯可的所有非證券資產在稅後將以帳面價值清算。也許這個假設太保守,但計算出的每股價值最多也只低了2到3美元。因為(1)魏斯可持有之合併房地產的清算價值只包含12.5萬平方英尺可出租面積,以及(2)其他資產(主要是精密鋼材)的未實現資本利得。相對於魏斯可的整體規模,這些資本利得不會大到對稅後清算價值的整體計算產生很大的影響。

當然,只要魏斯可不進行清算,也不出售任何增值的資產,它實際上就有一筆來自政府的無息「貸款」,相當於在確定其淨資產時減去未實現利益和1997年所羅門併入旅行者的遞延收益所產生的遞延所得稅。這筆無息「貸款」目前為魏斯可股東所用,1997年末在魏斯可每股價值中約占102美元。

但總有一天,隨著資產售罄,這筆無息「貸款」大部分都要償付。因此,魏斯可股東們並不能享有每股102美元的長期權益,相反地,現有權益在邏輯上必須遠遠低於每股102美元。根據作者的判斷,魏斯可從其臨時無息「貸款」中獲得的權益價值在1997年底可能是每股25美元。在估計無息「貸款」所帶來的權益價值後,可以對魏斯可每股的內在價值做一個合理的近似評估值。這個近似值是透過簡單地將(1)魏斯可每股的無息「貸款」的權益價值和(2)魏斯可的每股清算價值相加來實現的。其他人可能會有不同看法,但在作者看來,上述方法估算魏斯可每股內在價值是合理的方式。

因此,如果在1997年末,來自無息遞延所得稅「貸款」的權益價值為每股25美元,而當時的稅後清算價值約為每股248美元(在作者看來是合理的數字),那麼在1997年末,魏斯可的每股內在價值將約為273美元,比1996年底類似計算中猜測的內在價值成長39%。

最後,273美元對作者來說是合理的數字,應該與其在1997年12月31日的每股300美元的價格進行比較。這種比較表明,魏斯可當前的股價比內在價值高出10%。

由於魏斯可的未實現利益在繁榮的證券市場上持續成長,我們應該記住,它受到市場波動影響,可能會出現劇烈下跌,不能保證其最終完全實現。截至1997年底,未實現的稅後增值占魏斯可股東權益的73%,而前一年與前二年分別為70%和63%。

考慮到所有因素,魏斯可的業務和人員素質仍然不如波克夏海瑟威公司。魏斯可不是跟波克夏海瑟威一樣好但更小的版本(規模小並不能使成長更容易)。相反地,魏斯可每1美元的帳面價值仍然明顯地比波克夏類似的1美元帳面價值提供的內在價值要少得多。此外,近年來,它們在這方面的差距一直在擴大」。

信。而且正如華倫所說，我們希望自己的股價始終與內在
價值保持同步。

由於魏斯可的估值容易計算，而且可以抑制對魏斯可
股價不合理的高估，所以我們在魏斯可的年報中採取公開
估值的做法。

波克夏與魏斯可有天壤之別。首先，波克夏的保險
和營運業務都是好生意，波克夏擁有巨大的無形資產；其
次，波克夏的管理者更有能力，更善於駕馭企業。波克夏
有許多魏斯可沒有的投資機會。有的公司希望加入波克
夏，它們希望把自己的生意換成波克夏的股票，它們要的
不是魏斯可的股票。所以波克夏的前景和機遇是魏斯可無
法比擬的。

早年，波克夏沒有這麼多好生意，如果我們用這樣的
眼光看現在的波克夏，還是用舊的思維為波克夏評價，我
們會覺得與過去相比，現在波克夏的股價高於內在價值。

這種思考方式不切實際。波克夏現在已經是一家非常
不同的公司。現在美國市場優秀公司的股價都達到淨資產
的好幾倍。因此與其他股票相比，我不認為波克夏的評價
太高。

問題在於，波克夏現在資產規模龐大，要估算它的內
在價值不是件簡單的事，所以我們很難在每年年報中公開
估算波克夏的內在價值，並詳細說明我們的評價邏輯。

　　以奇異為例，它的內在價值是多少？這也不是一個簡單的計算。你得賭奇異有能力維持龐大的經營業務，還必須有能力以每年15％的成長速度發展金融業務，然後金融業務每年得讓奇異的資產和負債規模增加100億、200億甚至250億美元。

　　這在歷史上沒有先例。我不是說奇異不可能保持現在的成長態勢，現在的市場認為奇異有這個實力，奇異也確實有可能繼續發展壯大。我舉這個例子只是想說明，像奇異這樣的公司很難評價。

　　總之我認為簡單、不花什麼力氣的投資世界已經不復存在，我們現在正處於資本主義的困難時期，所有人都是。

問：不再計算波克夏內在價值，是因為幫波克夏評價太難嗎？

答：評價難不是唯一的原因，還有個原因是，我們不希望因為公開內在價值而涉及炒作。我們有個不成文的規矩：讓每位股東獨立計算波克夏的內在價值。

　　華倫和我從來沒正式坐下來一起為波克夏評價，分別計算完之後再互相比較我們的計算結果。我們有一個系統，把評價所需的所有資料提供給大家，讓每位股東自己評價。

　　波克夏現在已經蓄積巨大的發展潛力，即使將來華倫

不在，波克夏也能繼續發展下去。

問：在被魏斯可收購之前，堪薩斯金融擔保公司在承接保險業務需要購買大量的再保險服務。被魏斯可收購之後，堪薩斯金融擔保公司就不需要購買再保險。這樣的小型保險公司被收購之後，由於無需購買再保險，承保利潤會明顯提升。魏斯可是否還有機會收購類似的保險公司？

答：你說得對。當資本雄厚的保險公司收購小型保險公司後，由於波動性的承受能力增強，購買再保險服務的費用相對減少。所以你說得對，這是一個優勢。

有些小型保險公司被大型保險公司收購後可以提升獲利能力，畢竟在被收購之前，為了控制獲利的波動性，小型保險公司不得不支付大量再保險費用。有了規模更大、資金實力更雄厚的母公司支持，就可以省去這筆費用。

問：在今年的波克夏股東會上，華倫表示，從長期來看，蓋可保險可能成為波克夏最重要的保險業務部門。這是因為蓋可所在的車險市場規模龐大，而蓋可目前的滲透率較低，所以有很大的發展潛力嗎？還是因為蓋可擁有卓越的風險控制能力？

答：蓋可保險採取低成本策略，可以為顧客帶來極大價值。對許多人來說，選擇蓋可保險可以節省一大筆保費。

另外，蓋可的經銷系統也很有效率，這是一門很棒的業務。

因此，如果波克夏的保險業務在現有基礎上繼續發展，沒有收購其他大型保險公司，那麼我認為蓋可保險未來一定會成為波克夏保險業務當中的主導事業。

如果10到15年後，蓋可保險在汽車責任險和碰撞險領域的保費規模沒有達到現在的三倍，那我會很失望。蓋可真是一樁了不起的生意。

◼ 蓋可保險的集中投資法

問：查理，您和華倫都認為蓋可保險是波克夏手上一顆明珠。我們知道，盧‧辛普森（Lou Simpson）負責管理蓋可的投資組合。有傳聞說，如果您和華倫出了什麼狀況，辛普森將負責波克夏的投資決策。請問您和華倫目前參與辛普森的工作嗎？還是他獨立管理蓋可的投資組合？在波克夏今年股東會，我們能聽到辛普森發言嗎？

答：這個建議非常有趣。辛普森是個非常聰明的人，多年來他在股票的選擇上一直跑贏市場大盤。

辛普森和我們是完全獨立的，但是他的投資方法與我們的投資方法非常相似。**蓋可保險的投資組合也是集中持股，六到八檔股票占了投資組合中絕大部分比重。**辛普森

自己研究，找到和我們一樣的投資方法。換句話說辛普森跟我們得出了相同的結論。

辛普森獨立投資，自己做研究、找機會，他會找到一些他研究過、但我們卻沒看過的股票。我們與蓋可的合作方式是，讓辛普森全權負責蓋可的股票投資。我們非常放心。我們喜歡讓人獨立管理大筆資金，如果那人能像盧·辛普森一樣有才華的話。辛普森完全獨立地做投資，而且他做得非常好。

經營企業對投資股票的助益

問：巴菲特先生曾經只購買遠低於資產價值的股票，是您影響巴菲特先生，讓他認識到具有特許經營權企業的價值。您是怎麼發現特許經營權的價值？這是否和您經營企業的經歷有關？

答：華倫說過，因為他是一個職業投資人，所以他是一個更好的企業管理者；因為他是一個企業管理者，所以他是一個更好的投資人。我非常贊同華倫的這句話，我認為**經營企業對投資股票是有幫助的**。

一個孩子用手摸了滾燙的爐子，你問他，之後還會這麼做嗎？他會說：「不，不會了。」從錯誤中獲得深刻的

教訓，這種學習方法真的很有效。

辛苦累積起來的財富，因為錯誤的投資策略化為烏有，這就像小孩子摸火爐一樣，是一個難忘的教訓。

商業和投資當然是相輔相成的。股票只是一張小小的交易憑證，但股票代表著對企業的所有權。一個人如果具有豐富的商業經驗，當然會對他的投資有幫助。

同樣地，一個人在一家公司擔任銷售經理，主要工作是銷售產品、解決客戶問題，如果他具有豐富的投資經驗，了解很多公司，這也會對他的銷售工作有幫助。因為有投資經驗，這位銷售經理可以更深入了解客戶需求，為客戶解決問題。

確實，同時具備商業經驗和投資經驗的人對投資有所幫助。我與華倫具有商業和投資的雙重背景，無論是管理企業還是投資股票，華倫和我都更加得心應手。

問：是不是有某個具體事件或時間點，讓你們認識特許經營權的好處？例如看到喜詩糖果（See's Candies）的價值而得到啟發？或只是時間與經驗的累積？

答：某些早年投資的經驗讓我們學到很多道理。例如我們收購喜詩糖果時出了很高的價格。儘管相對於清算價值我

們付出了很高的價格，*但這筆投資幫我們賺了很多錢。從投資喜詩的經驗當中我們學到很多東西。

還有一種經驗也讓我們學到很多。過去只要去人少的地方，例如未上市股票、小型股，在大資金不關注的地方尋找，總能找到股價不到清算價值三分之一的股票。那時華倫在奧馬哈管理一家小型合夥基金，他可以像自己的老師葛拉漢當年一樣，找到很多不起眼的賺錢機會，獲得很高的報酬率。

以清算價值三分之一的價格買進股票，安全邊際非常高，尤其是當你建立起一籃子股票部位的話。但這種投資方式對大筆資金發揮不了作用。而且隨著時間推移，這麼做的人愈來愈多。我認識一個人，他看準很多儲貸機構即將從互助模式轉化為股份制公司，於是他去很多小型儲貸機構開設儲蓄帳戶，等待股份制後能大賺一筆。這也是一種賺錢的方法，但這不是明智運用大筆資金的做法。

現在的投資環境，就算你再怎麼努力四處翻找，也找不到幾個股價不到清算價值三分之一的股票。

所以我們投資喜詩獲得成功的經驗，以及以前擁有的大量機會消失，這兩個因素共同作用，讓我們改變原來的

---

* 原書注：查理與華倫透過藍籌印花公司以2,500萬美元（約為帳面價值3倍）收購喜詩糖果。

認知模式。**很多時候，人們改變想法，是因為多個因素同時朝某個方向共同作用的結果。這樣的事情就發生在我們身上。**

問：**您在波克夏股東會上說，下一個華倫・巴菲特可能具有不同的風格。您認為下一個巴菲特的風格可能有哪些不同之處？**

答：人和人不一樣，風格也不一樣。比爾・蓋茲和他的團隊有他們自己的風格，他們的風格適用於他們所處的行業。很多成功人士都有適合自己的風格。

即使在投資領域，也有很多人以不同的方式獲得成功。投資不是只有一種風格。我認為，**你所選擇的風格要適合自己的品格與能力。**華倫和我選擇適合自己特點的風格，我們的風格未必適合所有人。

◼ 小型股中一定有好機會

問：**紅杉資本（Sequoia Fund）的管理者與您是同一個時代的人，他在紅杉基金非常擅長挖掘小型股以及低本益比的股票。幾年前您曾在南加大發表演說，您提到如果重來一次，您會在小型股中尋找投資機會。您能分享一下這個看**

法與見解嗎？

答：**我們現在不看小型股，因為我們現在資金規模很大，所以現在我們根本不研究怎麼投資小型股。**那次演講我還說，如果我要在普通商品領域投機，我可能會選擇貨幣。但事實上我沒投資貨幣，也沒投資小型股。

我只是想告訴大家，賺錢的方法不只一種，我認為一定有人特別擅長投資小型股。

問：**您的意思是小型股裡還能找到值得投資的機會？**

答：小型股裡一定會有好機會，關鍵是你夠不夠聰明、夠不夠勤奮，能不能挖掘到這樣的好機會。我們沒有嘗試過投資小型股，這就像有人被問到是不是會彈鋼琴？他說：「我不知道，我從來沒試過。」我們沒投資過小型股，我們不知道我們投資小型股的能力好不好。

問：**我正在讀大衛・卓曼（David Dreman）寫的《逆向投資策略》（*Contrarian Investment Strategies*）。卓曼認為，一般人根本不具備挑選成長股的能力，也跑不贏指數。但他說，只要以本益比、股價現金流量比與股價淨值比做為選股條件，買進最便宜的10％，就能贏過90％的基金經理人。請問您怎麼看？**

答：我以前經常思考這些方法，但我始終不太相信這種方

式。隨著投資閱歷增加，我愈來愈不相信。

　　我覺得不應該低估長期持有好生意的重要性，這是非常重要的事。就拿波克夏來說，我們比卓曼更懂他的招數，但後來我們卻不那麼做，換成現在的思考方式。

問：卓曼認為你們是例外，你們有能力找到優秀公司，而一般投資人卻沒這個能力。

答：有的人以公式選股做為投資理念，發行基金，持有道瓊指數中最便宜的股票，然後每年調整組合。但不少這類型的基金過去幾年裡表現不佳。過去20年有用的東西，未來20年未必有用。這一點很難說。

問：卓曼在書中列出了過去50年的資料。

答：就算是50年，未來50年的世界可能和過去50年的世界截然不同。現實世界不像物理學那麼完美。我不認為你能從過去的經驗當中找到保證在未來絕對有效的東西。**我認為葛拉漢提出的基本投資理念永遠有助於投資。**但用公式選股，在電腦中輸入公式篩選股票，對我來說這就像是想把鉛塊變成黃金一樣。基本上我不相信這種做法，至少從長遠來看，這種方法行不通。

▋ 學物理對我產生很大的影響

問：巴菲特受到葛拉漢和您的影響。那您呢？是否有什麼人或什麼書對您產生很大的影響？

答： 學物理對我產生很大的影響。當然，我學習物理，沒有深入到量子物理那麼難的程度，不過物理讓我對整個世界有了新的認識。我覺得有能力學物理的人都應該學習物理，即使未來從事的工作與物理無關，也能透過學習物理獲得一套其他地方學不到的思維方式。物理讓我大開眼界。

物理學要求我們永遠追求事物的本質。但探究本質並非一朝一夕的事，你必須要夠勤奮才行。我喜歡勤奮這種精神，這代表一種持之以恆、不達目的不罷休的精神。

問：在波克夏海瑟威的股東會上，您曾說讀年報時，希望公司年報寫得清楚易懂，例如像可口可樂公司的年報一樣，把公司的經營狀況寫得一清二楚。請問當您拿起一份年報，你會怎麼看？看什麼內容？如何分析？

答： 當我想研究一家公司時，如果這家公司對我來說很陌生，是我完全不熟悉的領域，我不會先讀它的年報，我會先看《價值線》（*Value Line*）[*]提供的報告，裡面有一家公

---

[*] 每週發行的投資刊物，除了文章外，還提供金融分析資訊及資料庫數據，也為共同基金、機關和私人客戶提供投資顧問服務。

司過去 15 年的歷史資料以及股價走勢。我認為這完美地呈現一家公司的歷史情況。

我會先看《價值線》，然後再讀年報。看完《價值線》之後，我可以對背景資訊有個大概了解，之後再讀年報效果更好。如果沒有背景資訊，一開始就直接讀年報，很容易摸不著頭腦。看《價值線》可以很方便地獲取背景資訊。

別人可能覺得我是在幫《價值線》打廣告，但我真的覺得《價值線》的圖表和報告非常有用。其實我願意花錢購買《價值線》的服務，把所有大公司從 1910 年起的歷史資料都蒐集整理出來。如果我去商學院任教，我會把這些大公司過去八、九十年的資料當成教材，把歷史數據和實際發生的事情結合起來，例如汽車的發明、一家企業的興衰起落等。

在讀年報之前先建立背景資訊非常有用。

了解背景資訊之後，就可以開始讀年報。讀年報時，我會關注具體數據，包括附注以及會計處理等。我對管理高層面對的問題以及他如何處理這些事情也有興趣。

但閱讀年報時我經常感到失望，因為很多公司的年報內容寫得很空洞，而且很多公司年報根本不是管理高層自己寫的，而是雇人代筆。很多公司在年報中千篇一律吹噓公司發展得多好，這也讓我厭倦。

絕大多數公司吹捧自己發展得很好，從沒有人說：

「這是一間很普通的公司，我很難讓公司追上同業的平均水準。」你絕對讀不到這些。公司年報中盛行浮誇和空洞的風氣，確實讓人感到厭倦。

只能說這是人性使然。追求異性時，誰會先把自己的缺點全盤托出呢？所以如果你領取薪水去管理一間公司，他們或多或少都會粉飾自己的成績。儘管如此，我還是比較喜歡實話實說的管理階層。

我也不喜歡某些人玩的會計遊戲。有些公司擔心業績達不到分析師的預期，導致股價下跌，於是把下一季的訂單挪到這一季。一旦有銷售獎勵等措施，就很容易發生造假情事。為了賺取佣金虛報銷售資料，實際上這些銷售額可能根本子虛烏有。這是一種詐欺。

有些會計詭計連會計師都很難發現。也許我們的會計師能發表一下意見。有的公司把下一季的銷售額提前挪到這一季，這很容易識破嗎？

會計師：這要看造假的水準如何。

答：如果造假的技術很老練，應該很難發現吧？

會計師：如果和供應商串通好，那幾乎不可能發現。

答：公司在年報中可能會有很多微妙的方法會誤導投資人，如果認真看，經常可以發現一些蛛絲馬跡。所以讀年報時，既要找公司優點，也要挑公司毛病。那麼應該多找優點還是多挑毛病？我覺得還是兩者兼顧比較好。

　　讀年報時，要帶著明確的目的搜尋資訊，不要用法蘭西斯‧培根（Francis Bacon）*做科學研究那樣的方式來讀年報。我們讀年報不能用歸納法，先蒐集一大堆資訊，然後再試圖從中理出頭緒。你必須從一些基於現實的想法開始，帶著問題讀年報，然後看看你在年報中所看到的是否符合基本的思維架構。

　　例如，當你看到一家企業取得驚人的成績，這時我們會問一個問題：「這家公司的好成績具有可持續性嗎？」我的方法是帶著這個問題讀年報，研究這家公司的好業績主要源自於哪些因素，然後找出可能導致這些結果停止的力量。

　　關鍵是要熟練掌握多個模型，用多個模型去分析現實世界。這聽起來可能很難，但只要長期投入，就會發現其實沒那麼難。幾個重要的思維模型就能解決大部分的問題，例如資本報酬率。

問：複利效應還有費馬（Fermat）與帕斯卡（Pascal）提出的機率論，也都是很重要的心智思維模型吧？
答：當然，這兩個都是最基本的思維模型。投資時，我們要找到那種可以長期保持高資本報酬率的公司。華倫曾在

---

* 　編注：著名英國哲學家，是現代科學的奠基人之一，以歸納法著稱。

加州理工學院（Caltech）發表一場演說，他說：「累積財富如同滾雪球，想要雪球滾得大，一定要選很長的山坡。」投資也是如此，你要找到能為你帶來長坡的思維模型。

　　看看箭牌就知道了。箭牌是享譽世界的口香糖品牌，這為它帶來巨大的優勢。想想看，要取代箭牌在人們心中的地位有多困難，買口香糖的時候，人們根本不會考慮其他牌子。綠箭口香糖一條兩元五角，雜牌的口香糖一條兩元。沒人會為了省五角錢去買雜牌的口香糖放進嘴裡嚼。

　　品牌是一種巨大的競爭優勢。我們都看得懂箭牌的競爭優勢。

　　投資箭牌這種公司的問題在於，每個人都看得出來這是一門好生意。所以你會看著箭牌的股價然後心想：「天啊，箭牌公司的股價是淨資產的八倍，其他公司的股價只有淨資產的三倍。」所以你會想：「我知道箭牌確實是好生意，但它好到足以支撐這麼高的溢價嗎？」

　　這個問題不好回答，但如果不是這麼難，那麼人人都能發財了。

問：您曾在一次演講中說過，要買進好公司的股票，哪怕是在市場高估時期，股價漲得太多，也最好不要換股。你還舉了一個例子，您說如果真能從「漂亮五十」當中找到最優質的五檔個股，不管市場如何波動，最好能長期持有

這五檔股票幾十年。

答：沒錯。

問：在篩選個股的過程中會考慮許多因素，例如資本報酬率、競爭優勢的可持續性等、成長率等。您認為最重要的一、兩個因素是什麼？

答：就長期投資而言，最重要的因素絕對是資本報酬率。 問題是入選「漂亮五十」的公司，資本報酬率都很高，所以用資本報酬率這個條件去篩選可能沒什麼用。選出最優質的五檔個股沒那麼簡單。

最近在《巴倫週刊》有一篇文章，作者計算如果從1972年「漂亮五十」的最高點開始，長期持有這50檔股票，投資報酬會如何。請記得，他選取的持有點是「漂亮五十」最高檔的時候，當時「漂亮五十」的估值非常瘋狂。在當時的市場，只要有點成長性的公司估值都非常高，連一家家庭縫紉公司本益比都飆到50倍。

之後的1974年和1975年，「漂亮五十」跌得很慘，暴跌75％到80％，所以這50檔個股被認為是很可怕的高估。

這篇文章的作者計算出，在最高價位買進「漂亮五十」，不管波動如何，一直持有到現在的報酬率。他也計算在相同時期內不買高估的「漂亮五十」，而是買進標普指數的報酬率。比較計算結果發現，前者的年化報酬率

只比後者少1％。別忘了，「漂亮五十」那個組合可是在估值非常瘋狂的最高價位買進的。

在此期間，如果只取「漂亮五十」當中表現最好的5檔股票，即使是在1972年的最高價位買進，它們的表現也會遠遠領先指數。

正如我在那場演講中所說，長期持有好公司，投資人不僅可以獲得更好的年化報酬率，還可以享有巨大的稅收優惠。投資人不動如山，穩穩持有可口可樂三、四十年，可口可樂的價值會不斷地以複利方式成長。

投資人在持有股票期間不需繳交資本利得稅，只有最後賣出時才需要繳稅。對於那些在死前才兌現收益的股東來說，這種延期納稅方式可以拉高最終的年化報酬率，每年最多可以提升兩個百分點。

所以對投資人來說，買進「漂亮五十」當中最優質的5檔個股，長期持有，最終就能獲得豐厚的收益。

我說的這個方法是個好方法，也是所有人都明白的方法，但這個好方法可能會被過度使用。物極必反是資本主義市場經濟難以克服的弊端，所有真正的好想法都很有可能被過度放大。

我不是說現在市場的估值已經走到極端。如果現在我必須透過波克夏買進一些我尚未持有的股票，而且必須讓我的家族在我去世之後仍然持有很長一段時間，例如持有

30年始終不賣，我可能會挑選一些你們看起來非常昂貴的股票。

因此從這個標準來看，我只是想告訴大家，真正的好公司，現在的價格大家可能覺得很貴，其實不貴。

聰明人善於比較機會成本

問：您提倡持股不變、始終不賣，但如果公司的經營環境發生明顯變化，生意不如從前，就像《世界百科全書》（*World Book*）那樣，我們仍然要持股不變嗎？如果看到公司即將走向末路，我們是否該及時離開？

答：這是一個很好的問題。的確，在投資過程中，有時候會預見悲劇發生，已經看出公司未來沒希望了，儘早賣出持股可以減少損失。確實有不少公司因為經營環境的變化而失去前途。

儘管如此，我仍然認為一般投資人最好還是持有「漂亮五十」中最優質的5檔個股，而不是持有30檔股票，然後認為自己比別人更知道何時該買、何時該賣，頻繁換股。股市早已證明，頻繁買賣股票，連指數都跑不贏。

問：在蓋可保險的年報中，盧‧辛普森表示他以10年期公

債的報酬率做為參照標準。您剛才說要持有股票30年。請
問投資那麼長的時間，該如何選擇參照標準？

答：我的意思是，如果我別無選擇，只能買進並持有30
年，我很可能買那些非常優質的公司。我只是舉個例子，
我不是別無選擇。在現實生活中，你買進股票，你可以改
變想法並賣出持股。

　　買進股票時，我們都必須判斷價格是否合適。怎麼判
斷呢？一定要多和別的機會比較。生活本身就是一系列機
會成本的選擇。**聰明人善於比較機會成本，這是人生決策
的正確方式。**

　　我在波克夏股東會上曾說，選擇人生伴侶時，你要在
你能接觸到、並且願意和你攜手的人當中，挑選一位最優
秀的人選。你接觸不到的人群，那就不在考慮範圍之內。
這就是一個機會成本的遊戲。

　　再舉個例子。你奶奶去世，留給你100萬美元。在決
定買什麼股票，甚至是買不買股票時，你都要比較機會成
本。當然，10年期公債是個可以選擇的機會，股票也是個
可以選擇的機會。如果你在比較之後發現股票太貴，還不
如買公債，那買公債可能就是正確的選擇。

**問：幾年前，在南加大一場演講中，您告訴我們應該懂得
一些重要的心智思維模型。您談到心理學在生活中的用**

處，以及人類的錯誤判斷與排列組合。如果想多了解一些
這方面的知識，有哪些書可以讀？

答：羅伯特·席爾迪尼（Robert Cialdini）的《影響力》
（*Influence*）是一本通俗易懂的好書，書中席爾迪尼詳細講
解六、七種基本的心理學原理，告訴我們別人如何利用這
些心理學原理操縱我們。

席爾迪尼講得深入淺出，每個家庭都應該把《影響力》
作為必讀書籍，不但父母自己要讀，也應該讓子女閱讀。
作者在書中揭露商業人士常用的一些操縱手法，告訴我們
這些方式之所以有效背後的心理學原理。讀懂這本書就能
避開許多陷阱。《影響力》確實是一本好書。

不過《影響力》寫得雖好，但還不夠完整。人類做出
錯誤判斷還有更多的心理學因素，但席爾迪尼在書中只提
到他感興趣的心理學領域。心理學當中應該要有一本書比
《影響力》更全面，透徹分析人類所有的愚蠢錯誤。可惜到
現在為止，我還沒看到這樣一本書。

世界上有這麼多在高等學府任教的著名心理學教授，
你以為會有人寫出這樣一本書，然而據我所知，還沒有人
寫出這本書。

問：關於排列組合，您有推薦讀物嗎？

答：排列組合是高中數學的內容。心理學的一個基本觀點

是，我們與生俱來的認知系統存在缺陷，就像我們與生俱來的高爾夫球揮桿動作存在缺陷一樣。我們必須學習揮桿，才能打好高爾夫球；同樣的道理，我們也必須完善自己的思考方式，才能正確地思考。而且學會正確的思考方式之後，一定要有意識地在日常生活中學以致用，就像你必須練習用正確的方式揮桿一樣。

　　所以如果你們當中有人說我沒有學好排列組合，我會告訴你回去再學學。學會之後，另一個訣竅就是經常在日常生活中使用它，這個思考方式會比我們經過長期演化而擁有的思考方式好得多。

▉ 多數人選擇性遺忘自己的錯誤

問：我相信從錯誤中可以吸取很多經驗教訓。我記得曾在羅傑・洛溫斯坦（Roger Lowenstein）的書中讀過一篇文章，有一次您與巴菲特等幾個人在一起，每個人都說出自己一生中犯過最愚蠢的五個錯誤。請問您是否能談一下，您犯過什麼錯？從中得到哪些教訓？

答：有這麼一回事，是我提議每個人說出自己最嚴重的錯誤，不過不是五個，而是最嚴重的一個錯誤。我記得當時在場的人可以說都是成功人士，但每個人卻都能想出一個

自己曾犯過的嚴重錯誤。

　　至於我當時說的是什麼，我現在已經想不起來了。我不是假裝忘記，而是真忘了。但是當時別人說的錯誤我倒是全都記得。這是人類的一個心理缺陷，自己覺得丟臉的事，總是忘得很快。

　　大多數人善於選擇性遺忘自己的錯誤，但嬌生公司卻有一種難能可貴的反省機制。在大規模收購幾年後，它會做一次總結，回顧當初收購的原因是什麼、總結收購成敗的經驗與教訓：原本的業績預測是否實現？原來的收購邏輯是否成立？當初主張收購的經理人要到場，親自參與討論過程。

　　嬌生公司這種做法非常好，很少有公司能做到這一點。我只知道兩家公司會這麼做，一個是嬌生公司，另一個是荷蘭皇家石油公司（Royal Dutch）。我很敬佩嬌生公司，這是一種非常聰明的做法。

　　大多數人都善於忘記自己的錯誤，就像我一樣。

問：您剛才談到錯誤。去年我向您請教過關於全美航空的問題，您說投資全美航空是個錯誤。現在這筆投資應該賺了很多錢，請問您還持有全美航空嗎？您現在認為全美航空的生意如何？
答：我們不談論我們買進和賣出的具體價格，我們只會在

法律規定的範圍內披露我們的有價證券投資活動。

我們投資全美航空是個錯誤。眼看著我們的財富蒸發，1.5億美元沒了，2億美元沒了，看著一大筆屬於你的錢消失不見……。工會只考慮自己的利益，不肯做出半點讓步。還有愚蠢的競爭對手，那些破產的競爭對手已經無力償還貸款，卻還虧本經營，把其他航空公司一起拖下水。這是一次非常不愉快的投資經驗。

航空公司的經營槓桿高，業績有很大彈性。航空業進入景氣週期，包括全美航空在內的所有航空公司業績都出現強勢反彈。正如你所見，波克夏的這筆投資結果不錯。但我們以後不會再做這樣的投資。*

■ 波克夏最嚴重的錯誤

問：在波克夏股東會上，華倫表示，如果說波克夏的管理階層過去有什麼錯誤，那就是沒有買回庫藏股。請問波克夏是否事後檢討過管理階層沒有買回庫藏股的原因？

---

* 　原書注：1994年，全美航空停止支付特別股分紅。1996年，巴菲特和蒙格試圖出售全美航空的股份，但沒有成功。1997年，全美航空形勢逆轉，發布一份極好的季報。1998年2月3日，全美航空買回波克夏持有的35,800萬股特別股。

答：大家知道，長期以來我們一直明確支持好公司大力買回庫藏股。如果我們說波克夏沒有買回庫藏股，是因為波克夏特殊，那可能會顯得我們很虛偽。所以還不如乾脆說我們是做錯了。

過去我們沒有買回庫藏股，但我們買進許多其他公司的股票，這些股票都有巨大的漲幅。因此從機會成本的角度考量，華倫在某些時候沒有買回波克夏股票，這個錯誤沒有你想像得那麼嚴重。我們買回庫藏股，收益未必勝過我們買進其他公司的股票。我們在買進其他公司的股票方面有相當不錯的表現。

然而，我們確實犯過很多錯。波克夏所犯過最嚴重的錯誤在於，我們讓很多好機會從指尖溜走了。這種錯誤為股東帶來巨大的損失，讓股東少賺很多錢。

我們從來沒犯過大錯，讓股東虧很多錢。我們很少虧錢，這方面我們做得很好。然而有一種錯誤不會出現在會計報告裡，也就是那些好機會。我們眼睜睜看著這些好機會溜走，那麼多該賺的錢卻沒賺到，我都不好意思提起這些事。

問：吉列收購金頂公司（Duracell）這筆交易您怎麼看？吉列的好生意是否會因為收購金頂而受到影響？

答：你提出的這個問題很好，但我不想多做評論。華倫在

吉列擔任董事，他沒有對這筆收購提出異議，所以我想你可以認為當時華倫認為這筆收購沒有問題。

我對這筆收購沒有什麼特別的看法。20年後回頭來看這筆收購該不該做？我覺得可能一半一半。吉列的這筆收購做得對不對，現在還沒辦法下定論。我不覺得吉列這樣會變得更好，也不覺得這筆收購是一個壞主意。

在刮鬍刀領域，吉列占有絕對壟斷的地位，但在電池領域，金頂的地位算不上絕對壟斷，這一點在吉列收購金頂的換股比例中也看得出來。

然而，一個好生意發行自己的股票去和比較差的生意交換，就算在換股比例上得到補償，讓你覺得這是一筆還不錯的生意……我對此仍抱持著懷疑態度。

問：您說過，如果把城市裡唯一的一座收費大橋買下來會很賺錢。目前美國鐵路業正在進行整合，您認為未來鐵路公司是否也能像收費大橋一樣賺錢？

答：投資這麼多年，我還從沒買過鐵路公司的股票。我在中西部的鐵路邊長大，在我印象中，鐵路公司的工會非常強勢，鐵路公司的管理階層非常官僚。所以我沒有深入研究過鐵路業，也從沒買過鐵路公司股票。我不是說我永遠不會買鐵路股，我只是說我從沒買過。

儘管如此，我覺得有些鐵路公司確實可能帶來不錯的

投資報酬。與過去相比，鐵路業的狀況已經發生很大的變化：工會更溫和、鐵路網也建得差不多了。在運輸某些貨物方面，鐵路仍然具有獨特優勢。投資某些鐵路公司可能會獲得不錯的報酬。

我不認為投資鐵路公司會像投資可口可樂一樣那麼成功，不過有些投資可能行得通。

試圖預測油價的人全都猜錯

問：新聞中說，理查德．雷恩沃特（Richard Rainwater）投資石油業，他認為石油業產能不足，未來 10 到 15 年石油業的公司會有很好的表現。最近，波克夏投資白銀和原油，你們是否在其中看到什麼長期趨勢？是因為預見長期的產能不足嗎？

答：我認識所有非常聰明、在石油產業工作，並試圖預測石油未來價格的人，全都預測錯誤。我怎麼都想不到，阿拉斯加北坡原油的價格現在每桶才 12 美元。我根本想不到油價會像現在這麼低。雷恩沃特可能是在賭長期來看油價將會改變。

長遠來看，我認為他是對的，問題在於這個長遠是多長？我認為油價不可能一直維持在每桶 12 美元這麼低的價

格，油價遲早會漲得更高。

　　但這不代表你就有了賺錢的好方法。如果再過50年，油價從每桶12美元漲到15美元，雷恩沃特的投資是失敗的。但相反地，如果油價在很短的時間內從每桶12美元漲到15美元，雷恩沃特的策略就會奏效。

　　我不知道油價走勢會如何。我只能告訴你，如果我過去對油價做出預測，我想我的預測一定是錯的。

所有人都買指數基金，系統會失靈

問：在波克夏年報中，巴菲特說指數基金對一般投資人來說是個好主意。請問您怎麼看？
答：我認為考慮到管理費和交易成本的影響，絕大多主動管理的資金放在指數基金當中會表現得更好。現實就是如此。

　　那麼，這是否代表你應該投資指數基金呢？這取決於你的投資能力是否能高於平均水準，或是你是否能找到優秀的基金經理人，而他的投資能力可以跑贏大盤。這些都是讓生活變得更有趣的問題。

問：如果大家都認同應該購買指數基金，然後所有人都把

一半資金投入指數基金，而所有指數基金都投資相同的股票，指數中成分股的股價是否會被抬高，導致購買指數基金這種投資方法失效？

答： 如果所有人都買指數基金，這個方法就失效了。所有人都買指數基金，這就會變成一個完全失靈的系統。如果只有8％的人買指數基金，那指數基金不會失效。

順帶一提，如果聯邦政府要求社會保障基金把30％資金用於投資美國股市，巨額資金湧進股市，可能導致指數成分股的股價被拉升。即使聯邦政府不這麼要求，社會保障基金的大量資金也會投資指數成分股，就會出現你所擔心的情況。

我無法告訴你到什麼程度系統會失靈，不過我覺得8％的比例沒問題。但要是60％的人都去買指數基金，那麼指數投資肯定會失效。

問：您對共同基金有什麼想法嗎？

答： 在美國的眾多產業當中，共同基金是成長最快的產業之一。基金公司中所謂的「獨立董事」根本不獨立，無論管理階層有什麼要求，他們都會投下贊成票。因此現實中，基金公司獨立董事的行為不符合大學法學院所教的獨立董事該有的職責。

因此我覺得很有趣的是，**我們在法律當中有一套規**

定，但現實生活中卻有另一套規則。

　　共同基金產業的發展速度很快，規模愈來愈大。基金
公司拿著投資人的錢投資，還向投資人收取銷售服務費等
各種費用。我對基金做生意的方式沒什麼好感。

**問：1930年代，銀行出現過擠兌潮，現在有人擔心基金出
現贖回潮會引發很大的危機。**
答：過去共同基金曾遭遇過小規模的贖回潮，毫無疑問，
未來基金也一定會遇到贖回潮。但我認為共同基金的贖回
潮不至於讓整個金融體系崩壞。

**問：現在很多人認為，高資本報酬率已經成為新常態。然
而我記得三年前您曾說過，如果剔除掉一些會計花招，報
酬率事實上沒這麼高。請問您怎麼看？**
答：美國公司的資本報酬率確實上升。資本報酬率上升，
很重要的一個原因在於很多公司大量買回庫藏股，但公司
本身的資本報酬率實際上並沒有發生明顯的變化。這種遊
戲的潛力有限。不可能一直買回庫藏股，藉此提高資本報
酬率，效果有限。

　　在現實世界中，一家公司已經累積巨額資本，不可能
仍然長期保持每年20％的資本報酬率。巨額資本不可能始
終保持高速成長。

問：您曾說公司用股票選擇權激勵管理階層不合理。

答：是的，而且我還談過選擇權的會計處理導致公司虛增獲利。

確實，當前對股票選擇權的會計處理，導致公司少算成本，虛增獲利。儘管如此，即使剔除掉這部分，跟過去相比，美國公司的資本報酬率還是明顯上升。事實上美國公司的資本報酬率比我預測得還要高出許多。

問：請問您說的資本報酬率，是指總資金報酬率，還是股東權益報酬率？

答：股東權益報酬率。

問：您說過，跟其他股票相比，波克夏的股票不算高估。

答：我想我說過波克夏股價不算「瘋狂」。

問：您覺得其他股票的估值是否到了非常瘋狂的程度？波克夏和魏斯可還能買其他公司的股票嗎？

另外，奇異樹立了史無前例的目標，可口可樂也是。可口可樂董事長道格‧艾華士（Doug Ivester）表示，可口可樂將把自己的全球市占提升一倍。很多公司都樹立了非常遠大的目標，您覺得它們的目標能實現嗎？

答：我相信可口可樂的目標會實現。不用50年，在道格‧艾華士退休之前，可口可樂就能把自己的全球市占從2％翻升到4％。我不認為這對可口可樂公司來說是一個瘋狂的目標，我認為絕對有可能實現。

至於奇異能保持每年15％的成長率，穩健地把自己的金融資產從2,000億美元增加到6,000億美元嗎？答案是「也許」吧。到目前為止，奇異做得還不錯。

不管怎樣，這就是你必須面對的問題。就目前市場來看，股價這麼高，很多問題沒那麼簡單。

假如你奶奶去世，留給你100萬美元，你是不是應該用現在的市場價格買下所有你喜歡的股票？這是一個很有趣的問題。過去股價沒這麼高，很容易就能決定是否買進。現在這變成一個很難的決定。正如華倫所說，安全邊際變小了。

這可能只是代表現在股價還算合理，但對你們在座各位來說，你們最不想看到的就是合理的價格，你們想要有利、便宜的價格。你們希望有一眼就能看懂的機會，不願意像現在這樣研究半天，仍然一無所獲。

我和你們一樣。

然而，這不是我們現在的世界。**客觀環境如此，投資變難了。**

12
波克夏的公開祕密
1999年股東會談話

我們喜歡現金流源源不斷的生意

編者按

　　在1999年3月致魏斯可股東信中，蒙格披露公司1998年的營收資料：1998年合併營業收入（不計投資收益）為3,762.2萬美元，每股5.28美元；合併淨利為7,180.3萬美元，每股10.08美元。

　　1998年和1997年的合併淨利細項如下：

	1998年		1997年	
	金額 （千美元）	每股 （美元）	金額 （千美元）	每股 （美元）
營業收入（虧損）				
魏斯可金融保險和堪薩斯銀行業擔保公司的保險業務	34,654	4.87	33,507	4.71
精密鋼材業務	3,154	0.44	3,622	0.51
其他營業收入（虧損）	（186）	（0.03）	1,133	0.16
已實現的證券淨利	33,609	4.72	62,697	8.80
出售止贖財產的獲利	572	0.08	850	0.12
魏斯可合併淨利	71,803	10.08	101,809	14.30

　　1998年8月，市場上的明星「長期資本管理公司」（Long-Term Capital Management）因錯估金融風險，轟然倒閉，震驚市場。在1999年的股東會上，蒙格回答相關問題，認為這個事件造成的實質影響並不大，真正的隱憂在於衍生

性金融商品大行其道。

股東會另一個重點是火熱的科技股投資，蒙格談論科技變革與投資之間的關係，也談到目前整體估值過高，已經與1960年代末、1970年代初類似。最後蒙格還不忘提醒記取日本泡沫的前車之鑒，一場投機泡沫之後，面臨的可能會是漫長的衰退。

股東會問答

股東問（以下簡稱問）：您和華倫都認為發放股票選擇權的做法不合理。請問，如果不發放股票選擇權，公司該如何激勵管理階層？你們的具體做法是什麼？

蒙格答（以下簡稱答）：與很多大公司「一體適用」的方式不同，波克夏旗下的子公司各有各的激勵機制。波克夏採取高度放權的組織結構，我們收購公司後，會保留其原有的激勵機制不變。

唯一例外的是，如果收購公司原有的激勵機制中包含股票選擇權，那我們會停止發放新的選擇權。我們取消股票選擇權，換成價值相同的其他激勵方案。我們認為新的激勵方案更誠實，成本能真實地反映在損益表中。

　　1947年，哈佛法學院成立一個課題小組，專門研究美國公司對股票選擇權的會計處理。那時候我正在哈佛法學院讀書。當時我得到一個結論就是，股票選擇權是一種腐敗又愚蠢的制度，完全違背嚴謹可靠的工程學原則，從那時起，我就對股票選擇權抱持反感的態度。

　　50多年過去，這套腐敗又愚蠢的會計制度不但沒消失，反而成為美國各大公司的普遍做法，被美國商學院廣泛接受。

　　與50多年前不同的是，當時只有一小部分公司發放股票選擇權，現在股票選擇權已經成為標準的薪酬制度。

　　以思科（Cisco）為例，即使是這樣擁有出色產品的好公司也會發放選擇權。思科以股票選擇權的形式為員工發放薪資，在員工薪酬當中，有很大一部分是股票選擇權。

　　因為大量使用股票選擇權，很大一部分薪資成本沒有入帳。即使現行會計制度對獲利進行調整，稀釋後的獲利中仍然有虛增收益。思科是一家軟體公司，非常賺錢，但是因為採用股票選擇權，它的獲利中存有虛增收益。

　　股票選擇權制度與龐氏騙局非常相似。思科這樣的好公司，也因為發放股票選擇權而與龐氏騙局扯上關係。股票選擇權在美國實施這麼多年，到現在已經非常普遍，連好公司都很難避免這樣的制度。

　　這種狀況就像連鎖信一樣，你試圖結束這個遊戲，

但身處遊戲當中等待新人加入的人卻不希望遊戲停止。因為底層成員愈多，他們獲得的利益就愈多。透過股票選擇權，矽谷的菁英們賺錢致富，那些因為這群矽谷菁英致富而獲利的社群也不希望這樣的遊戲停止。

每次有人站出來提議改變股票選擇權制度，批評股票選擇權制度存在漏洞，不利於社會文明長期發展，既得利益者總會跳出來表示反對。他們宣稱股票選擇權制度符合美國國情，促進美國現代軟體業發展，好像不發放股票選擇權，美國的軟體業就不能發展一樣。

總之，蒙格觀點輸了，我認為腐敗的想法贏了。我認為這種腐敗的想法被所謂「更優秀的人」所接受，像是商學院教授、企業領袖、會計從業人員，這不是件好事。

會計從業人員做了大部分產業都會做的事。他們表面上假裝正直，實際上卻不得不讓步。畢竟拿人手短，吃人嘴軟。大型會計師事務所的合夥人沒人敢公開批評股票選擇權，他們怕被告上法庭。但如果你私下和他們交談，他們會說「我們對此無能為力」。我也無能為力。

話說回來，如果我領導一家軟體公司，為了留住管理階層，我可能也別無選擇，只能發放股票選擇權。我不確定自己會不會這麼做。我覺得我還是寧可失敗，也不願低頭。我能理解軟體業的人，理解它們為什麼要發放股票選擇權。軟體業競爭激烈，其他軟體公司都在發行股票選擇

權吸引人才，你不發放股票選擇權，你就沒辦法與別的公司競爭。

你們當中有些人很有數學頭腦，所以可以算一下。舉例來說，一家軟體公司發放股票選擇權，它的經營成本可能會少算12％到14％，然後再把這些少算的成本算進每股收益，這樣一來虛增的利潤有多少？更糟糕的是，這部分灌水的收益會以很高的本益比等方式被資本化。

因為使用股票選擇權，把龐氏騙局滲透到本應誠信的企業文化當中，我認為這不是件好事。

波克夏的子公司各不相同，我們制定的激勵制度也不同。有些子公司不需要投入大量資本，就能有很高的資本報酬率，這種子公司，我們直接從淨利中拿出一定比例給員工分紅。有些子公司需要投入大量資本，我們在利潤中扣除資本費用，然後再計算發放給員工的激勵獎金。

■ 看不到現金的公司不值錢

波克夏有個公開的秘密，我們最喜歡每年年底的利潤都是大筆現金的公司。

多年前，我有個朋友，他從事工程設備業。這一行生意很難做，總是有大量存貨和大量的應收帳款。我的朋友

告訴我，「不管我經營得多好，每年年底，我所有獲利都堆在院子裡。」每年年終他所有利潤都是堆在空地上的工程設備。他總是看不到現金，空地上堆積的工程設備卻愈來愈多。

我們對這種生意避之唯恐不及。**我們喜歡現金流源源不斷的生意，**你可以拿這些現金收購另一家能產生大量現金流的公司，之後再買第三家。這種公司是波克夏的最愛。有的公司利潤永遠只在帳面上，根本沒有創造現金的能力，我們不喜歡這樣的公司。

波克夏能發展到今天的規模，很重要一個原因在於我們很早就明白，要遠離不能創造現金利潤的公司。在為公司評價時，如果不區分利潤的性質，如果不看利潤是現金還是躺在空地上的機器，你就會得到一個很荒謬的估值。總之，如果利潤是堆在空地上的機器、是難以收回的應收帳款，總是看不到現金，這樣的公司利潤再多也不值錢。

◼ 科技變革也有殘酷的一面

問：您剛才提到兩種公司，一種公司擁有現金流，另一種公司看不到現金，因為你必須再投資，購買設備、購買存貨。

答：是的，公司之所以手上沒有現金，是因為資金都用來維持經營。必須把大量資金用於投資，公司才能營運下去。

問：現在很多人都說本益比太高。確實，很多公司的本益比很高。但隨著電腦科技發展與機器設備進步，很多公司的資本利用率也提高，能投入更少的資本、創造更多收益。今天似乎存在一種爭論：有些投資人說，因為科技進步，所以公司更值錢；有些投資人則認為，現在公司太貴了，將現在的本益比與1960年和大崩盤前的1972年相比。您如何看待這個爭論？

答：關於你剛才提出電腦科技進步提高生產效率的這個問題，我認為提高的生產效率「比你想像得還要少」。

當年，互助儲蓄聘雇大學生甚至高中生兼職，計算存戶的存款利息。老股東們都記得，互助儲蓄的董事長路易斯・韋森特不願意用電腦，因為聘雇兼職的學生用計算機計算，成本更低，而且準確率也沒什麼問題。我想互助儲蓄是加州最後一家放棄學生和計算機的儲貸機構。

最後韋森特決定改用電腦，不是因為用電腦更節約成本，而是電腦可以節省時間。所以說是為了提升服務品質，互助儲蓄才決定改用電腦。

科技進步對現代製造業的貢獻功不可沒。然而我認為，現代製造業取得的成就，在很大程度上來自於實務經

驗的累積，也就是製造業的流程再造。當然，技術變革也讓製造業更進步，但我認為技術使製造業進步的幅度比多數人想得要少，流程再造對提高生產效率的貢獻應該更大。

對企業的組織方式來說，變革與發展總有著殘酷的一面。裁員、優化、管理學中的最佳實務概念、五個標準差、六個標準差……，這些概念迫使許多公司經歷一次又一次巨大變化。環境更無情，要求更嚴格，這對那些無法適應的人來說非常艱難。

◼ 技術變革與護城河

投資人應該感興趣的技術變革，不是那種簡單提高生產效率的科技進步。飛機的空間更大、搭載的乘客更多，或是航程更遠，只用兩個引擎就能橫跨大洋。這些技術變革確實能改善航空公司的效率。但這只是文明社會應有的技術改進。

我們應該關注的是具有劃時代意義的科技進步。例如空調發明前，整個美國南部地區環境惡劣、人煙稀少，文明程度遠遠不如北方。密西西比州、喬治亞州的農業區以及路易斯安那州的沼澤地，都是很落後的地方。當時我在空軍服役，駐紮在北卡羅來納州的戈爾茲伯勒市

（Goldsboro）。在當地最繁華的商業街上，竟然有三個馬圈。那個地方非常落後。

後來空調問世，南方的面貌才得以徹底改變。因為有了空調，南方再也不是人跡罕至的窮鄉僻壤。空調以一種非常有趣的方式改變製造業的經濟模式。

火車發明之前，人們利用運河運送貨物，縴夫在運河兩岸拖拽駁船，或是在坑坑窪窪的路上用馬車運送貨物，但火車發明之後，產生一場真正的革命，為世界帶來劇變。還有冰箱，冰箱的發明也改變世界。

後來，人們發明收音機。有了收音機，就可以收聽優秀喜劇演員的表演、交響樂團的演奏。接著是電視，電視可以播放有聲的彩色畫面，很快地每一家都有電視機，每天都開六、七個小時，老年人和久病臥床的人按一下遙控器就能看到外面的世界，他們的生活不再那麼寂寞。電視機徹底改變人類的生活。

然而，最早投資鐵路公司的人虧損、最早投資航空公司的人也虧損。火車和飛機的發明推動社會文明發展，但投資人卻損失慘重。

同樣是科技進步，電視機與火車、飛機卻截然不同，它為投資人帶來豐厚的回報。由於電磁波頻譜之間相互干擾，在某一地區可以播出的頻道數量有限。另外，由於電視台需要購買版權，不同地區的電視台自然而然組成電視

網，共同出資購買好萊塢大片的版權以及體育賽事的轉播權。這樣一來，電視網形成天然的寡頭壟斷，是非常賺錢的生意。只要擁有一家中等規模的電視台就能賺很多錢。

　　因此，人們要做的就是找出一種技術變革，確認這個產業是否擁有強大的護城河，如此才不至於出現慘烈的競爭。航空業和鐵路業屬於技術變革之下的產物，但這兩個產業沒有護城河，電視產業則不同，它也是科技變革的產物，但不同之處在於電視產業擁有競爭壁壘。

　　現在人們都說電腦的計算能力大幅提升，按照現在的速度發展，未來每家每戶連接網路將不受頻寬限制。網路將再一次徹底改變世界。

　　網路會改變世界，但我覺得它對世界產生的影響不可能像電視機那麼深遠。試想，電視機沒發明前，人類是怎麼生活的？電視機對人類產生不可思議的影響。電視機為整個社會帶來深刻影響，例如電視成就了許多著名品牌。我覺得網路帶來的效率再高，它對人類社會產生的影響也很難超越電視機。

　　但未來網路突破頻寬限制、晶片成本降低、計算能力提升、讓軟體業迎來爆發式成長，這確實會改變世界。人們正為此感到瘋狂。

　　但我們應該保持冷靜。

　　葛拉漢曾多次談論過這件事：「會讓你陷入困境的不

是壞主意，而是好主意。」你可能會說：「不可能，這太矛盾了。」葛拉漢的意思是，一個壞主意，大家都不看好，就不太可能做過頭。你會一眼就意識到這是一個壞主意，所以這不會為投資人帶來太大的麻煩。但如果是大家都看好的機會，誰都知道這個機會很真實、很合理，前景令人振奮，這樣就很容易做過頭。

好主意很美妙，但如果做過頭就會帶來最慘烈的損失。

◤ 網路帶來機會與風險

這種事在市場中屢見不鮮。就拿交通進步與空調發明等好主意來說，帶來的影響之一就是1920年代佛羅里達州房地產瘋狂的繁榮發展。佛羅里達州的發展從根本上來說是件好事，然而這個想法很容易被過度誇大。所有人都看好佛羅里達州的房地產市場，所有人都去搶地，房價節節走高，價格愈漲，人們愈買。機會是好機會，只是搶的人太多，就印證物極必反的道理。

以史為鑒，1920年代的佛羅里達州房地產投機潮是否可能在今天的網路業重演？我認為答案是肯定的。晶片成本降低、電腦性能提高，網路的高速發展將引發一場科技革命，許多人狂熱地投身其中，最終將會蒙受巨大的損失。

　　每次出現巨大的科技進步，總是會有一批企業被顛覆。假設你擁有一家很棒的馬蹄鐵公司，但這時該死的汽車出現了，這對馬蹄鐵、馬鞭以及所有依賴馬的行業來說不是什麼好事。同樣地，我認為隨著網路興起，有些產業會受到影響。

　　你會發現美國各家報業公司現在憂心忡忡，「我能保護我的廣告業務不受網路科技影響嗎？」沒有人知道答案。

　　所以我認為網路能帶來巨大的機會，但也蘊含龐大的風險，你可能會因為過度相信和追求這個好想法而鑄下大錯。但如果你喜歡思考，你就會發現這個狀況非常有趣。

　　你可能會說：「我不願意思考，我只想短時間內賺大錢，而且不要承擔一點風險。」恐怕我幫不了你。

問：我同意您剛所說，網路與當年的佛羅里達州房地產投機潮如出一轍的看法。但我認為問題在於，網路引發的這場技術革命能大幅提升生產效率，奇異、箭牌等公司難道不會因此而獲益嗎？
答：我覺得，網路興起不會提高箭牌的生產效率。口香糖生意不會有什麼大變化，網路對箭牌影響不大。

　　關於箭牌公司，有個小故事。多年前，有個人在船上遇到一位箭牌家族的繼承人，這個人熱情地稱讚箭牌的生意。這位繼承人說：「箭牌現在的生意是很好，但是當

年我爺爺瑞格理壟斷全球樹膠供應的時候，箭牌的生意更好」。

■ 有時犧牲短期利潤是明智之舉

問：最近《華爾街日報》刊登一篇文章，作者認為追求利潤的做法已經過時，現代企業應該注重成長性，追求市占與規模效應。請問您如何看待這種全新的理論？

答：其實，這不算是全新的理論。**有時候為了追求長遠的獲利能力，暫時犧牲短期利潤，這是一種聰明的經營策略**。目前，蓋可保險拿出大筆資金投放廣告，這讓我們的短期利潤明顯減少，但我們投放廣告是為了建立長期優勢。所以有時候企業放棄眼前利益、著眼長遠發展的做法是明智之舉。

但好主意也可能被做過頭。1920 年代佛羅里達州的房地產市場值得投資，但最後人們連沼澤地都搶著買。我不知道目前的網路熱潮是否已經走到極端，但擴大市占、形成規模效應這種經營策略是個好想法。

正如我所說，大家都覺得是正確的事，一擁而上、做得過頭之後必然要付出沉重代價。我無法給出具體的例子，我只知道人們如此狂熱、躁動，人類的事物又如此具

有不可預測性，很多事最後都會被證明很愚蠢。

問：我是您經常批評的那種金融學教授，而且還是從落後的路易斯安那州沼澤地來的。這是我第二次參加魏斯可股東會。每次參加波克夏和魏斯可股東會，總是聽到您和巴菲特批評金融學教授。但如果我們提出的有效市場理論錯了，我們願意改。身為金融學教授，我們認真研究，盡職教導學生，努力改善我們的觀點。每次聽到別人批評金融學教授，我總是感到憤憤不平。我認為我們在研究和教學上做得很好，不過當然，我們也會犯錯……。

答：我對於參加魏斯可或波克夏股東會的金融學教授都讚譽有加。你是我喜歡的那種金融學教授。

我說話經常得罪人，華倫比我強，他說話更有分寸。但在你的專業領域裡有一種我稱之為「強式效率市場理論」的假說，這個假說在金融學中占據統治地位，但純屬胡說八道。

我們對那些在學術領域大談瘋狂理論的人有點惱火。但有些金融學教授認為，市場中的大多數股票在大部分時間裡價格是有效的，他們的理論被稱為弱式效率市場假說，這個理論才符合實際情況。然而在過去很長一段時間裡，大多數金融學教授支持強式效率市場假說。

如果我們在批評一部分金融學教授時無意中傷害你，

我在此向你表示歉意。

問：華倫的英國之行引發很多猜想，這讓我想起檀香山房地產泡沫中的日本大亨。當時日本大亨坐著豪華轎車，只是隨意用手指一指就買下多處房產，根本連下車實地查看都沒有。後來只要一看到豪華轎車，人們就以為日本大亨來了。轎車出現在哪棟房子附近，這棟房子立刻漲價四、五萬美元。華倫去英國，瑪莎百貨（Marks & Spencer）等公司的股票紛紛上漲，人們稱之為「巴菲特效應」。

後來，消息指出巴菲特投資的是聯合多美公司（Allied Domecq）。當我在新聞上看到這個消息時，我感到很意外。首先，我不覺得聯合多美的管理階層水準很好；其次是，聯合多美經營烈酒，烈酒業可能會繼菸草業之後，成為下一個集體訴訟目標。美國的菸草業遭到法律訴訟的沉重打擊，菸草公司被迫賠償數十億美元。勝訴的律師正在尋找下一個目標。

也許我對聯合多美管理階層的判斷有失公允。請問，這筆收購是所謂的菸蒂股 * 嗎？還是說聯合多美的生意很好，什麼樣的管理階層都能經營？

答：說實話，我對這筆投資不太了解，不過我們喜歡擁有

---

* 　編注：指價格遠低於流動成本的公司，這是葛拉漢常尋找的投資標的。

著名品牌的公司，我們也喜歡理性的公司。從聯合多美的表現來看，我猜測它的管理階層應該沒有你所說的那麼差。

還記得當年波克夏投資通用動力的股票嗎？當時大家可能都看不懂，不知道為什麼波克夏要投資一家軍工業公司。那時別的軍工業公司都在大力擴張，高價收購其他公司，唯獨通用動力反其道而行，不但主動精簡業務，還不斷買回庫藏股，透過許多措施讓通用動力的經營合理化。然後在某個時間點，通用動力的股價表現就跑贏大多數軍工業公司。

大家很熟悉華倫的經典投資風格，但我們偶爾會跳出這種風格，做一些大家可能覺得看不懂的投資，例如通用動力。我們的投資不是每筆都成功，我們也有失手的時候。這讓我們的生活充滿樂趣。

我對聯合多美不太了解，但如果它擁有知名品牌，正在做一些合理的事，如果它運作得很好，我不會感到訝異。

至於你說的「巴菲特效應」，我們很討厭這種抄襲的事。我們的名聲愈來愈大，追隨者也愈來愈多，每年和大家聚一、兩次，我們非常高興，你們當中有很多人都是我們的老朋友了。但有很多人盯著我們的一舉一動，搶著買那些聽說我們要買進的公司，這為我們的投資造成很大的困難，我們對此很反感。

沒辦法，大家都知道我們績效良好，別人抄襲我們，

這是我們要為成功付出的代價。

高度放權是我們的風格

問：在今年的波克夏股東會上，華倫說他沒有購買房地產投資信託基金（Real Estate Investment Trust），但波克夏的子公司通用再保險（General Reinsurance）或蓋可保險可能會買進。儘管如此，新聞媒體仍大肆報導波克夏有興趣買進房地產投資信託基金。此外，我很高興看到盧·辛普森也出席這次的魏斯可股東會。請問通用再保險以及蓋可保險的投資組合管理者如何擬訂投資決策？他們是獨立投資，還是需要事先請示您和華倫？

答：我這個人要嘛完全放權，徹底撒手不管，要嘛親力親為，什麼事都自己來。我不知道該怎麼折衷。要做到既放權、又監督，華倫這一點比我強，但也沒好到哪裡去。因此我們波克夏是一家高度放權的公司，這代表盧·辛普森完全獨立自己做投資，通用再保險的歐洲分部也是獨立投資。我從來沒查看過通用再保險的投資，也從來沒查看過盧·辛普森的投資。

波克夏的子公司可以獨立投資大量資金，我們並不完全了解它們的投資內容，特別是規模比較小的投資活動。

華倫熱愛投資，喜歡研究投資的細節，他可能比我更留意一些。

對了，盧·辛普森，你能站起來嗎？這是一個難得的機會，這是辛普森第一次出席魏斯可股東會。

盧·辛普森：查理，我持有魏斯可股票十七、八年了，我覺得應該來魏斯可了解一下營運狀態。

答：多年來，辛普森一直擔任蓋可保險的董事長。在他的任期內，蓋可保險取得巨大的發展，無論是投資業務還是保險業務方面都取得長足的進步。之前，波克夏是蓋可的大股東，現在波克夏已經完全收購蓋可所有股份。成為波克夏的全資子公司後，蓋可保險的發展速度更快了。

剛才我談到波克夏高度放權的組織結構，然後向大家介紹盧·辛普森，現在我來回答你關於房地產投資信託基金的問題。

我來解釋一下華倫的回答。華倫的意思是，他負責管理的波克夏投資組合沒有買進房地產投資信託基金，他也不知道盧·辛普森以及通用再保險是否買進房地產投資信託基金。

華倫個人買進房地產投資信託基金，這件事引發一陣混淆，也引起媒體大幅關注。公司購買房地產投資信託基金，股息收入不能享受稅收優惠，所以房地產投資信託基金更適合散戶購買。華倫仍然保留著當年的撿菸蒂股的心

態，當他看到房地產投資信託基金遭到拋售，價格下跌，與清算價值相比打了八折，他就動心了，他就用自己的私房錢買進一些。

大家知道，華倫只從波克夏領取微薄的薪資。他的夫人是一位慷慨的慈善家，華倫需要為她提供資金。另外，華倫也為他的夫人購買利捷航空（NetJets）的私人飛機服務。華倫偶爾會撿撿菸蒂股，賺點私房錢，順便回味過去的美好時光。這整件事就是這麼一回事。

問：據我所知，分析師對波克夏海瑟威的評論不多，而且波克夏海瑟威迴避分析師，甚至不與分析師交流，您對此有何評論？

答：我們對分析師沒有任何成見，我們只是認為，分析師受到一些制度的約束，無法充分發揮自己的能力。證券分析師聰明、勤奮，非常了解上市公司，所以我們非常認可證券分析師。

之前沒什麼分析師追蹤波克夏，但由於我們收購了通用再保險，我們認為未來針對波克夏的分析評論會多一點。我們歡迎分析師評論波克夏，畢竟波克夏是一家上市公司，我們為什麼會不歡迎呢？

不過波克夏不會召開小型的分析師會議，向分析師提前透露經營資料，或是向他們透露一般股東無法提前掌握

的資訊。我們在網路發布季報，所有股東都可以在同一時間看到資料。波克夏可能比許多公司嚴格，對分析師採取一視同仁的態度，追蹤我們的分析師在獲得資訊方面與股東一樣平等，不會擁有特別的優勢。

分析師不會從我們這裡提前獲得資訊，但如果他們真心想要了解波克夏，我們非常樂意配合，我們真誠歡迎這樣的分析師。

我們喜歡普惠公司（Paine Webber）的分析師，她應該也在現場，就是那位穿紅衣服的女士。請把麥克風遞給那位分析師，我想問她一個問題。妳沒有從我們這邊得到別人沒有的數據資料吧？

愛麗絲·施羅德（Alice Schroeder）：沒有，完全沒有。我當分析師很多年，只有波克夏是我不需要向管理階層提出任何問題，就能建好一個整整30年的獲利模型。波克夏在年報以及10-K報告中披露的資訊非常詳盡，根本不需要詢問公司的管理階層。這對我了解波克夏的運作方式非常有用，特別是我不熟悉的生意，例如利捷航空。波克夏從來沒向我透露過任何非公開訊息。

答：波克夏願意把自己的生意講明白，讓股東和分析師明白。你有這個感覺嗎？

施羅德：確實。波克夏的年報非常有用。

答：波克夏熱愛教育、鼓勵求知。我們不可能把所有時間

都用於無私奉獻，但只要有機會，我們願意透過波克夏分享知識。我們已經吸引一位優秀的分析師關注我們，將來會有更多分析師關注我們。

問：魏斯可是否能把施羅德女士撰寫的報告分發給股東？

答：我們不能免費提供給股東。要看施羅德撰寫的研究報告，請與普惠公司聯繫。

問：1970年代，利率、通膨不斷攀升，導致保險公司現金流減少，陷入嚴重的經營困境。在如今的總體環境中，保險公司是否會再次經歷1970年代的困難？波克夏是否會受到影響？另外，美國國際集團（American International Group）收購20世紀保險公司，大舉進軍車險領域，請問您對此有何評論？

答：毫無疑問，產險業的競爭將更加激烈，生意會更難做。過去15年，產險公司取得非常亮眼的投資報酬率，但未來15年產險業不可能繼續保持那麼高的報酬率。競爭加劇、投資報酬率降低，產險業的業績一定會惡化。

雖然整個產業的利潤將走低，但波克夏仍能保持自己獨特的競爭優勢。當然，受產業前景影響，蓋可保險的承保利潤也會降低。

順帶一提，為了提升蓋可知名度，吸引更多客戶，我

們正花費數億美元投放廣告，巨額廣告費也拉低了我們的
利潤，但我們認為這有利於蓋可的長期發展。

與其他大多數保險公司相比，我認為我們的保險生意
更勝一籌。過去我們做得很好，未來我們也會做得很好。
如果把保險生意視為在海上航行，未來水流對我們的不利
影響會更大，但波克夏這艘輪船也比過去更強大，我們能
更快速航行，更靈活地躲避暗礁。

總之，我認為我們的保險生意將優於產業的平均水
準。不過你說得完全正確，目前的總體環境對產險業不利。

■ 波克夏保險業務的兩大優勢

**問：波克夏的保險業務擁有雄厚的資金實力，這個優勢該
如何在市值中展現出來？顯而易見的答案是根據波克夏過
去的數字進行推算，但目前整個產業的獲利前景不明，請
問我們到底該如何評價波克夏的保險業務？**

答：很顯然，保險業務是波克夏最重要的生意，我們比其
他保險公司更有優勢，在這個基礎上，如果我們的投資能
力優於其他保險公司，那我們就擁有雙重優勢。或許這就
是你所能擁有的最大優勢。如果你還能有辦法具備更多優
勢的話，請告訴我們，我們會很想知道。但目前我們已經

具備很大的優勢。

　　分析股票真正有趣的地方在於判斷這些優勢是否足以證明價格是否合適。這個難題我總是交給你們自己解決。

問：我發現，美國國際集團等公司把規模做得很大，而且也能實現獲利，綜合比率保持在100到103之間。如果波克夏也做大規模，利潤應該也能增加很多。我了解現在承保可能必須面對較大的固有風險，但波克夏是否有可能也把規模做大？

答：你這個問題問得很好。我們不傻，如果我們知道一種方法能在完全安全的狀況下把保險業務規模愈做愈大，綜合比率不超過101，我們當然早就那麼做。

　　但考量到波克夏的實際情況，我們現在採取的策略應該是很合理的。對我們來說，我們會逐一審視子公司的各項業務，選擇最適合它的發展策略。波克夏不會把某個策略強加給子公司，波克夏每家子公司都各有各的特點。

　　以喜詩糖果為例。人們會說：「你看，喜詩糖果多賺錢，你們為什麼不在全球每個大城市都開一家分店？」如果你夠了解喜詩的生意，你就知道很多市場早已被別的糖果公司牢牢占據，無論是巴黎還是新英格蘭，我們不能在那邊開一間店就能自動賺大錢。我們非常了解每家子公司的生意特點。

　　這就是我們的管理方式。我們尊重每家子公司的實際情況，讓子公司自主經營，而不是坐在總部將命令強加給子公司。我認為這是多年來讓波克夏展現出巨大競爭優勢的原因。

　　我們的每家子公司各不相同，它們都有適合自己的發展策略。有的子公司我們大力發展，例如我們向蓋可保險投入大量資金。而對某些子公司來說，最正確的經營方式是逐步清算，如果是這種情況，嘗試其他方式都只會帶來更糟糕的結果。

　　有些人從商學院畢業後，滿腦都是從商學院學來的管理理論，他們試圖把企業的實際狀況硬塞進自己腦中的思維結構裡，不顧企業現實，只為自己的利益考慮。如此一來，99.9％的結果都是一場管理災難。

　　我們充分尊重每家子公司的實際情況，根據這些實際情況制定發展策略。我們不會告訴蓋可保險說：「去學美國國際集團。」與它相比，我更喜歡蓋可保險的生意。美國國際集團的生意也很好，但我就是更喜歡蓋可。

問：我發現堪薩斯金融擔保公司的賠付率從三年前的30％上升到去年的60％。我知道蓋可保險的綜合比率通常保持在100％。請問這兩家公司的生意是否存在很大差異？
答：這兩家保險公司完全不一樣。

問：好的。那麼請問為什麼會出現損失率明顯上升的情況？

答：不必太在意損失率的變化，關鍵是要看懂這兩家公司的生意。

堪薩斯金融擔保公司主要從事員工忠誠保證保險（fidelity bond）*業務，而蓋可主要從事車輛保險業務，兩家公司的生意完全不同。堪薩斯金融擔保公司的業務沒什麼浮存金，主要以獲取承保利潤為主。

之前堪薩斯金融擔保公司是一家獨立的小型保險公司，沒能力承擔全部風險，必須把一半的保費讓給其他的保險公司。加入波克夏之後，由於波克夏願意承受短期波動以換取更好的長期收益，因此有了波克夏支持，堪薩斯金融擔保公司就不需購買再保險，必須自己承擔全部風險，所以損失率的波動範圍更大了。

堪薩斯金融擔保公司出於合理的原因對政策進行大幅修改，這對它的損失率產生一定的影響。**如果只看一、兩個數字就下結論，你就會得到錯誤的答案。**這就好像幫魚刺卡在喉嚨裡快窒息的人量體溫一樣。你必須觀察正確的事物，才能知道實際發生的狀況。

---

* 編注：主要承保企業財產遭員工強盜、搶奪、竊盜、詐欺、侵占之風險。

■ 釐清誰是威脅最大的競爭對手

**問：我聽您和華倫談過發射銀彈（silver bullet）的概念，
但我從來沒聽你們說過你們會向哪些公司發射銀彈。**

答：華倫有時會提到安迪·葛洛夫（Andy Grove），葛洛
夫會問：「誰是你最重要的競爭對手？」葛洛夫說：「我從
事的產業競爭特別激烈，我必須思考哪些對手會讓我陷入
困境。我必須先發制人才能生存下去。」這就是銀彈概念
的由來。

　　我認為搞清楚威脅最大的競爭對手是誰非常重要。我
們不是真的要把競爭對手置於死地。我們只是希望知道自
己的主要競爭對手是誰。

問：請問蓋可保險最主要的競爭對手是誰？

答：不同的市場有不同的競爭對手。以加州南部為例，20
世紀保險公司是蓋可保險最主要的競爭對手。

　　正好盧·辛普森在這裡，盧，你來回答一下吧，你一
定能比我答得好。

辛普森：好的，查理。我同意你說的。在加州南部，20世
紀保險公司是非常強勁的競爭對手，因為它的成本最低，
營業費用率才10％。它們成長的速度不快，主要是因為前

幾年20世紀保險公司跳出自己的核心業務，在一個非常狹小的地區承保大量的房屋保險，結果遭遇地震，元氣大傷。

蓋可執行長東尼·奈斯利（Tony Nicely）的表現非常出色，而且加入波克夏之後，蓋可保險更是日益壯大。如果讓東尼來回答誰是潛在的競爭對手這個問題，我覺得他的答案很可能是前進保險公司（Progressive）。前進保險很強大，成長速度很快。蓋可保險主要承保風險較低的優良體（preferred risk）*。如今，前進保險也開始拓展優良體業務，與蓋可形成競爭態勢。

我們還有兩個不容忽視的潛在競爭對手：一個是美國國際集團，另一個是奇異。美國國際集團準備進軍加州南部市場，它正在尋求收購20世紀保險公司，我猜它們目前已經持有60％以上股份。奇異也不容小覷，它最近收購克羅尼爾·佩恩公司（Colonial Penn），正式進軍保險領域。美國國際集團和奇異都有雄厚的財力，它們如果加入戰局，絕對是難纏的對手。目前這兩家公司都對自用小客車保險市場虎視眈眈。

另外還有兩家公司，州立農業保險和好事達保險（Allstate），這兩家保險公司是沉睡的巨人，目前它們的市占率正在下降，但它們很有潛力。

---

* 編注：指預期死亡率較平均值低的準保險人，也就是身體較健康的人。

我認為未來五年，產險業的競爭將更加激烈，正如查理剛才所說，產險公司的業績很可能會下滑。

答：競爭更激烈，業績可能下滑，我一點都不氣餒，我看好蓋可保險的前景。未來20年整個產業的前景可能愈來愈嚴峻，但我們反而可能逆勢而上。產業前景艱辛，就看誰的承受能力更強。

在加州南部，蓋可還有一個競爭對手，就是水星保險集團（Mercury General）。水星保險集團採用代理人銷售模式，而不是直接對客戶銷售，所以很容易被我們忽視。水星保險集團的創辦人喬治．約瑟夫（George Joseph）是保險業最傑出的人之一，他領導一家採用代理人模式的公司取得卓越的成績。在某些領域，水星保險集團創造出比蓋可保險更漂亮的業績。

喬治．約瑟夫絕對是個天才，他對保險業瞭若指掌，永遠在問題萌芽時就解決問題，他也懂得如何設計有效的激勵制度。他還是西洋棋高手、橋牌冠軍，真是個非常了不起的人。在保險業，喬治．約瑟夫充分展現自己傑出的能力。

問：價值來自公司創造的收益。長期持有一家公司，我的投資報酬將與公司創造的收益一致。因此在挑選投資標的時，我應該把資產報酬率做為主要的篩選條件。找到資產

報酬率高的公司之後，還要研究這些報酬率能持續多久？未來可能有哪些因素會導致資產報酬率下滑？如果無法回答這些問題，就必須換一家公司繼續研究。

答：我不確定你的問題是否需要回答，你做得很好。

問：至於時機的問題是不是就不用考慮了？因為我長期持有，不理會總體經濟波動，也少掉一些摩擦成本（frictional costs）＊。請問我的理解對嗎？

答：你說得非常正確。很顯然地，如果你能找到一家現在資本報酬率很低，在價格非常便宜的時候買進，然後這家公司的狀況發生變化，成為一家資本報酬率很高的公司，那你就能賺到更多錢。

例如最早買進波克夏的一批股東，他們在華倫入主波克夏之前就買進波克夏，見證波克夏從一家小小的紡織廠發展成今天的大型集團。這就是最棒的狀況。

當然，更簡單的做法是找到一家公司，這家公司在財報數據當中已經證明自己能實現較高的股東權益報酬率。財務資料就在那邊，這樣的公司很好找。但這樣做的問題在於，如果大家都知道是好公司，這些公司的股價往往已

＊　編注：摩擦成本是指伴隨金融交易的所有相關成本。包括直接成本，如費用、利息，以及間接成本，如研究時間、精力，會降低投資的總報酬率。

經是淨資產的三、四倍以上。這樣又再次讓投資變得困難。

　　你剛才說了很多，但沒提到市場價格。即使能找到長期保持高股東權益報酬率的公司，也不能解決你的問題，因為你必須搞清楚你是否願意支付45倍本益比的價格或任何價格買進。我經常舉箭牌公司的例子，公司是好公司，但價格太貴了。世界充滿變數，就算是好公司，但它真的能在未來長期保持下去嗎？

■ 長期來看，獲利能力最重要

問：股價淨值比和本益比，您覺得哪個比較重要？

答：在大多數情況下，與股價淨值比相比，本益比更能反映一家公司的獲利能力。而從**長期來看，一家公司最重要的是獲利能力**。因此大多數情況下，我們要優先看獲利，而不是淨資產。不過凡事都有例外。

問：10年前，波克夏買進可口可樂，我想知道您和巴菲特是怎麼做出這個決定？如果我沒記錯，波克夏當時投入20億美元，拿出保險業務淨資產的三分之一買進可口可樂。當時您和華倫是怎麼商量的呢？你們花了六個月還是一個月討論？

答：我希望我們當時買進20億美元的可口可樂，實際上我們買了10億美元左右。

問：能說說您和華倫是怎麼商量的嗎？

答：這問題問得很好。如果你找到一個非常好的投資機會，手裡又有大量資金，唯一可以做的當然是盡可能大筆買進。在買進可口可樂的時候，我們盡可能以不拉抬價格的方式買下市場上所有我們可以買進的每一股可口可樂股票。這代表在每天的成交量中，我們只能占30％左右。我們在這種情況下盡可能買進股票，直到最後花光10億美元為止。

只買進10億美元我們就停止，這是巨大的錯誤，我們應該繼續買才對。身為股東，你們因為看到我們買進10億美元可口可樂而高興，但不知道我們本來應該再買10億美元卻沒買，讓你們少賺很多錢。這是我們的疏忽，我們應該買更多。

已經明確知道是好機會，還有什麼好討論呢？最重要的就是去做，一旦知道該做什麼，就不必浪費時間多說廢話。投資就是要找到這種確切知道該做什麼的好機會。我多希望我們能有更多這樣的好機會啊。

問：兩年前的股東會上，您提到您透過《價值線》的圖表

和報告了解可口可樂公司，而且也非常欣賞可口可樂的董
事長羅伯特·古茲維塔（Roberto Goizueta）提升股東價值
的做法。

答：是的。可口可樂的生意非常好，公司財力充足，古茲
維塔可以遊刃有餘地提升股東價值。

問：您對《價值線》的圖表和報告讚賞有加。

答：對，《價值線》是非常實用的投資工具，把大量數據
一目了然地呈現在我們面前。我們問問在場的這位分析
師，了解一下她對《價值線》的看法。你工作時使用《價
值線》的服務嗎？

施羅德：當然。

答：在具體研究一家公司之前，你是否會先了解這家公司
的背景？通常透過什麼方式了解？

施羅德：我們通常會深入挖掘原始資料，主要看10-K報告
和年報。

答：我的做法是，遇到不熟悉的公司，我會先看《價值線》
報告，了解背景資訊。

施羅德：我們分析師負責的領域公司數量有限，我們長期
專研少數幾家公司。

答：所以說《價值線》中的資料你都已經知道了。

施羅德：我們的工作需要深入研究責任範圍內的公司，幾

手所有資料都要看，《價值線》對我們來說有點多餘。

答：她研究的範圍比較專精，所以用不到《價值線》。如果研究的範圍廣，而且需要快速了解一家公司的背景資訊，《價值線》非常好用。

問：您和華倫都退休，或是説退出管理基金的工作，只繼續為股東管理投資。從事這個幾乎沒有收入的工作，你們似乎只是在享受這份工作的樂趣。我想知道你們是否後悔過這個決定？

答：你提出一個很好的問題。為什麼華倫和我很早就不再為別人管理投資？第一，我們賺的錢已經夠多，我們有足夠的財力從事任何對我們來說有建設性的事情；第二，我們天生有很強的責任感，如果我們辜負別人的託付，我們會非常內疚。

關閉合夥基金之後，我們不再從投資報酬中抽成，我們自己的錢跟股東的錢面臨一樣的風險，得到的投資結果與股東相同，這比到處演講告訴別人自己為什麼比別人強的壓力要小得多。

因為我們是這樣的人，所以我們選擇現在的模式。我們在這樣的模式下比較自在。

我總是為其他人的行為模式感到驚訝。有一家大型美國銀行就做出背信棄義的事。

　　在這家銀行成立之初，一些少數族裔找到銀行創辦人，在這家銀行成立信託基金，目的是為殘疾兒童提供幫助。結果當這家銀行遇到困難時，它就把整個信託部門賣出去，原來承諾要妥善管理的信託基金就撒手不管了。它只在乎賣個高價，早就忘記當初的承諾。

　　這不是我的風格。如果我是那家銀行，接受少數族裔家庭的委託，我會覺得除了想賣出高價之外，我還得為這些人負責。

　　同樣地，資產管理公司也不能只考慮賺錢，絲毫沒有責任感。資本集團（Capital Group）旗下的資產管理部門就很有責任感，他們收購公司之後，即使公司遇到困難，也仍然會幫助公司度過難關。

　　我們之所以選擇結束合夥基金，是因為我們天生有責任感，也是因為我們從小受到奧馬哈傳統價值觀的薰陶。如果辜負別人，我們會感到非常內疚。

　　很多人根本不懂什麼是慚愧、什麼是內疚。我不是那樣的人，也不想成為那樣的人，華倫也不是那樣的人。

　　華倫和我都認識這樣一個人，他幫別人管理資產，為自己賺進1億多美元，但他的客戶卻沒賺到什麼錢。華倫對我說：「查理，我們要是他，這樣的狀況會讓我們很困擾，但他卻一點都不難受，他只想著賺錢，他賺進1億美元，這對他來說才是最重要的事」。

我認為人還是要有責任感。換位思考，如果我要託付別人，我希望對方是個非常在乎不要讓我失望的人。

對可能發生的壞事多一份憂心

問：1960年代末、1970年代初，華倫賣出所有股票，關閉合夥基金。請問今天的投資環境與那個時期是否有相似之處？

答： 1968年、1969年，全世界都在瘋狂炒股，連垃圾股都飛上天。似乎一夜之間美國股民就突然愛上垃圾股，美國證券交易所的所有股票全都飆漲。華倫喜歡撿便宜股票，股票這麼貴，讓他感到無所適從。

華倫已經習慣用「桶裡捉魚」的方式賺錢。這個說法來自於我的老朋友大衛·戈特斯曼（David Sanford Gottesman）。戈特斯曼想捉魚時，首先他會把桶裡的水倒光，等魚不動了才拿一把槍，對著魚砰的一槍。

1950、1960年代，「桶裡捉魚」的好機會遍地都是，華倫的投資事業成績亮眼。但之後市場愈來愈瘋狂，投資愈來愈難做。股市瘋漲創造巨大的財富效應，投機風潮愈演愈烈，基金公司受到追捧，人們對股市的熱情看起來有

點像荷蘭的鬱金香狂熱*。華倫覺得這個市場不屬於他了。正如薩繆爾‧高德溫（Samuel Goldwyn）**的金句所說，「把我包括在外」（Include me out），華倫選擇退出市場。

華倫並沒有賣出手中所有股票。他沒賣自己手裡的波克夏股票，也沒賣出藍籌印花公司股票。但華倫解散合夥基金，當時投資環境過於惡劣就是原因之一。

我們不會再這麼做了。我們會一直經營波克夏，不會清算它。但今天的股市確實與1960年代末、1970年代初的股市有相似之處。

每次投機潮時，人們瘋狂的標的都不同。1920年代佛羅里達州的沼澤地、1920年代初的洛杉磯房地產熱，之後是1960年代的垃圾股。後來，「漂亮五十」粉墨登場。在「漂亮五十」熱潮當中有一家家庭縫紉公司，猛一看還以為縫紉技術將引領美國未來的高科技發展呢。你能相信嗎，家庭縫紉公司？但它卻進入「漂亮五十」之列。

1970年到1972年，當時還有很多不合理的地方，但我們還是默默經營波克夏。

---

* 編注：1637年，荷蘭民眾大肆搶購鬱金香球根，導致價格瘋狂飆高，泡沫化後價格又狂跌，讓荷蘭各地市場陷入混亂，是世界上最早的經濟泡沫事件。

** 原書注：薩謬爾‧高德溫是出生於波蘭華沙的美國電影製片人。他常常不顧英語習慣用法，自相矛盾地選擇詞語組成一個滑稽的語句，被稱為高德溫式妙語（Goldwynism）。

事情總有相似之處，我認為**審慎觀察當前環境，總是對可能發生的壞事多一份憂心，這是明智之舉**。我們都會遇到我們不喜歡的一些意外，這種風險的確存在。

◼ 日本經濟衰退的前車之鑑

我認為發生在日本的事情值得我們好好思考。

日本科技發達。在門閥的主導之下，日本政府實力強大。幾十年來日本創造經濟奇蹟，經濟成長的速度遙遙領先全球。日本的公司愈做愈大，股價與土地價格也愈來愈高。

經過長期高速成長，日本的股價與地價都達到前所未有的高價位，日本部分地區的地價能買下整個美國西部。日本的經濟泡沫達到瘋狂的程度。美國銀行在日本有一個供高層主管臨時居住的小房子，這個小房子一個月租金每平方英尺才200多美元，但美國銀行最後卻以5,500萬美元的價格賣出。

在日本經濟泡沫期間，股價達到淨資產的很多倍，即使是資本報酬率不高的公司也是如此。因為日本公司主要以低價搶占市占，不重視股東權益報酬率。沒想到這麼高的股價與地價竟然持續很長一段時間。

　　日本金融業也存在腐敗現象，例如券商向投資人做出私下承諾，保證買回他們的股票；銀行明目張膽地做假帳；日本黑道也與一些大型機構有賄絡關係。在某種程度上，日本的金融機構裡有一些不光彩的醜事。

　　當所有人都相信股票、土地會一直飆漲，財富效應就成了麻醉劑，連政府支持的日本郵政銀行也加入購買股票的行列。從日本這次的經濟泡沫當中，我們可以看到它的金融機構積弊頗深。最後泡沫破滅，一切戛然而止。

　　日本的經濟泡沫破滅之後，政府不遺餘力復甦經濟。它請來全世界專家，用盡凱因斯主義的各種手段，例如把利率降到接近零，日本政府照辦，但結果沒用。凱因斯理論說要增加財政赤字、擴大政府支出，日本政府也這麼做了，把財政赤字在國內生產總額中的占比提高到10％，但還是沒用。整個經濟學界認為日本這種現象很難解釋。

　　一個文明如此發達的國家，用盡經濟學理論中各種方法，卻仍然無法擺脫經濟衰退的陰霾，直到現在都還處於停滯狀態。日本的經濟衰退沒有美國1930年代的大蕭條那麼慘烈，但這是一場非常嚴重、耗時許久的經濟衰退，不管日本政府怎麼做，似乎都無法再次喚起日本民眾的消費欲望。在今天的日本，我們看到「財富效應」反向作用力的可怕後果。

　　日本經濟衰退與我們的討論有關嗎？美國股票選擇

權會計作業當中的腐敗狀況，是否與日本券商保證買回股票、銀行做假帳、銀行掩飾不良假帳這些腐敗狀況類似？我認為兩者之間有一些相似的地方。如果我們沒有那些會計弊端，我們的軟體業照樣會蓬勃發展。但很明顯我是少數派。

問：讀研究所時，會計理論這門課我只得了「B」，因為我極力主張在一家上市公司中，股東委託管理者代為管理公司，管理層是內部人士，他們掌握大量與公司和產業相關的資訊，外部股東無法輕易獲取。因此我認為，上市公司應該在年報中以一定的篇幅向股東坦誠說明應如何分析公司的業務、如何評估業績，公司在產業中的地位以及未來五年的前景如何。

我在波克夏和魏斯可的年報中看到這些內容，但在其他很多年報中卻看不到，為什麼？

答：美國上市公司的年報比世界很多地方的企業年報更好。因此，這裡比我所知的其他地方都更誠信，做法也比較好。美國制度有許多令人遺憾之處，但也有許多值得讚賞的地方。

波克夏有自己的風格，這個風格反映出華倫的特質。每個公司都有獨特的風格，我們不認為只有我們的做法才是正確做法。

有趣的是，在同一個時間裡可能會有截然不同的文化。

每次談到作惡的公司文化，我總會想到加州的「四大愛爾蘭流氓」，費爾（Fair）、弗勒德（Flood）、麥基（Mackay）、奧布萊恩（O' Brien）。他們控制的「大富礦」（Big Bonanza）位於康姆斯托克礦脈（Comstock Lode），是美國最大的銀礦。這四個人白手起家，其中還有人當過酒保。1850年代的舊金山是個充滿暴力的危險地帶。

這四個人合夥開了一個礦業交易所，肆意操縱股票，根本不講規則。如果你控制了礦場，在舊金山市也有同夥的話……那時候，礦業公司每月都會配發股息。所以他們加快礦場開採速度，提高每月配息金額，拉抬股價，然後舊金山的同夥就可以大量拋售股票。接著就放水淹掉礦場，股價就會下跌，他們再趁機買回股票。

一手賺採礦的錢，一手賺詐欺股東的錢，兩頭獲利。這就是一群資本家的行為。

同一時代的洛克菲勒（Rockefeller）和美國鐵路大亨范德比（Cornelius Vanderbilt）則截然不同。那時的社會比現在殘酷，洛克菲勒和范德比對競爭對手毫不留情，但是對合夥人和股東卻非常講求公平。例如在洛克菲勒的公司總部，高層主管不領薪水，或只領象徵性的薪水。因為在他們的觀念裡，賺股東的錢有失身分，應該和股東一起賺錢才對。「四大流氓」與洛克菲勒、范德比同處一個時

代，對待股東的態度卻全然不同。

我認為，現在有些公司高層主管的基本心態是，股東不過是可以榨取利益的對象，但也有一群公司真正想為股東服務。我們波克夏想成為像洛克菲勒那樣的人，不屑與「四大流氓」為伍。

公司文化很重要，如果你有太多錯誤的文化，資本主義制度就會處於危險之中。

掌握多種思維模型並用的思考方式

問：去年股東會您推薦席爾迪尼寫的《影響力》，我回去讀了。請問您還有其他推薦的書籍嗎？另外之前有人問，我們最應該問您什麼問題，您有答案了嗎？

答：我們不局限於投資，而是談整個人生，我覺得最有價值的問題是：「我該怎麼做，才能讓我整個人生與心智運作得更好？」我認為，**養成習慣，熟練使用多種以現實為基礎的心智思考模型，是你所能做最棒的事。**好好思考這個問題，這比你明年、下個月、下週或下一分鐘能多賺1萬或2萬美元更重要得多。

掌握多種思維模型並用的思考方式，這樣才能讓人生

更有意義。教育是一項神聖的事業，然而很多學校、老師卻沒盡到自己的職責。許多人接受多年學校教育，卻仍然不知道該如何思考。怎麼辦？我們只能自己學。

在波克夏股東會上，我說我喜歡朗‧契諾（Ron Chernow）寫的《洛克菲勒 —— 美國第一個億萬富豪》（*Titan: The Life of John D. Rockefel ler, Sr.*）。書中說，洛克菲勒在賓州發現大量石油，之後30年，美國沒有再發現新的大型油田。那時石油開採出來之後，加工成煤油，主要用於照明。在很長一段時間裡，洛克菲勒的賓州油田壟斷石油生產。也就是說，洛克菲勒家族的巨大財富來自於瘋狂的意外：長期沒有出現新的油田。

但洛克菲勒也確實抓住機會，與合夥人攜手在俄亥俄州開創一番事業。洛克菲勒的公司由好幾位合夥人共同管理，所有合夥人一起制定公司的發展策略。這聽起來很像波克夏的經營方式，不同之處在於他們有幾位合夥人，波克夏是華倫和我兩個人。

在洛克菲勒的公司，有時候有的合夥人不想參與一項投資，洛克菲勒會說：「我來出錢投資，風險由我承擔。兩年後如果成功了，你們可以用成本價買下我的股份」。

洛克菲勒這麼一說，持有異議的合夥人就回答：「如果你願意承擔這麼大的風險，也算我們一份吧」。

當然，洛克菲勒的合夥人都是非常富有的人，我們不

能說他們的行為有多麼高尚。但洛克菲勒這麼做非常不簡單。他不是思考該怎麼做才能獲取更多東西，而是思考該如何承擔更多，使整個企業運作得更好。

洛克菲勒還在世的時候就把自己一半的財富都捐給慈善事業。他從得到第一份工作起，在每週只有3美元的微薄收入時，就開始捐款。讀了洛克菲勒的故事，我們能從中得到許多啟發。我無法想像在星期三下午來這裡參加魏斯可股東會的人不喜歡這樣的故事。

問：您寫了一篇文章，批評慈善基金會聘請大量基金經理人和投資顧問的做法。您在文章中已經給出很清楚的答案，為什麼基金會仍然執著原本的做法？
答：美國的股票選擇權會計處理有缺陷，為什麼這個漏洞始終堵不住？因為裡面有利益。現有的基金會管理體系養活了很多人，這樣的制度在某種程度上也仿效人類自古有之的體系：國王身邊總是會有預言家和占卜師。人們總是渴望預知未來。透過金錢，國王可以尋求占卜師指點，希望自己的江山能永遠繁榮昌盛。

所以，利用手中的財富取得建議，以追求安全與機會的這種人類基本渴望，千百年來始終沒變。在資本主義社會，只要願意出錢就會有建議，只是有時會遇到吹牛詐欺，有時會遇到好建議。我們的文明就是如此，很難改變。

大型基金會的做法非常荒謬。社會上許多人都是頂尖大學畢業生，哈佛大學、麻省理工學院，但人們從這些大學畢業後卻到基金會當投資顧問，靠騙人為生。想到這一幕，不禁令我感到悲哀。

基金會以高薪聘請「占卜師」，這些占卜師再挑選第二批占卜師，接著他們再聘雇一批占卜師告訴他們現有的占卜師如何有錯，簡直是一團亂麻。

這就是為什麼我們的社會總是有這樣一齣齣諷刺喜劇上演。這是個不完美的世界，恐怕永遠都會是如此。

我在演講中說的都是一些很明顯的事，引起廣泛的注意與討論，但很可惜各大基金會仍然我行我素，沒有絲毫改變。它們繼續聘雇三、四批顧問，聽顧問們高談闊論，然後按照這些占卜師所說的建議行事。

更令人遺憾的是，這些占卜師都是社會精英。我們正在吸引美國最傑出的人才到一個對社會貢獻值為負的產業工作。這無益於文明發展。

問：多年來，魏斯可的流通股數始終沒變，但波克夏卻略有增加，請問波克夏是否從發行股票中得到好處？
答：波克夏曾經發行股票用於收購企業。華倫是個誠實的人，所以他在年報中說，波克夏的股份很值錢，波克夏發行股份做的幾筆收購有點吃虧。但我們做的那幾筆收購，

對方都非常誠信，沒有任何欺騙我們的行為，我們收購的公司也都是好生意。然而，波克夏發行股份用於收購，成績不好不壞。有些交易我們小賺一筆；有些交易則讓股東吃虧。總之沒有什麼突出的表現。

目前這樣的做法對我們傷害不大。但我猜測，長期來看，波克夏發行股份進行收購能對股東有所助益。

除非我們放棄的內在價值能換來更高一些的內在價值，否則我們不會輕易增資。波克夏現有的業務、我們的股票表現都是一流的，很少有生意能比得上。如果你回顧過去增資所做的收購，就像華倫在年報所說的那樣，有些時候我們不該為了收購而增資。

順帶一提，魏斯可保持股份不變的做法，未必適用於波克夏。

波克夏增資發行股票是著眼於長遠發展。我們收購通用再保險時也發行股票，雖然我們暫時遇到一點小困難，但我覺得這筆收購最終會成功。

通用再保險的子公司持有一家德國再保險公司80％的股份，這家德國再保險公司發生巨額虧損，通用再保險也感到非常意外。這筆虧損恰好出現在我們達成交易之後，導致通用再保險的當季獲利下降。

儘管如此，我仍然看好這筆收購，發行股票收購通用再保險，符合波克夏股東的長遠利益。

但到目前為止，過去30多年魏斯可的股本始終保持不變，也符合魏斯可股東的利益。

問：根據華倫所說，他去世後波克夏將由管理階層經營，由巴菲特的家族成員和董事會成員監督。但近年來，很多公司的前車之鑑告訴我們，家族成員敵不過管理階層的案例比比皆是。家樂氏（Kellogg）、道瓊公司（Dow Jones）、《讀者文摘》（Reader's Digest）、梅隆銀行（Mellon Bank）都是典型案例。我擔心這樣的安排無法發揮最佳作用，請問您怎麼看？

答：這是一個有趣的問題。在這方面，我有內部人士的優勢，因為我認識這些人，他們不可能瀆職、怠惰或誤入歧途。我認為擔心這個問題是多此一舉。

我希望在我去世之後很長一段時間，在蒙格家族的財富當中，波克夏股票的占比還能維持在90％。我對波克夏完全不擔心。

問：長期資本管理公司破產了，請您告訴我們，這是否會導致整個金融體系崩潰？您對這件事的看法如何？我們能從中吸取哪些教訓？

答：透過各方努力，我們避免一場系統性風險。因為危險沒發生，誰都不知道我們距離危機有多近、危機可能多嚴

重。我們只知道，如果長期資本管理公司的風險真的擴
散，一定會撼動整個金融體系。可以肯定的是，要求幾家
財力雄厚的大型機構各自拿出三、四億美元防止市場陷入
混亂，對整個國家來說代價非常低廉。

我認為金融體系崩潰有可能發生。日本的例子近在眼
前。即使是在現代社會，金融體系也可能以難以逆轉的方
式崩潰。

我們反對救助長期資本管理公司，因為我們想以現金
收購所有資產，而不是像聯準會要求的，幾家大公司出錢
收拾長期資本管理公司的爛攤子。很可惜，聯準會沒給我
們這個機會。

不過事實表明，聯準會這次的救援行動非常成功。

**問：您和巴菲特多次批評金融衍生性商品交易氾濫。請問
長期資本管理公司崩盤事件是否可能再次上演？如果再次
出現金融衍生性商品崩盤，我們是否可能有撿便宜的機
會？**

答：下次再出現這樣的事件時，我們也許不會出手。長期
資本管理公司這次崩盤，我們出手救助，是因為我們了解
長期資本管理公司的管理階層。儘管他們犯下大錯，但我
們欽佩他們的聰明與專業能力。我們了解他們的投資方
式，看懂他們的投資組合，所以我們非常樂意出手。我認

為下次我們不太可能像這次這麼熟悉情況。

我確實相信，在沒有中央清算系統的狀況下，全球金融衍生性商品交易氾濫將可能導致大規模的崩盤。同時，我們還有低劣的會計標準……坐在下面的德勤會計師一定很難受。不過金融系教授不應該感到孤單。

說真的，會計政策存在漏洞不是你們會計師的錯。你我都改變不了現狀。很多人想利用金融衍生性商品虛增獲利，拿到更多獎金。在他們的壓力之下，針對金融衍生性商品的會計政策愈來愈鬆懈。我宣導使用「模型」思考，金融衍生性商品的定價也用「模型」，但這種模型經常被用於操縱利潤，把未來的利潤挪到現在。這就是現實，我們很難改變。

金融衍生性商品必然會引發危機。由於會計政策不夠嚴格，金融衍生性商品危機爆發的次數會更多，後果會更嚴重。

我不懂為什麼所有人都不贊同我對會計制度的看法？但其實我知道為什麼，但我真不願意看到眼前的現實。我相信如果我們的會計政策能秉持保守、嚴謹的工程學標準，我們的世界會更好。會計業過於屈從社會壓力。

◼️ 鍛鍊思維方式能豐富人生

問：您和巴菲特先生會去大學發表演講。我想建議，能否把你們兩位的演講稿公布在波克夏網站上？

答：謝謝你的建議，但我覺得最好還是別這麼做。我發表過幾場演講，招來過度關注，所以最好還是別把演講稿放到波克夏網站上。

我在南加大發表的演講刊登在《傑出投資者文摘》上，華倫把這份講稿寄給波克夏所有股東。再繼續這樣做，恐怕我會樹敵更多。

問：我正好想請教您一個關於南加大演講的問題。您告訴我們，要使用模型思考，讓我印象深刻。對於一個剛踏上追尋智慧之路的人來說，應該學習哪些基礎的模型？應該讀哪些入門書？

答：這個問題經常有人問。**作為入門，最值得推薦的一本書是羅伯特・席爾迪尼寫的《影響力》。** 我想這本書已經賣出40多萬冊。作者在書中揭露一些常見的心理操縱手段。

席爾迪尼是一位優秀的老師，他寫的這本書非常經典。席爾迪尼30多歲就成為亞利桑那州立大學（Arizona State University）的董事教授（Regents Professor）。為了

進行研究，他親自「臥底」，賣過墓地、開過飯店、做過推銷員。席爾迪尼是個富有探索精神的人。如果你們還沒讀過《影響力》的話，可以買來一讀。這是一本很棒的書，對你們的孩子也會非常有用。

我在演講中說，要正確思考，必須建立多模型的思維方式，熟練掌握所有主要的模型。**這代表所有重要模型都必須在你的能力圈範圍當中。**如果你只有一種模型，就好像一支職業足球隊，各方面都很強，但就是不會傳球。這可不是贏球的好方法。因此你不能漏掉任何重要模型。

如果掌握的模型不夠，思考時必然會過度使用頭腦裡現有的模型，很多時候甚至會用到不適合的模型。

這是一種非常可怕的處事方式。我的解決方法就是，掌握世上所有的主要模型。幸運的是，世界上98％的事都能用幾個模型就解釋清楚，所以我的建議完全可行，只是沒有速成的方法，不可能在一週或一個週末就完成，必須經過一段時間努力才行。

我自己非常享受鍛鍊思維模式的這個過程，我總是能找到新的案例，不斷驗證和充實我的模型體系。這讓我的生活充滿樂趣。我總是舉這個人為例。有個人想寫一本書，書名叫《中西部混蛋全錄》，可是書還沒寫完他就去世了。臨終前，他在書稿中寫道：「很遺憾我沒能完成這本書，因為總是有新的混蛋出現，這本書總是寫不完」。

打造思維模型沒有盡頭，總是能找到新模型，或遇到新案例可以充實舊模型。**不斷鍛鍊思維方式能豐富並啟迪你的人生。**尋找這些心智思維模型並將它們系統化，能帶來許多好處，只需要擁有幾個最重要的思維模型，就能發揮巨大的威力。

以龐氏騙局這個模型為例，這個模型很容易理解，大家也都清楚為什麼龐氏騙局最後會失敗。更進一步我們可以發現，龐氏騙局與其他事情混合在一起，經過包裝，破壞力就會更大。當你了解這一點，你對龐氏騙局模型的理解就更加深刻，你的智慧也隨之成長。

在股市歷史上，曾有一段時間企業集團概念股火紅，其實它就是一種龐氏騙局模型。一家公司先把本益比炒高，然後大量發行股票，四處收購沒經過炒作的公司。它宣稱自己是企業集團，未來規模會愈做愈大，但本質上這就是一種龐氏騙局，早晚有崩塌的一天。

有時候，不該出現龐氏騙局的地方卻出現龐氏騙局，令人感到震驚。例如，科瓦斯（Cravath）是一家非常出色的律師事務所，它規定公司為合夥人設立退休基金，每年從公司的利潤中拿出10％發給退休的合夥人。科瓦斯設立的退休基金沒有資金，而是每年從公司利潤中提取一部分做為退休金，完全沒有資金保障。

你可能認為，以我對金融的態度，我會說：「這難道

不令人震驚嗎？這是個糟糕的制度，這是個沒有資金保障的退休金制度」。

但其實科瓦斯的做法符合它獨特的文化，我認為這是一個合理的計畫。真正了解科瓦斯這家公司，你就會知道，這種方式在別的地方可能不合理，但在科瓦斯卻可行。你可能會看到相互衝突的模型，這就需要我們自己去權衡和分析。

■ 做投資，就要看懂公司的生意

問：多年來，您和巴菲特先生投資很多公司，涉足眾多產業。請問您如何分析一個產業，以確定你們找到的是長期贏家？
答： 首先，可以看一家公司的歷史紀錄，從它的歷史紀錄推斷它的未來。不過如果事情這麼簡單的話，每個人都會非常成功。

我認為你必須了解一家公司的基本業務如何運行：它面臨哪些威脅、擁有哪些機會、競爭地位如何等等，這樣才能對公司未來做出正確預測。只看過去的業績、資本報酬率或銷售額，難以準確預測公司的未來。**只有深入了解生意的基礎，才能準確預測公司前景。**

有些生意比較容易懂。就以我擔任董事的好市多來說，這就是一個非常容易理解的公司。只要是受過教育、有一定文化基礎的人，就能明白連鎖超市的生意，都能看懂零售業的發展史、經營方法以及可能遇到的困難。如果我在商學院任教，我會從零售業教起，因為零售業很容易理解。確認學生理解零售業的運作法則後，我會再帶他們認識更複雜的產業，例如家電製造業等。

有很多公司的生意模型你們可以理解。你一定看得懂箭牌口香糖的生意模型，對吧？箭牌的生意很好懂。研究產業沒什麼固定的順序，對我個人來說，我覺得從零售業開始再逐步深入是最合適的。但其他方式可能對別人更有效。我認為研究每一家公司，分析它們如何成功，這個過程非常有意思。

以汽車銷售產業為例，我們幾乎每個人都買過車。華倫和我，我們一走進汽車銷售公司，腦子裡自然而然就會浮現出一些問題，例如：「這個生意好不好？為什麼好？為什麼不好？」對我們來說這就像呼吸一樣自然。這是個充滿樂趣的過程，也是個熟能生巧的過程。

你可以走進一些汽車經銷商就知道它們為什麼能成功：它們以欺騙的方式賺錢。但也有些經銷商賺錢，卻不欺騙人。如果你讀過席爾迪尼的書，你會比汽車經銷商還了解那些騙人的伎倆。

識人察人的方式

問：您是否有一些經驗法則或其他心智思維模型，可以用來識人察人？您如何評估經理人，判斷他們是否稱職？

答：無論是投資股票還是管理企業，識人察人都非常重要。怎樣才能精通這門藝術，減少出錯的意外？這個問題沒那麼簡單，只能自己多磨練、多領悟，就像當你走進一家福特經銷商，思考「這家公司生意好不好？為什麼？」一樣。看人也是一樣的道理，多思考、多磨練。

看人時，我會思考，這是個有能力的人嗎？他能不能擔當重任？這人是我眾多模型定義中沒有能力的人嗎？還是這是一個有能力的人，但也有明顯的缺點，就像麥克阿瑟將軍（MacArthur）那樣？所以我有一堆小模型引導我分析一個人是否值得重用。也許是我運氣好吧，我看人很少有看走眼的時候。

華倫看人也很少看走眼。幾年前，華倫的一個家人結識一位著名的政治人物。華倫的直覺告訴他這個人有問題。華倫明確告訴家人，不能和那個政治人物有任何瓜葛。沒多久，那個政治人物果然陷入一宗挪用公款案。華倫的嗅覺很敏銳，對股東來說這是好事。

錢被別人騙走是一件非常令人不愉快的事，我可不想受騙。

問：華倫經常談論葛拉漢對他的影響。我覺得，菲力浦・費雪（Philip Fisher）*對您的影響更大。

答：是的，確實如此。

問：請問費雪對波克夏的影響有多大？

答：當年，在我聽說菲力浦・費雪之前，我已經按照他所說的方法投資。但可以肯定的是，看過費雪的闡述，我對自己的投資方法更有信心。因此我還是非常感謝費雪。他提出應該只投資幾家公司，並深入了解這幾家公司以及其所處的競爭環境。我的投資方法與他的主張不謀而合，這對我是很大的鼓舞。

我不懂為什麼沒有更多人學費雪這樣投資？不過我認為在座的大多數人應該都像費雪一樣投資。

讓我們來統計一下。你們當中有多少人持股數量低於12檔？有多少人持股高於12檔？我認為大概9成的人持股不到12檔。在我們的會場裡，費雪的信徒占大多數。但是在整個投資群體中，你們是少數。

雖然信的人少，但費雪的投資方法是對的。人們總是在重新發明東西，有些人把費雪的理論包裝一下，稱之為「集中投資」，好像這是什麼新發明。其實費雪早就有這個

---

* 編注：美國投資家，現代投資理論的開路先鋒之一。

理論了。

▌房地美穩健的經營模式

問：您當初決定投資房地美，是因為與魏斯可自己的儲貸生意相比，房地美的生意要好得多。如今在魏斯可的資產中，房地美已經占有舉足輕重的地位。

答：沒錯。我們投資房地美屬於「集中投資」。我也會用新名詞了。

問：房地美似乎總是隱約伴隨著一些政治風險，請問您怎麼看？另外，魏斯可是否考慮加碼房地美？

答：房地產業是一個特別敏感的行業，房地美深度涉足房地產，所以它確實存在一定的政治風險。房地美持有政府頒發的許可，但政府幾乎不參與公司的事務。房地美擁有眾多優勢，如果它不必承擔任何政治風險，那它的生意就更好了。

但我們必須接受現實。房地美憑藉政府背景享受巨大優勢，因此承擔一些政治風險沒什麼不合理的，我覺得這很公平。

但願政府不會隨意改變現有體系。到目前為止，房地

美和房利美一直努力維護現有體系，為解決美國的住房問題做出巨大貢獻。過去，房地產放款主要由儲貸業負責，房地美和房利美取代儲貸機構之後，美國民眾買房更方便了。對於最終的消費者，也就是買房的人來說，現在的體系更有效率、更快捷。

問：您能否談談房地美的營運模式？房地美的周轉似乎愈來愈快了。

答：房地美和房利美經常會對業務進行一些小調整。目前，它們的做法是減少擔保貸款業務，增加直接貸款業務。不管如何調整，這都是基本的利差業務，以較低的利率吸收存款，以較高的利率發放貸款，這是典型的銀行業經營模式。

兩家公司的槓桿很高，所以它們採取保守穩健的做法，確保安全性。它們挑選信用紀錄良好的借款人，只針對總價適中的房產發放貸款。這些做法是房地產放款業經過幾十年檢驗的金科玉律。兩家公司沿用這套成熟穩妥的方式，有效控制風險。

此外，發放貸款的銀行依賴房地美和房利美。只要發現哪家機構的風險意識薄弱，或存在蓄意欺騙行為，房地美和房利美會立即與這些機構切斷關係。如今，兩家公司已經有一套成熟的機制，能及時發現欺騙行為，並立即清

除不良機構。因此，這是一個非常可靠的體系，與我之前
批評過的日本金融體系不同。

　　成立之初，房地美曾發放大量公寓住房貸款，借款
人、房屋的位置、房產類型都出錯，蒙受許多損失，花了
好幾年時間才收拾完爛攤子。房地美早年曾犯過錯，也已
經吸取教訓，這對我們股東來說是件好事。

■ 不看電影業與礦業的原因

**問：我來自佛羅里達州，多年來我一直非常喜歡迪士尼。
得知波克夏將成為迪士尼的股東，我非常高興。目前迪士
尼遇到一些問題，請問您仍然看好迪士尼的前景嗎？**
答：我不太了解迪士尼公司。年輕時，我在一家律師事
務所任職，因為工作的關係接觸過二十世紀福斯公司
（Twentieth Century Fox）。我不喜歡電影業，不喜歡腐敗
的工會，不喜歡很多人不遵守合約規定，不喜歡某些經紀
人，不喜歡某些律師，也不喜歡報假帳的行為。身為來自
奧馬哈的年輕人，我對電影業的風氣感到厭惡。

　　雖然我很排斥電影，但是我也知道電影業人才輩
出，有優秀的編劇、優秀的演員、導演，匯聚了許多傑出
人物。過去60年美國電影獨步全球，廣受全世界歡迎。

就我而言，我對電影業很反感，接受不了電影業文化，因此在我決定不涉足電影業之後，就再也沒研究過電影業。

就像採礦業一樣。我同樣是在年輕時接觸過礦業公司，目睹礦業公司的艱辛，把礦業公司從我的列表中劃去了。不看電影業、不看礦業，我一點都不遺憾。但因為這些個人經歷與特質，我並不適合討論迪士尼。

我只能說迪士尼公司確實做得不錯。與其他電影公司相比，迪士尼的品牌更出色。對比迪士尼公司的過去和現在，我們就可以知道，執行長麥可‧艾斯納（Michael Eisner）為迪士尼的發展做出很大貢獻。至於電影業的將來如何，我不知道。

傑弗瑞‧卡森伯格（Jeffrey Katzenberg）與迪士尼對簿公堂*，鬧得沸沸揚揚。迪士尼給出的解決方案是分兩階段賠償卡森伯格。我不認同這種做法，難道分兩次切掉狗尾巴，一次切一段，狗就沒那麼疼了？如果是我，就不會把這件事分成兩階段解決，長痛不如短痛。

不過總的來看，迪士尼的發展很好，各方面都做得不錯。

---

* 　編注：卡森伯格曾擔任迪士尼動畫部門主管，後因與執行長艾斯納決裂，成立夢工廠影業。

喜詩為波克夏上的一課

問：我小時候，經常看到喜詩糖果店，看起來是一家平凡無奇的公司，沒想到竟然這麼賺錢。波克夏投資喜詩獲得巨大成功，請問波克夏如何幫助喜詩取得今日的成就？是因為巴菲特把他的管理方式帶進喜詩嗎？

答：我們對喜詩的貢獻很簡單，就是不干預它的發展。**我們買進喜詩時，喜詩已經擁有優秀的文化、著名的商標與良好的聲譽。我們的貢獻就只是沒有把它搞砸。**有很多人收購新公司之後把事情搞得一團亂，它們會認為總部最了解狀況，發號施令，胡亂改革，把好好的公司給毀了。

我們對喜詩沒有什麼貢獻，倒是喜詩為波克夏與魏斯可做出巨大貢獻。喜詩為我們上了寶貴的一課。收購喜詩時，創辦人家族如果開價再高10 萬美元，我們就不會買下這家公司，而這就會犯下嚴重的錯誤。我們差點做出這個瘋狂的決定。我們買進喜詩，獲得豐厚的回報，不是因為我們獨具慧眼，而是因為我們運氣好。

我們從喜詩這件事學到許多教訓。**當我們看到喜詩出色的好生意時，我們逐漸改變想法，轉為追求品質更好的公司，願意出高一點的價格買進好生意。**喜詩教給我們的這一課，奠定了波克夏未來發展的基礎，波克夏和魏斯可的股東都獲益匪淺。

我們沒為喜詩做出什麼貢獻，是喜詩為我們做出巨大
的貢獻。

認清困難，更有可能實現目標

問：波克夏的長期目標是每年提升內在價值15％？
答：最多15％。當然，我們也希望波克夏能成長得更快，
但我們覺得15％已經是我們的極限。其實這個目標很困
難，我們無法保證一定能實現。

**問：波克夏的淨資產是570億美元，巴菲特先生說，波克
夏的內在價值遠遠高於淨資產價值。**
答：是的。

**問：內在價值取決於資本報酬率和折現率，為了方便討
論，我們不妨假設波克夏當前的內在價值在800億美元到
1,000億美元之間。在此基礎上，以15％的增幅計算，10
年之後波克夏的內在價值將介於3,200億美元到4,000億美
元之間。**
答：你的數學不錯。

問：三、四千億美元可不是小數字。

答：你說得對。這很難，幸運的是我們知道這有多難。

問：您和巴菲特先生多次表示，投資環境困難重重。在如此困難的環境中，波克夏如何能實現如此巨幅的成長？我覺得有點難，您認為呢？

答：當然難。換個角度說，如果你了解某件事的難度，那總比認為這件事很簡單要好。認清困難，更有可能實現目標。

問：在選擇投資標的時，您說過您希望能投資您了解、擁有全球特許經營權的企業，而且由您喜歡的人選經營。目前，波克夏擁有160億美元現金，每個月還有2億美元的現金流入帳，您認為未來波克夏是否會考慮分散投資決策權，將權力下放給一些值得信任的投資經理人？

答：我想我們管理投資的方法不會改變。未來，可能會出現一個新人選，或是在適當的時候出現舊團隊的接班人，但波克夏不可能聘雇20家資產管理公司來管理資產。

問：聽說您開船時差點把華倫淹死，真的嗎？

答：沒那麼誇張。我們的船是借來的一艘滑水艇，船尾橫樑比較低。我緩慢地駕駛著那艘小船，尋找合適的位置釣

鱸魚。我開船的時候,都是很自然地前進、後退,很多釣鱸魚的人都像我這麼操作。我沒注意這艘借來的船有個問題,它的船尾橫樑只比水面高出兩、三公分。

我倒船的時候,水湧進了小船。我那時候正在專心駕駛,尋找釣鱸魚的好位置,沒注意到船進水了。華倫和瑞克‧蓋林(Rick Guerin)一邊揮手、一邊喊叫。我還以為他們在故意搗亂,干擾我釣魚。很快水就灌滿了,船翻了過去。

我們離岸邊只有幾十公尺。船雖然翻了,但沒沉下去,船底還有大概文件夾大小的部分浮在水面上,我們把手搭在船上,浮出水面。船翻的時候,我看了華倫一眼,他的眼神中掠過了一絲恐懼,但他很快就發現到自己平安無事,立刻恢復鎮靜。瑞克‧蓋林是個運動健將,他立刻脫下衣服潛進水裡,從船裡拿出救生圈。華倫和我就套著救生圈游回岸邊。

其實我們根本沒遇到什麼真正的風險,但因為這件事,我的朋友拿我尋開心,給我封了個「海軍上將蒙格」的頭銜。

有時候,我說你們這些來開會的股東是一群瘋子。但我是以讚美的口吻這麼說的。我經常說自己是傳記狂,而你們是波克夏和魏斯可的鐵粉。你們熱愛波克夏和魏斯可。

為什麼我們這群瘋子會聚在一起呢?我想部分原因是

我們熱愛思考,不完全是因為我們眼裡只有錢。

　　我不知道還有哪家美國公司像波克夏和魏斯可這樣開股東會?這是我們發展出來非常奇特的一種方式。你能想像換成別的公司,你去它的總部,對他們說:「請你們的執行長出來回答我的問題。」可能嗎?

13

人生幸福之道

2000年股東會談話

知道自己該避免什麼

編者按

在 2000 年 3 月致魏斯可股東信中，蒙格披露公司 1999 年的營收資料：1999 年合併營業收入（不計投資收益）為 4,590.4 萬美元，每股 6.44 美元；合併淨利為 5,414.3 萬美元，每股 7.60 美元。

1999 年和 1998 年的合併淨利細項如下：

	1999年		1998年	
	金額 （千美元）	每股 （美元）	金額 （千美元）	每股 （美元）
營業收入（虧損）				
魏斯可金融保險和堪薩斯金融擔保公司的保險業務	43,610	6.12	34,654	4.87
精密鋼材業務	2,532	0.35	3,154	0.44
其他營業收入	（238）	（0.03）	（186）	（0.03）
已實現的證券淨利	7,271	1.02	33,609	4.72
出售止贖財產的獲利	968	0.14	572	0.08
魏斯可合併淨利	54,143	7.60	71,803	10.08

2000 年，波克夏一口氣收購好幾家公司，2 月，魏斯可也以 3.84 億美元現金收購科特傢俱租賃公司（CORT Business Services）100% 股權。此外，科特還保留約 4,500 萬美元的現有債務。

科特成立已久，是美國租賃傢俱市場的領先企業。今年股東會上，蒙格介紹科特的業務情況，也談論利捷航空以及可口可樂的現況。

當時正值網路泡沫高峰，這個話題不可避免成為當年的焦點話題。蒙格表示，網路已是大勢所趨，但對投資人來說卻未必是好事。

股東會問答

股東問（以下簡稱問）：在你們的工作當中，識人、察人是非常重要的一項內容，多年在選人、用人方面，你們做得非常好。但有時你們也會發現有的經理人不稱職，必須撤換。我知道每次換人的情況不完全一樣，但這些年你們是否學習到什麼經驗，可以幫助你們判斷是選錯人？還是只是經理人運氣不好，偶而犯了錯？

蒙格答（以下簡稱答）：幾十年來我們換人的次數非常少，與別的公司相比，我們在人事方面非常穩定。我們很少換人，不是因為我們軟弱或愚蠢，而是因為我們遴選人事的主事者更聰明，或是比較幸運。

然而就算眼光準，大量選人、用人也難免有出錯的時

候。如果你請100位聰明的管理者回顧職業生涯，問他們犯過最嚴重的錯誤是什麼，他們大部分人會回答：「該換人的時候猶豫不決，換人換得太慢」。

我猜如果你問德勤會計師事務所，他們犯過最大的錯誤是什麼？他們會說：「我們與某些客戶或合夥人斷絕關係的速度太慢。」這就是人性，當斷不斷，反受其亂。

但我們在用人方面的紀錄非常好，也許是因為我們非常老派吧。不管原因是什麼，我們都做得很不錯。

在科特傢俱租賃公司加入魏斯可的時候，華倫對我說：「保羅·阿諾德（Paul Arnold）是個難得的人才。」華倫說得沒錯。保羅還在法學院讀書時就進入科特公司工作，已經領導科特很多年，非常了解科特的業務，對公司有很深的感情。而且保羅表現得非常出色。在平凡的傢俱租賃業中，科特創造漂亮的經營業績，這一切都要歸功於保羅卓越的管理。

我們相信，像保羅·阿諾德這樣的人才加入波克夏之後，即使我們不在了，他也仍然會留在波克夏。我們一次又一次挑選像保羅這樣的人，他們從來沒讓我們失望。

最近，精密鋼材的執行長大衛·希爾斯特羅姆（David Hillstrom）退休，他為公司工作了50多年。他的繼任者泰瑞·派珀（Terry Piper）也是一位老員工，已經在公司工作40多年。

愛麗絲・施羅德問：去年，我花了很多時間走訪波克夏子公司的管理者。根據波克夏的描述，波克夏沒有統一的文化、不採集權式管理，各個子公司完全獨立營運。

然而，讓我印象深刻的一件事是：波克夏有一種統一的文化，不同的子公司其實有共同之處。主要可以歸結為兩點：第一，波克夏所有管理者都清楚了解自己的能力圈，他們絕對不會做超出自己能力圈範圍的事；第二，所有管理者都信守自己對客戶的承諾，將履行承諾視為最重要的事。

請問這種文化從何而來？是收購時就已經存在，還是收購之後才培養出來？

答：你說得沒錯，波克夏子公司確實有共同的美德，我們推崇這些美德，這也是我們挑選公司時的標準。然而這些美德不是我們創造的，而是這些公司在加入波克夏之前就已經具備的，我們只是試著別把這些文化搞砸。

我們子公司的經理人加入波克夏，當他們在年會上或其他社交場合相遇，他們互相聊起對方的業務，傾聽對方不平凡的成功經歷，一定會有惺惺相惜之感。如此一來，心理學中的增強效應（reinforcement）就會發生作用，各個子公司的文化因為互相吸引而變得更加強大。

我非常希望各個子公司之間能互相學習、借鏡。以傢俱零售業為例，我們的幾家子公司各有所長。猶他州子公

司的信貸業務相當優秀，比我們在奧馬哈做得更好；而在奧馬哈，我們某些方面也比猶他州子公司出色。子公司的做法也有明顯差異。例如在傢俱零售業當中，有些子公司的銷售方式比較積極。我希望子公司之間能相互學習。

這只是我們的希望，但我們不會把這些事強加給子公司，這就是波克夏與其他公司不同的之處。我們不會擺出總部的架子，拿出一副頤指氣使的態度，強迫子公司跟我們步調一致。我們本來就是因為有共同文化而整合在一起。

■ 勇於承受波動是一種優勢

問：開會前我和其他幾位股東聚在一起，在聊到波克夏時，我們都非常擔心波克夏承保的巨災險。波克夏承保巨災險，收取大量保費，但從資產負債表來看，波克夏的資本似乎難以承受規模如此之大的巨災業務。如果真的發生大災難，波克夏現有的資本能承受虧損嗎？請問你們是否大略估算過這個問題？

答：可以告訴大家，我們每一筆保險業務都會優先考慮最高風險。波克夏每張大型保單都由阿吉特（Ajit Jain）和華倫共同把關，他們總是優先考慮可能出現的最大虧損。

波克夏不承接沒有理賠上限的保單。有些金額比較小

的保單，例如個人購買的汽車保險，我們不太會設置理賠上限。但是對於金額龐大的巨災險，我們每一張保單都一定會設置最高理賠上限。

有些巨災險合約包含自動續約條款，所以最糟糕的狀況就是剛發生一場大地震，緊接著又來了一場地震。但根據我的估算，一場大災難為我們帶來的損失，最多不會超過波克夏稅後淨值的6％到7％。

我們喜歡承接規模龐大的巨災險業務。其實，真的爆發大災難，損失最嚴重的往往不是承接巨災險的公司。有些保險公司承接大量的一般保單，但都與颶風等天災有關，這些公司沒有透過再保險來降低風險。一旦超強颶風登陸，一些保險公司的損失可能遠超過其資本額。

加州的20世紀保險公司就遇過這種狀況，一場大地震幾乎讓它賠光所有資本。20世紀保險公司在加州這個狹小的地理範圍內，集中承接大量小額保單，剛好加州爆發大地震，對它造成致命打擊。

我認為跟任何一家保險公司相比，波克夏遭遇毀滅性打擊的風險非常低，但我們比大多數保險公司更有機會在某一年出現較大的虧損，例如遭遇某次沉重的打擊，虧損高達6％的資本。

問：如果我沒看錯，堪薩斯金融擔保公司把自己承接的一

部分風險讓渡出去，我想也許是讓渡給波克夏。為什麼魏斯可不自己承擔全部風險呢？

答：在加入魏斯可之後，堪薩斯金融擔保公司已經自己承擔大部分風險，減少購買再保險的規模。現階段它還沒有完全自己承擔風險，仍然購買少量的再保險。

問：將來有可能自己承擔全部風險嗎？

答：當然可能。對於再保險，我們的態度很明確，儘量少買，但要多賣。

問：魏斯可的再保險業務似乎時多時少。魏斯可的再保險業務是否過於集中，不像母公司波克夏那麼穩定？

答：魏斯可再保險業務的特點是：業務通常很零碎，但偶而會有一筆大單。我是否會擔心這樣的狀況造成業績波動？不，我不擔心。業績波動不是什麼問題，我們有足夠的財力承受波動。

承受得起波動，這是我們從事保險業的優勢。許多公司試圖透過平穩的業績來取悅華爾街，但我們根本不在乎業績波動，這是我們的巨大優勢。很多人認為業績波動是個缺點，我倒覺得，**勇於承受業績波動是一種明顯的優勢**。

問：我認為目前魏斯可的淨保費占淨資產的比重為10％。

請問目前波克夏的淨保費在其淨資產中的占比是多少？

答：無論是魏斯可還是波克夏，與其淨資產規模相比，兩家公司目前承接的保險業務規模都非常小，這使我們的投資靈活性遠大於其他保險業務占比非常高的公司。我們喜歡這樣的操作方式，這是部分原因。

另一個原因是，目前保險業務中沒有太多合適的機會。如果能找到對我們有吸引力的機會，我們非常願意承接更多保險業務。

問：收購通用再保險之後，波克夏的衍生性金融商品業務至少成長50％。投資20多億美元於衍生性金融商品是否合理？其中是否蘊藏風險？

答：我沒有特別關注通用再保險的衍生性金融商品業務。不過我擔任所羅門公司董事時，確實曾經非常仔細追蹤過所羅門的衍生性金融商品業務。

公認會計原則（Generally Accepted Accounting Principles）對衍生性金融商品的處理，尤其是對利率交換（Interest Rate Swap）*的處理，讓我感到深惡痛絕。會計業背棄原則，在著名投資銀行當中，摩根大通堅持到最後，

---

* 編注：指兩方約定在一定的時間內交換利息所得，通常其中一方的利息採固定利率計價，另一方則採浮動利率計價，雙方可以藉此規避利率風險。

但它後來採用一種會計方法，提前認列衍生性金融商品的交易利潤。在我看來，這是一種恥辱。

衍生性金融商品的會計處理有漏洞，利用這個漏洞虛增利潤，騙取高額薪酬。我對衍生性金融商品的基本態度很明確，就是厭惡。

我相信，在保險業當中，通用再保險的經營風格和會計政策應該比較保守。通用再保險是一家風險意識很強的公司。最近它遇到一點小麻煩，但整體來看，通用再保險擁有良好的文化，也善於經營，是一家讓人放心的公司。

不過，對於大量的衍生性金融商品利率交換交易，我只能嗤之以鼻。這是一個充斥低劣會計處理與不負責任態度的領域。

鮑伯‧德納姆（Bob Denham）也在場。他曾經在所羅門擔任執行長，為了把所羅門帶出困境，他吃了不少苦。現場有很多老朋友，我不想讓鮑伯站出來回顧那段經歷。我年紀大了，沒什麼顧忌，有什麼說什麼。我就是看不慣衍生性金融商品，也不喜歡現在的會計處理方式。

儘管如此，在所羅門的時候，我就覺得不應該徹底鏟除衍生性金融商品，我們還是必須擁有這項業務。通用再保險和波克夏也有用得上衍生性金融商品的時候。我不反對所羅門公司約翰‧梅理韋瑟（John Meriwether）團隊做的衍生性金融商品交易，我非常放心。我介意的是所羅門

公司裡還有以造市方式從事衍生性金融商品交易的部門。

　　只要使用得當，衍生性金融商品可以是一種很有效的工具。但現在人們濫用衍生性金融商品交易，市場亂象叢生。通用再保險已經明確表示，未來將減少衍生性金融商品業務的規模。

問：我的問題與會計有關。最近會計詐欺層出不窮，違反公認會計原則的事件時有發生。身為小股東，我們該如何保護自己的權益？會計造假行為將對市場產生什麼影響？如何才能減少市場中的造假行為？

答：當背後牽涉龐大的利益時，人類就很容易受貪念影響操縱財務數字。造假之風愈演愈烈，就產生「薩皮科效應」（Serpico Effects）*，別人都造假，你不跟著造假都不行。如今，上市公司做出大量違反會計原則、虛增利潤的行為，現在看來令人遺憾，但幾年後我們回過頭來看，會覺得更加遺憾。

　　人性永不變。如果你回顧美國社會早期，在那個無法無天的時代，人性之惡暴露無遺。以「愛爾蘭流氓」為例，他們已經擁有康姆斯托克儲量最豐富的礦山，能輕而

---

* 　　編注：薩皮科是紐約退休警察，1970 年代因為對警察腐敗作證而出名。其經歷於 1973 年被翻拍成電影《衝突》，由知名演員艾爾‧帕西諾主演。

易舉開採出大量白銀，但他們還不知足。

於是他們想出一個歪點子，利用自己控制的礦場兩頭獲利。在那個年代，礦業公司每月配發股息。他們先把股息提高，放出大量利多消息，拉抬股價。然後一邊狠狠做空股票，一邊破壞礦場，於是股價下跌，他們透過放空賺了一大筆。他們利用這個手法一次次欺騙股民，把礦場變成可以兩邊獲利的工具。

如果這些行為合法，那麼時至今日，還是會有很多人這樣做。如今很多上市公司鑽會計制度漏洞，性質上和當年的「四大愛爾蘭流氓」沒什麼不同。但是當年「四大愛爾蘭流氓」手法粗糙，現在人們利用連鎖信的機制，把這些行為與創投、創新混為一談，看起來就變得很體面了。

我認為我們正把值得尊敬的商業活動和不值得尊敬的詐欺行為混合在一起。

現在這種情況到處都是，會計制度對這些行為沒有任何約束力。

問：邁克・路易斯（Michael Lewis）寫了一本新書，《以新致富的矽谷文化》（*The New New Thing*），您讀過嗎？如果讀過，請問您覺得這本書如何？
答：我讀了，很好看，我是一口氣讀完的。這本書描寫一個令人震驚的文化。誠然，矽谷文化具有創造性，為整體

人類社會做出很大的貢獻，但矽谷文化也有醜陋的一面。

英國有個叫吉姆·斯萊特（Jim Slater）的資本家，他最擅長資產倒賣（Asset stripping）*。一位英國首相說，斯萊特是「資本主義中醜陋的一面」。《以新致富的矽谷文化》這本書描述的很多現象也可以說是「資本主義中醜陋的一面」。

問：今年的波克夏股東會上，您沒推薦值得閱讀的好書。您是否可以列舉三到五本您閱讀過值得推薦的書籍，推薦給對投資領域有興趣的人。

答：要我挑出幾本書來還真不容易，因為我腦子裡裝的書實在太多。**幾十年來我一直廣泛涉獵，什麼學科的知識都學，然後把書裡的好東西融會貫通、塞進自己的系統。**你不能像對街富勒神學院（Fuller Theological Seminary）裡的人那樣，指著一本書說：「這就是一切真理的泉源」。

藉由閱讀理查·道金斯（Richard Dawkins）寫的《自私的基因》，我了解現代進化論。如果你對人類感到好奇，你可以讀一讀這本書，這本書的思考方式可能會讓你有眼前一亮的感覺。如果沒有道金斯的洞察力，你就無法正確理解達爾文提出的生物進化論這個非常基本的理論。

---

*　編注：指低價買進經營不善的公司，然後通過拆分出售其資產而獲利。

其實道金斯講的不是新東西，道金斯的貢獻在於他把複雜的生物進化論講得深入淺出。

《自私的基因》是本好書，誰還沒讀過，可以讀一讀。

■ 進化論也適用公司與產業

問：我們是否可以從進化論吸取經驗，用以評估分析企業與產業？生物學研究的結構、功能和演變，是否可以用以分析企業？

答：答案是肯定的。**所有成功的商業行為都來自於實務進化。**在漫長的進化過程中，動物發展出眼睛、翅膀和爪牙，讓動物具備捕食的本領，進而繁衍生息。人類企業也一樣，在經過無數次成功和失敗的磨礪之後，才能總結出一套生存法則。

所有巨大的商業奇蹟都不是憑空想像出來的，而是必須經過無數次摸索，重複有效的事、避免無效的舉動，久而久之才能發展出一套精細的實踐方式。非凡的商業成功源自於長期的實務進化。

以魏斯可收購的科特傢俱租賃公司為例。科特已經經營非常久一段時間，在人事管理及公司經營方面累積了大量行之有效的經驗。**身為股票投資人，我們看一家公司，**

**就是要分析它實務進化的成果如何。我們要投資進化得好
的公司。**

　　或是以租車業為例。赫茲租車（Hertz）和企業租車
（Enterprise）在平淡的租車業當中不斷實務進化，建立起
一套人事體系、租賃制度和獎勵機制。這和生物界的現
象非常類似。赫茲租車與企業租車猶如同一個屬的兩個物
種，它們都完成實務進化，就像兩種不同的蝴蝶一樣。它
們有所不同，但都找到適合自己的生存之道。

　　因此，從生物進化的角度分析公司是可行的。身為投
資人，有能力看透企業的實務進化，不愁在股市賺不到錢。

　　特百惠（Tupperware）是現代資本主義史上最極端的
例子。特百惠公司主要經營塑膠食品容器，它總結出一套
墮落的銷售手法，透過操縱人們的心理推銷產品。當年，
賈斯汀・達特（Justin Dart）向董事會提議收購特百惠，幾
個董事直接辭職了。他們瞧不起特百惠，不想和它沾上邊。

　　但賈斯汀・達特不以為然。他的想法是除非有用，
否則不會有人舉辦家庭聚會邀請朋友參加，還瘋狂叫賣產
品。他認為特百惠的那一套是實務進化的結果。*

　　特百惠的聚會活動吸金能力非常強，為它賺進數十億

---

*　編注：特百惠舉辦家庭聚會銷售活動，邀請品牌忠實粉絲在家中舉辦聚
　　會，特百惠的銷售人員會協助規劃活動，並提供獎品，聚會主辦者可享
　　有分潤，讓特百惠產品不必依靠通路就有亮眼的銷售成績。

美元財富，風光了幾十年。當然現在早就過氣了。特百惠的銷售模式不是賈斯汀·達特發明的，但他看出這套模式有用。儘管別人覺得特百惠低劣而不願與之為伍，但達特看到特百惠的過人之處，將其收入囊中，賺了很多錢。

生物學理論的確可以幫助你投資。**有時候根據普通的基本面分析方法，無法看出賺錢的機會，但換成實務進化的視角，就可以有全新的認識，發現公司的獨特魅力，找到良好的投資機會。**因此，你必須善用生物學的知識投資，這正是賈斯汀·達特所做的那樣。學會這種投資邏輯，你就又多了一個投資利器。

魏斯可收購科特，正是因為看中科特經過長期累積形成的公司文化。科特的公司文化也是透過實務進化形成的。

■ 人們總是局限在狹隘的專業範圍裡

問：您告訴我們，必須熟練掌握多個模型，才能解決生活中的問題。根據您的生活經驗與對概念和思維模型的了解，我想請教一下，您在具體運用概念和模型解決問題時，是否有一套固定的思維框架？

答：我所說的思維方式非常簡單，但我很少看到有人像我所說的這樣思考。我認為，一個人必須了解所有重要學科

的主要理論，遇到複雜的問題時，你必須運用所有重要理論，而不是只應用其中幾個理論而已。

在現代社會中，人們學經濟、學工程、學市場行銷和投資，但卻局限在狹隘的專業範圍內，試圖用有限的幾個模型去應對遇到的所有問題。人們只懂自己專業範圍內的模型，無法跳出狹隘的小圈子，不會借鑒別人的模型。

我的做法則不同。我主動學習所有重要的模型，並經常使用這些模型，而不是局限在自己的專業領域，只守著幾個有限的模型。我很喜歡這句老話：「一個人手裡拿著槌子，看什麼都像釘子。」這是一種非常愚蠢的處理問題方式。

問：在《探尋價值》（*The Quest for Value*）一書中，作者班尼特・史都華（Bennett Stewart）介紹「經濟附加價值」（Economic Value Added, EVA）*的概念。史都華還特地以巴菲特先生為例，說巴菲特先生是為股東創造價值的典範。請問您和巴菲特先生認同「經濟附加價值」嗎？你們在分析公司的過程中使用「經濟附加價值」原則嗎？

答：「經濟附加價值」這個概念非常受歡迎，其實它講的就是如何獲得較高的資本報酬率。一家公司的資本報酬率

---

*　編注：一種績效衡量指標，用以衡量公司營運的實際獲利情形。

高，而且加碼投資後仍能保持很高的資本報酬率，就能為股東帶來豐厚的回報。

但如果你按照我剛才說的方式闡述，不發明個新名詞，書哪賣得出去啊。

很多人把一個很基本的概念包裝得很花稍，申請個專利，然後就開始高價提供顧問服務。他們引進一些沒什麼實質作用的模糊概念，例如資金成本之類的概念，讓狀況變得更糟糕。

我不想多說了，我的意思大家應該都懂。我想包裝炒作的方式能成功是因為其中具有一定的真實性，但這不是一個令人敬佩的方式。該怎麼說呢？整體而言，我認為包裝炒作給人的感覺和心理分析有點像。

波克夏難學的原因在於與眾不同

問：請您從心理學的角度談談，為什麼模仿波克夏的公司寥寥無幾？為什麼很少有人仿效波克夏呢？
答：這是很好的問題，這個問題我們也問過自己。看看波克夏取得的成績，以及華倫和我在工作時取得的樂趣。看看我們的經理人在經營公司時有多開心。再看看股東們，來到我們股東大會，一定能感受到波克夏上上下下對這家

公司有多熱愛。為什麼很少有人學波克夏呢？應該有更多人學我們才對啊。

我認為波克夏做的事情不難學。**人們覺得波克夏難學，很重要的一個原因在於波克夏與眾不同。**正因為波克夏與眾不同，人們不願學波克夏，因為這不是做事的一般方式。波克夏不是一家墨守成規的公司，我們的管理方法和一般公司不同。我們沒有預算、不制定目標、沒有季度彙報，我們沒有標準的人事制度，我們的投資方式比一般的投資組合更加集中。波克夏有什麼難學的？我們做的都是很簡單、很正確的事，然而學我們的人卻很少。

波克夏有一些地方確實被複製學習。有些人把我們的東西拿去，取了個新名字，例如「集中投資」之類的。他們宣傳說：「我們要學波克夏。我們不買400檔股票、不買40檔股票，我們只買10檔股票。」號稱要學習波克夏，打著類似「集中投資」的旗號，這樣的人有，不過也不多。

我曾發表過一次演講，演講中，我批評雇用一批又一批投資顧問的做法。聘請投資顧問制定資產配置策略、聘請一批投資顧問管理另一批投資顧問，這才是投資界的主流，這才是現在最盛行的風氣。大學裡的商學院正在教授的也是這套東西。

前幾天在波克夏股東會上，我遇到傑克‧麥克唐納（Jack McDonald），傑克在史丹佛大學商學院任教，主要

教學生們如何利用波克夏的方法管理投資組合。你知道他
怎麼說的嗎？他說他就像美泰克的修理工[*]一樣孤獨。不過
我想這就是現實吧。

我們周圍總是有很多難以擺脫的窠臼。我高中、大學
都參加過陸軍後備軍官訓練營，訓練營的文化非常守舊，
制度刻板，沒什麼新想法。根據我的觀察，**愈是階級森嚴
的地方、愈是博士頭銜滿天飛的地方，愈是難以打破制式
思考的束縛。**這是人類社會的現實。

我不知道為什麼學習波克夏的人很少。按理說，波克
夏的管理費用那麼低，應該有很多人仿效才對啊。我們的
管理費用低，原因之一是我們建立了良好的薪資制度。但
波克夏這套高層主管薪資制度，就讓很多公司望之卻步了。

**問：您在哪個領域造詣最深？我應該問您一個什麼問題，
才能讓我們領略到您在那個領域的造詣？**
答：高爾夫球、會計、橋牌等這些日常生活中常見的興趣
愛好，我不是特別著迷，**我更致力於終身追求理性思考。**
我相信我的思維方式很有用，一定會有更多人像我這樣思
考。用基本、跨學科的思維方式解決複雜的人類問題，這

---

* 編注：美泰克廣告中的角色，以修理工的困境代表美泰克電器耐用又可
靠。

種思考方式一定會得到廣泛推廣。

我花很多時間在這裡回答問題，主要就是希望能傳播我的思想。我們談的不只是投資，還說了很多別的東西。我的回答應該對你們有用，不只是投資，也包括人生。

學波克夏也是學如何做人、如何生活。無論是內布拉斯加傢俱城的管理者，還是魏斯可兩家子公司的管理者，他們都過著良好的生活。雖然魏斯可最初的儲貸生意已經消失，但魏斯可總部的員工基本上也都過著良好的生活。

魏斯可的股東會規模雖然很小，但它的教育意義卻很深遠。

問：長期來看，您認為可口可樂的銷售件數（unit case volume）成長率和每股盈餘成長率分別能達到多少？可口可樂制定的長期目標是銷售件數在美國成長5％到6％，在全球其他地區成長7％到8％。但最近《飲料文摘》（*Beverage Digest*）進行一項問卷調查，大多數裝瓶商認為，如果可口可樂不打價格戰，可能無法實現這個目標。

我認為就評估可口可樂的長期目標而言，與可口可樂的管理階層相比，裝瓶商的觀點可信度更高。我想聽聽您的看法。

答：關於可口可樂未來的具體成長率，我認為我的意見不應該特別受到重視。但我願意賭上一大筆錢，未來二、

三十年裡，可口可樂的銷量必然會大幅上升，而且價格也會適度上漲，讓利潤隨之走高。

如果我的看法是對的，你長期持有可口可樂，一定能獲得良好的報酬。不過我不想與專家爭論可口可樂的目標是否能夠實現。

公司該如何設定目標？管理學專家分成兩派。一派認為，公司必須把目標定得宏偉、艱難而大膽（Big Hairy Audacious Goal, BHAG）。這種管理方法主張把目標定得遙不可及，這樣才能鞭策員工拚命努力。根據這種思考方式，目標訂得愈高，取得的成就愈大。

另一派管理學專家則認為，目標太過不切實際，相當於變相鼓勵人們作弊。這種情況在公立學校出現過。教育部曾頒布一項規定，要求所有公立學校提高學生的閱讀分數，然後根據學生的分數來支付教師薪水。於是在學生參加閱讀考試時，老師在旁邊幫學生作弊。人性就是如此。公司把目標訂得太高，上至高層主管、下至普通員工，都有可能造假。

我解決不了這個問題。一方面，我們不希望有造假的行為，但另一方面，我們又希望能最大限度提升公司員工的積極性。這兩件事互相衝突，很難處理。

常見的一種解決辦法是制定遠大的目標，同時嚴懲造假行為。奇異就是這麼做的。奇異明確告訴高層主管：

「目標務必完成，我們不希望有任何藉口，但也別造假，如果無法完成任務的話可以走人。」很多美國公司都採用這種做法。

　　我不知道如何才能處理好這種矛盾。低目標會降低績效，但高目標卻會提高造假的比例。每間公司都必須找到自己的方法解決這個問題。

問：我了解您的意思，奇異的遠大目標確實帶動它取得巨大的成就。

　　對於可口可樂公司的估值，我還是不懂，請您幫忙看一下。在評價時，我首先取可口可樂過去幾年的最高獲利，然後以較高的成長率推算，第一個10年，假設每年成長率9％，第二個10年，假設每年成長率為7％，再假設20年後，每年以3％到4％的速度成長，最後用8％的折現率計算現值。為什麼不論怎麼算都覺得現在的可口可樂有點貴？請您指點一下。

答：你說的是很常見的評價問題。我們知道，如果成長性非常確定，哪怕報酬率只比利率等參照標準稍微高一些，只要預測的時間拉得夠長，計算出的現值就會非常高。

　　就可口可樂這檔股票而言，很多人都對可口可樂非常有信心，相信20年後，可口可樂的全球飲品市占將從現在的2％成長到4％，而且產品價格也會提高。儘管每年成長

率不是特別高，但因為人們預測它持續成長的時間很長，所以最後得出的估值非常高。

這就是數學運算的結果。儘管可口可樂最近幾年遇到一些困難，但基本實力仍在，如果不考慮這些波動，20年後可口可樂的銷售額和獲利必然會大幅成長。我也對可口可樂充滿信心。

問：你們投資兩家新公司，一家是大湖化工（Great Lakes Chemical），另一家是從事傢俱產業的公司。請問您為什麼投資這兩個產業？

答：我不想評論化工產業。另外，你在問題中用的是「你們」，投資確實是「我們」做的，包括盧‧辛普森。盧‧辛普森買了什麼、賣了什麼，我根本不看。有時候有人問我，「你為什麼買了某某股票？」如果盧‧辛普森不在，我根本不知道「我們」為什麼會買。

至於傢俱業，這很有趣。我們進入傢俱業純屬巧合。現在，波克夏旗下的傢俱零售商在六個州占有領先地位，而旗下這些傢俱商的經營又各有所長。最近新加入的科特傢俱租賃公司也有自己的特點，它主要做傢俱租賃業務。把我們所有經營傢俱業務的子公司匯集在一起，波克夏在傢俱經銷行業就具有舉足輕重的地位。

這是無心插柳的結果。賣傢俱不是什麼好生意，然而

做得好的傢俱零售商，例如在市占、經營方式、企業文化等方面有獨到之處，這對我們來說仍是一門不錯的生意。

幾十年來，科特的營運成績非常出色。一般人可能覺得租賃傢俱賺不了什麼錢，但科特創造了佳績。這就是我們收購它的原因。

問：我們是乘坐利捷航空來的。我們和飛行員聊了聊，飛行員告訴我們，利捷航空計畫在年底前把飛行員數量從目前的700多名增加到1,000名。我認為這是一個爆炸性成長，您能稍微談一下這件事嗎？
答：我也買了利捷航空的服務。我挑了最便宜的一種機型，買了其中一架十六分之一的飛行時間。

問：在和飛行員聊天時，他們還提到，利捷航空在歐洲發展得不順利，原因之一是很難招募到好的飛行員。
答：確實，在歐洲做生意真是處處掣肘。歐洲有很多國家，每個國家都有自己的一套規定，歐洲各國的工會也非常強硬。利捷航空進軍歐洲現在是虧錢的，在將來很長一段時間裡還是會繼續虧錢，我們已經做好了準備。

做生意的本質就是這樣，先進入一個新領域，經歷所有麻煩的事，但一旦成功就能占據先機，後進者不但要面臨所有的麻煩和不愉快，還得要面對已經占據先機的利捷

航空。如果你覺得我們現在有麻煩，那麼後來的競爭對手
也會有麻煩。

　　正因如此，很多公司寧願先吃苦。可口可樂開拓全
球市場，每到一個新國家都吃盡苦頭，但最後總算苦盡甘
來。利捷航空進軍歐洲也是同樣的道理，我們正為了長遠
的未來而努力。

■ 我們預測不了利率，只能做好準備

**問：華倫說過，即使葛林斯潘（Alan Greenspan）在他的耳
邊告訴他利率會如何變化，也不會改變他做投資的方式。
你們真的完全不關注、不在乎聯準會的政策嗎？目前的高
利率環境是否對波克夏旗下的公司造成不利影響？**

答：華倫和我從來沒靠猜測聯準會動向或利率走勢賺過大
錢。儘管如此，身為一個現代人，誰都不可能對利率無動
於衷。在我這一生中，1％的利率和20％的利率我都經歷
過。從1％到20％，這個幅度可真大！你們可能想像不到
會出現利率為1％的情況，然而，日本現在的短期利率就不
到1％。

　　我在法學院讀書時，我記得在很長一段時間裡，利率
始終在1％到1.5％之間徘徊。當時股票報酬率在6％到7％

之間，道瓊工業指數只有幾百點。這樣的低利率持續了很
長一段時間。

　　同樣，很多人也想像不到，最優惠利率可能高達20％
到21％，公債殖利率高達15％到16％。其實，這種高利率
的情況我們也經歷過，而且也持續很長的時間。

　　**我們始終做好準備，因此就算出現極端利率，例如低
到1％或高到20％，我們仍能處變不驚。**當利率持平時，
我們不知道、也不預測未來的利率走勢。我們認為自己沒
有預測利率走勢的能力，即使是長期利率走勢我們也無法
預測。

多學科融合的威力

　　日本經濟衰退已經持續10年之久。儘管日本政府把利
率降到接近零的水準，也擴大政府赤字規模，用盡所有貨
幣政策與凱因斯主義的手段，仍無法走出衰退的困境。與
美國 1930年代的經濟危機相比，日本這場經濟危機沒那麼
慘烈，但它的持續時間之久，讓很多人迷惑不解。

　　如果你戰後在哈佛學經濟學，你會被告知像日本這樣
的現象是不可能發生的。經濟學界形成一套成熟的理論，
凱因斯等經濟學家為各國政府提供一整套調整總體經濟的

工具，按照他們的理論，日本的現象不可能發生。但它確實發生了。

做為一項調整工具，利率本身的作用是有限的。例如，為什麼香港瘋狂的資產泡沫破滅後，政府對股市進行大規模干預，導致香港經濟表現暫時下滑，但在很短的時間內，香港就恢復了往日繁榮。但日本的資產泡沫破滅，卻導致長達10年之久的經濟衰退？

日本的現象不能只從經濟學的角度解釋。我們必須把經濟學和其他學科結合起來。**把經濟學和心理學結合起來，你就可以開始了解這兩件事其中的差別。**

事情的真相是，在遭到風險重創之後，日本民眾開始規避風險，無論政府怎麼撒錢都沒用。日本人害怕批評、愛面子。日本銀行遭受嚴重虧損，飽受批評，它們害怕再犯錯，不敢發放貸款。

華倫經常借用馬克‧吐溫（Mark Twain）的一個比喻。馬克‧吐溫說，一隻貓坐在爐子上，燙傷屁股，後來牠再也不敢坐在爐子上，不管這個爐子是熱還是冷。這就是日本銀行業的現況。因為遭遇過危機，日本銀行受傷慘重，不敢再發放貸款。日本消費者也同樣遭受嚴重的心理創傷。

香港的情況不同是因為參與香港市場的是中國人，與日本人相比，中國人的賭性更重，投機心理更強。

　　經濟學教科書不會考慮這些心理學知識，這是經濟學的不足之處。只有多從其他學科汲取養分，經濟學才能對市場做出更好的預測。

　　從這幾年的情況來看，經濟學已經開始借鑒其他學科的知識。在所有瘋狂、以自我為中心的社會學科當中，經濟學算是最擅長「偷竊」的學科：經濟學以開放的心態吸收其他學科的知識。

　　經濟學正朝這個方向前進，雖然它們做得還不夠，但只有朝這個方向才能有更好的發展。我說過，波克夏已經成為一個獨特的教派，身為這個教派的副校長，我認為融合其他學科的知識，經濟學才能走得更遠。

　　無論如何，利率始終是個熱門話題。不論是自己投資還是為客戶管理資金，利率都非常重要。

　　如果利率保持在3％，你們可以說股票很便宜，但如果利率達到9％或10％，股票可就沒那麼便宜了。如果你和我們一樣認為自己沒有預測利率的本事，那你就必須以其他方式做出投資決策。

　　我認為利率很難預測。憑藉聰明的頭腦或內部消息，也許有人能準確預測短期的利率變化，但如果要求人們提前一、兩年或提前五年預測利率走勢，我認為他們的預測能力會幾乎接近零。

　　預測利率大概的區間是可以的，例如我認為利率低於

1％或高於20％的可能性不大。但想要準確預測利率，那可就難了……。

當我說日本長期無法擺脫經濟衰退，讓經濟學家跌破眼鏡，我不是在開玩笑，經濟學家們確實束手無策。但我對這件事一點都不驚訝，我看得懂日本的現象，因為我用的是不同的模型。你能想像在一個經濟學會議的會場，我站起來發言，說日本長期經濟衰退的原因主要是因為日本人和中國人如此不同嗎？天啊，這根本政治不正確。

◼️ 警惕資產泡沫和信用擴張

問：請問聯準會是否應該為經濟降溫？會出現通膨嗎？

答： 在美國的經濟體制中，工會具有廣泛的影響力，政府掌控經濟的能力很強。儘管有一些固有束縛，但過去幾年美國經濟仍取得巨大的進步，很不容易。

當然，這背後涉及到大量的信用消費擴張。整個社會掀起信用卡借貸和資產抵押借貸的風潮。以買車為例，現在很多人選擇以租代購。在座的各位大多數不是超前消費的人，但在我們的社會當中，超前消費的行為非常普遍。

超前消費有什麼好處？我只能想到很多壞處。

所以美國經濟能有今天的成績，葛林斯潘和他的團隊

功不可沒。葛林斯潘對資產泡沫的擔憂不無道理。

事實上，國家政策與資產泡沫之間的關係是一個非常有趣的話題。科威特曾出現嚴重資產泡沫，投機之風愈演愈烈，甚至出現開空頭支票炒股的情況。最後科威特政府出手拯救，收拾殘局，否則最後可能導致整個國家破產。然而科威特政府擁有大量石油，財大氣粗，有足夠財力收拾殘局。

接著是香港股市，股市泡沫破滅後，香港政府直接下場，採取大規模救市行動。中國人具有百折不撓的進取精神，不管遭遇多少次逆轉打擊，他們總是很快就站起來。

還有哪些地方出現資產泡沫？華倫還談過土地泡沫：農場價格被哄抬，農場土地價格飆到正常價格的三倍。最後泡沫破滅，很多銀行破產，但那是一場局部的泡沫，沒有對整體經濟造成什麼影響。

我有點擔心靠擴張信用消費推動的經濟成長。很多國家沒有大規模擴張信用消費，不也照樣取得巨大的經濟發展嗎？「二戰」後的德國就是很好的例子。一定有比我們現在做法更合理的經濟發展方式。

總是靠擴張信用消費拉動經濟，總有一天我們必須付出代價。例如，現在購車不需要頭期款，只需要每月付租金，租約到期還保證殘值。在這種狀況下，你還能將信貸推得多遠？創投領域的融資方式推陳出新，現在的美國社

會已經透支得太厲害了。

面對目前的資產泡沫和信用擴張，只要頭腦稍微清醒一點的人都會感到擔憂。葛林斯潘不時發出警告是有道理的。

問：矽谷房價過高，但利率對降低房價卻沒有發揮什麼作用，因為在矽谷，買房的人都擁有股票選擇權而帶來的高薪。您如何看待矽谷整體薪資水準？受高房價影響，一般受薪階級是否有可能逃離矽谷，導致矽谷陷入衰退？

答：我認為關注矽谷房價是對的，我還沒見過房價這麼高的情形，就連1920年代佛羅里達州房地產泡沫時，也沒出現過這麼高的價格。我在史丹佛法學院捐贈一個冠名講座，擔任這個職位的教授在來史丹佛任教時，花了40萬美元買了間小房子，現在這間房子已經價值450萬美元。矽谷房價的上漲速度堪稱史無前例。

房價變得如此之高會引發許多社會問題。在矽谷工作的基層員工很多是外地人，他們看到巨大的貧富差距就會產生嫉妒心理。

至於矽谷未來的房價如何？我覺得長期來看，矽谷房價不會跌進全面性的蕭條。矽谷不可能變成沙漠。帕羅奧圖市（Palo Alto）是個好地方，教育資源、居民素質、氣候、環境，各方面都非常適合居住。

想在帕羅奧圖市置產，又想等房價跌回以前的水準，我想你可能永遠上不了車。

■ 網路未必能使投資人受益

問：在今年和去年的波克夏股東會上，華倫表示在網路時代，品牌角色會變得更加重要。喜詩糖果是否會考慮在雅虎（Yahoo）或美國線上（America Online）投放廣告，當人們搜索「糖果」或「巧克力」等關鍵字時，第一筆搜索結果就是喜詩糖果？

答：我們對喜詩採用什麼市場行銷策略沒有規定。喜詩已經透過網路賣出不少糖果，網路銷售量相當於三、四家實體店的年銷售量。利用網路銷售，生產成本一樣，但經銷成本很低，所以利潤更高。

我不認為糖果適合在網路銷售，因為不論利用哪種配送系統，在八月的酷暑中運送糖果都必須面對品質維護問題。儘管如此，由於網路的存在，喜詩也要改善網路銷售的運輸方式。

網路是劃時代的發明，它將帶來天翻地覆的變化。我們鼓勵波克夏所有子公司擁抱新變化。

很多人宣稱，隨著網路興起，公司更值錢、股票更值

得買。但**身為投資者，你們要認識到網路發展的另一面：在很多狀況下，許多公司之所以能賺取高額利潤，靠的是資訊不對稱。**

以波克夏的子公司精密鋼材為例，精密鋼材的訂單多屬於小規模的客製化訂單，根據客戶的具體需求切割鋼鐵。許多客戶在資訊方面的劣勢，使精密鋼材成為客戶面對問題時的首選。「我們需要少量的訂製鋼材，而且是急件，所以我們會找精密鋼材，它們很可靠，而且它們會配送到府」。

但如果你創造一個網路系統，無論需要什麼鋼材，買家都能在網路上找到現貨，敲敲鍵盤就可以和賣家直接聯絡。這對精密鋼材的客戶來說是件好事，但對精密鋼材來說可不是。也許賣方的經濟優勢會漸漸減少。

隨著科技進步讓經銷管道更順暢、市場競爭更激烈，全世界的財富會大幅上升。但在這個過程中，美國公司的整體資本報酬率可能會遭到擠壓。

舉個例子。新型紡織機問世後，紡織公司紛紛買進新機器，但它們的利潤水準卻不如從前。新機器帶來的效益轉移到消費者手裡：消費者穿上品質更好的睡衣、使用品質更棒的浴巾，但這些利益卻沒有惠及紡織公司本身。

各種新技術、新發明雖然有利於推動社會文明進步，但對股票投資人來說未必有利。一個高效的系統更接近拍

賣制度，所有買家都能找到賣家，形成一種類似競價的機制，美國公司甚至是全世界公司的毛利都會被壓縮。

如今，所有人都在談論網路帶來的美好前景。但你們和別人不一樣，你們以投資股票為生，網路的發展可能對你們不利，也可能對我不利。

網路衝擊下，公司的獲利空間很可能會被壓縮，而這很可能是一個無解的問題。生活中有很多無解的難題，例如變老。你只能適應、但無法解決這樣的難題。

當年IBM被迫放棄打孔卡的壟斷地位後，華倫投資一家生產打孔卡的小公司。那時候打孔卡市場很大，電話公司、百貨商場都購買大量的打孔卡。

由於市場上同時出現好幾家生產IBM打孔卡的公司，打孔卡的採購量又很大，所以買方逐漸採用招標的方式採購打孔卡。如此一來，打孔卡價格狂瀉，畢竟打孔卡只是一種普通商品，各家公司生產的打孔卡沒什麼差異性。

順帶一提，IBM曾壟斷經營打孔卡，這項業務為IBM創造出的商機高達四分之一獲利，但IBM對打孔卡這個商品本身沒有任何專利，IBM只是持有一種打孔機的專利，它生產的打孔機速度更快。所以也許是透過實務進化，也許是因為機緣巧合，總之IBM壟斷打孔卡很長一段時間。

不管IBM如何取得打孔卡的壟斷地位，總之，當市場上出現好幾家生產打孔卡的公司之後，價格戰就爆發了，

打孔卡的價格一落千丈，特別是政府採購的大單，價格壓得特別低。

問：身為投資人，比起獲利，我更關心的是資本報酬率。有些公司毛利非常低，例如好市多、史泰博（Staples）、家得寶（Home Depot）、戴爾（Dell）等。隨著網路發展，它們的利潤率降低，但它們也進一步減少庫存，提高生產效率。

　　以電腦製造業為例，產品價格雖然承受龐大壓力，但整體產業的生產效率明顯提升，資本報酬率並不會降低。憑藉出色的商業模式，戴爾和捷威（Gateway）兩家公司將成為產業中的最大受益者。我認為，整體電腦製造業都會受益於生產效率提升，為股東創造更多價值。

　　我的觀點是，網路的發展可能擠壓獲利，但同樣會提升資本利用率，進而讓股東受益。

答：毫無疑問，有些公司能抓住新科技帶來的契機，像好市多一樣占據獨特的優勢地位，獲得豐厚的利潤。但好市多的發展不代表對整體零售業來說是好事。

　　好市多生意模式的受益者是好市多和它的消費者，但身為其他零售商，我不會因為好市多或沃爾瑪進駐我所在的區域而感到高興。

　　我說的是平均結果。舉個例子，假如你在「二戰」期

間上前線，參與50次對德軍的進攻，冒著炮火往前衝，你周圍的人一大批一大批倒下，但你活下來了，那是你命大。

顯然，在新的經銷模式下，會出現很多大贏家，這一點我完全認同。但我認為整體來看，隨著網路的發展，資本報酬率會被壓低。股票投資人的平均報酬率會降低。

如果說在座各位都是投資高手，投資水準都能排在前10％，那就不需要考慮什麼平均報酬率。但如果我們沒那個水準，網路發展壓縮的就是我們所有人的報酬率。

■ 報業前景黯淡

問：展望未來，您認為報業前景如何？

答： 與20年前相比，報業的前景已經不那麼明朗。報業面臨的最大威脅大家都很清楚：網路可能取而代之，成為全新的資訊傳播媒介。具有獲取資訊需求與購物需求的消費者，可能都會被網路搶走。

每家報社都試圖在網路時代成為大贏家，將它們在平面媒體的優勢與電子商務結合起來。然而如今的報業公司，就持續成長的確定性而言，與20年前相比完全不能同日而語。我認為現在報業前景黯淡。有人認為報業將迎來更大的發展。我不敢苟同。拭目以待吧。

問：請問報業是否可能完全消失？

答：我覺得不至於完全消失，但可能再也沒有過去那麼好的生意。

問：您和華倫表示，中美能源公司（MidAmerican Energy）應該能有良好的收益。但華倫曾在波克夏股東會上提到，中美能源沒有成本優勢。您剛才談到，隨著網路發展，經營普通商品的公司資本報酬率會降低。既然中美能源是一家生產普通商品的公司，在網路時代為什麼還能實現良好收益呢？

答：我年輕時，奧馬哈有個麵粉中間商，名叫賀拉斯‧艾瑞克森（A. Horace Erickson），他每天都坐在辦公室裡交易麵粉。為了得到不同等級或不同種類的專用麵粉，各家麵粉廠需要搭配不同的麵粉，各家麵粉廠都會找艾瑞克森購買自己需要的麵粉品種。在每筆交易中，艾瑞克森會賺取一些手續費，因此他漸漸致富。

我想說的是，早在1937年，麵粉廠透過電話就能完成複雜的交易，我不認為網路會對電廠之間的電力交易產生多大影響。大規模發電和輸電需要大量基礎設施，不是透過網路傳輸資訊就能完成。網路應該不會對中美能源產生多大影響。

　　網路時代，確實很多工作的生產效率會隨著頻寬增加和計算能力增強得到提升，但中美能源是一家發電和輸電的公司，網路發展未必會為它帶來多大影響。

■ 波克夏投資的兩難

問：您曾說，以前波克夏規模小，相對容易獲得較高的資本報酬率。現在波克夏的規模很大，這件事變得相對困難。
答：沒錯，雖然以前容易、現在難，但我們不想回到過去那個輕鬆的時代。

問：那麼，波克夏要如何解決這個問題？你們考慮過配息或買回庫藏股嗎？我知道華倫非常不願意配息。但波克夏坐擁大量現金，而且還有源源不斷的現金流，請問你們對未來有何打算？已經準備好如何利用大量現金嗎？還是就一直持有大量資金不動，不理會資本報酬率降低？
答：目前，在投資有價證券方面主要有兩個困難。首先，我們的規模太大，我們只能關注規模比較大的公司。我們可以選擇的投資標的有限，而且大型股的競爭更激烈，這些領域會被例如像愛麗絲・施羅德這樣的人透徹研究。投資大公司，對手都是聰明人，難度自然會增加。

另外，我完全贊同華倫在《財星》雜誌上那篇文章的看法，我們已經把這篇文章寄給波克夏所有股東。從目前的投資環境來看，與過去15年、20年相比，未來15年、20年股票投資的報酬率可能明顯降低。

所以我們面臨兩種困境，一個是我們規模太大，投資範圍很小；另一個是未來投資報酬率可能明顯降低。我們的選擇變得有限，因為我們資金太充足。縱觀西方文明史，慘痛的悲劇數不勝數，我們面臨的這點小困難算不上什麼。其實，我們甚至有點滿意我們有這樣的困境，然而這的確影響我們的投資能力。

不過我們也有一些優勢。首先，我們擁有巨大的靈活性。你說得對，波克夏每年都會增加幾十億美元現金，魏斯可也在儲備現金。波克夏擁有雄厚的財力，讓我們進退自如。

另外，雖然我們規模太大，買小型股對我們來說沒有意義，但現在波克夏聲譽卓著，很多公司會主動找我們，希望加入波克夏。這絕對是很大的優勢。

我們財力雄厚而且嚴守紀律，絕對不會輕舉妄動，不會因為無所事事而胡亂出手。我們處於非常有利的位置。

狄更斯小說《塊肉餘生記》（David Copperfield）中的米考伯先生（Mr. McCawber）有句口頭禪：「機會總會有的。」確實如此，我們總能等到機會。

我們有時候做一些投資，你們可能看不懂。例如我們收購中美能源，它主要在美國愛荷華州以及英國的英格蘭地區經營電力輸送業務。

我認為這是一筆很不錯的投資。這不是筆成功的投資，但提供我們一個機會，讓我們有機會了解電力業。美國電力業存在很多問題，我們或許可以破解困局，找到一條合理的出路。

我們一直在摸索、一直在尋找合適的機會。還好波克夏財力雄厚，擁有巨大的靈活性，能做到進退從容、遊刃有餘。

所以我並不氣餒。我只是認為對各位股東來說，未來15年波克夏為你們創造的報酬不可能有過去那麼高。當然，也許你們能在別的地方找到報酬率更高的投資機會。

但我想我對你們當中許多人也非常了解，我想你們在別的地方也找不到太多好機會。我們很難找，你們也很難找。

問：前幾年的投資經驗與我過去所經歷的事都不一樣。請您從心理學的角度分析一下目前投資領域中的愚蠢現象。

答：我認為有一種真理，一般的投資顧問根本不懂，但你們身為投資人卻應該知道。如果你已經很富有，而且按照自己的方式繼續平穩地投資，守住自己的財富，那就老老

實實地走自己的路。就算別人比你更快致富，那也不是什麼悲劇。

看到別人快速致富，你心裡就不平衡，那又能怎樣？如果因為別人做得更好而感到痛苦，那是一件多瘋狂的事，因為無論做什麼，總是強中更有強中手。泰格·伍茲（Tiger Woods）還經常輸球呢。

史丹利·卓肯米勒（Stanley Druckenmiller）為何陷入巨額虧損？他認為自己必須打敗所有人。即使他認為這看起來有點愚蠢，他還是心想：「我不能置身事外」。

人生幸福、投資成功，很大的原因來自於知道自己該避免什麼，例如早逝和婚姻不幸。你對這些大災難敬而遠之，你才能平安幸福。

問：我這個問題您可能不會回答。如果您比現在年輕30歲，資金不多，您會買什麼？
答：我認為現在擁有一點資金而且年輕幾歲，為我帶來的機會和我年輕那時候沒辦法相比。我很幸運，1930年代的大蕭條為人們帶來嚴重的心理創傷，幾代人都不願碰股票，大型機構也不願持有股票。我趕上那個時候，生在經濟危機之後。

經歷1920年代的金融市場，見證大量詐欺的行為，人們對資本市場失去信心，無論是英薩爾公用事業公司

（Insull Utilities）還是高盛交易公司，都讓投資人虧損連連。

　　喜劇演員埃迪‧坎特（Eddie Cantor）也沒能逃過這一劫，他深有感觸地說：「別人告訴我可以買進這檔股票養老，結果效果很好，不到六個月我覺得自己真的像個老人。」在大多數人還沒從大蕭條陰影中走出來的時間入市，對華倫跟我這樣的人來說是一大優勢。

　　過去20年，股票平均報酬率高達15％，股市一片欣欣向榮，大家都覺得買股票賺錢很容易。你們年輕人現在入市，難度大一點，具體原因華倫已經在《財星》刊登的那篇文章裡說過。

　　雖然難了點，但只要你們能像我們一樣把買股票當成買公司，像我們一樣耐心、果敢，抓住少數幾個大機會，你們一樣能做好投資。只是你們可能需要投入更長的時間。

　　你們還年輕，前面的路還長著呢。投資難一點怕什麼，正好用來打發時間。

14

處世態度

2003年股東會談話

自找苦吃，主動吃眼前的苦

編者按

在2003年3月致魏斯可股東信中,蒙格披露公司2002年的營收數據:2002年合併淨利為5,271.8萬美元,每股7.40美元。2001年和2002年的合併淨利細項如下:

	2002年		2001年	
	金額 (千美元)	每股 (美元)	金額 (千美元)	每股 (美元)
營業收入:				
保險業務	49,471	6.95	45,254	6.36
科特家具租賃業務	2,442	0.34	13,076	1.84
精密鋼材業務	250	0.03	388	0.05
商譽攤銷	-	-	(6,814)	(0.96)
其他 *	555	0.08	632	0.09
魏斯可合併淨利	52,718	7.40	52,536	7.38

* 注:指魏斯可總部辦公大樓的收入(主要是租給外部租戶帶來的租金),以及保險子公司以外的現金以及有價證券的利息和股息收入,已經減去利息和其他公司費用。

科特的表現不佳,2000年全年的稅後營收(商譽攤銷前)為3,340萬美元,2001年為1,310萬美元,而2002年只有240萬美元。蒙格在股東信中寫道:「當我們在2000年初買下科特時,它的傢俱租賃業務正在迅速成長,反映出美國經濟的強勁、驚人的業務擴張,以及IPO和高科技領域的爆炸性成

長。但隨著網路泡沫破滅、911事件以及經濟持續疲軟，科特的業務受到衝擊。顯然，當我們買下科特時，我們低估傢俱業近期的產業前景預測」。

此外，科特在2001年成立一家新的子公司：遷移中心（Relocation Central），希望透過它成為公寓產業傢俱租賃的主要業者。

2003年5月7日，魏斯可在帕薩迪納市召開股東會。蒙格在這一年就自己的投資方法做了很多闡述，例如20個孔投資法則、看準機會下重注、能力圈、機會成本、葛拉漢和費雪的影響、波克夏的獨特文化，乃至於投資與人生哲學方面的根基等，值得仔細研讀。

蒙格：在座各位都是死忠粉絲。有些人剛參加波克夏股東大會，又馬不停蹄趕到這裡。在你們當中，少數人來這開會的費用可以報帳，但大多數人是自費來的。你們有些人從很遠的地方來，例如我知道有人從歐洲來。大家可以看看四周，你的前後左右都是和你一樣的死忠粉絲。

為什麼波克夏和魏斯可會因為我們的做事方式吸引這麼多追隨者？當然，部分原因是因為幾十年來我們的投資

報酬率相當可觀。但各位追隨我們不只是因為我們的報酬率，也是因為你們欣賞創造這些報酬率背後的東西，也就是我們的價值觀與思維方式。我非常認同那些與我有相同想法的人。

華倫和我經常感覺有點孤獨，無論是商學院還是經濟系，整個學術界相信很多我們根本不認同的東西，而我們相信的很多東西，學術界根本不知道該怎麼理解。

學術界曾嚴厲地批評我們，現在它們不再這麼做了，但學術界還是看我們不順眼。學術界中仍然有一派認定股市是完全的效率市場，它們認為所有股價都合理反映公司的價值，沒人能找到值得投資的公司。

如果你抱持這樣的理論，你可以從數學上得到推論。但假如這個理論是對的，那麼任何一家公司買回自家股票都是沒有意義的。你可以對這些人說：「但我發現有時候股價非常低，只有清算價值的五分之一，難道這時候公司也不應該買回自己的股票嗎？」

但不管說什麼，學術界那些純理論派都聽不進去。它們已經接受這個理論，認為市場完全有效。這個理論的推論就是：永遠不會有一個不合理的價格，就算是自家股票，而且你對它瞭若指掌。

學術界推崇市場完全效率論，華倫和我卻一年又一年維持原調，顯得很不合群。很明顯地，我們根本不在乎學

術界那一套，但這確實讓我們覺得很奇怪，因為有哪一個產業，領先的實踐者會覺得領先的理論家很瘋狂？希望在外科手術或其他工程業不是這樣。

當然，絕大多數機構的投資方式也和我們不一樣。在各大機構中，現在最流行的方式是先聘請一批投資顧問，然後讓他們去挑選第二批投資顧問，把資金分散給另一批投資顧問管理。第二批投資顧問投資的項目五花八門，有的投資外國證券、有的做槓桿收購、有的做新創投資、小型股、大型股、成長股、價值股……。

這樣投資之後，到了年末結算就會發現，錢沒賺多少，顧問費和交易成本倒沒少花。

當然，波克夏和魏斯可從沒這樣做，而且也永遠不會這樣做，因為我們的思維方式不同。波克夏股東會結束後，華倫在接受媒體採訪時提到，自己經常對商學院的學生說，拿一張只能打20個孔的卡片，每個孔代表一筆投資，做一筆投資打一個孔，20個孔都打完，一輩子的投資機會就用完了。平均而言，用這樣的心態投資，可以實現更高的報酬率。

但華倫這番話對很多人來說沒有意義，他們不相信，也沒人這樣做。但華倫這番話不是在開玩笑，我重複華倫的這段話也是認真的。我認為對於一個聰明、自律的投資人來說，一生只做20筆投資，最後一定能取得更出色的報

酬率。**如果一生的投資次數有限，你會更認真考慮每一個投資決定，因此你會做得更好。**

華倫說的「20個孔投資法則」與學術界的觀念背道而馳。然而，我們現場有很多人或多或少都遵守這個建議。你們當中有許多人的主要資產都來自三、四檔股票，甚至來自一檔股票。

我們回顧一下魏斯可的歷史。自從藍籌印花入主魏斯可以來，魏斯可做的投資多嗎？不多。我們收購兩到三家公司，或許是三、四家。平均下來我們大概每兩年才會做出一個重大決定。

為什麼沒人像我們這樣投資？因為當客戶查看帳戶，發現過去一年帳戶都沒有動靜，他們會認為自己白花錢請顧問，他們不願意付款給你。客戶跑了，投資機構該怎麼生存？

■ 大幅跑贏指數的唯一方法

投資報酬率每年要跑贏指數0.5個百分點，可能不容易。而如果你的雄心壯志是要追求長期投資報酬率平均每年領先指數5個百分點，那就是一個非常罕見的成就了。

想實現這個高難度目標只有一個辦法，**那就是減少投**

資決策的數量，不輕易出手，同時要把握大機會，出手就是下重注。這與一般的投資思維非常不同。

這就牽涉到「分散投資」這個問題。因為效率市場理論的推論之一就是，你不可能對一檔股票的價格瞭若指掌，但如果你把資金平均分散到指數中的所有成分股當中，最後就能獲得平均報酬。

為什麼有人會覺得這麼明顯的事值得了解，這是一個有趣的問題，但實際上商學院的教授就是在教這些東西。你可能認為我在開玩笑，但我沒有，確實是如此。當然，這根本不是我們做事的方式。

如果一個人把自己的財富投入三項出色的投資當中，只要這些投資夠好，他就不會窮途潦倒、心裡不安穩。例如你投資房地產，把資金分成三份，分別投資購物中心、辦公大樓和公寓，投資的房地產都在黃金地段，由優秀的人管理，你有什麼好擔心的嗎？答案是不會。

但是當你進入投資市場，如果手上沒有100檔個股的名單，心裡就不踏實。在某種程度上，投資顧問告訴你的事只是為了賺取手續費，和醫生開藥賺錢沒什麼區別。

做投資還有個問題需要注意。有些人總是追逐更高的報酬率。假設現在有一個絕佳的投資機會，保證能長期實現每年12％的年化報酬率。但是選擇這個機會，你必須放棄其他所有機會，也就是說，放棄很多可能更賺錢的機

會。你們當中有很多人不會選這個12%的機會。

但,我們應該這樣想:別人賺得多就賺得多,和我有什麼關係?無論做什麼事,總是有人賺得更多、有人跑得更快。一旦你已經在生活中得到一些對你來說很棒的東西,卻還是要在意別人賺錢賺得更快,這種想法讓我覺得很瘋狂。

人類有七宗罪,嫉妒是其中之一。我覺得嫉妒是一種非常愚蠢的罪惡,因為你永遠不可能從中得到一點快樂。嫉妒會讓你整個人都被痛苦包圍,為何要受這種罪呢?所以我們有這樣一個哲學:我們向來都是從容地走自己的路。

用機會成本的方式思考

我們很幸運,收購了不同企業,這在一定程度上為我們提供額外的選擇。生活中有一個顯而易見的道理,那就是所有人、所有公司都要根據自己的機會成本做決策。這就是聰明人做決定的方式。

舉個例子。你條件不錯,有個女孩願意嫁給你,你可能選擇和她結婚,這是一個機會。但你也有可能拒絕她,覺得自己還能找到更好的機會。在做人生的重大決定時,

包括選擇工作、學校等，大多數人都會充分考慮所有機會。投資當然也不例外。

我們做投資時，總是把手裡現有的最佳投資機會當做參考標準，用它來衡量其他所有機會。我們拿來當作標準的機會愈好，機會成本的門檻愈高。波克夏提高機會成本的標準，魏斯可也是。本來我們只能投資股票、債券、上市公司，後來我們有能力收購私人公司，這樣一來我們就把機會成本的門檻提高了。也就是說，如果我們能在更廣的範圍投資，我們就會有更多機會。

當然，這樣做的風險是，嘗試投資的範圍愈大，就愈容易脫離自己的能力圈。我認為，儘管我們的投資範圍很廣，但我們很少離開自己的能力圈。在我們所關注的投資機會中，有90％到95％被我們判定不在我們的能力圈範圍之內。我們會說：「我們做不來，這超出我們的能力範圍」。

不過，我們也確實在一個很大的範圍內找到許多完全在我們能力圈範圍之內的投資機會。**如果你能擴大自己的能力圈，提高自己的機會成本門檻，你就能成為更好的投資人。**

用機會成本的思維方式做投資，有時候可能找不到任何值得投資的東西。我想起華倫曾經做的一項投資：美國運通（American Express）。當時美國運通陷入一樁醜聞，

股價大跌，但它顯然還是一檔優秀的成長股，至少當時華倫這麼認為，而且的確如此。當時，美國運通是華倫找到的最佳投資機會，這麼好的投資機會一下子就把機會成本的門檻給抬高了，別的投資機會根本無法與美國運通比。

於是華倫聯繫合夥人，修改合夥協議，提高單檔股票占比。部位限制解除後，華倫拿出40％的資金重壓美國運通。為了重壓一檔股票而主動提出修改協議，這種情況的確發生過，但很少見。

我談的這種思維方式，對我來說是最普通的常識，但這不是我們這個時代重視的智慧。

我偶爾會遇到一些優秀的價值投資者，他們都非常聰明。其中有一位是從史丹佛商學院畢業的，他剛起步，資金不多，他想自己為什麼要跟客戶鬼混，可以自己投資。結果他現在成為一個非常富有的人。

你如果有本事實現高報酬率，住在閣樓裡都能投資。華倫初出茅廬的時候在陽台蹲了好幾年，還不是照樣投資。總之，這就是我們的思考方式。

魏斯可現在沒什麼大動作。我們持有大量資金，但沒找到好的投資機會。不過我們也不是完全沒有動作。去年我們買了不少債券，債券價值小漲，賺了兩、三千萬美元。

不過在目前的投資大環境當中，確實很難找到那種一眼就看得出來、確定性高的機會。綜合考慮各方面的因

素，很難說現在的股價是不是已經太貴，但絕對不便宜。我的意思是，從整體市值水準來看，股價不便宜。

另外，利率已經低到令人震驚的地步，保本型投資的利息收益不斷被壓縮，人們拿到手的利息愈來愈少。現在的利率真的很低，五年期的利率還不到3%，對習慣高利率的人來說日子變得很難過。

有些人沒有耐心，不能像我們這樣觀察和等待。但如果你的日子很富足，一切順遂，六個月後你的日子依然富足，依然順遂，那你還會很難過，覺得這是一場悲劇嗎？

最近，因為魏斯可在資本配置方面沒有什麼動作，我們在董事會上談的多半只是一般性的世界大事。但總有一天環境會變，機會會出現在我們面前。

但我還是認為，現在的投資環境不是什麼悲慘的狀況。如果真的發生什麼意料之外的事，而我們得面對像日本那樣漫長的經濟衰退，那才叫困難。在日本，債券的報酬率是零，投資股票的報酬率為負。試想在這樣的狀況下，如果你為大學管理捐贈基金，你該怎麼辦？

不過我認為，就投資前景來看，我們比日本好。但我確實認為，隨著時間推移，未來總會有我們意想不到的事情發生。誰能想到世貿中心會倒塌？誰能想到利率低到現在的水準？誰能想到日本的人壽保險公司，因為承諾支付每年3%的利率而破產？世事難料啊。對於大多數股票投資

人來說，過去三年的日子很不好過。

在資產管理業有個現象。有些基金經理人一開始管理的資金很少，但做出非常漂亮的業績。看到亮眼的業績，很多人慕名而來，紛紛跟著投入資金。沒想到過幾年，這位明星基金經理人的績效竟然一落千丈。

即使績效變差，但對於一開始就買進基金的投資人來說，他們的報酬率仍然不錯。基金公司就會繼續拿這個報酬率宣傳。然而在這檔基金中，只有一小部分資金享受早期的亮眼績效，絕大部分資金是之後才投入的，沒辦法享受到早期亮眼的績效，卻遇到糟糕的績效。平均下來，所有投入資金的報酬率可能很普通，說不定還是負的。但沒有一家基金會公布所有資金的報酬率。

如果由我來管理這個世界，我想我可能會要求基金公司和投資顧問向投資人公開兩種報酬率：第一種是他們一直以來使用的報酬率，第二種是用單位淨值法計算的報酬率。用單位淨值法計算，可以把資金投入的時間和規模考慮在內。

以創投基金為例，一開始資金規模非常小，但報酬率很高。後來在網路泡沫末期時，湧進了大筆資金。我想，如果你把大多數創投公司每年的淨值變化公諸於世，很多創投基金的績效就會很難看了。

我想分享的想法講完了，下面開始回答大家的問題。

─── 股東會問答 ───

**問：我們很多投資人已經閱讀過波克夏的年報，而且除了
華倫所撰寫的年報之外，我們還讀葛拉漢寫的東西，特別
是他的兩本經典著作《證券分析》和《智慧型股票投資
人》。這兩本書有很多版本。請問您最推薦哪個版本？**

**　　正如您在股東會上所說，您和華倫站在葛拉漢的肩膀
上，看得更遠。請問您從葛拉漢的兩本書中學到什麼？**

答：葛拉漢提出**安全邊際的原則**，這個概念永不過時。葛
拉漢告訴我們，**市場是我們的僕人，不是我們的老師，這
個概念永不過時**。葛拉漢提出的這兩個概念是投資的基
礎，永遠不會過時。

　　在葛拉漢的思想中，我們還可以學到要**保持冷靜客
觀，不受情緒影響，這也是永遠不會過時的觀念**。

　　華倫是葛拉漢的門徒。華倫崇拜葛拉漢，追隨葛拉
漢的腳步從零開始走上致富之路。所以葛拉漢是華倫的偶
像，華倫始終對葛拉漢懷著深深的敬意。

　　我也敬仰葛拉漢，他有一顆令人敬畏的頭腦。但在投
資風格上我不贊同像葛拉漢那樣買進菸蒂股。我不像華倫
那麼崇拜葛拉漢。

　　我吸取葛拉漢的主要觀點，但屏棄不適合我的做法。

買進遠遠低於清算價值的股票，不管生意是好是壞、不管
管理階層人品如何，只要反彈25％就賣出……我不願這麼
做投資。而且，我們的資金規模也讓我們無法像葛拉漢那
樣投資。因此，我選擇更適合自己天性的投資方式，尋找
更好的企業。

**問：您的投資方法有點像菲力浦・費雪，請問您最喜歡費
雪投資方式中的哪個部分？**
答：費雪主張集中投資10檔股票，他認為投資股票的數量
要少而精。這點在我們的策略中非常重要。費雪還認為，
投資人應該徹底研究自己投資的公司，這也是我們的策略。

　　我們在投資中採取集中持股、深入研究的做法，就是
受到費雪影響。

**問：我發現波克夏做過的投資當中，有很大一部分屬於在
市場低效率時抓住機會的情況。霍尼韋爾（Honeywell）這
筆收購就是個很好的例子。在奇異的收購計畫落空之後，
很多投資人都在逃離市場，波克夏卻抓住機會大筆買進。
魏斯可也會做這種投資嗎？**
答：我們可以聊聊事件套利（event arbitrage）*這種投資方

---
* 　編注：是指根據市場對事件的反應進行交易的策略。這些事件可能是經
　　濟或特定產業的事件。

式。在波克夏早期我們做過很多這類交易，但現在我們已經很少參與這種活動了。

我們買了100億美元左右的垃圾債，現在手裡還有七、八十億美元的垃圾債。我們的這筆操作和華倫早期做的事件套利有相似之處。

我們早期做事件套利很賺錢，現在事件套利沒那麼大的利潤。

在很長一段時間裡，事件套利都是一種非常賺錢的投資方式。華倫計算過，把葛拉漢和他自己的投資紀錄加在一起，在60多年的時間裡，只做事件套利，就可以實現年化20％的報酬率。現在這種投資方式變得很流行，因為有一些學者說：「事件套利這種投資方法很棒，偶爾做一筆事件套利，當別人陷入困境時，這些事件就會帶來獲利。因此，做事件套利賺的是絕對收益，跟市場賽跑比起來，事件套利具有長期的時機優勢」。

很多人聽了覺得有道理，都跑來做事件套利。未來除非碰到特別好的機會，我們應該不會做大規模的事件套利投資。

我們不做事件套利，很重要的一個原因在於，一般的事件套利機會容納不下我們這麼大的資金量。我談一下我們最近投資垃圾債券的狀況，你們就能體會到資金規模大的困境。當時，專門做垃圾債的基金遭遇贖回潮，人們紛

紛拋售，幾乎沒人接手。每天人們都在賣，根本沒人買，於是我們進場了。但是在這種沒人接手的情況下，我們也才投入100億美元。

現在形勢已經恢復正常，做垃圾債的基金可以鬆口氣，它們的資金流已經轉正。但情況就是，很難大量買進任何東西。

換句話說，很多機會都是偶然出現的，而且很快就會消失，這就是學術界所說的市場效率低下。很多種原因都可能導致市場效率低下，例如某些投資人被迫賣出，或者市場出現集體恐慌。當市場暫時無法有效率地反映實際價量時，如果你也像波克夏一樣，擁有龐大資金，那麼你就可以獲得幾十億美元的投資機會。

大多數投資人行動都太遲鈍了。像那些大機構，它們看到垃圾債的機會，必須先召集顧問委員會商討，然後還要徵求信託人、諮詢律師的意見。等到最後終於得到各方許可，好機會都錯失了，已經沒有當初那種便宜的價格。

我們正在玩的遊戲需要你在機會來臨時果斷出手。

就拿波克夏收購的一些公司來說，有些公司週五下午來找我們的，他們必須在週一上午之前拿到錢，否則就會違約。這麼短的時間，根本不可能走完所有正式流程。有兩、三次我們遇到這種情況，我們一看適合，就直接出手。

大多數人不會像我們這樣做投資。我們之所以這樣投

資，是因為我們很清楚好機會經常稍縱即逝。如果你像我們一樣，相信好機會出現的次數很少、持續的時間很短，那你一定要做好準備，在機會出現時果斷出手，別讓機會溜走。**隨時做好準備，就這麼簡單。**

問：幾年前，波克夏收購冰雪皇后（Dairy Queen, DQ）。巴菲特先生表示，與買進部分股票相比，他認為DQ更適合整體收購。請問你們這種狀況該如何區分？

答：我們既買股票，也做收購。與買進股票相比，收購整個公司，我們能節省很多稅負成本。華倫曾經詳細解釋過這件事，這些優勢非常明顯。

當然，收購整間公司的好處很多，例如我們可以更換管理階層、修改股息政策。另外，把整家公司換成股票很容易，但股票可沒辦法變成整個公司。所以我們當然寧願買下整間公司。很多時候，與只買進3％的股票相比，我們願意出更高的價格把整間公司買下來。實際上所有人都會這樣做。誰都知道，拿在手裡的股份愈多愈好，股份愈多愈值錢。

問：請問您平常主要讀些什麼？您覺得哪些是投資人必讀的東西？

答：我曾說過，在我一生所認識各領域的聰明人當中，沒

有一個不大量閱讀的：一個都沒有。有些人在很狹小的領域內工作，或許他們不用大量閱讀也能取得成功。但投資是個包羅萬象的領域，不大量閱讀還想做好投資，我覺得不太可能。

至於讀什麼，這取決於每個人的興趣以及適合你的方式。舉個例子，有一個投資人，他擅長研究醫藥業，他走的投資路線可能和我完全不一樣，但他選擇的是適合自己的路，一樣能很成功。他也一定會大量閱讀，只是讀的東西和我不同。不大量閱讀是不行的。

華倫讀了多少書，我讀了多少書，你們根本想不到。我的子女笑我，說我是長著兩條腿的書。想要做好投資，就必須像我們這樣大量閱讀。

商業刊物對投資人非常有用。**《富比士》、《財星》、《華爾街日報》等報章雜誌的文章品質很好**，它們的很多記者和編輯都非常有才華。

問：我沒記錯的話，在波克夏股東會上，華倫說他年輕時經常拜訪管理高層，實地調查公司，現在他覺得把時間花在這上面沒什麼用。是因為華倫已經累積大量經驗，不需要再做這方面的工作了嗎？還是他覺得與管理高層交流得不到什麼有用的資訊？
答：我不認為華倫認為與管理高層交流沒用，只不過華倫

認為,現在像以前那樣四處調查,效率很差。

華倫的老師葛拉漢認為拜訪管理高層沒用,他更相信客觀的財務數字。葛拉漢認為管理高層會欺騙你、誤導你,投資人還是看財務數字比較好。在葛拉漢看來,不拜訪管理高層可能會偶而錯過一、兩個好機會,但不會被管理高層的花言巧語蒙蔽。

我的想法和葛拉漢不同。如果你有足夠的鑑別能力,真的有機會和公司的關鍵人物坐下來單獨聊上一個小時,會有很大的收穫。

但我也不是完全相信管理高層,**我相信一個聰明人大概有六成機會能得到有用的資訊,四成機會可能會被誤導**。因此到底值不值得花時間做這件事,我無法告訴你。但如果你有一個管理高層才能回答的問題,而這個問題對你來說很重要,那麼顯然跟管理高層聊聊就會變得非常重要。

透過閱讀文章與公開紀錄,華倫可以間接地了解公司管理者,但他不希望在研究這些大公司的時候,與它們的高層主管面對面地交談。不拜訪管理高層確實也有一定的道理,連華倫都有看走眼的時候。

我可以告訴你們一個有趣的故事。很多年前我們看好一檔股票,華倫聯繫這家公司的執行長,和他一起共進午餐。回來之後華倫告訴我這人是個蠢蛋,根本不把股東的

利益當回事，於是我們出清這檔持股。沒想到這檔股票一路漲，創造每年15％的年化報酬率，一直漲了20年才停。

誰說拜訪管理高層總是有用？每次看到那檔股票一路上漲，每次想起這件事，我都覺得特別好笑。

問：在波克夏股東信裡，華倫沒談到當前存在的會計漏洞。您能談談這方面的問題嗎？舊的會計漏洞還在嗎？是否有新的會計漏洞出現？

另外我注意到，在波克夏股東信中，華倫預計退休基金報酬率只有6.3％到6.5％，而且有些公司確實已經開始下修退休基金的預期報酬率。

答：在會計漏洞方面，目前最大的問題是衍生性金融商品交易和退休基金的會計處理。其他會計舞弊行為，主要是做假帳和虛增收入。

現在有些金融機構的做法我不敢苟同。它們發放貸款之後，立刻就把未來償還貸款的收入入帳，列為現在的利潤。這種會計方法違反保守原則。很多公司的會計行為存在類似的瑕疵。

但目前沒有什麼特別嚴重的新會計漏洞需要提醒大家。現有的會計漏洞就已經夠糟了。

問：我的問題與衍生性金融商品有關。去年您告訴我們，

我們的金融體系中充斥著衍生性金融商品。您說很多公司的損益表上顯示的獲利，雖然經過會計師審查，但其實很大一部分來自衍生性金融商品，根本不是實際的獲利。

回去之後我做了一些功課，找到很多大型金融公司的財務報表，研究它們的獲利中有多少來自衍生性金融商品。我發現很難看得出來。請您給我一些指點。

答：你去看能源公司的衍生性金融商品交易就會懂了。能源公司的衍生性金融商品交易已經亂了套，很多人虧得血本無歸。多年來它們的帳面獲利都是假的，帳上記錄的大量衍生性金融商品資產是海市蜃樓。

至於金融業的衍生性金融商品，現在狀況還沒這麼糟，會計處理也絲毫沒有改變。衍生性金融商品什麼時候在金融業「爆掉」，可能還需要時間。

我們收購的通用再保險帳上有大量衍生性金融商品資產。起初，我們打算把通用再保險的整個衍生性金融商品部門賣出去，但沒賣出去。後來，我們乾脆一筆一筆自己清算。我們花了很長時間。與很多公司相比，我們的入帳方式更保守。儘管如此，在清算的過程中，我們還是遭受減記損失。

我敢說，大型銀行的衍生性金融商品資產，帳面價值肯定遠遠高於清算價值。

至於金融業的衍生性金融商品什麼時候會發生問題？

問題有多大？波及的範圍有多廣？這些我不清楚，我只能說狀況可能不會讓人愉快。

公用事業公司開始一個接著一個偏離自己的主業，模仿其他公司做起衍生性金融商品交易，我敢說最後95％會損失慘重。

我們不妨想一想，為什麼公用事業公司的管理階層要偏離主業？我認為部分原因是，很多公用事業公司中的掌權者都是好人，他們對資本配置知之甚少。他們自己不懂，只能聽投資銀行、聽顧問，當然很容易上當受騙。領導人不懂資本配置，被投資顧問擺布，這是公用事業公司多元化失敗的原因之一。

公用事業公司陷入困境，為什麼波克夏活得好好的？我們有什麼不同之處？我們比他們強的地方在於，**我們始終追求保持理智。**

如果你不追求保持理智，而是隨波逐流，在意別人的看法，那麼你一定會被大眾的愚蠢迷惑而做出蠢事。

能源公司的失敗為我們上了一課。我希望人們能從中記取教訓。

問：除了地震險、車險，波克夏還為很多特殊事件提供保險，我想知道你們如何評估特殊事件保險？你們的思考過程是怎樣的？在沒有歷史資料或同類型案例的狀況下，你

們如何評估各種可能性？

答：特殊事件保險和普通壽險不一樣，不是只用一些常見的統計工具就能做好的。如果真的像壽險那麼簡單，每個人都會，那就沒什麼利潤。我們的利潤正是來自你覺得難懂的地方。換句話說，評估特殊事件保險時，得出理性的結論很難。

以承接地震險為例，我們會查看地震的歷史紀錄，也會考慮很多別的因素。對一般的精算師來說，如果過去50年都沒發生大地震，他可能覺得未來發生地震的機率很小。

相較之下，我們會認為精算師的看法可能是正確的，但過去50年都沒發生大地震，也有可能是地殼中的壓力正在積聚，這代表未來發生大地震的機率不小，反而變大了。要做出這樣的判斷，需要運用地球物理學等相關知識進行大量計算，但一般精算師對這不會感興趣。

我們在進行相關計算時，會考慮到這種可能性，也就是在我們看來，長期沒發生地震可能意味著未來發生地震的機率更大。

把各方面的因素都考慮到，需要在頭腦中進行大量的計算，通常是由阿吉特和華倫合作完成的。我對他們兩個人都很熟悉。在特殊事件保險領域，阿吉特和華倫堪稱最強組合。當然他們不能保證百分之百成功，但到目前為止他們的紀錄非常了不起。

　　有些類型的保險能用統計學的方式算出來，但特殊事件保險不能，非要在特殊事件保險領域追求像一般保險業務一樣的確定性，那是不可能的。從事特殊事件保險，更多時候必須依靠直覺和經驗。

　　有時候，阿吉特和華倫會做一些非常特別的操作。例如一筆保險生意，機率和賠率非常合適，但別人都不敢做。為什麼呢？因為如果虧了，虧損的數字會非常大。但波克夏可以承受損失一大筆錢的風險。

　　阿吉特和華倫做的特殊事件保險，不能用一般的統計學知識解釋清楚。但有阿吉特和華倫坐鎮，我非常放心。

　　我很想把他們的思考過程說出來，可惜我講不清楚。我們在特殊事件保險領域的成功，是他們兩個人的直覺和經驗相互碰撞的結果。

問：在投資中你們總是在評估風險。美國出兵伊拉克和阿富汗，請問您怎麼看？

答：我想你的預測跟我一樣。面對困難，很多人選擇逃避。我們選擇出兵，至少這種態度是積極的，願意承受眼前的痛苦，換取長期的和平。

　　很多人總是一味逃避，不願承受短期的痛苦。但自找苦吃，主動吃眼前的苦，這才是正確的處世態度。

　　這就是投資，以短期的痛苦換取長期的利益。有很多

好東西你都想買，但你願意不花錢。你甚至會放棄眼前一些東西，為的是將來能有更大的收穫。這是我喜歡的處世態度。

我不知道美國出兵中東的前景如何，但是我認可這種主動吃苦的態度。

問：在談到風險時，投資顧問經常把貝塔係數和標準差掛在嘴邊。去年在波克夏股東會上，華倫說，如果投資顧問跟你談投資，談到貝塔係數，你應該拔腿就跑。那麼請問在你們的模型中該使用什麼指標來控制風險？你會建議用什麼指標來取代標準差？

答：這是一個好問題，讓我有機會談得更深入。

以釣魚為例，釣魚有兩種賺錢方式：第一種是參加釣魚大賽贏獎金，釣上來的魚最多，可以贏得豐厚的獎金；第二種是靠賣漁具為生，為別人提供釣具和釣魚建議來賺錢。這是兩種不同的技能。靠賣漁具維生的人，基本上沒什麼釣魚的真本事。

這就是我和華倫對大多數投資顧問的看法。我們想贏得釣魚大賽，他們則是想找出他們可以談論的東西，讓人們從他們那裡多買一些釣具。而談論貝塔係數可以幫助這些顧問多賣出一些釣具。

我們對賣漁具沒興趣，我們是釣大魚的。這個比喻應

該很恰當，華倫和我都對貝塔係數不屑一顧，這對我們來說是一個毫無用處的概念。

然而在商學院的教育中，學生們投入大量時間，學習貝塔係數這種沒用的東西。也許我們再多賺幾千億美元，學術界就會對我們所做的事感興趣了。到目前為止，學術界似乎不把我們當回事。

問：您對學術界教的東西很不以為然。我希望有一天能重回大學，到商學院深造。請問有沒有哪個商學院或哪位教授講的是正確的投資知識和原則？

答：有，我知道的不只一位。但是在整個學術界中，他們是少數，占不到5％。

問：您能否告訴我們這些教授是誰？

答：史丹佛商學院的傑克・麥克唐納是其中一位，他經常參加波克夏股東會。我和華倫都幫他的學生上過課。

還有其他人，只是我沒有太關注。也許我的觀點可能會對學術界產生一些間接影響，但是我不願主動推動學術界的改革。

學術界的大師和教授們都太僵化，想讓他們改變想法比登天還難。

■ 我們為什麼錯過沃爾瑪

問：查理，之前有人問過您，你們犯過最大的錯誤是什麼，您說是該抓住的機會沒抓住，您在回答中提到銀行業和金融業。在波克夏股東會上，談到錯過的機會，您還提到沃爾瑪。

答：是啊，沃爾瑪這個錯是80億美元的錯。

問：真不是小數目。您能再談一下沃爾瑪的狀況嗎？您在好市多擔任董事，對於沃爾瑪，您一定有一些獨到的見解。

答：做沃爾瑪這筆投資的時候，我們剛開始買，還沒買多少股價就上漲了。我們撿便宜撿慣了，沃爾瑪股價一漲我們就不買了。因為沒有接著買，到目前為止我們損失了80億美元。

我們不是真的虧損80億美元，而是本來能賺到80億美元卻沒賺到。該抓住的機會沒抓住，這樣的錯誤我們不常犯，但我們確實因為犯這種錯誤而少賺了很多錢。

我希望我能告訴你未來我們不會再犯這種錯，但根據我們過去的紀錄，未來一定還會再犯。

本來能抓住的機會卻讓它溜走，這樣的錯誤我們無法避免。好在有些機會，我們確實牢牢抓住。整體而言，我們已經做得很好，但假如我們能多聰明5％，我們就能幫股

東多賺很多錢。

關於沃爾瑪和好市多，這兩家都是出類拔萃的零售企業。沃爾瑪創造零售業的奇蹟。創立沃爾瑪的時候，山姆・沃爾頓已經40多歲。這是一個非常了不起的故事。

好市多的故事也一樣精彩。好市多是後起之秀，沃爾瑪崛起的時候好市多還處於萌芽期。如果沒有沃爾瑪，好市多會更賺錢。

山姆・沃爾頓曾經和索爾・普萊斯（Sol Price）談過幾次，希望收購好市多。雖然這兩位商界領袖惺惺相惜，但是他們最終沒有走到一起。山姆・沃爾頓覺得索爾・普萊斯的開價過高，我們覺得沃爾瑪的股票貴了。我們錯過沃爾瑪，山姆・沃爾頓錯過好市多。

問：波克夏收購麥克萊恩公司（McLane），這筆投資我不太明白。麥克萊恩的利潤非常低。它以前是沃爾瑪的子公司，主要為沃爾瑪提供服務，沒辦法擴大客戶基礎。你們是看中麥克萊恩的現金流嗎？請問你們做這筆投資的邏輯是什麼？

答：我們很欣賞麥克萊恩的管理高層，我們也相信沃爾瑪仍然會是我們的大客戶，另外從收購價來看，這是一筆划算的投資。

麥克萊恩不是具有巨大成長性的公司，畢竟它經銷的

主要商品之一是菸草。

　　具有高成長性的公司，價格很貴。麥克萊恩沒有特別高的成長性，但我們收購的價格很合理。雖然成長性不高，但麥克萊恩的生意還不錯，未來可能愈做愈好。麥克萊恩這筆投資很值得。我們願意以合理的價格買進好公司。

　　麥克萊恩是一家效率很高的公司。你不能把麥克萊恩當成一家零售公司看，應該要把它當成一家物流公司。麥克萊恩與聯邦快遞（Federal Express）和聯合包裹服務公司（UPS）類似。它有一套高效快速的運輸體系，能準確迅速地完成貨物配送。正如UPS憑藉高效率的快遞服務在資本主義市場站穩腳跟一樣，麥克萊恩也憑藉著自己的長處找到立足之地。

　　沃爾瑪是全球零售業霸主，它出售麥克萊恩，主要是為了聚焦主業，把自己最擅長的零售業做得更好。沃爾瑪的做法很明智。

問：沃爾瑪出售麥克萊恩公司，主動與波克夏取得聯繫。波克夏旗下的加蘭（Garan）童裝主要以沃爾瑪做為銷售管道，沃爾瑪的銷量占其總銷量的85％。波克夏和沃爾瑪是否可能藉這個機會進一步加強合作？

　　首先，我想到的是油漆，班傑明摩爾（Benjamin Moore）應該還不是沃爾瑪的供應商。還有波克夏旗下的鞋

子、服裝、珠寶、廚房用品，都可以進入沃爾瑪銷售。另外，沃爾瑪門市裡開了800多家麥當勞，冰雪皇后是否也可能進駐？在沃爾瑪超市和山姆會員商店（Sam's Club），蓋可保險可以設立諮詢台，喜詩糖果可以設立販賣部。

　　既然波克夏和沃爾瑪已經建立信任關係，波克夏的商品是否可能大量進入沃爾瑪銷售？還是沃爾瑪的議價能力太強，無法成為波克夏主要的銷售管道？

答：我們非常欣賞沃爾瑪。沃爾瑪有一套任人唯賢的用人制度，它始終致力於為消費者創造價值。沃爾瑪為所有企業樹立了成功的典範。

　　我不會因為麥克萊恩與加蘭的合作而沖昏頭，沃爾瑪有自己的採購體系，它的採購體系可能是全世界最好的，它們會買對自己最有利的東西，它不可能因為和我們關係好就採購我們的商品。我們也不願意靠關係進入沃爾瑪，我們只想賣我們應該賣的東西，所以我不會預測我們的商品會大量湧進沃爾瑪。

■ 收購克萊頓房屋的邏輯

問：我是克萊頓房屋公司（Clayton Homes）的老股東，追蹤這家公司很多年，對這家公司非常熟悉。你們買到寶

了。但你們出的價格低了些，再高一點就好了。

話雖如此，但你們是用現金收購克萊頓的，我擔心多年來這家公司一直擁有良好的企業文化，不知道未來是否能夠保持下去？如果克萊頓家族能繼續留在公司，絕對是公司之幸。波克夏是否和克萊頓家族簽署什麼特別的條款，讓他們留下來管理公司？

答：如果你欣賞的克萊頓家族不打算留下，我們就不會收購克萊頓房屋了。當然，我們出的價格稍微低了一點，是因為當時整個房地產業陷入低谷，市場中二手屋供過於求，整個產業遭受巨額虧損。

你說得對，克萊頓公司是這個產業裡的瑰寶，但當房地產業陷入低谷時，克萊頓也倍感壓力。正如你所說，克萊頓是一家很優秀的公司，有了波克夏做後盾，它可以取得更大的發展。我們是在整個產業陷入危機時完成的交易。這筆交易是雙贏，對雙方來說都是好事。

我們很高興能買進克萊頓，但很多人對此擔心不已。**波克夏敢於在別人恐懼的時候出手，這是波克夏一貫的風格。**我們收購克萊頓時，克萊頓正深陷旋渦之中，很多人不願和克萊頓沾上邊。但我們知道這不是克萊頓的問題，而是整個產業的問題。大多數人不願意買，但我們願意。

有波克夏AAA的信用評級做後盾，對克萊頓也沒什麼壞處。

你很欣賞克萊頓公司的文化，那你覺得波克夏的文化和克萊頓的文化有什麼不同嗎？

問：我只是擔心克萊頓家族可能不會繼續管理公司。

答：波克夏收購過很多家族企業，都是因為我們很欣賞創始人家族以及他們開創的事業。幾乎在我們收購的每一個家族企業，我們都希望創始人家族能留下來繼續管理企業。我們的期望總是沒有落空，這是一個很了不起的紀錄。

克萊頓父子將繼續經營克萊頓公司。克萊頓的創辦人是一對父子，兒子凱文・克萊頓（Kevin Clayton）還很年輕，至少比我們年輕。這完全符合波克夏的模式，我們很歡迎克萊頓加入波克夏。

我始終看好營建業，雖然現在它的市場規模還不是很大，但將來可能擁有廣闊的發展前景。現在在美國，建造住宅的效率太差了。

問：您對美國目前的房地產業以及房價有什麼看法？

答：在美國歷史上，這次房價的上漲趨勢幾乎可說是史無前例，雖然很多地方的房價從高點下跌，但整體房價還是一直上漲。

部分原因是低利率推動了房價上漲；另一方面是，看到早期買房的人賺錢，很多人跟著買，這也導致房價節節

攀升。

但有些地方的房價之前漲得太高，在整體房地產業出現大幅回檔時，這些地方的房價就跌得特別厲害，例如矽谷就是如此。特別是高價位的房子，價格下滑很多。

我對房價沒什麼研究，我根本沒想到帕羅奧圖的一座小房子能漲到350萬美元。優質的教育資源、矽谷的軟體業蓬勃發展、高等學府的帶動，幾個因素加在一起才能締造這種高房價。但我真的沒想到房價能漲得這麼厲害，這足以證明我對預測房價能力不足，對於未來的房價走勢，我沒什麼發言權。

什麼時候買房合適呢？我認為一般情況下，組建家庭需要買房的時候才是買房的最佳時機，而不是為了試圖掌握市場時機才買。

■ 收購伯靈頓不是因為突然看好紡織生意

問：1980年代中期，華倫退出紡織業。在1985年的波克夏年報中，華倫談到紡織業非常糟糕的經濟狀況，還特別列舉伯靈頓工業（Burlington Industries）的例子。然而，波克夏最近卻宣布有意收購伯靈頓，您可以分享一下這筆投資背後的想法嗎？

答：很簡單。波克夏旗下的蕭氏工業（Shaw Industries）主要生產地毯，伯靈頓也有一個地毯業務分部，正好可以合併到蕭氏工業。我們主要看中伯靈頓的地毯業務。對於它的其他業務我們不感興趣。我們在考慮收購價格的時候，也主要是計算伯靈頓地毯業務的價格。

我們有意收購伯靈頓，是為了壯大蕭氏工業，並不是因為我們突然又看好紡織業。

波克夏開出幾億美元的報價，伯靈頓方面卻不做出任何承諾。在破產法庭上，法官認為這沒有任何不合理的地方，我們則認為我們的報價非常好，如果伯靈頓選擇別的買方，它應該付給我們一定的「分手費」。我們要求的金額已經很低了，但法官仍然不同意。

法官有法官的道理，我們有我們的道理。所以，我們退出收購。

我們有意收購伯靈頓，不代表我們改變對紡織業的看法。紡織業的麻煩還沒有結束。整體而言，只要是製造業的生意，扣除運輸成本之後，中國會更有優勢。

為什麼在大舉進軍製鞋業之前我們不明白這個道理呢？德國有句諺語說得好：「青春走得太快，領悟來得太慢」。

問：2000 年，魏斯可收購科特傢俱租賃公司。但網路泡沫

**破滅後，很多產業受到衝擊，辦公空間的需求驟然下降，
科特受到的影響可能特別嚴重。請問科特現在的情況如
何？**

答：網路泡沫破滅對科特造成很大的衝擊。在網路繁榮時
期，辦公傢俱租賃業的生意非常好，無論是律師事務所、
會計師事務所還是創投公司都在招兵買馬、擴大規模。但
隨著泡沫破滅，與網路相關的公司由盛轉衰，租賃傢俱需
求明顯減少，二手辦公傢俱的價格急轉直下。毫無疑問
地，我們遇上租賃傢俱生意的大衰退時期。

我們剛剛收購科特，就遭遇網路泡沫破滅，我們可真
是時運不濟。

利捷航空現在也同樣處於困境之中，二手飛機的價格
也跌了很多。很多產業都受到了衝擊。現在，利捷航空正
在虧損，科特也在虧損。但利捷航空和科特未來會倒下去
嗎？不會。

人生總是會遇到波折，有些逆境需要很長的時間才能
熬過去。但就算有一天科特真的撐不下去，相信我，我們
有能力坦然面對。

我們不覺得科特沒有希望，恰恰相反，我們正在收購
其他傢俱租賃公司，而且我們收購的價格很合適。有人用
腳投票，我們是用錢包投票。

問：我有一個關於美國石膏公司（USG）的問題。它的企

業價值大約40億美元，現金大約有8億美元。最近，法院判決阿姆斯壯世界工業公司（Armstrong World Industries）就石棉訴訟案賠償31億美元。從之前的賠償情況來看，阿姆斯壯的賠償金額是美國石膏公司的兩倍。如果美國石膏公司的石棉訴訟賠償金額達到四、五十億美元，就會把普通股股東掃地出門。

現在官司正打得不可開交，美國石膏公司的處境非常不利。波克夏投資美國石膏公司，請問這筆投資的前景如何？

答：很顯然，到目前為止，這筆投資不是我們最滿意的投資之一。誰都沒想到，石棉訴訟竟然會牽涉到這麼龐大的金額。賠償規模如此之大，很重要的一個原因在於，法律體系受到操縱，很多中間人不是石棉汙染的受害者，他們卻拿走大量賠償金。很多賠償金用在低效率的法律體系上。

石棉傷害賠償金當中，有一大半落到律師、專家的口袋裡，但他們根本不是受害者。在我看來，如此處理社會問題效率太差。

過去在處理礦工的肺病索賠時，我們做得更好。政府決定向每噸煤徵收專項稅款，全部用於救助染上肺病的礦工。律師、專家等中間人沒辦法從中分一杯羹。顯然，這種處理方案效率更好、更合理。

美國石膏公司究竟需要賠償多少很難說，而且現在不

只是美國石膏一家公司，有四、五家公司都和美國石膏處
境相同。我認為美國石膏的淨資產不至於虧光，但是還能
剩多少，我也不知道。

**問：最近波克夏自創一個名為「SCORES」的證券。請問波
克夏為什麼發行這支證券？這個自創的金融工具成本是多
少？與波克夏股票的內在價值有何關係？**
答：華倫擁有超強的大腦。波克夏雖然擁有大量資產和眾
多子公司，但偶而他喜歡保持活躍，而且在他看來，世界
上的證券定價有些偏差。這只是華倫的怪癖之一，我們不
用擔心。

　　他以前也做過類似的事。還記得「LYONs」嗎？你們
可能不記得了。很久以前，華倫也發行過類似的商品。我
們大概20年才需要忍受一次這樣的事。

　　考慮到波克夏的規模，這並沒有多大的意義，只是華
倫認為，當時發行這種證券對波克夏稍微有利，而且是可
以做到的事。

　　我認為光是可以用負利率借錢的想法就讓他興奮不
已。你們知道，沒有多少人能夠做到這一點。

　　只要稱之為聰明的怪癖，你就會了解它發生的原因。

問：在1990年的魏斯可股東信中，您談到您對儲貸業、

銀行業以及貨幣基金業的看法。請問您現在如何看待銀行業？銀行業中具有高成長性的公司，例如，華盛頓互惠銀行（Washington Mutual），發展前景如何？

答：銀行業一直是個完美的金礦。但正如我在波克夏股東會上多次說過，華倫和我沒能充分把握銀行業的機會。我們當年沒想到銀行的賺錢能力會這麼強，對銀行的投資太少。雖然我們也投資銀行業，而且賺到錢，但我們也應該在這方面投入更多。這些年銀行多賺錢啊！

現在很多賺到錢的人其實很平庸，沒什麼傑出的才能。我年輕當律師時，有個老客戶，他說他有個大學同學沒想到後來竟然飛黃騰達，讓他留下深刻的印象。他很無奈地說：「我這個同學好比浮在池塘上的一隻鴨子，池水漲了，他也跟著飄起來」。

銀行業太賺錢了。現在的銀行，只用借短放長這一招，財源就滾滾而來。在利率持續走低的情況下，銀行的生意變得很好做。借短放長的操作毫無難度，銀行的業務規模愈做愈大。他們做得愈多，效果就愈好。

銀行業能一直這麼賺錢嗎？正如一些聰明的經濟學家所說：「如果一件事不可能一直持續下去，最後一定會停止。」因此我認為銀行業極端繁榮的時期可能已經過去了。

有的銀行擅長經營消費信貸業務，對於它們來說，信貸業務是一座金礦，這就像把海洛因賣給有毒癮的人一

樣。有很多人，他們人品沒什麼問題，但是熱衷超前消費，他們總是從銀行一筆又一筆地借錢，最後債務堆成了小山，只能自己吃力地償還。銀行利用人們熱衷於超前消費的心理，大力推動信貸業務，賺了很多錢。

有些銀行甚至引誘客戶超前消費，就像券商鼓勵股民槓桿投資一樣。我的預測是，銀行業的這波繁榮差不多已經到頂，有可能會開始走下坡。

■ 沒有華倫的波克夏會依然強大

問：所有公司能達到的規模都有極限，規模大到一定程度，可能就無法繼續發展。這或許是波克夏未來面臨的最大挑戰。如果以現在的速度繼續擴張，未來波克夏收購的企業數量也許會超過150家，那時管理起來就會變得非常困難。所有偉大企業的創辦人最後都會退出歷史舞台，把公司交給繼任者掌管，波克夏也不例外。在管理能力方面，將來波克夏的繼任者與你們相比可能遜色很多。

對於我們這些希望在未來二、三十年繼續持有波克夏的股東來說，該如何評估這項風險？另外，隨著波克夏的規模愈來愈大，管理者是否可能繼續按照一貫的風格經營下去，而不是考慮透過配息或買回庫藏股來提升股東的資

本報酬率？

答：最近，在華倫不在場的情況下，波克夏董事會進行一次討論，我說了這樣一句話：「我知道這說出來讓人難以相信，但華倫仍不斷地在進步，他一直沒停下學習的腳步」。

我們知道華倫總有老去的一天，但現在的華倫確實還在進步。**大多數72歲的老年人早已停滯不前了，但華倫沒有，他還在進步。**

顯然，這種情況不會一直持續下去，總有一天華倫會離開我們，但他留下的波克夏有一手好牌。華倫的投資能力無人能及，我們不可能像華倫一樣投資得那麼好，但波克夏也不會就這麼一蹶不振。

波克夏是一家財力雄厚的公司，坐擁大量優質資產，能源源不斷創造大量現金流。如果我們的股票大跌，波克夏可以買回庫藏股，用不著擔心將來波克夏會轟然倒下。

這樣的能力展現在波克夏旗下幾乎所有子公司身上，例如中美能源公司的管理者能力很強。**我堅信不論華倫在不在，未來的波克夏都會更強大。**

至於保險生意，阿吉特還年輕。在未來幾十年裡，阿吉特仍將是在保險業中叱吒風雲的人物。我覺得沒必要太擔心波克夏的未來。

但如果你是在感慨巔峰總會過去，那麼我的想法與你

相同。我經常說，任何一個偉大的文明，它衰落的機率都是100％。**任何一個強大的文明都有走向衰落的一天，但總會有新的文明取而代之。**

公司也是同樣的道理。今天的世界100強各領風騷，但昔日的世界100強早已不見蹤影。50年前，柯達、西爾斯百貨等公司如日中天，誰能想到它們今天會走到破產的邊緣？50年前，通用汽車如此強大，誰能想到它會走下神壇？誰都逃不掉興衰更替的歷史規律。

不過波克夏有一種獨特的文化，我們不可能像通用汽車那樣倒下。通用汽車的企業價值都落到員工手裡，股東則兩手空空。波克夏的文化和通用汽車的文化完全不同，我們希望員工得到獎賞、得到尊重、過上幸福富足的生活，但我們不會將企業價值從股東轉移到員工身上。

通用汽車是一家工會勢力很強的大公司，管理階層總是對工會言聽計從，年年幫工會內的員工加薪。工會內的員工加薪了，工會外的員工也得加薪。連續40多年都這樣做，公司被掏空，股東權益所剩無幾。這不是波克夏的文化。

很多倒下的大公司有一些通病。**憑藉獨特的文化，波克夏沒有那麼容易被大公司的問題所侵蝕。**然而如果你要問，現在的一切是否終有黯然失色的一天？我想答案是肯定的。

對財富稅的看法

問：在波克夏股東會上，您和華倫表示，社會保障基金實際上是代際契約。有預測顯示，隨著老年人的壽命延長，領取社會保障基金的人愈來愈多，繳納社會保障基金的人愈來愈少，請問這是否會導致年輕人和老年人之間出現利益衝突？

您和華倫認為社會保障基金不應該投資股市，你們認為，只有50歲以下的人才能將繳納的社會保障基金用於投資股市，而且只能從中拿出非常小的一個比例投資，大概才2%。股票背後代表著創造財富的公司。你們鼓勵我們股東持有股票，但為什麼不支持社會保障基金投資股票，讓更多人分享社會的財富？

另外關於股息的稅率問題。持有股票的不僅僅是富人，也有愈來愈多持有股票的人並不富有。如果擔心富人繳交的股息太少，我們可以設置一個門檻，例如，5億美元或10億美元，向財富高於這個門檻的富人徵收1%或2%的資產稅，這樣一來，減免股息稅會有什麼問題嗎？

答：這是一系列非常有趣的問題。現在的老年人多了，年輕人少了，這是否可能導致兩代人之間出現利益衝突？當然會。國家在想方設法地擴大支出，保證在老年人增多的情況下，社會保障基金仍然能正常運行下去。

　　這個問題的答案很簡單。如果美國的人均國內生產總值增速降到零，兩代人之間將陷入嚴重的爭端；如果美國人均國內生產總值的實際成長率能保持在2%左右，那就不會出現什麼大問題。因此，我們的公共政策，最重要的就是保住每年2%的實際成長率。只要能做到這一點，我想社會保障基金就不會有什麼大問題。

　　至於你提出的財富稅問題，財富稅其實一直存在。二戰後，德國滿目瘡痍。為了讓國家早日走上正軌，德國頒布一項臨時法令，徵收財富稅。當時的德國民眾早已受夠戰爭的苦難，吃不飽、穿不暖，所以人們欣然繳納稅款，響應國家的號召。二戰後的德國徵收的是一次性的財富稅。

　　在美國，我擔心一旦開徵財富稅，一般人嘗到財富稅的甜頭，財富稅可能就會一直持續下去，這可能會讓事情變得很糟。

　　我覺得我們現在的贈與稅、遺產稅都很合理。但如果一個人打拚一輩子，創建一家價值500萬美元的小公司，希望把公司留給子女，我覺得公平的做法是免除他的遺產稅。但對於真正有能力的大商巨賈，我覺得現在的稅收制度是完全公平合理的。這就是我對財富稅的看法。

　　剛才的問題還提到社會保障基金應當投資股市。很多人有這種想法是因為在過去很長一段時間裡，股票的表現一直非常好。很多人想當然耳地認為，社會保障基金投資

股市必然能帶來更高的收益，就能以較低的成本為社會保障基金中的這群人提供更多福利。

我可沒這麼大的信心。我不敢保證未來股票的長期報酬率一定能達到每年8%到10%水準。

而且我始終堅信，一旦政府介入某件事，就很可能會把事情搞砸。因此我對政府介入股市以履行社會保障承諾的信心幾乎為零。我支持共和黨，但是我堅決反對共和黨讓社會保障基金進入股市的主張。

我不希望政府任命的受託人掌控美國公司的投票權。如果社會保障基金大舉進入股市，社會保障基金將持有大量美國公司的股票。我認為，還是保持現狀比較好。

股票評價主要有兩種方法：第一種是根據未來獲得的現金流估算；第二種是揣測人們的心理，搶在股價上漲之前買進。在第一種評價方法中，股票與債券類似；在第二種評價方法中，股票就如同林布蘭的名畫。一旦政府大舉入市，每年大量買進股票，股票有可能變成人們競相追逐的林布蘭名畫，整個社會可能因此陷入混亂。

很多人認為，只要將少量的社會保障基金投入市場，大家就能輕鬆獲得高報酬率。我對此抱持懷疑態度，這種做法可能產生很大的危害，我很擔心政治因素造成的干擾。

另外，我也不相信人們預測的數字。三年前大多數人支持的預測，現在看起來都很愚蠢。也許長遠來看這些數

字可能會被證明是正確的，但我不認為這有什麼根據。

我對社會保障基金進入股票市場持懷疑態度。**把賺錢說得愈輕鬆、愈簡單，我愈不相信。**經濟學教授本來應該是個理智的群體，但有很多經濟學教授支持社會保障基金進入股市。我不明白他們為什麼會有這麼天真的想法。

知識與努力會照亮我們的人生

問：請問您新的一年有什麼好書推薦？

答：我沒有提到書單，是因為波克夏股東會上沒人要我推薦書，所以我沒說。這本書是一位波克夏股東寄給我的。書名是《溫度，決定一切》（*A Matter of Degrees*），作者沙格瑞（Gino Segrè），他是一位物理學家。這本書寫得非常精彩。

這本書不是那種能一目十行的書，至少我不行。但是如果你能細嚼慢嚥、仔細品味，你就能體會到這本書的奧妙。書中有很多引人入勝的內容，我把這本書推薦給大家。

假若你花時間去讀，你的收穫會很豐碩。

問：能否推薦幾本您最愛的傳記？

答：最近，我讀了一本十多年前出版的卡內基傳記，作者

是約瑟夫‧弗雷澤‧沃爾（Joseph Frazier Wall），書名是《安德魯‧卡內基》（*Andrew Carnegie*）。這是一本很不錯的卡內基傳記，內容很有趣。

你們很多人可能從來沒讀過卡內基的傳記。卡內基出身貧寒，他只念過四年半的書，而且學校的條件也很差，只有一個老師，卻有170多個學生。

卡內基出身卑微，但他後來創辦卡內基鋼鐵公司（Carnegie Steel），還成立了卡內基基金會，為社會做出很多貢獻。卡內基的故事值得一讀。

讀這本書對投資也有幫助。作家哈特利（L.P. Hartley）有句名言：「昔日即異邦，行事皆不同。」卡內基所處的時代和我們現在完全不同。

19世紀時，勞工的待遇非常惡劣。工廠老闆讓勞工從事各種危險的工作，卻不給他們退休金，也不幫他們買保險。受傷喪失勞動能力的話，工廠老闆會直接打發他們走就了事。如果商品價格大跌，工廠老闆可以直接把勞工的薪水砍掉40％。就我們現在的標準，那是一個非常驚人的時期。

讀卡內基的傳記，我們可以穿越到過去。看到過去與現在的不同，我們自然會思索100年後的景象，100年後的世界也會與現在截然不同。

卡內基的傳記講的是100年前的世界。過去100年，美

國的人均國內生產總值的成長非常驚人。從1900年到2000
年，美國人均國內生產總值的平均成長大約為7％。在一個
世紀裡取得這麼大的成長，真是非常了不起，堪稱人類歷
史上的奇蹟。

人類的下一個100年會如何？我們不得而知。但是閱
讀卡內基的傳記，我們不禁會思考這個問題，因此我推薦
大家閱讀卡內基的傳記。

我還讀了一些科學家的傳記，但那些書未必符合大家
的胃口，不過卡內基大家應該讀得下去。卡內基生活的時
代是一個截然不同的世界。

**問：您是一位資深傳記迷，也是富蘭克林的追隨者。您可
能讀過大衛·麥卡洛（David McCullough）寫的傳記《約
翰·亞當斯》（*John Adams*）。**
答：讀過。

**問：這本書中說，約翰·亞當斯對富蘭克林的評價不高。
在作為美國代表團成員訪問巴黎期間，富蘭克林非常懶
惰，經常上午10點才起床。他言行不一，還經常用公款
消費。請問您對此有何評價？另外，我想問一下，您是否
讀過羅伯特·卡洛（Robert Caro）寫的《林登·詹森傳》
（*The Years of Lyndon Johnson*）？**

答：我讀過詹森的傳記，卡洛寫的詹森傳記非常經典。約翰·亞當斯的傳記、富蘭克林的傳記，我也都讀過。

富蘭克林擔任駐法大使時年紀已經很大。年輕時的富蘭克林是個卑微的學徒工，每天都在努力拚搏。到了晚年，富蘭克林已經名利雙收，他飽受痛風折磨，知道自己時日不多了，自然不會像年輕時對自己要求那麼苛刻。

我認為，美國代表團成功爭取到法國的巨額援助，富蘭克林厥功至偉。在約翰·亞當斯眼裡富蘭克林一身毛病，但法國人卻對富蘭克林很著迷。

總之，我覺得在富蘭克林的一生中，他很好的履行自己的公職。全面地看，富蘭克林仍然是一位偉人。另外，我也是一個老年人，我支持老年人小小地放縱自己。

我的方法對我有用

問：今年秋天，我將進入加州大學洛杉磯分校（UCLA）讀書。您和巴菲特先生是我們年輕人學習的榜樣，我正在考慮究竟該選法律還是金融專業？您在兩個產業都有傑出的成就，您能給我忠告嗎？

答：好的。很多野心勃勃的年輕人問過我類似的問題。你們很聰明，你們看到眼前一個有錢的老傢伙，你們就想

問：「怎麼才能像他一樣富有，但不像他那麼老呢？」我的回答是**我是慢慢致富的**。我一步一腳印、一點一滴做起。我不懈地努力，耐心地儲蓄，默默地忍受虧損的痛苦。如果你想知道如何快速致富，那你就找錯人了。

我知道我的方法可行。你們年輕人前面的路還很長，成功慢一些又何妨？**歡迎加入我們：每一天都追求比醒來的那一刻多成長一分智慧；每一天都追求有能力承擔更大的責任；每一天都追求盡善盡美地完成所有工作。**日復一日，年復一年，你終將出人頭地。

進步不總是肉眼可見，而是往往出現在不經意間，但進步總是源於長期堅持，源於每一天的努力。

你必須學會的一件事是，小有成績的時候要保持頭腦清醒。不要像很多人一樣，有一點成績就沾沾自喜。現在你們追求莎莎・嘉寶、藍寶基尼或其他你想要擁有的東西，等你們年紀大可能就會發現，那些不是你們想要的。

最後，如果你們活得夠久，我認為大部分的人都會得到他們應得的東西。如果我的觀點是對的，那麼獲得成功的方法就是值得成功。就這麼簡單。

尋找人生伴侶，也是同樣的道理。我很幸運，有一位好妻子。一個人如何才能找到優秀的伴侶呢？最好的方法就是自己也要足夠優秀。就定義來說，至少不是一個瘋子。

■ 佛陀一語道出人生真諦

問：我覺得您雖然在談投資，但您談更多的其實是哲學。您告訴我們要理智，您認為您和巴菲特先生之所以能取得成功，很重要的一點在於你們都追求保持理智。您能告訴我們一些您的基本人生哲學信仰嗎？

答：我們在所說的話或所寫的文字中，都企圖做到這一點：對理智的追求。然而，我們沒辦法精煉地表達出來。如果你要我們把全部的人生智慧濃縮成一句話，我們做不到。

在前人的總結中，也許說得最精闢的是佛陀。佛陀說：「我只教一件事，我教的是人類痛苦的根源，以及如何避免一部分痛苦。」這不是佛陀的原話，不過大意是這樣。

嗯，這就是我的智慧之道。換句話說，如果你四處尋找不痛苦悲傷的方法，嘗試避免它，而當你遇到無法避免的悲傷時，你也學會如何解決處理它，這就是智慧。

為了避免悲傷，你必須知道悲傷的原因。

問：我覺得您似乎更強調理智。

答：佛陀說的就是理智，佛陀教導的處世智慧非常理智。

問：人活著確實不容易，人生太難了。

答：不是的。**看透悲傷的根源，人可以脫離苦海。換句話說，知識非常有用，對人生的理解多幾分，生活中的苦楚就少幾分。**

15

蒙格眼中的巴菲特

2007年股東會談話

華倫成功的四個關鍵

編者按

在2007年2月致魏斯可股東信中，蒙格披露公司2006年的營收數據：2006年合併營業收入9,203.3萬美元，每股12.93美元。

2005年與2006年的合併淨利細項如下：

	2006年		2005年	
	金額 （千美元）	每股 （美元）	金額 （千美元）	每股 （美元）
營業收入（虧損）				
魏斯可金融與堪薩斯金融擔保公司的保險業務	5,164	0.73	11,798	1.66
承保	58,528	8.22	39,068	5.49
投資收入	26,884	3.78	20,676	2.90
科特傢俱租賃業務	1,211	0.17	1,198	0.17
精密鋼材業務	246	0.03	5,233	0.73
其他營業收入	92,033	12.93	77,973	10.95
投資獲利	-	-	216,606	30.42
魏斯可合併淨利	92,033	12.93	294,579	41.37

2007年5月9日，魏斯可股東會在帕薩迪納市召開。2007年初，美國抵押貸款的風險開始浮現，向來直言不諱的蒙格在股東會上猛烈批評垃圾債的始作俑者，同時也抨擊會計造假行為，以及近期頗具代表性的安隆（Enron）事件。此外，

他還總結巴菲特得以成功的幾項因素，甚至舉例說明那些和他持相反意見的聰明人會如何失敗，兩者對比令人印象深刻。

另外值得注意的是，雖然蒙格只說了寥寥幾句，但這是他第一次提到中國股市。

蒙格：我先簡短說幾句話，剩下的大部分時間都會留給各位提問。

今年與會的股東人數比去年多，真是驚人。其實我從來沒想到自己會成為一個教派的副教主。

而且，更讓我驚訝的是，你們當中有許多人才剛在奧馬哈參加完波克夏股東會，就風塵僕僕趕到這裡，甚至還連續許多年都這樣做。我猜想，各位就像天主教徒，希望教義永恆不變。如果各位真的這樣想，我們不會讓你們失望，因為波克夏與魏斯可的教義也將永遠不變。

顯然，我們的小型年度聚會可以發展到現在這麼大的規模，一定有原因。從某個角度來看，來參加股東會的人都希望自己可以帶著更多智慧滿載而歸，但是光聽別人講很難增加智慧。第二次世界大戰時，為了讓士兵做好準備，可以在槍林彈雨中匍匐前進，軍隊用真槍實彈來訓練

他們。這套方法真的奏效了，這讓士兵學會時時刻刻都要低著頭前進。但當你手邊沒有這麼好的方法時，就很難把資訊從一個人的大腦傳遞到另一個人的大腦裡。正因如此，很多人非得吃過苦頭才能學到人生的教訓。

馬克‧吐溫曾說，抓著貓尾巴把貓拎起來的人，會以最有效的方式學到教訓。但這是一種很糟糕的學習方式。與馬克‧吐溫同年代的一位喜劇演員認為，人們應該盡可能從別人的經驗中學習。他說，你不該為了學會不在電鐵絲網撒尿而去嘗試這件事。

要把想法從一個人的大腦傳遞到另一個人的大腦確實很難，所以我們才必須不斷重複嘗試，這也是為什麼世界上的教育機構要設置門檻的原因，畢竟人們的學習能力差異很大，尤其是透過聽講來學習的時候更是如此。

巴菲特的成功關鍵

去年，在開始回答問題之前，我先針對自己選定的主題和大家分享我的想法，那是我第一次這樣做。因為你們有許多人都是遠道而來，我覺得自己有義務談一些你們感興趣的話題。所以，今天我也打算如法炮製。

今年我選擇的主題應該會讓你們感興趣，我要談的

是：為什麼華倫以及他打造的波克夏海瑟威以及子公司會如此成功？從投資歷程來看，波克夏的成功案例或許不是歷史上最令人驚豔的，但絕對可以排進前五或前十名。

華倫如何打造出如此非凡的成功？為什麼一個一無所有、默默無聞的毛頭小子，經過多年發展，竟然持有全世界屈指可數的 AAA 信用評級公司當中的五、六間，還累積大量優質資產？當年，華倫收購波克夏時，它只是個價值 1,000 萬美元左右的小公司，如今卻擁有 1,200 億美元的現金與有價證券以及出類拔萃的子公司。而且，波克夏的在外流通股數從一開始就沒有改變。這是相當卓越的成果。

話說回來，你們當中有些人已經讀過《窮查理的普通常識》（*Poor Charlie's Almanack*），這是我的朋友彼得·考夫曼（Peter Kaufman）不顧我的反對所編寫出版的書。他堅持要做這本書，我就同意讓他在我不在辦公室的時候自己找資料。最後，他完成了《窮查理的普通常識》，還告訴我：「這本書會非常賺錢，我要自己出版。」

考夫曼拿出 85 萬美元，完全按自己的想法出版這本書，還在出版之前宣告要把這本書大部分的收益捐給亨廷頓圖書館（Huntington Library）。結果亨廷頓圖書館還真的收到一大筆捐款，考夫曼也拿回他出資的錢。有些人就是這麼怪，我們樂於和這樣的人做朋友。

讀過《窮查理的普通常識》的人都知道，在人類社會

組織中,各種因素朝著相同的方向作用,就會產生極端的結果。我們如今面臨的人類社會組織錯綜複雜,但正是這樣的大環境造就華倫的特殊成就。

接下來讓我們逐一分析華倫如此成功背後的各個因素。

第一項因素在於心智能力(mental aptitude)。華倫相當聰明,具有過人的聰明才智,而他取得的成就更超越他的智力。

第二項因素同樣顯而易見,那就是華倫對投資有強烈的興趣,這讓他獲得巨大成就。彼得·考夫曼曾經引用威廉·奧斯勒爵士的一句話:「除非踏出第一步,對自己做的事產生興趣,否則你很難取得成功。」**想要在某一個領域成功,唯一的方式就是對那個領域抱持強烈的興趣。**

第三個成功因素在於華倫起步得早。華倫很早就對投資產生濃厚的興趣,大概從他不到10歲的時候開始。成功是由時間堆積而成,起步早,當然占優勢。

第四項因素非常關鍵,那就是華倫是一台世上少有的高效學習機器。這一點相當重要。許多名校出身的畢業生最終庸庸碌碌,但有些人沒有特別聰明,卻取得巨大成就。

天資差的人就像跑贏兔子的烏龜,他們都是學習機器,從來沒有停下腳步,一直不停學習,而聰明人卻仗著自己的優勢停下腳步。當你身處競爭激烈的環境裡卻停下腳步,世界就會把你甩在身後。

　　華倫是一台永不停歇的學習機器。

　　華倫很幸運地進入投資這個可以不斷有效學習的領域，在這個領域，不論是在職涯早期或是在達到退休年齡之後，都可以不斷提升自己的技巧。

　　華倫的投資技巧在他65歲之後大幅提升。他進入的領域讓他可以一直不斷進步，直到晚年也不停下腳步，再加上他起步得早，還是一台學習機器，種種原因加起來就締造出這些了不起的成就。

　　我見證華倫走向成功的整個歷程。我可以告訴各位，在波克夏早期，華倫早就掌握大量知識，但是如果他當時就停止學習，他絕對不可能有今天這麼亮眼的成績。

　　華倫如此成功，還有一個原因在於他的成就主要來自於他一個人的才智。誠然，華倫會和許多人合作，也善於傾聽別人的意見，對各方說法保持開放的態度，但基本上，波克夏海瑟威主要是他個人智慧的結晶。

　　我很難想到有哪個投資或企業是由董事會領導而取得成功。也就是說，如果你真的想要在某個方面表現卓越，我認為**長期把權力集中到一個人身上，更有可能在那個領域創造非凡成就。**

　　這項因素非常關鍵，但大多數人會忽略這件事。

　　要說明這個道理，沒有比籃球教練約翰‧伍登（John Wooden）的經歷更好的例子。伍登應該是歷來最優秀的籃

球教練，他在執教後期勝率才出現明顯的提升。當時，伍登想出一個絕佳的好主意，決定不要那麼平等對待球員。於是在球隊的12名球員中，他完全不給最弱的5個人上場機會，他們只能擔任最強7名球員的陪練員。這樣一來，他就能把所有比賽經驗集中在最優秀的球員身上，這些球員也隨著經驗累積不斷進步。理所當然，加州大學洛杉磯分校的籃球隊也屢戰屢勝。

人生的意外起伏也在波克夏發揮同樣的作用：最優秀決策者掌握的經營時間最長，也得到最多決策權。然而，世界上大多數企業都不是這樣運作……。不過，如果你真的想要累積大量智慧，最好把決策權集中在最優秀的決策者身上，讓他有最多的機會練習。

此外，還有一項因素也推了一把，那就是心理學家所謂的「增強」（reinforcement）概念，所有人只要獲得增強的作用，就會表現得更好。只要每次表現優秀就可以獲得獎勵，就算是華倫也會受到鼓勵，每一次都拿出優秀的表現。和其他人相比，身為優秀投資人可以更常獲得獎勵，而且總是可以占據有利的位置。舉例來說，之前的投資帶來豐厚的收益，別人因為你的成功而敬佩你，當然也有人會因為你賺了很多錢而嫉妒你。

不管怎麼說，投資是一項能夠明顯感受到增強效應的活動。投資做得好，就可以買下許多公司，而這些公司的

經營者也會對你投以敬佩的眼光。所以對華倫這樣的人來說，人生中累積的增強效應相當驚人。

如果各位意識到增強效應對華倫的幫助，難道不覺得把其中一些增強效應導引到對自己重要的人身上，是個不錯的想法嗎？有一句俗語說：如果想要婚姻美滿，在你試圖改造配偶前，先提升自己。早在非常非常年輕時，華倫就開始利用增強效應幫助他人，並因此獲益良多。

還有一件事可以讓你在人生中感受到極大的快樂，那就是得到他人的信任。

我有個孩子就得到學校的信任。他目前是高中生，是個電腦宅，因此學校讓他管理全校的電腦系統，只告訴他不要濫用就好。我是學校的董事，如果學校徵求我的意見，我一定不會同意這件事。但因為這件事，這個孩子回到家之後興高采烈地說：「被人信任的感覺真好！」這是人生中既難得又不可思議的想法。

如果你的朋友問你，假如他們夫妻都不在了，你能否撫養他們的子女，那就表示你一定是個品行端正的人。得到他人的信任，感覺很美妙。

信任也與現代社會中另一個問題有關。很多人以為，只要設下更多作業步驟、更嚴格遵守規章制度，確認之後再確認，不斷重複這些流程，就可以打造更好的成果。我必須說，波克夏根本沒有什麼流程或制度，直到監理部門

要求我們才開始做內部審計查帳。我們只是試圖織起一張緊密的信任網，謹慎篩選值得信任的人。

全世界最優秀的組織都是靠信任在運作。梅約診所的手術室也是憑藉信任關係在合作。各位可以想像如果醫護人員正在做手術，旁邊圍著一群律師在監督，會是什麼狀況嗎？更多病人會死在手術台上。

■ 聰明人總會做出愚蠢決定

當然，我所說的心智能力，指的不是解決問題的能力。

許多人非常聰明，考試成績優秀，心算速度很快，但是他們總是做出一個又一個愚蠢的決定。這是因為在他們快速運作的大腦裡，裝的是一堆糟糕的想法。

許多人為自己的糟糕想法自吹自擂，他們是尼采（Nietzsche）批評的對象。尼采說：「他擁有的是一條瘸腿，卻為此感到驕傲。」當你明明有缺陷，卻一直試著放大缺陷時，你就只能在下坡路上愈走愈遠。

莫札特（Mozart）的例子非常值得我們參考。莫札特可能是史上最有作曲天賦的人，而他的父親是世界上最優秀的音樂老師，這些優勢讓莫札特得以成為偉大的作曲家。

然而，莫札特卻活得很痛苦。為什麼？因為他的頭腦

裡有一堆糟糕的想法。首先，莫札特一生揮霍無度，這個毛病足以毀掉一個人的一生。在波克夏與魏斯可的股東會上，我們想要吸引與莫札特截然相反的人。老實說，我猜測在座許多人都很有錢，但基本上不怎麼花錢。

莫札特還有一個問題，他的心神都耗費在羨慕和嫉妒別人，總覺得別人不值得受到那麼好的待遇；而且，他還總是覺得全世界都虧待他，整天自怨自艾。

老是想著世界對你不公平，這可以說是最愚蠢的想法。如果你的孩子得癌症快死了，這無關公平與否。世界上的事沒有所謂公不公平，這些想法完全沒有生產力，甚至是最糟糕的思維。愛比克泰德（Epictetus）、馬可·奧理略（Marcus Aurelius）等先賢聖哲的思想非常耐人尋味，他們認為每一場苦難都是一次機會，是學習的機會，也是展現氣概的機會，以及各種幫助你改善的機會。

遇到苦難時，每個人當然都會感到痛苦。然而，無論是任何一種自憐，絕對都是愚蠢至極的想法。不管是自憐、羨慕還是嫉妒等毛病，華倫完全都沒有。

有千百萬種思維可以把你的大腦變成垃圾。例如，報復也是相當愚蠢的想法。如果是為了避免某個人再次犯錯，或是為了以儆效尤，而對這個人施以罰則，這是完全合理的做法。但單純出於報復而傷害別人，那就不可取。各位可以在中東地區看到這樣的狀況。那個地區的狀況讓

我想起一句話，那是愛爾蘭人用來自嘲的說法，他們說：
「所謂的愛爾蘭阿茲海默症，就是你什麼都忘了，仇恨卻記
得清清楚楚」。

　　還有一種糟糕的想法是抱持極端的意識形態。無論是
極左派還是極右派的極端意識形態，都很糟糕。陷入極端
的意識形態，相當於用鐵鎚敲打大腦，所以絕對不要陷入
這樣的意識形態。此外，盲目效忠某種意識形態，也會摧
毀一個人的認知能力。各位會發現，華倫是一個非常客觀
的人。**他能創造出如此優異的投資紀錄，很大一部分要歸
功於他是以絕對客觀的視角在思考。**

　　華倫的成功大家都很熟悉，對於他為什麼能取得如此
令人驚豔的成就，以上就是我的簡短分析。

　　我認為，我們可以從他的成功當中學到許多教訓，我
已經列舉其中幾項，剩下的就交由各位自行探索。不過，
我想所有人都可以從華倫在波克夏的成就學到不少東西。

　　有趣的是，如果你審視全世界最優秀的幾間商學院，
會發現他們根本沒有從華倫的人生經歷中吸取教訓。儘管
波克夏海瑟威坐擁超過1,200億美元現金與有價證券，還有
優質的子公司，儘管這些成就都是華倫白手起家、在人生
短短的幾十年當中累積而成，但它們對此毫不在意，反倒
教的是別的東西。

　　加州理工學院的自然科學與工程學院基本上沒什麼問

題，但文學院的教育卻問題一大堆，即使是經濟學這種以量化為主的學科也同樣有問題。而且，某些院所的教職員物以類聚，在遴選新教授的時候，當然還是會選擇和自己相像的人。

阿爾弗列德·諾思·懷特海（Alfred North Whitehead）早就指出，各學科之間的隔閡相當嚴重。人人都知道要獲得全面性的優秀判斷，但卻只用單一學科的角度來思考，實在是很糟糕的做法。當你把一群人放在一起閉門造車，然後這些人又都只招募跟自己或同儕想法相近的人，結果絕對不會太好。我要再次表明，我們討論的是文科，而不是理工科。

我希望自己可以多活兩、三次，這樣我就可以把其中一次人生拿去致力於去除大學教育的弊病。大學教育有很多好的地方，像是教導幾何學就沒有問題、讓學生精通外語也沒有問題、讓學生學會有條理地表達意見也同樣沒問題。大學教育有許多值得稱許的地方。然而，大學教育也有很多不好的地方。自從我60多年前離開校園到現在，大學教育並沒有太大改善，很多老毛病依舊存在。

談到要具備終身學習的能力，這讓我再次想到阿爾弗列德·諾思·懷特海。他曾經說過，人們發明出發明的方法之後，人類文明才會隨著人均國內生產總值成長而取得大幅進步。懷特海的想法非常有見地。當人類學會學習的

方法，才會開始往前進。人類歷史如此，個人也是如此。

這也表示，人們接受大學教育，不管讀的是多厲害的名校，最重要也最應該學會的是學習的方法。但很多人根本沒有學會這件事。人們可以用填鴨式的方式考取高分，卻無法真正學到學習的方法。**當你學會如何學習，即使進入完全陌生的領域，也有可能在很短的時間裡達成看似不可能達到的目標。**尤其如果你懂得保持客觀，還可以踏進別人的專業領域，做得比那個領域的人還好，至少在某些方面你會比這些人更優秀。

我不會隨便建議別人這樣做，因為一般人一旦進入陌生領域，通常都只會失敗。

不過，學會學習的方法是一項非常強大的武器。在人生中，我至少有三次機會進入陌生的領域，還勝過這個領域裡的專業人士。原因很簡單，因為我懂得如何學習。我認為想要保持客觀、維持紀律、避免受到糟糕的想法侵蝕，除了學會如何學習，別無他法。

如果你夠明智，成為思想上的成年人，就能遙遙領先比你頭腦更聰明的人。**你要做的只有一件事，那就是學會所有重要學科中的主要思想，不要過度偏信任何一個學科中的流行觀點。**如此一來，比起一般人，你就能擁有更多智慧。

不過，我可以根據年輕時的經驗告訴各位，這樣做在

人際關係上不會有太多優勢。你會經常遇見所謂的偉大專家，但他只有狹隘的專業知識，然後他會發現你把他視為思想上的巨嬰。這在人際關係上實在不太有利。所以，如果你想要照我的建議去做，就要應付隨之而來的壞處。

我總是不擅長掩藏自己的想法，年輕時因此吃了不少苦頭。可以說，我是「被迫」走上投資這一行，只有這樣做，世界才會回報我的智慧。這是因為，在這個階級分明的世界裡，儘管我擁有很多獨特的見解，可以指出別人在他們產業裡犯下的過錯，但是我卻不會因此而獲得回報。

我經常指出會計師犯下的過錯；今天現場正好就有一位會計師。各位想想，會計是一門高尚的專業，這門學問起源於義大利北部的威尼斯，改變了世界。會計學興起時，數學教科書中還收錄了會計知識。會計學為人類文明的進步貢獻極大。

所以，為我們傳遞會計學薪火的人身處高尚的專業領域，但他們竟然製造出安隆公司醜聞。如果你檢視安隆的狀況，會發現這間公司不理智的程度實在不亞於精神病院。會計師明明審計過安隆的虛假帳目，卻還敢保證這間公司的帳務沒有問題。

不知道怎麼回事，這門高尚的產業竟然出現嚴重弊端。當然，這些問題如今都還存在。

不久前，我和一位會計業先驅談過，她還是會計規

則的制定者之一。我們談到衍生性金融商品的會計問題。我告訴她，我認為現在的會計做法已經失去理智，竟然允許人們使用模型計價的方式計算這些詭異金融商品合約的價值，這套系統會引誘人們投機，人性根本禁不住這樣的誘惑，而且我百分之百確定這套系統會帶來災難。聽我說完，她看著我的表情彷彿我是個瘋子，她對我說：「查理，你難道不想要有最新的電腦運算結果嗎？你不想拿到過時的數字資料吧。我們的系統比以前更新，因此，它一定更好。」

你看，這樣的腦袋可以讓她在智商測驗中拿高分，但是她卻沒有能力丟掉腦袋裡的垃圾。

我們必須意識到兩件事：第一，如果一套系統可以提供比其他系統更新的資訊，這當然是好事，因為所有人都希望資料愈新愈好；第二，人類很容易自欺欺人，我們設計的系統要考量到這一點，讓人們不會輕易地朦騙他人，也欺瞞自己。如果你不能衡量這兩件事，把它們拿來仔細比較，釐清孰輕孰重，那你肯定是個蠢蛋。然而，在我們的文明社會中，這些人卻晉升到高位，他們造成的破壞簡直難以估計。

好吧，我該盡的義務已經完成，只能言盡於此。現在要進入問答時間。前幾年的問答，有些人在提問前會鋪陳一堆，今天請各位盡量簡短，最好控制在兩、三句話以內。

股東會問答

股東問（以下簡稱問）：我想知道您每天在辦公室的時間都是如何度過？您都讀些什麼？和誰交談？您經常和華倫交流嗎？

蒙格答（以下簡稱答）：這個問題問得好，因為這會帶出一件非常有趣的事。如果你找一個人帶著打卡鐘，讓他觀察華倫，他會發現華倫絕大部分時間都是坐著閱讀。這是商學院不會教的道理。

如果你真的想要成功，真的想要取得其他人無法取得的成就，**無論如何都要坐定閱讀，而且無時無刻都要閱讀**。然而，如果你在美國公司，上班時間坐在位置上閱讀，絕對會被炒魷魚。所以，你的問題非常好。

蕭伯納（George Bernard Shaw）[*]讓母親去當清潔工，自己則鑽進大英博物館的圖書館，仰賴母親的薪資維持生計。蕭伯納說他想要像個成年人一樣，承擔責任。

於是，他坐定不動地埋頭苦讀，而他的母親則做清潔工養活他。最後，蕭伯納的策略成功了，我的意思是，請

---

[*] 編注：英國劇作家，以戲劇寫作聞名，一生寫過超過60部戲劇，擅長以黑色幽默的形式來揭露社會問題。

各位想想他為世人帶來多少歡樂與啟迪啊！

所以，你的問題確實非常好。

談到心智活動，閱讀確實不可取代。然而，現在的年輕世代非常喜歡同時做兩、三件事，在電子產品的幫助之下他們多工作業、一心多用。我敢肯定，這些人最終的成就，根本比不上那些像華倫一樣、懂得保留閱讀時間，而且不會同時做三件事的人。

這是個非常棒的問題。如果你想要追求的是智慧，好好坐下來閱讀就對了。**智慧總是來自於閱讀。**

問：我的問題和誘因有關。請問您年輕時，是什麼原因激勵您追求成功與成就？如果您的誘因已經改變，現在激勵您前進的動力是什麼？

答：這個問題很簡單。偉大的蘇格蘭詩人羅伯特·伯恩斯（Robert Burns）曾經在作品中呼籲所有蘇格蘭人努力耕耘自己的專業領域，甚至要動用一些正當的非常手段來爭取偉大的自由。再過不久各位就會發現，我的觀點到哪裡都不太受歡迎。

當然，我很聰明地意識到，對於像我這樣的人來說，擁有自由將會非常有幫助；然而想要擁有自由，需要有良好的經濟基礎。

我年輕時追求財富不是因為想要開名車，其實，我一

直到60歲才幫自己買了人生第一輛新車。這是因為我追求的是獨立。我追求獨立的原因和蕭伯納讓母親去做清潔工的原因相同，我們都想要像個成年人一樣，承擔責任。

當我意識到靜下心來閱讀是出人頭地的關鍵，我就下定決心，當我的法務工作變得平淡乏味時，**我就把一天當中最精華的時間賣給自己**。當我改善自己的心智，並善用最精華的時間來提升自己之後，我才會把剩下的時間賣給客戶，提供法律服務。我採用這種做法很多年了。現在，當我面臨嚴峻的挑戰，我當然可以脫穎而出。

如果你想要在智識上有所成就，就必須付出努力。我想，沒有幾個人一生下來就擁有智慧，就連大數學家約翰‧馮紐曼（John von Neumann）也不是生來就聰明絕頂。你必須騰出時間來思考。我們很容易因為生活太忙碌，忙得沒有時間思考，最終我們會因此付出極大代價。

如今，許多人非常忙，忙到沒有時間思考，不過他們「真的」這麼忙，對我們來說也是好事。既然他們不怎麼思考，我們就可以從他們身上得到更多好處。

不過，如果你的目標是想成為擁有良好認知能力的人，如果你想要比其他人更有智慧，能在艱難時刻有更好的表現，除了投入大量時間思考，別無他法。

問：我想問的是，在25種行為心理學的不當行為中，您認

為哪5種危害最大？

答：在人類所有的錯誤判斷當中，我認為最重要、最讓我感興趣的是我稱為「自私自利」（self-serving）的傾向。在潛意識中，人的大腦總是把對自己有利的事，當成對別人也有利。

我一直都低估這種錯誤的心理。其實我比其他人更重視這種心理，卻還是低估它。在考量自身利益時，人的潛意識中會出現大量的錯誤認知。這種狀況會發生在學術界，也會發生在教會，我在很多領域都看到因為自私自利而產生的大量錯誤認知心理。

在我們的文明社會裡，法學院不會教學生心理學的知識，畢竟這不是傳統的做法。因此，結果就是，儘管對學習法律的人來說，沒有什麼比學習心理學更重要，他們還是把學習其他學科的知識當成禁忌。然後，你就會看到許多法學院學生一路拿高分，以優異的成績畢業，但是在處理自私自利的心理傾向時，不管是面對自己的問題或是應付別人的問題，他們都搞得一團混亂，什麼都做不好。

現任世界銀行行長保羅‧沃弗維茲（Paul Wolfowitz）就是個典型的例子。沃弗維茲身為世界銀行行長，卻遭到眾人嫌棄。一個人得要多聰明才會知道，當你身居要職時要懂得避嫌，也不能利用職務之便幫同居女友加薪？這可不是要你建造火箭的那種難題。而且，他竟然還請律師幫

忙，律師則出了好幾個餿主意。就連小孩子都應該知道，
這種事要盡量遠離才是上策。

　　明明很聰明卻犯下愚蠢錯誤的人，除了沃弗維茲，還
大有人在。在我看來，柯林頓總統（President Clinton）如
果在某些地方更加明智，就會留下更好的名聲。這些才華
洋溢的人卻犯下最基本的錯誤。當然，我也會犯錯，人人
都會犯錯。然而這種自私自利的心理，會讓人感覺自己有
權為所欲為。既然「小我」想要，為什麼不滿足「小我」
的欲望？我認為，沒有什麼比懷抱這樣的心理過一生更糟
糕，然而很多人都是這樣。

■ 有些事該有所不為

**問：我想請您回顧過去十年，您與華倫有沒有學到什麼特
殊的教訓可以和我們分享？或是有哪些建議可以讓我們這
些投資人借鏡，讓我們更有智慧？**
答：我父親有位朋友經常說：「人無論經過多少年都會維
持原樣，頂多只是變成原來的加強版。」從某些層面來
看，我們也是這樣。部分原因在於，我們年輕時，就已經
學到非常好的教訓。當你學會正確的道理，並且一直不斷
加強這套做法，不知不覺間事情就會順利地運作。

我們學到的一項教訓就是：有所為，有所不為。我們拒絕利用投資賺取大筆不義之財的機會，因為我們覺得這種事不值得做，而且我們一點也不後悔。

華倫曾說過，美國第二大的嚼菸公司康伍德（Conwood）曾找我們出資買下公司。我從沒有看過像康伍德那樣賺錢的公司，我也馬上就查清楚，嚼菸的危害比普通香菸危害小很多。而且，康伍德公司的人都很體面，也會使用自家公司生產的菸草。我想，如果你不嚼菸，可能很難在這間公司裡往上爬。這種做法的確滿令人欽佩，這就像是自己煮的飯自己吃。

我和華倫坐下來商量這筆投資，我說：「華倫，我們再也看不到比這更好的生意。嚼菸是合法的產品，他們開的價格也合適。但是，這筆投資不能做。」於是，我們放棄了。當然，最後有人買下這間公司，很輕鬆就賺進幾十億美元。

錯過這次的機會我一點不後悔。我認為，**很多事情完全合法，只是不值得我們去做**，所以我們選擇放棄。這個道理很簡單。

管理所羅門公司時，華倫和我經常開玩笑。各位可能有所不知，我們非常喜歡開玩笑。我們會說：「那張我們覺得不值得做而拒絕的賺錢清單在哪裡？」其實這張清單根本不存在。我們只是一直在等待賺大錢的好機會，但不

值得爭取的錢我們不賺。可是，人們一旦受到嫉妒與自私自利心理的驅使，就會不惜突破底線，這種現象在文明社會中可不是好事。

我年輕時，投資銀行更重視道德。在梅隆家族（Mellon family）管理第一波士頓（First Boston）的時候，奧馬哈當地的銀行家會和我們這些普通人一起去普救一位神教教會（Unitarian Church）禱告，他們都會在意自己承銷的證券是否符合客戶的利益。而且，他們是真的非常在意。不過，不知道為什麼，那種文化逐漸消失了。總之，我們還是要懂心理學。不過，人們卻非常難把這件事做對。

問：在次級房貸市場，我們看到上市公司遭受打擊，有些公司受到的打擊特別嚴重，例如新世紀金融公司（New Century Financial）甚至走向破產……過去三、四年，穆迪（Moody's）等信用評級公司，有好幾間公司的營收大漲三、四倍，但它們卻沒有調降被評級公司的債券評級，您認為這些信用評級公司是否有可能因為利益衝突惹上麻煩？

答： 正如你所說，近年來，穆迪等信用評級公司發展得非常好。不過，讓他們尷尬的是，各種次級貸款產品接連出問題。

不過在我看來，平均而言，信用評級公司的表現還不

錯。它們難免有時候會看走眼，尤其是人們事後才來研究問題的時候，他們的缺失當然更加醒目。所以，我倒不覺得這些信用評級公司有什麼大問題，整體來看它們還不錯。

如果你要找罪魁禍首，就應該對那些垃圾債的始作俑者生氣。有些公司把手伸向窮人，發放低等級的抵押貸款，同時收取高昂的手續費，這是資本主義社會中最卑劣的行為之一。這些人不知羞恥，是我們應該管束的對象。而且，他們當中許多人都應該被打入地獄最底層。

社會上總是會出現這種人，老是在找可以賺快錢的地方，不管是要誤導別人或是做出更糟糕的勾當，他們都會做。各位必須知道的是，在這個國家裡，有些工作很類似在最低階的貸款經紀產業裡收取佣金的業務員。我不認為這是很悲慘的事，真正悲慘的是，當你追溯他們上游的投資銀行，會看到一堆糟糕的人，把次級抵押貸款切分成不同的層級，以便馬上轉手賣出，讓別人承擔風險。這才是真正的道德敗壞。

如果申請貸款的人信用良好，房屋價值也沒問題，發放低頭期款的房貸也沒關係。聯邦住宅管理局往常都這樣做，他們會向信用紀錄良好、但財力有限的民眾發放金額較高的貸款。如果申請貸款的人誠實守信，哪怕他們的貸款比例高達95％，甚至是100％，他們也通常都能還清。

這樣的政策運作得很好，這讓很多人可以住進自己的

房子，對所有人民來說都是好事。然而，當你開始雇用名聲有問題的經紀人，讓他們尋找信用不良、有毒癮、不誠信的人，還借錢給這些人去投機或過度消費，這就完全是在製造社會弊端。這種做法就像是你帶著一瓶汽油走進房子，把汽油灑滿地再丟出一根火柴，實在是非常不負責任的行為。但是許多放款者卻完全不在乎自己做了什麼事。

在我看來，對於美國次級房貸領域中位居高位的人所做的事，光說愚蠢還不夠，簡直是罪孽深重又愚不可及。社會中出現如此惡劣的行為，讓人深感遺憾。追根究柢，這種行為主要來自於自私自利的心理。因為很多人都從中獲得利益，自然會把這件事合理化，認為這樣做不會有問題。

很久以前，我曾經跟南加大音樂學院院長有過一面之緣。我從他那裡聽到一個故事，是教育人們擺脫自私自利心理的最佳範例。

我們是在一次晚宴上認識的，在這之前我從來沒有見過他，之後我們也沒有再見過面。我們談到自私自利的心理時，他告訴我：「你知道嗎，關於自私自利的心理，我父親給我上了一堂很重要的課，還讓我知道這種心理會對思維造成多糟糕的影響。」我問：「他是怎麼做的呢？」他接著說：「那時我年紀還小，有人讓我看管一間小商店，貨架上有各種商品還有糖果。我父親走進店裡的時候

看到我，當時我正從貨架上拿走一顆糖果塞到嘴裡。我對父親說：『別擔心，我會還回去的。』但是父親卻對我說：『兒子，你完全搞錯了，這種想法會毀掉你的思維。』他接著對我說：『你愛吃多少就吃多少，但每吃一口就要告訴自己，你是個小偷！』」

這則故事非常棒，感謝南加大音樂學院院長雷蒙德・肯德爾（Raymond Kendall）。這則故事的教訓非常有用，所以我才分享給各位。

在美國商業界的高階主管當中，我們需要更多像肯德爾的父親這樣的人。自私自利加上嫉妒，這兩種心理實在造成太多麻煩。這樣的想法經常出現在潛意識裡，次級房貸的濫用亂象大部分都源自於此。

我們以前知道該如何正確做事。過去，次級房貸是發放給信用良好但經濟狀況不佳的人。這套系統運作得非常順利。然而現代傾向追求平等主義（egalitarianism），再加上人性固有缺陷的加成作用，我們便陷入現在這個泥淖。

■ 先釐清自己不想要什麼

問：多年來，波克夏好幾次投資捲入法律爭端的公司，例如，美國石膏公司因為石棉問題而面臨破產威脅。能否請

您告訴我們，您的法律經驗如何幫助波克夏投資這類公司，畢竟很多投資人都不敢碰這樣的公司？

答：我最棒的法律經驗發生在小時候，當時我問父親為什麼總是幫奧馬哈當地一個非常惹人厭的混蛋處理法務工作，而不是多幫忙他的好朋友格蘭特・麥克法登（Grant McFadden）。我父親低頭看著我，彷彿我是個笨蛋，然後對我說：「查理，你說的那個自以為是的混蛋身邊，總是會出現源源不絕的重要法務工作。然而，格蘭特・麥克法登會把所有應該做的事情做好，他從來不讓人失望，當他碰到有問題的人就會馬上切斷關係。像他這樣的人身邊，哪會有什麼法務工作可做。」

我父親試著要告訴我非常重要的道理，我也聽進去了。從那時候開始，我就決定要像格蘭特・麥克法登那樣規劃人生。華倫的想法經常和我不謀而合。結果就是，波克夏的規模雖然很大，但是和世界上其他大企業相比，我們很少讓律師有機會賺錢。波克夏沒有法律顧問的職位，幾十年來也很少陷入法律糾紛。

格蘭特・麥克法登是奧馬哈最早的福特汽車經銷商，我們的行事風格和他如出一轍，而且這樣做真的讓我們受益良多。順帶一提，這是我透過倒推法而學到的教訓，可以給各位參考。**釐清自己不想要什麼，自然就會知道自己想要什麼。**

　　華倫與我非常幸運，我們想要的東西都得到了。

　　要得到自己想要的東西，怎麼做最好？這個問題的答案就藏在問題裡。要想得到自己想要的東西，最好的方法只有一種，就是必須配得上自己想要的東西，這套方法永遠都能奏效。這樣做難道不高明嗎，尤其遵循這套方法的人少之又少。**正如華倫所說：「堂堂正正走正道，那裡人少」**。

　　學習法律知識非常有益，因為它能督促你先從某個角度看事物，接著再從另一個角度看事物；當你在決定要採用哪一條法則比較好，以及為什麼這條法則更好的時候，自然而然就會從不同角度思考正反方的論述。這樣的思考過程多少會強迫你客觀地思考……對你非常有益。如果這就是你所謂的法律練習，我認為這樣做對所有人都有好處。

　　然而，現代法律界出現不少讓人看不過去的現象；現代的法律體系中也出現很多問題，明顯偏離了理想的做法。有些企業聘請大型律師事務所，官司還沒打完、甚至還沒有進入審判階段，律師費就已經超過訴訟請求給付的金額。這樣的法律體系實在不理想。如果你的律師生涯只是用高額律師費壓榨客戶，做做樣子假裝要幫他們解決問題，這形同完全失去職業道德。

　　法學院向來聲名卓著，是因為法學院吸引了很多優秀的學生，能夠用言語、文字與數據清楚表達自己的想法。

法學院的畢業生很優秀，是因為法學院招收的學生本來就很優秀。然而，法學院的教學水準簡直像個笑話，早在我就讀法學院的那個年代就已經如此，我相信現在也差不多。

各位根本無法想像，我讀法學院的時候，學校教的是什麼。我們會花好幾週討論，如果一棟房子在簽約賣出後發生火災，那麼火災造成的損失該由買方還是賣方來承擔。現實生活中，只要在合約裡列明你想要怎麼處理就好，根本不需要討論。如果訓練你的人自願要變成蠢蛋，你受的訓練自然就充滿缺陷。

這讓我想起我經常提到的朱爾・斯坦眼科研究所（Jules Stein Eye Institute）的例子。我問醫生：「你們為什麼還在用這種過時的手術方法？」我指的是舊式的白內障手術；儘管新型的超音波晶體乳化白內障手術（phacoemulsification operation）已經問世很久，他們還在使用以前的手術方法。這位醫生盯著我的眼睛，一點都沒有開玩笑的意思，然後說：「查理，這是很好的教學手術。」這就是他們繼續使用過時手術方法的原因。

只有當病患都不找他們動手術，他們才會改用新方法，然後，醫學院也才會跟著改變。這可是一間非常優秀的醫學院，實際上，這是最好的醫學院之一。

對於一些最基本的問題，人們存在嚴重的錯誤認知。如果各位能避免最容易避免的愚蠢行為，你會發現自己的

人生竟然如此順利。這是因為，社會上有一堆人是用如此瘋狂又愚笨的方式在面對自己的人生。各位想想，竟然有人因為教得順手，就一直教過時的手術方法。然而，有誰會放棄自己喜歡又擅長做的事呢？

固守錯誤的觀念或做法，然後還一直不斷出錯，可以說是人的天性，即使在物理學領域也看得到這樣的狀況。在華特‧艾薩克森（Walter Isaacson）寫的愛因斯坦傳記中，我們會看到，很多傑出的物理學家明明可以接受新觀念，卻仍然固守錯誤的觀念。不得不說，如果連世界上最傑出的物理學家都是這樣，我們這些普通人自然也脫離不了相同的傾向，也就會見到某些荒唐的錯誤。

如果你能訓練自己，不要錯得這麼離譜，你就能占有非常大的優勢。

問：我的問題與私募股權基金有關，請問您認為KKR集團與黑石集團（Blackstone）等公司是否有可能把好機會從股權投資人手中搶走？從某些層面來看，波克夏公司的性質也類似私募股權基金公司，例如，波克夏收購蓋可保險之後，普通投資人就無法買到蓋可保險的股票了。現在有許多私募股權基金盯上大型公司，這些公司的股票在市場上也買不到。這種做法會成為趨勢嗎？對未來影響如何？

答：我必須說，沒錯，這已經成為一股趨勢。融資收購基

金（leveraged buyout fund）的規模愈來愈大，這些公司收購的公司也愈來愈大。所以，這是一股不可忽視的趨勢。

波克夏的風格和這些公司不同。我們從來不會賣掉旗下的公司，除非這間公司出現我們無法處理的難題，或是陷入無法擺脫的困境。但是，私募股權基金公司買下公司是為了賣出。我們和它們不一樣，我們不會把子公司當作棋子，那不是我們的作風。我認為我們的做法更高明，買進的公司更優秀，因為我們投資這些公司不是為了把它們轉手賣出。

融資收購基金的規模愈來愈大，是因為大學捐贈基金與退休基金開始對這類投資抱持幻想。這是有原因的，畢竟相信這套做法到目前為止都還非常有用。況且，隨著各類資產的價格走高，他們發現，光靠平凡無奇的股票與債券投資，不能讓他們獲得想要的投資報酬。

於是，一旦有人巧言令色地告訴他們：「你們不需要受到去年糟糕的報酬率所限制，只要給我們錢，然後我們就會借來更多錢買進公司，再把它們轉手賣掉。儘管你們要付一大筆錢給我們，還要另外再付一大筆錢給操作投資的人，但你們還是可以賺到 15％ 的報酬率，而不是原本那少得可憐的 5％ 報酬率。」而且，到目前為止，他們的這一套做法都還能奏效。

其實，融資收購基金的績效沒有他們說的那麼厲害，

這個領域有很多濫用數據的地方。不過，有些名校的捐贈基金與退休基金，至今透過融資收購基金獲得高於市場平均值的報酬率。當然，他們也會嫉妒賺最多的基金。就像耶魯大學看不慣哈佛大學賺大錢，反之亦然。這是人性使然，高智商的人也擺脫不了嫉妒心理。

嫉妒心理是一股非常強大的驅動力，只是很少有人會明說。我從來沒聽人說過：「查理，我這麼做是因為嫉妒。」總之，這是一股很大的趨勢。

如果你觀察早期的創投領域，就不難預測出融資收購基金的未來。當時創投業吸引大量資金後，人們開始意識到，除了最頂尖的幾間公司，整個產業根本賺不到什麼錢，於是生意變得愈來愈難做。在我看來，這一幕將在融資收購基金領域重演。

總有一天，融資收購基金的熱潮也會退去。不是說你想要15％的報酬率就能得到15％的報酬率。花錢請再多律師或顧問也沒用。

▗ 推翻舊有的想法

問：關於您剛才提到的學習方法，您能不能幫我們列張清單？另外，您能不能談談最近是否推翻了以前曾經深信不

疑的某些想法？

答： 這個問題很難回答。在面對難題的時候，我相信列清單會非常有用。因為如此一來，你就可以把所有問題都攤開在眼前，否則你很容易會忽略掉重要的事物。

順帶一提，我要做一件非常常見的事，那就是回答我偏好回答的問題，而不是回答你們問我的問題。**我一生當中都非常受用、也很常用的思維方式，就是把所有事情都反過來想。** 為了得到我想要的東西，我會釐清我不喜歡的是什麼，而不是去思考我喜歡的是什麼。

當然，我有時候也會直截了當地思考問題。只不過，釐清我不喜歡的事物，以及如何避免這些事物，總是讓我受益良多。

至於你問我的另一個問題是，我最近是否推翻以前曾經深信不疑的觀點，我必須說，這實在是一個很聰明的問題。來到這裡的人都非常聰明。你也可以說，這些人出現在這裡正顯示出他們不太正常。

不過，這真的是一個非常非常棒的問題。儘管我相當樂於丟棄錯誤的舊觀點、接受正確的新觀點，但是我現在一下子想不起來最近的例子。我正在試著想個例子分享，不過我能想到的是，最近有些人讓我更失望了，而且這種事常常發生。所以，從這個角度來說，我一直都在學習。

至於我曾經放棄什麼深信不疑的觀點……我在很久以

前屏棄了許多觀點，因為它們實在太愚蠢，所以我的大腦裡確實沒剩多少觀點要剔除。不過，這個問題確實提得非常好。

我想到的一個例子是，我們以前非常討厭鐵路公司，但最近已經改變看法。以前，華倫和我不看好鐵路公司。鐵路公司總是需要投入大量資本，要應付強勢的工會，監理條件非常嚴格，還得面對卡車運輸業的競爭。尤其，卡車運輸的效率很高，使用柴油引擎在高速公路上行駛，通行費也很低廉。以前的鐵路業是一門很糟糕的生意，而且整體而言，投資人賺不到什麼錢。不過，我們最終還是改變了原來的想法，買進鐵路公司的股份。我們也拋棄多年指引我們前進的準則。

不過，我們還是太晚才改變，兩年前我們就應該採取行動了。當時是最理想的投資時機，我們應該投資卻沒有出手是因為我們太愚蠢。我經常引用一句德國諺語：「青春走得太快，領悟來得太慢。」我們沒能早點行動，正是因為我們領悟得太遲了。

我們總算意識到，現在的鐵路業具備非常強的競爭優勢。我們可以採取雙層鐵路運輸的做法，利用現代的電腦技術來管理系統，這對於運載笨重的貨櫃來說非常有效率。由於中國等國家會為世界帶來龐大的貨運量，鐵路運輸在處理大量貨物時會比卡車運輸更有優勢。而且，不會

有人再開發新的鐵路路線。

所以，我們終於醒悟了。這可以說是我們改變想法的一個例子。由此可知，就連華倫那麼聰明，都沒有足夠的聰明才智即時抓住投資機會。比爾·蓋茲比我們早兩年看出來，於是他大量買進加拿大一間大型鐵路公司的股票，大概賺進8倍多的報酬。也許我們應該請比爾·蓋茲來管理波克夏的資金。

從我們的例子，大家可以看出來，要改變自己的想法很難。我們的習慣會帶來巨大的阻力，還好我們總算改變想法。當然，當你要做這樣的決定時，可以說你用的就是一份檢查清單。就像在清單上列出競爭優勢一樣，我們可以看見競爭優勢發生了明顯的變化。

問：您好，蒙格先生。我是波克夏的股東，派翠克·沃爾夫。我想請教您，為什麼沒有其他公司能複製波克夏的商業模式？我對波克夏的了解是，你們保守地經營一家產險公司，不斷累積浮存金，然後以保守的方式利用價值投資法投資浮存金，然後再重複這套流程。這套方法看起來非常合理，但是幾乎沒有幾間公司這樣做。

答：在之前的股東會上我回答過這個問題。說話回來，你是國際西洋棋冠軍派翠克·沃爾夫嗎？

派翠克‧沃爾夫：是的，是我。我會睜著眼睛問問題，也會睜著眼睛聽您解答。

答：這就是在波克夏股東會上打敗所有對手的人。他的對手可以看棋盤，他從來不看棋盤，而且還以一敵六。即便如此，他每一局都會贏，真是非常了不起。

你提的問題很好。當然，有些人在學我們，要不然這個帳篷裡怎麼會有這麼多人。甚至有些商學院的教授，也開始教導學生波克夏面對這些議題的態度。

針對你的問題，我認為答案是這個世界相信的是另一套做法，而這在很大程度上是受到學術界的影響。一部分原因是我們的做法太簡單了，人們不願意學。因為如果道理這麼簡單，你要怎麼成為資深專家？但從反面來看，另一部分原因在於我們的做法太困難了，這讓人們望之卻步，因為他們不想失敗。

而且，全世界商業界的獎勵制度都鼓勵人們採取其他做法。例如，你進入康菲石油（Conoco Phillips）後，從某個部門的基層員工做起，一步一步順著職務階層往上爬。整間公司就像軍隊一樣。你有一些想法，覺得公司應該改革，但沒人願意傾聽你的高見。

當你進入公司10年、15年後，當你在組織中向上爬，同時深受企業文化的薰陶時，你已經成為他們當中的一員。但是，你無法成為華倫‧巴菲特。

　　我認為，事情通常都會這樣發展。所以，很多與眾不同的公司是因為深受創辦人影響，或是有一個類似創辦人角色的人物深入基層領導團隊，才會變得不一樣。

　　彼得·考夫曼20多歲時進入一間小公司，後來他成為這間小公司的執行長。經過多年努力，比起他剛當上執行長那一年，這間公司的規模成長超過20倍。這間公司的成長路徑和波克夏海瑟威非常相似。

　　然而，這不是世界上常規的發展模式。大家熟悉的常規模式是康菲石油的發展模式，而我們的做法得不到多大的重視。

問：展望20年、30年後，您認為波克夏的思維模式所帶來的競爭優勢，會因為廣泛流行而漸趨式微嗎？還是您認為投資人總能找到足夠的機會？

答：我相信我們的行事風格會更加流行，其實，現在已經開始流行起來了。以前，魏斯可的股東會只有大概20個人參加，所以我認為我們的做事方式一定會愈來愈流行。

　　因此，你們要靠投資股票賺大錢，可能沒那麼容易了。那些聰明的競爭對手不會輕易讓你贏過他們，但這未必是什麼壞事。也許你們不能學我們這樣賺錢，但是你們可以學工程師那樣賺錢。

問：華倫在接受採訪時說，他設定的投資報酬率目標是稅前10％。但在1960年代，或是在《超級金錢》（*Supermoney*）出版的1970年代，華倫在受訪時則表示，他從來不設定絕對的目標，他總是設定相對的目標，例如，超過道瓊指數5％。請問在您的投資生涯中，您是否曾經設定特定的報酬率目標？您是否會根據市場環境的變化調整目標數字？

答：我的能力、資源與時間都有限，所以我總是會盡可能爭取最好的結果。過去如此，現在也如此，就這麼簡單。

面對人生的正確方法是考量機會成本。因此我要再次強調，我們的學校教育沒有把正確的思考方式教給學生。大學一年級的經濟學課程中會告訴學生，聰明人做決定時會考慮機會成本，但這也是學生最後一次聽到有關機會成本的知識。而且除了這一句話，學生也學不到更多了。

做決定的時候，一定要充分考慮機會成本。在你所處的特定環境中，你面臨的機會也有限，如果你發現機會A比機會B好，而且，機會A是你能找到的最好機會，你當然要選擇機會A。也許別人有更好的機會，但是在你所處的特定環境中、在你的認知範圍內，機會A就是你最好的選擇。

在你的一生當中，沒有一套能放諸四海的標準解決方案，但如果你夠聰明又幸運，就要像波克夏一樣思考。

每五年，波克夏會碰到一個非常高的機會成本；只是從報酬率來看，這個機會成本比我們既年輕又沒錢的時候低很多。不過，我們經常會找到自己喜歡的投資機會，還可以投入大筆資金，所以，要排除比不上這個投資機會的選項，自然就非常容易。

問：在波克夏股東會上，您說我們應該去無效的市場或是資訊比較匱乏的市場中尋找機會，我想進一步了解您所說的意思。請問您指的是因為會計考量、資訊披露不充分的市場嗎？或者，您都是怎麼判斷某個市場無效，可以提供更多投資機會？
答：**無效的市場主要有兩種。第一種是市場規模非常小，關注的人非常少。**當然，這對於坐擁1,200億美元資產的波克夏來說，實在毫無用武之地。**另一種無效的市場則是，市場參與者陷入瘋狂狀態，做出瘋狂舉動，特別是他們拋售資產的時候。**偶爾，大型市場也會出現嚴重定價錯誤的證券標的。

　　毫無疑問地，如果你的資金規模很小，就可以在很多地方找到讓你更有優勢的好機會。但是當你資金規模太大，就會處處受到束縛。即使是在最大的市場進行交易的大型股，波克夏也需要花很長一段時間才能建立起足夠的部位。這是財富帶來的先天性劣勢。我衷心希望這樣的劣

勢能夠愈來愈嚴重。然而，我們確實受到龐大資金的束縛，沒辦法輕易擺脫這個劣勢。

在波克夏股東會上，華倫說過，波克夏偶爾會投資衍生性金融商品。儘管我不喜歡衍生性金融商品形成的會計漏洞，但這不代表波克夏不會投資衍生性金融商品。衍生性金融商品市場中有許多證券與合約，有時可以找到定價錯誤的機會。

如果各位查看波克夏最近做的15項投資，會發現它們的平均表現相當亮眼。只有一個問題困擾我們，那就是當我們發掘到新的投資機會，我們可以動用的資金總是遠遠超過我們可以投資的金額。不過，我要再次強調，我們不會因此而傷心，但這的確是規模帶來的其中一個壞處。

當然，你們可能會很傷心。以前我們的資金規模比較小，但現在我們得把預期報酬率降得比以前還要低。在波克夏股東會上，華倫表示，他預計波克夏的投資組合每年能贏過市場約2％。

不過，這並不表示我們不會找到其他可以比投資大型證券組合更好的投資方式。從各方面綜合考量，我非常看好波克夏的前景，儘管將來的業績未必很耀眼，但它一定很穩健。波克夏這間公司可以說是固若金湯。

今天早上，我和喬‧布蘭登（Joe Brandon）一起吃了早餐。喬，你可以站起來和大家打個招呼嗎？過去五年，

喬·布蘭登承擔一項艱巨的任務。我們需要對通用再保險公司進行改革，許多地方需要快刀斬亂麻，過程十分不愉快，而且阻力重重，因為許多受到影響的人非常失望。

現在的通用再保險公司已經脫胎換骨。老實說，這應該值得我們發行股票收購。前不久，我們還很不確定這筆投資值不值得。在喬·布蘭登完成改革任務之前，我們對這間公司的信心可沒有現在這麼高。

■ 為何波克夏不發放股利？

問：有些投資人認為，波克夏應該拿出一部分閒置資金來發放股利。請問您怎麼看？理論上來說，在留足資金保證 AAA 信用評級以及正常開展保險業務的前提下，波克夏可以拿出多少資金來發放股利？

答：波克夏不太可能從你所謂的「閒置資金」中拿出大筆資金來發放股利。對於每 1 美元的保留盈餘，我們的任務是要為股東創造高於 1 美元的價值。哪天當我們做不到這一點的時候，才會考慮發放股利。

擁有大量閒置資金，應該考慮發放股利的不是波克夏，而是魏斯可。魏斯可也擁有大量閒置資金，而且還沒有波克夏那麼光明的前景，現在的資本利得稅與股息稅的

稅率又很低。但是，你們這些粉絲太過熱情，把魏斯可的股價捧得太高，讓我們難以發放股利。魏斯可的股價已經高到遠遠超過清算價值，也就是說，當你們想要脫手，任何時間都可以以超過內在價值的金額賣出股票。

我想，你們很多人都認為，哪天魏斯可能夠找到好機會，把這額外的十幾億美元投資出去；我也希望如此。不過，對於你提到的股利發放問題，這是魏斯可的問題，而不是波克夏的問題。相信我，如果有人想要我們發放股利，如果你們真心希望我們這樣做，我們可以用快到讓你們暈頭轉向的速度說發就發。所以，如果你們當中任何一個人真的希望我們把魏斯可這十幾億美元發出去，毫無疑問，我們很樂意效勞。

但是，魏斯可的很多股東是鐵粉，不想讓我們這樣做，甚至還指望我們盡快找到好機會。我們也許能找到好機會。或許，我們沒有波克夏那麼好的表現，但說不定哪天，我們就真的碰到好機會了。

問：最近，波克夏頻頻出手，做成好幾筆投資。魏斯可也有一些動作，拿部分資金去做新的投資，但是魏斯可的投資活動遠遠沒有波克夏活躍。既然波克夏都覺得是好機會，為什麼魏斯可不趕快行動呢？
答：波克夏和魏斯可確實都有些動作，而且波克夏的動作

更大。但是這兩家公司各有各的節奏,需要遵守的揭露規定也不同。波克夏與魏斯可都非常厭惡揭露規定,因為有很多人盯著我們,當中有些人現在就坐在台下。當我們一揭露大筆的投資標的,莫名其妙就會有很多人跟著買。

有時候是因為需要遵守的揭露規定不同,有時候是因為一些偶然因素,波克夏和魏斯可的投資標的才會不一樣。整體來看,最近我們並不是特別看好股票,問題是債券也不怎麼樣,所以比較起來,還是績優股更值得投資。

你說的沒錯,波克夏的動作比較頻繁,但魏斯可也有可能加大投資力道。

問:眾所周知,您和華倫為波克夏做出卓越的貢獻,但是對於其他董事會成員的貢獻,我們知之甚少。可以請您舉一些例子分享董事會如何為波克夏加值嗎?例如幫助波克夏避免犯錯?還是幫助波克夏發現新的投資機會?

答:要說波克夏的董事會如何幫公司加值,我必須說,萬一我徹底瘋了,華倫又沒有阻止,這些董事會成員就是一道安全閥。我們的董事都有很高的社會聲望。

我們的董事會是根據監理要求所設立,必須有一定比例的獨立董事。所以,我們不可能沒有董事會。既然監理部門要求我們設立董事會,我們就盡量設立一個我們認為最好的董事會。

如果沒有監理部門的強制要求，我們還會設立董事會嗎？不會，我們不會這麼做。

問：在這些年來，您和華倫都是怎麼決定，例如，堪薩斯金融擔保公司歸魏斯可，而喜詩糖果歸波克夏呢？
答：關於投資機會是歸魏斯可還是波克夏，有很多偶然因素影響。舉例來說，魏斯可持有的通用食品公司股份比波克夏多很多，有的股票則是波克夏持有的數量遠遠高於魏斯可。這樣的結果多半是出於偶然。

我夾在魏斯可和波克夏之間，有時覺得很彆扭。其實，就公司的體質而言，魏斯可和波克夏無法相提並論。再說，波克夏的領導人很年輕，才77歲。就公司動能與社會聲譽而言，魏斯可同樣也比不上波克夏，而且波克夏的優勢愈來愈明顯。

很久之前，魏斯可早就可以併入波克夏，如今就不會有機會到底歸誰的問題了。但是，拜各位所賜，你們把魏斯可的股價愈捧愈高，超出它的價值。所以，我們才會無意之間創造出讓各位感到困擾的問題，而這個問題的始作俑者就是你們。

問：針對波克夏執行長這個職位，擔任執行長的人必須住在奧馬哈嗎？還是可以選擇居住在自己喜歡的地方？

顯然，波克夏的財務長負責投資股票，執行長則負責經營公司。那麼波克夏的收購將如何進行？是由財務長與執行長共同決定嗎？還是其中一人負責？

答：媒體還是在用一般公司的標準看待波克夏，才會提到財務長。其實，我們打算選幾個人，分給他們一些資金管理個幾年，希望他們當中有一個人或幾個人能展現出類似華倫的能力，可以在華倫去世後成為他的接班人。我們可不是要弄個大辦公室，找幾個人填滿位置。我們選的人將不受任何干擾，獨立管理自己那一部分的資金。

盧・辛普森目前管理波克夏高達20、30億美元的資金，他想住哪裡就住哪裡，想做什麼就做什麼，也可以依照自己的喜好來投資。我們只是想再多找幾個像盧・辛普森這樣的人。至於波克夏將來的投資工作如何分配，我們將根據情況做出安排。

現在開始多找幾個像盧・辛普森那樣的人是合情合理的做法，但是，現在就把華倫換掉簡直是瘋子的行為。相信我，我比你們更了解華倫，現在換掉他是大錯特錯。況且實際上，他的投資功力還愈來愈深厚。

我知道，以常理來看，你們可能很難相信，但是華倫從事的是投資這一行，年紀愈大，經驗愈豐富，功力也愈深厚。

就小規模的收購而言，波克夏子公司有很大的自主

權，它們可以自己收購合適的公司。有時候，我們的子公司會和華倫打個招呼，有時候自己就直接執行了。至於規模比較大的收購，每一筆收購都必須由華倫親自把關。

問：如果有兩個獨立的職位，收購該如何進行？是執行長說了算，還是財務長也會參與？或是兩個人合作完成？

答：如同我剛才所說，波克夏現在還沒有財務長這個職位。未來，我們也許會設置這個職位。到時候，根據我的想像，收購整間公司的決定應該要由執行長負責，而不是由管理保險業務投資組合的人負責。

但是，當我們在波克夏其他地方找到足夠的人才，我們也會加以利用。換句話說，我們的組織結構並不僵化。

問：波克夏現在正在挑選投資管理人才，請問你們認為最重要的條件是什麼？

答：其實，華倫已經稍微談過這個問題。我們不想要只會向我們學習的人，雖然他們的確會從我們身上學到一些東西，我們要的是投資能力已經很強的人。

我們希望挑選比較年輕的人，這樣他們可以進行長時間的投資。換句話說，既然華倫的投資成果那麼亮眼，為什麼不再找一個可以繼續進行長期投資的人。

我們已經準備好要分給候選人一些資金，讓他們投資

幾年試試。我們可以同時安排兩個、三個或四個候選人。在華倫75歲之前，我們根本沒考慮過這件事。現在，華倫的年紀大了一些，是時候該未雨綢繆了。

　　我們要找的人不是一般的基金經理人，也不是獵頭公司注意的那種人才。我們希望候選人具備特殊的思維方式，讓他們能從人群中脫穎而出。我們現在還不知道能找到多少位合格的候選人，但我們希望在候選人身上能看到華倫的影子。

全球面臨的三大威脅

問：您認為美國現在面臨最嚴峻的兩個威脅是什麼？
答： 最大的威脅顯而易見，那就是可能爆發核武戰爭或生化戰爭。這個問題太棘手，大多數人都選擇視而不見，希望問題能自己消失。

　　至於第二大威脅是什麼？我認為，世界人口從現在起增加一倍並不是一個熱門的想法。很多人樂觀地認為，世界會出現良性的人口轉型（demographic transition），他們認為人口成長到一定數量之後會自然下降，甚至為此創造出一個名詞。但我對此抱持懷疑態度。

　　人口減少這件事有可能發生，在已開發國家一定會發

生。但是，為了解決人口增加問題，把所有未開發國家的生活品質提升到西方國家的水準，光想就知道這會對地球的環境造成多大的負擔。所以，我認為人口問題可能是我們面臨的第二大威脅。

第三大威脅，我認為人類文明可能會繼續惡化。我們生活在美國是上天眷顧。美國社會的各項制度很健全，美國取得很多偉大的成就，美國公民能享受到民主與自由等。

但是，現在世界上有些政府奉行「盜賊統治」（kleptocracy）[*]，整個社會充斥著腐敗、野蠻、愚蠢與仇恨。所以，我認為我們面臨的第三大威脅是，人類文明可能繼續惡化。

問：請問恐怖主義的威脅會愈演愈烈嗎？美國與西方國家應該怎麼解決這個問題？

答：過去幾年，美國基本上沒有遭遇特別嚴重的恐怖攻擊，我們應該感到慶幸。我們必須意識到，這已經是最好的狀況了，將來的狀況可能愈來愈糟。在中東地區，恐怖攻擊一直沒停過。**恐怖主義確實是非常嚴重的威脅，這個威脅將和我們長期共存。**

---

* 編注：指某些統治者或統治階級利用擴張政治權力，侵占全體人民的財產與權利，增加自身的財產及權力。

　　當你碰到改變不了的問題，就只能和它共存。我們要盡可能想辦法解決問題，但是有些做法實在非常詭異。有一次，我在機場看到一位瘦小的老奶奶領著五個孫子孫女，安檢人員拿著金屬探測器仔細檢查這位老奶奶；但是，有另外一個人留著大鬍子、操著濃重的口音，安檢人員卻讓他直接通過了。我認為這種做法相當瘋狂，只是為了符合政治正確的做法。

　　幾百年來，中東地區仍然動盪不安，這令我深感疑惑。中東地區的爭端已經不是簡單的意識形態或宗教問題了，當年輕一代看不到希望、看不到未來、看不到出頭之日，這些狀況加在一起，很有可能隨時爆發難解又危險的問題。在整個中東地區，幾乎所有國家都沒有發展可言，只有土耳其取得比較大的進步。但是，大多數中東國家的狀況不容樂觀，社會發展每況愈下。

　　世界上總有人生活在水深火熱之中，也許認識到這一點，我們能夠更珍惜自己的生活。在座各位，你們都非常幸運。如果你對自己的生活不滿意，你可能跑錯星球了。

問：我想先用兩句話開場，之後再提問。第一，隨著中國與印度的勞動力大軍加入全球勞動市場，美國的國內生產總值增加了，但美國勞工的薪資卻降低了；第二，美國與西歐國家的政府向人民承諾，只要承擔納稅義務，退休後

國家會照顧你，並提供醫療費用與完善的保險。也就是說，你在年輕時存下多少錢，會在你年老的時候保護你。

我要問的是，受到中國與印度勞動力大軍的影響，10年之後，是否可能出現貿易保護主義抬頭的趨勢？美國政府是否可能提高稅收，甚至是對人民失約？

答：這些問題很難回答。我覺得，美國的社會保障基金應該能正常運轉。只要美國的人均國內生產總值能保持每年1％到2％的成長速度，我們從成長的部分中多拿出一些來，就可以滿足社會保障基金開支的需求，為老年人提供穩定的生活保障。我們終究付得起這筆錢。所以，我不像我的共和黨朋友那麼擔心這個問題。

很多人對社會保障基金有不切實際的猜測，但是對我來說那根本不是問題，甚至不足掛齒。

你可能會說，政府靠不住，美國也可能陷入像紐西蘭一樣糟糕的混亂。確實，這樣的情況有可能出現。不過，紐西蘭的社會保障問題也沒有變得更糟糕，它們經過一波又一波的改革與反改革，最後還是正常運轉了。雖然系統並不完美，但終究還是得以運作。所以，我不認為美國的社會保障基金會出什麼大問題。

隨著印度與中國崛起，美國需要適應新的世界格局。我們已經習慣位居最重要的地位，但在我們之前的每一個世界霸主最終都走向衰落，美國也不會是例外。

　　我們有什麼特別的？我們憑什麼成為例外？曾經輝煌的古羅馬文明與古希臘文明去哪裡了？它們現在都不是世界的領袖。理所當然，世界的領袖總有一天會換人做。

　　不過，未來貿易保護主義是否會抬頭？現在還很難說。如今，大量進口商品湧入美國，很多人受到影響，我們的社會發生一些令人意想不到的變化。有些藍領工人競爭不過中國的時薪工人，生活陷入困境，例如，鞋子等製造業的工人，他們真實感受到來自中國的衝擊。

　　另外，避險基金的基金經理人得到優待，因為美國政府認為基金經理人的稅率應該最低，應該比加州理工大學的教授低、比計程車司機的稅率低，甚至比你的稅率更低。根據我們的稅收制度，政府認為避險基金的基金經理人對社會做的貢獻最大、在社會中的地位最高。

　　這是一種不正常的社會現象，而且是無意之間形成的。如果相關規定很快就得到修正，我也不會太意外。

　　我們面臨一個非常詭異的狀況，大部分財富都集中在少數人手上，而他們沒有製造或發明出任何東西。我們的社會已經形成一種風氣，讓所有商學院的畢業生都希望向基金經理人看齊。於是，我們面對的是糟糕的後果，優秀的大學畢業生不想當工程師，只想去交易衍生性金融商品、做固定收益套利（fixed-income arbitrage），以及各種類似的工作。

現在這股風氣是偶然形成的，但不合理的稅收制度卻形成推波助瀾的作用。我猜，稅收制度一定會調整。但現在你要是有一幅賈斯伯‧瓊斯（Jasper Johns）的作品，你就發了。避險基金的經理人似乎對現代繪畫作品情有獨鍾，他們一年能賺17億美元，拿個1億2,000萬美元買幅畫算什麼？這就是我們現在生活的世界，實在非常有意思。

我們能解決全球暖化

問：請問您如何看待美國的能源政策與全球暖化趨勢？您和華倫是否考慮透過慈善捐贈為解決這個問題出一份力？

答：華倫從來沒接受過任何科學訓練，他對所有的科學問題避之唯恐不及。他會說：「我不是專家，也不打算暴露自己的無知，大談特談全球暖化的問題。」

在全球暖化的問題上，我雖然和華倫一樣無知，但至少我在加州理工學院學過氣象學。不過，那都是六十多年前的事了，那時候的氣象學主要靠經驗。所以，我對全球暖化問題也沒什麼好說。我覺得，整體而言，二氧化碳排放量的增加非常有可能導致地球的氣溫上升。

如果你是高爾（Al Gore），就會對二氧化碳排放量增加的問題癡迷不已。他一看到問題就馬上下結論，號召人

們把減少二氧化碳排放視為第一要務。不過,高爾自己卻住在一個擁有20個房間的大豪宅裡。實際上,全球暖化可能成為**趨勢**,但是我們應該採取什麼行動、什麼時候採取行動,要怎麼動員其他人一起解決,這都是非常難回答的問題。

而且,就算我們想要大幅減少地球上二氧化碳的排放,也幾乎完全不可能辦到。畢竟,中國與印度等國家人口眾多,他們也希望步入已開發國家的行列。

現在問題在於,我們應該怎麼辦呢?這是一個非常複雜的問題。我想人類可能需要投入大量時間和金錢尋找合適的解決方案。我們可以增加地球反射陽光的能力,只要投入巨額資金,這是可以做到的。當地球反射陽光的能力增強,自然能明顯減緩溫室效應。另外,我們還可以多管齊下,想方法減少二氧化碳的排放量。

這個問題不是三言兩語就能解決。光是仰賴簽訂減碳協定,對減少二氧化碳排放沒什麼用。這個問題我不打算涉入太多,交給別人來考慮就好。

就算二氧化碳的排放量增加,地球的氣溫上升幾度,也不至於引發世界末日。儘管佛羅里達州的部分地區將被海水淹沒,某些島嶼的居民必須撤離,聽起來好像很嚴重。但是,如果這是100年後才會發生的事,而美國的人均國內生產總額每年能增加1%到2%,我們就完全有能力

可以解決這些問題。

我在波克夏股東會上也說了，如果其他情況不變，暖和一點是好事。再說了，植物還需要吸收二氧化碳呢。我們應該能應對全球暖化的問題。況且，荷蘭有25％的國土在海平面以下，不也調適得非常好。所以，如果這是我們要面對的問題，我們完全有能力可以因應。

問：卡蘿爾・盧米斯寫過一篇文章，講述華倫人生中最糟糕的一天是在1991年，他費盡千辛萬苦，才讓政府收回成命，不要把所羅門兄弟公司從債券拍賣市場中踢出去。華倫還說，那時美國政府站在他的對立面，他才體會到這股力量的強大。

答：有趣的是，當時所羅門已經準備好隔天要提交破產申請了。如果所羅門真的破產，勢必對整個美國經濟造成衝擊……。幸虧財政部部長尼克・布萊迪（Nick Brady）收回成命，否則後果不堪設想。相較之下，長期資本管理公司的崩盤只不過是小巫見大巫。

尼克・布萊迪的家族是波克夏海瑟威紡織公司的原始股東之一。只不過尼克・布萊迪的運氣差了一點，因為他準確預測到，由於南方的電力成本低廉，而波克夏海瑟威紡織公司位於美國東北部的新英格蘭地區，根本無法和南方的紡織公司抗衡，他們的家族企業必然要走向末路，繼

續持有股票的人是蠢蛋。尼克‧布萊迪甚至以此為題，撰寫他在哈佛商學院的畢業論文，而且他的論斷完全正確。於是，布萊迪家把他們持有的波克夏股票全部賣掉了。

但是，布萊迪的舅舅瑪律科姆‧蔡斯（Malcolm Chace）也持有大量波克夏海瑟威紡織公司的股票。他非常看好華倫，於是幫助他掌控波克夏海瑟威紡織公司的股權，所以在整個大家族中，瑪律科姆‧蔡斯這一派家族得以留下手中持有的波克夏股票。於是，尼克‧布萊迪那一派家族正確判斷出紡織業的未來，卻只能看著家族裡另外一派發展興旺。不過，這並不表示尼克‧布萊迪那一派發展得不好，畢竟尼克‧布萊迪在事業上很成功。

仔細想想，這真是詭異：正確判斷出大趨勢的人反而沒賺到錢，反倒是另一個人一眼看中來自奧馬哈的小夥子，因此為整個家族帶來巨大的財富。人生總是這樣令人難以捉摸。

尼克‧布萊迪與波克夏頗有淵源，他知道華倫這個人，知道是他振興波克夏。我認為尼克‧布萊迪因此對華倫有一份信任感。在他們通電話的時候，布萊迪聽出華倫的聲音有些情緒，因為華倫非常擔憂，如果財政部不收回成命，市場必然要經歷一番腥風血雨。政府的決策實在不太明智。從華倫的聲音中，布萊迪聽出來「這個人真的非常擔憂」。於是，他選擇相信華倫，並且改變了主意。

　　從這件事中我們可以看出，好名聲可以讓人終身受益。當天，華倫不是完全為自己的利益考慮，就算所羅門真的破產了，波克夏也不會受到太大的損失。但是，整個美國經濟可能因此遭受嚴重的衝擊。

問：您能簡單介紹一下伊斯卡公司（Iscar）嗎？請問伊斯卡有什麼特別之處？為什麼伊斯卡能在眾多機會中脫穎而出，一下子吸引你們的目光？

答：伊斯卡完全不是葛拉漢式的股票。伊斯卡是一家以色列公司，位置距離以色列與黎巴嫩的邊界只有幾千公尺，但是他們的生意拓展到全世界。多年以來，它們一直保持著非常高的股東權益報酬率。伊斯卡主要經營合金切削刀具，不只得運用許多高科技技術，還要不斷創新並開發新產品，賺的每一分錢都是血汗錢。

　　我對伊斯卡感到有興趣，主要是因為伊斯卡的管理階層非常優秀。能與這麼優秀的人共事，我們深感榮幸。

　　我們選擇投資伊斯卡，這正是展示我們學習能力的好例子。我們年輕時，不知道該為了什麼條件而拓展投資領域，當時的我們根本不可能會投資伊斯卡這種公司。但是，現在我們遇見伊斯卡，我們已經學到足夠的知識，可以為對的人放寬投資標準。而且，這間公司不只管理階層優秀，業務更是發展得很順利。伊斯卡的各方面條件都讓

我們非常滿意。

終身學習真的很不錯，對吧？你們可能覺得我們這麼老才開竅，已經太晚了，但是，遲到總比不到好呀。

中國市場有吸引人的機會

問：中國股市是一個新興市場，其中不乏優秀的公司，能否請您給中國的年輕投資人一些建議？

答：他要問的是，我對中國股市有哪些洞見。據我所知，中國有兩個股市，一個是上海A股，一個是港股。在我看來，A股已經出現嚴重高估的跡象，目前股價飆得非常高，我實在沒什麼興趣。

不過，中國其他市場裡倒是有一些比較吸引人的機會。但出於顯而易見的原因，我不會對我們看好的個股發表評論。

問：請問您如何看待大宗商品走勢？過去幾年，波克夏投資康菲石油、浦項鋼鐵（POSCO）等大宗商品相關公司。波克夏一貫的風格是投資具備長期競爭優勢的公司，但經營大宗商品的公司似乎不符合這個標準。大宗商品會隨著總體經濟的變化而波動，而波克夏基本上並不考慮總體經

濟因素，可以請您幫我們釐清投資這些公司的原因嗎？

答：我必須告訴各位，浦項鋼鐵不是經營大宗商品的公司，而是一間高科技公司。日本製鐵（Nippon Steel）曾經是世界上最先進的鋼鐵公司，後來，浦項鋼鐵向日本製鐵學習，現在的技術已經不亞於日本製鐵。

所以我認為，一間全世界最先進、最高科技的鋼鐵公司，專門生產最難製造的鋼鐵產品，早就超越一般大宗商品業務的範疇了。此外，就算是大宗商品公司，只要價格適當，也很值得買進。

問：您對泰瑞・派珀讚譽有加，也不願輕易出售子公司，但是精密鋼材的生意明顯愈來愈難做，可以請您談談為什麼不打算重新分配這間公司的資產？

答：簡單來說，我們不會因為一間子公司遇到困難就把它賣出去，這是我們的做事風格。

我們也公開說過，不會把子公司當成棋子隨便買賣，這是我們的原則。遵守這個原則，我們偶爾會有一點小損失，但平均而言，這能為股東帶來很大的獲利。因為人人都知道我們的原則，願意把自己鍾愛的好公司託付給我們，而不是交給別人。

而且，精密鋼材公司有些業務在某些利基市場賺進不錯的獲利，再加上這間公司在魏斯可資產中所占的比重很

低，就算報酬很普通，也不會造成多大影響。

問：您曾説過，沒有買醫藥股是因為你們無法釐清生產流程中各個步驟分別負責什麼角色。根據您對醫藥業的了解，您如何看待開展藥品福利管理業務（Pharmacy Benefit Management）的公司？

答：這個問題我幫不上忙。面對我們不夠了解的公司，我們連想都不會去想，也無法拿它和別的機會比較，更別說是做判斷。**能夠認清自己的能力圈邊界與機會成本，生活有多輕鬆啊！**

問：我想請教一個和您能力圈相關的問題。最近，我發現嬌生公司出現在波克夏的投資組合中，而且占比不小。嬌生公司有三分之二業務來自藥品與醫療設備，這個領域向來不在你們的能力圈範圍內。可以請您稍微說明一下嗎？

　　另外，你們經常説零售生意非常難做，但是波克夏最近卻投資特易購（Tesco），我也想請您説明一下。

答：通常我們不會說明太多投資個股的原因，但是這兩間公司是我們最近買進的標的。顯而易見，我們覺得這兩間公司的生意還不錯。特易購是英國最大的連鎖超市，發展得非常好。至於嬌生，嬌生是該產業領域長期歷史紀錄最漂亮的公司之一。這兩間公司是做為股票投資組合配置而

買進，我們希望透過持有這些標的，讓投資組合的績效略微勝過大盤。

問：在進行現金增資，採取原股東持有兩股就有機會多買一股的策略後，美國石膏公司得以避免破產的命運。但是，美國石膏公司又發行了普通股，將現有股東的權益稀釋10％。整體來說，為了充實財務報表，公司的管理階層有什麼資格可以用遠低於內在價值的價格發行股票？特別是美國石膏公司，他們的管理階層做的事沒問題嗎？

答：我很猶豫，因為我正試著決定是該躲避問題還是老實回答才好。我決定還是直說吧。美國石膏公司做的事很蠢，不過他們也沒辦法，畢竟他們有些人是商學院畢業的。

問：去年，您提到聯合健康保險公司（UnitedHealth），以及它們陷入的選擇權回溯醜聞，您認為這間公司的管理階層已經喪失誠信。既然誠信如此重要，波克夏為什麼還買進這間公司的股票？

答：我沒有其他話可以說，只能說發生這種事很遺憾，這間公司的領導人已經下台，這是他咎由自取。

問：我的問題與堪薩斯金融擔保公司有關。除了管理階層優秀之外，您能談一下在評估保險公司時，為什麼您會認

為投資堪薩斯金融擔保公司是一個不錯的機會？

答：堪薩斯金融擔保公司主要負責為小型銀行提供擔保服務。這間公司經營得很不錯，生意也很好，因為它很清楚自己的能力圈，總是在能力圈的範圍內活動。堪薩斯金融擔保公司深耕自己狹小的業務領域，並且在這個領域中做到專精，就好像在生態系當中占據某一項利基的生物。

要發現堪薩斯金融擔保公司是好公司並不難，只要看它們的業績數字就知道，這間公司每年都創造出優異的承保利潤。這樣的好生意，我們很輕鬆就能做出決定。

問：過去10到15年，整個保險業進入複合獲利率向上成長的循環。未來幾年，請問您認為保險業是否可能進入下滑的週期循環？

答：整體來看，對於大多數投資人來說，保險業並不是特別賺錢。儘管業績會有很大的波動，但我認為我們可以做得更好。我們的保險公司擁有卓越的人才，自然能在同業中獨占鰲頭。

我年輕的時候，絕對不敢貿然投資保險業，我們是一步一步學習教訓才知道應該怎麼做。我們就像玩雜耍的人，最剛開始只敢扔兩個牛奶瓶，然後加一個、再加一個，最後竟然能把10個牛奶瓶丟著玩。一開始，我們不知道自己有一天能扔10個牛奶瓶，但後來不知不覺間，10個

牛奶瓶就穩穩地在空中上下翻轉，而且一個都沒掉。我們的保險生意就是這麼做起來的。

波克夏旗下的保險公司平均來看，簡直優秀得驚人。喬·布蘭登對我們的保險公司非常熟悉。喬，你說我們的保險公司團隊是不是很優秀？

喬·布蘭登：我個人認為，這是世界上最優秀的保險集團。

答：你們都聽到他現身說法，稱讚波克夏是世界上最優秀的保險集團。波克夏絕對配得上這樣的讚美，這絕對是正確的評價。

我們腳踏實地、一步一步走到今天這個位置，絕對不是一步就登天。如果華倫不是一台超強的學習機器，我們不可能取得今天這麼偉大的成就。

問：您之前說，巴菲特過了60歲還在學習，還在進步。

答：各位可以想像一下，早期的華倫哪會把大筆資金拿去投資外匯？他還因此賺進好幾十億。

此外，你們可以想像波克夏竟然有衍生性金融商品的部位嗎？這表示華倫一直沒有停下學習的腳步。未來，華倫一定會從巔峰上下滑，但那還是很久之後的事。

巴菲特最執著的粉絲

問：我來自南非，是華倫・巴菲特國際粉絲俱樂部（Warren Buffett International Fan Club）的創辦人。請問在您眼中，巴菲特最了不起的粉絲是誰？

答：提問的這位是安迪・基爾派翠克（Andy Kilpatrick）。在巴菲特的粉絲當中，他或許不是最了不起的，但可以說是最執著的。安迪是透過《華盛頓郵報》認識了華倫。如同使徒保羅在通往大馬士革的路上受到神啟而皈依基督教，安迪也有非常相似的經歷，決定追隨華倫。

安迪的信念很堅定。他利用槓桿投資，傾盡全力買進波克夏的股票。股票上漲，他就增加槓桿買更多；股票下跌，他就賣出部分部位，用來應付被追繳的保證金。當股價翻倍，當然，他繼續買進更多。後來，他成為一個非常富有的人。**他所做的只有兩件事，做出重要的決定，並且毅然決然付諸行動。**

安迪打算寫一本關於華倫的書，別人建議他找個編輯，安迪說：「我這麼有錢的人，還要把我寫的東西拿給別人改來改去？」所以，我們不只有自費出版者彼得・考夫曼，我們還有安迪・基爾派翠克。他確實堪稱是最執著的巴菲特粉絲。

以前很多見過華倫的人對他很不以為然，還心想這是

哪來的土包子，膽敢認為自己什麼都知道。當然，現在他們當中也有不少人聲稱，自己早就買了波克夏的股票。

問：我讀了約翰·格理賓（John Gribbin）寫的《深奧的簡潔》（*Deep Simplicity*），覺得這真是一本好書。請您再幫我們推薦一些好書。

答：你們很多人都在大廳買了《探索智慧》（*Seeking Wisdom*），這本書的作者彼得·貝弗林（Peter Bevelin）今天也在現場。他之前寄給我一本好書，叫做《科學火星人》（*The Martians of Science*）。這本書寫得相當好，書中講的是五位匈牙利物理學家的故事。他們被希特勒趕到美國後，還是保持著緊密的聯繫，為美國科學事業的發展與公共政策的制定貢獻良多。這本書非常值得一讀。

我還讀了艾薩克森寫的愛因斯坦傳記。我讀過所有的愛因斯坦傳記，新出版的這一本是目前為止寫得最好的一本，讀起來非常有趣。所以，這是我推薦的第二本書。

問：我的問題是關於與生俱來的特質，這是遺傳決定的嗎？先天與後天兩種因素，哪一個影響更大？我想進一步了解這些與生俱來的特質，您有沒有相關書籍可以推薦？

答：在人的一生中，先天與後天兩種因素，到底哪一個影響更大？我不知道讀哪本書能解答你的這個問題。不過在

我看來，儘管大家都知道先天因素很重要，很多人還是沒有充分意識到先天因素有多關鍵。在正常的環境中，很多東西都取決於先天因素。沒錯，人們可以透過付出很多努力來改變命運，但是，我再怎麼努力都不可能成為音樂家或籃球明星。

我們大多數人一定要認清自己有哪些先天優勢，又有哪些先天劣勢。然後一定要進入自己具有最佳優勢的領域。文學作品中有句話說得好：「人是自身天賦的囚徒。」上天已經做出安排，恐怕我們只能想辦法在人生中發揮優勢。既然你身高只有158公分，為什麼還想要試圖走打籃球這條路呢？

問：去年，您說以前沒有感受過衰老的感覺，但正在逐漸適應衰老。請問您現在有什麼新感受？

答：我更適應衰老了。我就像是一個從摩天大樓上縱身跳下的人，下降到第五層樓的時候我會說：「到目前為止，感覺還不錯。」

年老體衰，有很多不便之處，但也有許多樂趣。所以我不會抱怨自己變老。畢竟沒有變老的話不就死了嗎？

16

致勝方式

2010年股東會談話

一定要去人少的地方

編者按

2010年，蒙格不再撰寫致魏斯可股東信，當年公司年報中披露的營收資料如下（單位：千美元）：

| | 截至2010年12月31日 | | |
	2010	2009	2008
保險部門：			
承保	10,840	7,222	（2942）
投資收入	62,211	55,781	64,274
傢俱租賃部門	11,480	（1,359）	15,744
工業部門	1,079	（648）	842
業務部門外非投資損益	（3,986）	（6,923）	（356）
已實現投資淨利	4,252	-	4,554
非暫時性減計投資損失	（13,664）	-	-
魏斯可合併淨利	72,212	54,073	82,116

2008年，蒙格將中國汽車動力電池製造商比亞迪推薦給巴菲特，波克夏以2億3,000萬美元收購比亞迪10％的股權。2009年11月3日，波克夏宣布將以價值260億美元的現金與股權，收購伯林頓北方聖達菲鐵路公司（Burlington Northern Santa Fe railway company）母公司BNFS公司剩餘的77.4％股份。截至當時為止，這是波克夏最高金額的一筆投資。

在2007年股東會上，蒙格提到，導致魏斯可無法完全併

入波克夏的原因之一就是當時魏斯可的股價過高，但內在價值又不如波克夏，如果雙方合併，會對波克夏的股東不利。我們可以從營收資料表中看到，當次貸危機引發經濟衰退，魏斯可因而遭受打擊後，合併淨利明顯下滑，股價也降到更合理的價格區間。2011 年 6 月，魏斯可與波克夏終於合併。

蒙格：我們向來的做法是，我會盡可能加速跑完會議的正式流程；接著，我會談一下各位可能感興趣的話題；最後，我會保留時間來回答問題。

　　根據粗略的觀察，我實在很驚訝許多人才剛參加完波克夏在奧馬哈的股東會，就馬不停蹄趕到帕薩迪納市來。我以為各位聽我們說話會聽到膩，顯然，不少人可真是有錢又有閒啊。我會講幾個在內布拉斯加州沒談到的話題，也說一說我的幾個觀點。或許大家聽完之後會有問題想問。

　　首先，我簡單談一下魏斯可。如果你在早期買進魏斯可的股票，當時魏斯可市值只有 2,000 萬美元，發展到今天已經高達 20 億美元左右，卻仍然是一間沒沒無聞的小公司。當然，如果和波克夏相比，魏斯可無法望其項背，但是和一般公司相比，魏斯可並不遜色。尤其，加州過去有

許多大型儲貸公司，魏斯可曾經和他們同台競技，現在這些公司已經不見蹤影，但我們還在。當年的巨頭一個都沒剩下，失敗機率是100％。

加州儲貸公司的死亡率為什麼這麼高？當年的儲貸機構主要經營金融業務，靠著賺取存款利率與放款利率之間的微小利差維生，放款主要來自不動產的房貸。那麼，為什麼他們會全軍覆沒？原因在於，一間大型金融組織卻仰賴微小的利差賺錢，這種財源本來就不穩定，但公司卻又野心勃勃追求發展。如果它們懂得知足、降低失敗機率，大多數公司應該可以存活到現在。然而，如果你決心要讓資產與獲利達到10到12％的年成長率，甚至年年成長，最終只會讓公司走向自取滅亡的道路。

然後，你的競爭對手將瘋狂追求成長，因此不惜大幅放寬放款標準。面對這樣的狀況，你只能裁員縮編，不然就是跟著糟糕的放款新標準執行業務。說老實話，誰會想要收起野心，主動縮減規模？於是，整個儲貸業的放款標準大幅降低，儲貸機構向下沉淪，整個產業就此毀滅殆盡。

在古希臘人眼裡，儲貸業的覆滅絕對是一齣悲劇。古希臘悲劇的戲劇效果傑出，正是因為它無可避免，眼看著它逼近，你卻根本無法逃避。儲貸業就這樣走向滅亡。

沒錯，類似的悲劇也曾經在華爾街上演。當經濟跌到谷底，華爾街各大巨頭全都奄奄一息，如果不是政府出手

紓困，他們早就像保齡球球道上的球瓶一樣接連倒下。抱持野心，總是想多賺錢、總是想把企業規模不斷做大的想法非常吸引人。於是，劣幣驅逐良幣，惡性競爭導致資產品質劣化，最後在某個時間，整個系統就會毀於一旦。

我剛才描述的現象很容易理解，而且顯然會引發災難。既然如此，人們為什麼不想辦法發展出一套系統來避免這些問題呢？

其實，那是因為活躍其中的人變得有錢有權，拿鈔票籠絡許多政客。會計人員也站在會計準則那一邊，聽令於這場遊戲的眾多玩家。弊端一環扣著一環，很快就呈現出我們眼前所見的一團混亂。苦果致命又嚴重，文明社會危在旦夕，即將墜入深淵。

第一次世界大戰後，協約國如果沒有做出愚蠢的決策並簽訂和平協約，導致德國經濟毀於一旦，希特勒（Adolf Hitler）就不會有機會乘勢崛起。所以，第二次世界大戰後，我們避免再次犯下相同的愚蠢錯誤，提供金援給罪大惡極、殺人無數的德國與日本，幫助他們恢復經濟。

這是人類歷史上最英明的決策之一，這個決策不僅發揮功效，也讓我們擁有數十年的和平。

在金融領域，我們為什麼不能仿效戰勝國在大戰後維護和平一般，致力維持系統穩定呢？社會精英辜負了我們，學術界精英也讓人失望。高等學府金融系所課堂上教

的風險管理方法是一派胡言；法學院照抄商學院那一套，未來的律師也學到一堆愚蠢的想法。學生掌握那些愚蠢的方法，可以在考試中得到高分，但他們學到的東西是以假設為基礎，認為金融結果的分布可以預測，最後會呈現常態分布。然而，到頭來，假設卻錯得離譜。

不過，學術界並沒有改變太多。我很肯定，當我們坐在這裡討論時，他們仍然在教導那些錯誤的想法。虧他們還是高智商的知識分子。

問題來了。同樣擁有高智商，為什麼有些人能做出正確決策，有些人卻總是做出錯誤的決策？長期以來，我一直試圖要回答這個問題，因為我想成為做出正確決策的人。所以我花很多時間思考，為什麼那些做出錯誤決策的人會這麼傻。

很多時候，他們的錯誤是因為看到別人相信什麼，自己也跟著盲從。

有時候，他們走上岔路是因為私利。厄普頓·辛克萊（Upton Sinclair）說得好：「當一個人因為糊塗才能拿到薪水，怎麼可能指望他明白過來呢？」可以說我們的文明社會架構，經常激發出人們醜陋的一面，讓壞事愈滾愈多、愈滾愈大，也讓壞人握有掌控權。

如何才能不加入瘋狂的大多數人群，而站在保持清醒的少數人這一邊？這個問題非常值得思考。我個人覺

得，這件事和高爾夫球運動很像，我們需要透過練習才能掌握正確的揮桿方法。同樣地，在人生中，我們也需要透過練習才能掌握正確做決策的方法。很多時候，我們必須對大多數的傳統想法抱持懷疑態度。我們務必牢記吉卜林（Kipling）的建言：**當身邊的人都失去理智時，你要保持清醒**。不論對投資人或企業高階主管來說，這都是必須培養的特質。

舉例來說，學術界聲稱分散投資是成功的祕訣。我必須說，對某些人而言，分散投資是避免陷入嚴重虧損的方法，但絕對不是成功的祕訣。如果你只會教人如何避免嚴重虧損，對於這個需要許多成功案例的世界而言，實在不夠格當老師。

這就是為什麼有些和我想法相同的人不會說那是「多元化投資」，反而稱它為「多元惡化投資」。當然，波克夏與子公司的風格是集中投資我們最了解的公司，而且我們願意承受因此而產生的更多波動。

投資圈另一個主導投資風潮的愚蠢想法，就是貝塔係數或波動性的概念。葛拉漢說過，「會讓你陷入困境的不是壞主意，而是好主意。」因為我們經常將好主意做過頭，結果帶來慘烈的損失。

很顯然地，人人都能看出哪些個股比其他個股更容易快速漲跌，所以波動性更高。如果你用槓桿投資的方式，

把所有資產投入波動性高的個股，那麼你的資產波動程度會比持有一堆波動性低的個股大，有時候還會陷入危險。這樣的道理眾人皆知，不過卻沒什麼用。

了解個股的波動性解決不了投資的核心問題。我們必須知道什麼行得通、什麼行不通，以及原因是什麼。然而，比起教人使用分散投資或貝塔係數的公式，真正的投資之道不易傳授。

在波克夏，我們發現商學院畢業生的智商與人品都無可挑剔，但他們卻不是可用之才。實際上，他們當中很多人甚至對我們說：「我在商學院學到的東西基本上沒有什麼用，但是你們的思維方式對我很有啟發。」而且，當然，我認為他們是對的。

他們當中有一位正坐在現場，他的名字叫李彔。李彔非常喜歡自己在哥倫比亞商學院的求學經驗，但他認為真正對他有幫助的是華倫到學校的一場演講。

我們的態度非常基本，我們想要釐清什麼行得通、什麼行不通，以及原因是什麼。沒錯，這非常難，因為要在大量資訊中釐清頭緒非常難，而且也需要付出大量時間才能熟練，所以商學院不太教這些東西。不過，這門訣竅卻相當好用。

商學院把教材變得簡單好懂，但實用性卻大打折扣，這種做法實在無益於文明的發展。

▋▊ 兩則商學院故事與一則好建議

如果讓我掌管美國的商學院教育，我會採用哈佛商學院以前的做法，先講述美國商業史，然後我會把通用汽車等龍頭公司的歷史，用《價值線》表格來呈現，並以此作為課堂基礎開始授課。

我想，哈佛商學院不再這樣做的原因是，這樣的教學方式需要從其他學科領域「竊取」一些優秀案例，可能會因為干預別人而得罪其他學術領域。

但是，我認為了解通用汽車為什麼興起又為什麼衰落的知識非常實用；我也認為了解鐵路公司為什麼一開始很成功，後來卻失敗了，過去曾讓投資人虧損連連，現在卻又成為有價值的投資標的……我覺得這些相關知識非常實用。要釐清這些事情需要非常有天分，比起教人用公式計算貝塔係數更難。

關於教育，我有一則非常棒的故事可以分享給你們。

我有一位好朋友，曾經進入一間有名的商學院。在課堂上，教授教他們如何壓榨供應商來降低營運資金，講白了就是晚一點付款給供應商，讓對方的營運資金需求增加，自己的營運資金需求減少。

教授指派了一堆練習題，讓學生熟悉如何透過簡單的代數計算，一方面壓縮自己的營運資金、另一方面提高供

應商的營運資金。最後，我的朋友在考試時寫下這段話：
「我知道您的要求，也已經寫下您指示的算式。但是我想告訴您，我認為這樣做相當卑劣，我永遠不會這麼做。我希望我的供應商誠實、可靠又有能力，而且我們之間相互信任。供應商不是我壓榨的對象，而是和我攜手共榮的合作夥伴」。

我想這間商學院現在應該有所長進，而且我的朋友照自己的方法行事，事業也蒸蒸日上。我總是覺得這樣的故事非常感人。有些人馬上就會發現教授是錯的，而我喜歡和這樣的人交朋友。**學生應該有自己的想法，具備獨立思考的精神。**

我再分享另一則讓我有所學習的商學院故事。

我有位朋友居住在洛杉磯，他的名字叫吉爾福特·格雷澤（Guilford Glazer），父親在田納西州經營一間小工廠。格雷澤和我年紀相仿，退伍後便申請進入哈佛商學院。格雷澤是個相當聰明的人，很快就接到錄取通知書，但他父親的小工廠人手不夠，需要他去幫忙。格雷澤聯絡哈佛商學院，詢問對方：「我是否能延後一年入學，我必須去幫父親做事。」哈佛商學院回答：「沒問題，你可以一年後再來」。

一年過去，格雷澤再次聯絡哈佛商學院，故事從這裡開始變得有趣。格雷澤說：「我想再延遲一年入學。」對

方問道：「去年你聯絡我的時候，手下有多少員工？」格雷澤回答：「50人。」對方又問道：「現在呢？」格雷澤說：「900人。」哈佛商學院這位聯絡人很聰明，他說：「我想你用不著來讀我們的商學院了，還是繼續經營公司，以後回頭來慷慨解囊吧」。

我想各位會發現，現在的哈佛商學院已經不再這樣做了，他們不會先教商業史，也不會以此為基礎開始商學院的教育課程。我猜想這是因為，以前的哈佛商學院比現在的哈佛商學院聰明多了。無論如何，這兩則故事都很有啟發性。

格雷澤的父親曾給他一些絕佳的建議，可以用來對照華爾街最近的亂局。而且，格雷澤樂於分享這則故事。

格雷澤年輕時從戰場回來後，父親對他說：「我們做生意要有原則，我們不能做那種和賭博沒兩樣的事，也不能把對客戶沒用的東西買給他們。我們只賣自己相信對客戶好的東西」。

格雷澤記住父親的話，這番道理讓他受益終身。如今，格雷澤當然已經成為億萬富翁。格雷澤的父親講的道理有許多地方值得學習，但我認為當中有些已經失傳。如果在競爭當中殺紅眼，就會失去分寸。

政府應發揮的裁判作用

接下來我要換個話題，來談談足球。足球是一項非常有趣的運動，球員之間的競爭也很激烈。在足球賽中，如果對手隊伍有一名超強球員，自己的隊伍當然很難贏球。因此，如果不加以限制，球員一定會對敵隊最優秀的球員為所欲為。這就是激烈競爭的本質。所以足球賽的裁判得在場上瘋狂的來回奔跑，監控球員，他們在足球賽中具有非常重要的作用。

這也正是政府的作用，必須在某一群人（例如投資銀行家）具備很強的競爭意識時，規範他們的競爭本能。我們不能期待投資銀行家會自我約束，畢竟他們都處在高度競爭的環境中。而且，如果政府不出手干預，當年儲貸業信用品質惡化的過程，絕對會在投資銀行業中重演。

會發生這種事其實不難理解。這個產業招募許多年輕人，他們的配偶也期待他們能出人頭地。所有人都希望這個產業蓬勃發展，要做到這一點，唯一的方法就是變得更有企圖心，連不應該做的事也去做。所以在狂熱的競爭中，這一行的標準不斷降低。

類似的狀況就發生在投資銀行業。狀況最糟的時候，好比雷曼兄弟倒閉前的那段時間，投資銀行業的競爭狀況相當病態。他們經常和不正當又狡詐的貸款經紀人往來，

這些人的行為和詐騙集團沒什麼兩樣。此外，投資銀行還把這些貸款包裝成證券產品，雇用銷售人員推銷出去，根本不管這些金融商品的品質。這和格雷澤父親給的建議背道而馳。他的原則很簡單：「努力賣東西賺錢，也得販售對客戶有好處的東西」。

作惡的人下場如何？他們當中有許多人破產了，一堆人聲名狼藉；大部分的人都羞愧不已，而且他們真的很羞愧。在他們看來，自己沒錯，錯的是別人。當希特勒坐在地堡裡，面對生命的盡頭時，他沒有說：「喔，這都是我的錯，我發瘋了。」他反而說：「事情走到這個地步真是太遺憾了。會發生這種事都是因為德國人民不夠理解他們的偉大元首。」

我想，我們最近遇到的許多麻煩，都是因為許多始作俑者抱持這樣死不悔改的態度。不可否認，我們面對的是人性中非常原始的一股力量，必須適當地加以約束。在這些領域中，得有個「大人」擔任足球賽裁判這樣的角色。

在美國，政府是住房抵押貸款品質的最高監理者。房利美與房地美是住房抵押貸款業的兩大巨頭，它們獲得聯邦政府的經營許可，受到聯邦住宅企業監督局（Office of Federal Housing Enterprise Oversight, OFHEO）監理；這個政府單位有超過200名職員，唯一的工作就是監督房利美與房地美。

　　房利美與房地美位於聯邦住宅企業監督局附近，可以說就在監理部門的眼皮底下。聯邦住宅企業監督局的權力很大，可以隨時制止這兩間公司的不良行為。但是，儘管密切監理，這兩間公司竟然雙雙陷入破產困境。原來，這兩間公司都做了假帳，其中一項原因是高階主管為了高額獎金鋌而走險。

　　所以，光是對著應該阻止過當行為的監理機關說：「就做你想做的吧。」也無法解決問題。監理者不會被政治左右，也不會受到官僚習氣薰染，但美國證券交易委員會沒能及時將馬多夫（Bernie Madoff）繩之以法，不是因為他們串通好了，也不是因為受到政治干預，只是因為這件事很難辦到。

　　各位可以想像，即使有人向證券交易委員會檢舉馬多夫，還給出完整證據，證交會還是很難判斷馬多夫是不是壞人。就因為案子難辦，他們才視而不見。

　　所以，光是賦予監理機關更多權力也無法解決所有問題，更何況他們根本無法好好掌控自己手上已經有的權力。

　　在我看來，**想要限制過度的行為與糟糕的後果，就必須監督投資銀行的業務活動**。在1920年代經濟危機後，我們就採取這樣嚴格監督的做法。

　　在此之前，投資銀行無所不用其極，把垃圾證券推銷給孤兒寡母，這些人正是他們信託部門的客戶。這讓人

們感到憤怒。於是，政府制定一條法律，禁止商業銀行承銷證券或是從事投資銀行業務。在之後很長一段時間裡，投資銀行基本上表現良好，甚至可以說他們謹慎過頭。不過，至少他們再也沒有惹過大麻煩。

因此，我支持凱因斯的觀點，文明社會的資本配置過程不應該像賭場一樣龍蛇混雜。換句話說，金融機構販售的證券產品應該簡單、合法，交易過程也是如此。

我認為應該加強對銀行業的監理，無論是投資銀行還是商業銀行，都不得直接參與大宗商品交易。

說到底，投資銀行業已經得到許多業務活動許可，可以販售證券給客戶、為避險基金管理融資帳戶、提供併購建議來賺取報酬、收取佣金與利息等，這些合法的業務操作容易，也不至於引發大量的醜聞或問題。既然如此，這些人何必把手伸到其他業務上？它們已經用事實證明，自己無法控制心中作惡的那一半。

如同我在奧馬哈說過，要是讓我管理這個世界，我會做得比保羅・沃克（Paul Volcker）*更絕，讓他的鐵腕政策顯得不值一提。我絕對會限制這些經營活動的範圍。

如果投資銀行想要經營那些活動，他們大可把業務

---

*　編注：1970年代末出任美國聯準會主席，為了遏止通膨，他將最優惠利率提升到20%，公債利率上升到15%，隨後美國經濟遭遇嚴重的衰退。

拆分開來。如果投資銀行業有人想要經營避險基金或私募股權基金，他們都可以做。當摩根大通從摩根史丹利分拆後，兩間公司依然聲名卓著，長久穩定發展。要把大企業分拆，我不認為會有什麼困難。但如今在美國，像我這麼想的人已經很少，既然你們聽得這麼入神，我也就不客氣地暢所欲言了。

關於這場金融危機，我已經談得夠多了。我的想法是，我們需要一個如同足球賽裁判的角色，但是這個角色不能只是像聯邦住宅企業監督局那樣運作。這位「裁判」必須頒布一系列法規，並且表明：「如果你們想要有政府的認可做為營運基礎，那麼就會有一長串完全合法、但你不可以經營的業務活動」。

否則，你的下場會和雷曼兄弟一樣。所有人都為所欲為利用無限的信用去做自己想做的事。這些公司大到不能倒，而人性就會在此發揮作用，變本加厲試圖解決所有問題。最後帳目被搞得一蹋糊塗，他們不得不從財務報表中刪刪減減，而且還是用不當的手法處理。

整個產業彌漫著歪風邪氣。我不是說這一行所有人都喪心病狂，不過這些大公司的確集體陷入瘋狂。當然，我們也知道，這為我們所有人帶來了危機。

在這裡我想談談高盛。在所有大型投資銀行中，我認為高盛的道德水準最高，也最有智慧。因此當狀況一團

混亂，政府得實施一些大型改革時，卻拿道德最高尚又最有智慧的投資公司開刀，我實在不太開心。我不認為高盛是故意做出不當行為，他們只是不小心犯錯，因此在我看來，政府的做法實在有失考量。

關於金融危機，我洋洋灑灑講了不少，有些發言還頗有爭議……我認為沒有這些混亂，世界會變得更好。畢竟，沒有這些問題之前，一切都相安無事。

■ 別相信無償賺錢的機會

我再舉幾個例子，說明這些不當行為如何運作。

我知道有個地方會玩一種小規模的撲克遊戲，有些牌友非常喜歡複雜的玩法。如此一來，當技巧較差的牌友被迫參與複雜的牌局時，面對場上的資深玩家，他們就如同待宰羔羊，高手可以輕鬆的迅速獲勝。在投資銀行中，如果他們雇用太多聰明人，我們就會看到同樣的情況。

加州理工學院的大部分畢業生選擇進入金融業，而不是工程業，出現如此糟糕的結果我很遺憾。我能理解他們的選擇，他們想要向我靠攏。順帶一提，這樣的結果並不完美，特別對國家來說這不是好事。

總而言之，**當這些聰明人得到許可，可以玩更複雜的**

遊戲，他們的做法將會和格雷澤父親的建議背道而馳。他們會坑殺自己的客戶，畢竟這些人沒有自己聰明，而且同樣的事將一而再、再而三地發生。

在韓國和墨西哥，很多公司禁不住投資銀行慫恿，做了一點外幣衍生性金融商品交易，而且大多數時候都能賺到一點蠅頭小利。這筆錢看起來像是白白從天上掉下來。**如果有人說要提供你無償賺錢的機會，千萬別往下聽。這是蒙格法則。**如果各位聽我這句勸，將能免於在人生中碰到更多麻煩。

總之，這些商人相信真的有牙仙，要讓他們不費工夫就賺錢。所以這些商人會買進衍生性金融商品，而且他們通常會賺到一點錢，但這些蠅頭小利背後隱藏著巨大的風險。這就像是販售巨災債券，如果碰上罕見的災害，你就一毛錢都拿不回來。當然，那些韓國與墨西哥公司最後被坑殺得血本無歸。就因為投資銀行把複雜的產品賣給客戶，而遵守法紀、做正當生意的公司則紛紛陷入破產。

違背格雷澤父親說的道理，這是錯誤的做法；儘管投資銀行不是存心為客戶帶來損失，但刻意欺瞞客戶的做法依然大錯特錯。當你和自己的客戶做交易，而且還是在非常複雜的領域進行買賣，誰是刀俎、誰是魚肉，還用說嗎？所以我認為許多行為都應該受到規範。沒有人會希望這些活動重回市場。

歌劇《日本天皇》（*The Mikado*）裡有一句台詞是我最喜歡的一句歌詞：「我有一張罪犯清單，我一個都不會放過。」這句話基本的意思是：「我要他們一個個都人頭落地。」同樣的，在我們如今的財務環境中，許多活動都可以被剔除。

我認為衍生性金融商品的利益如此之大，很大的原因是我們的會計師讓我們失望了。波克夏有一小部分衍生性金融商品資產，按現行會計處理，可以得出一個帳面數字。如果它真的有這個金額的價值，那麼我們應該把它分到另一個會計類別：在動用之前都保值的類別，但是一旦動用，就會消失。

根據會計做的帳，這筆錢確實存在，但是當我們要動用，就會發現帳上有一個4億美元的財務缺口。在我看來，美國衍生性金融商品的帳目上，四處都充滿像這樣價值4億美元的缺口。

同理可證，我想有許多筆衍生性金融商品的交易，都是按照相同的會計處理方式估價，然而交易的一方評的是一個數字，另一方評的又是另一個數字。這種會計處理方式製造出大量混亂，我們實在不需要它。有人曾經評價這種根據模型訂價的做法說：「不如說它是根據臆測評價。」我們顯然不需要這種訂價方法。

會計這門專業有另一道難題，那就是他們學太多數

學，學太少常識。而且，他們太相信數學，只會從數學的角度看問題。在他們眼裡，高估或低估資產、獲利只不過是一個硬幣的正反兩面，從數學的角度來看沒什麼區別。

這種想法大錯特錯，因為客戶與文明社會中99.9％的災難來自於高估資產與獲利；反過來說，把資產與利潤低估一些，通常不會惹出什麼麻煩。

在我年輕時，會計制度非常保守。那時候的零售業，在計算存貨的帳面價值時是以成本價格或市場價格當中兩者取較低的金額為基準。除非存貨已經賣出去，否則帳面價值只能往下調，不能往上調。

那時候會計做的是正確的事。他們知道，在認列資產與收入時，高估可能導致風險，低估才是安全的做法。

不過，人們想要提高資產金額，他們討厭用成本價格或市場價格來計算，不管怎麼算，金額都會比較低。因此，自然而然，會計業就隨著證券持有者的意願而改變。我還記得，最後連摩根銀行都妥協，改掉利率交換商品的認列方法。

在過去，大多數公司都奉行收支平衡的穩健風格，假設有一筆300萬美元的淨利入帳，這筆錢是要用來繳款，他們會如實認列。這時，最合理的記帳方式是核對每個月的收據，所以，會計會保留準備金，用來因應財務壓力或客戶拖欠的款項。剩餘的錢才是真正的收入。

　　這樣做的問題在於，公司不能按照自己的希望把收入報得那麼高，所以人們開始說服會計師，讓他們用某些方法來虛報更多收入。最後，連摩根銀行也同流合汙，不過他們坦誠解釋這樣做的原因：「如果不這麼做，我們就留不住交易員啊。」唉，竟然用這種糟糕的方式來經營金融組織、管理會計帳簿，多荒唐？

　　不過，我很同情摩根銀行，在外界的巨大壓力之下，他們別無選擇，只能隨波逐流。我認為，如果摩根銀行堅持採用以往的做法認列，拒絕放寬標準，就會倒閉。然而，當你踏進另一場衍生性金融商品的交易，帳目就會變得混亂不堪。

　　如今，人們對於錯誤的做法趨之若鶩。不在集中市場買賣，而是在店頭市場交易的衍生性金融商品，可以讓人獲得極大的利益。當對方想要脫手，由於沒有集中結算機制，必定還是得來找你。

　　好吧，如果對方想要退出，而你是唯一的市場，這些交易當然會帶來非常多油水可撈。無論多難以理解或讓人摸不著頭緒，精明的人總會找到方法來牟利；或者，他們會尋求會計師的庇佑來假裝公司有獲利。於是，由此造成的混亂與危害愈來愈嚴重。

　　如果你檢視某些大型銀行的資產負債表，你會發現未清算的衍生性金融商品交易金額高達上千億美元。儘管有

擔保品或某些東西可以用來美化財務報表，你還是看一眼就知道，整個金融體系就像是把氫氣與氧氣綁在一起放在街角，只要一點小火花，就會發生大爆炸。**我們的金融體系簡直和俄羅斯輪盤沒兩樣。**

當你找到辦法浮報這麼多獲利，自然會上癮。而人的天性就是會相信這些公司真的有賺到財務報表上記錄的那些金額。不得不說，從某個角度來看，那些錢是真的；然而，從某些角度來看，至少我個人認為，那些帳面上的獲利都是假的。

扔掉壞系統，尋找有用的系統

不過，這一切都可以修正。如果這些會計陋習從一開始就沒有過關，就不會有後來的亂局。以安隆公司為例，在安達信會計師事務所的協助下，安隆成功說服證券交易委員會，允許它採用某套極度樂觀的會計方法，只簽幾份合約，就能把未來20年的預期獲利認列為收入，並且在資產負債表上增加一大筆應收帳款。

這種會計方法實在太離譜了。

證券交易委員會不需要聰明絕頂也會知道，一旦開了先例，麻煩必定蜂擁而至。然而它們還是做出錯誤的決

定。**我們需要更理智的組織，懂得堅決說不，因為總會有許多人找上它們，提出錯誤的要求。**有權力說不的人也應該堅守原則，否則我們還是會碰上和最近一樣多的危機。

會計這門學問還有一個有趣的地方。不管結果是否有道理，會計師喜歡在數字計算上追求一致，他們還喜歡只要跟著規則走就可以得到明確答案的計算過程，而且只要答案可以被接受、又符合他們的專業原則就好。儘管實際上這些算式會產生完全錯誤的後果，也不會影響他們。

舉例來說，他們為銀行的準備金設下一項規定，說要利用精算技巧衡量過去的狀況，再計算出所需的準備金金額。但各位想想，當景氣經歷一段長期榮景，通常就是真正的重大危機潛伏之時，而這套系統卻會讓呆帳準備金降到趨近於零。這實在非常荒唐。稍微有常識的人都知道，呆帳準備金應該增加，而不是減少。但是，你不能用簡單的精算技巧來體現這個道理。

在蒙格的世界裡，如果你使用的系統導出有問題的瘋狂結果，根本派不上用場，那麼你應該把這套系統扔到一邊，重新找一套有用的系統。我們國家根本不應該把系統變成這樣，讓銀行的呆帳準備金降到趨近於零的地步。

另外，為了維持理論上的一致性，美國會計業界最近設下一項規定，現在華爾街也跟著使用。如果你的公司瀕臨破產邊緣，而債權人極度恐懼你會破產，願意用低廉的

價格把自己的債權賣出去，當下會計師就會說你已經賺了一大筆錢，因為只要你有錢，就「可以」用折扣價買回債權。但是你根本沒有錢。

如果你用《愛麗絲夢遊仙境》的風格把這件事寫成一部諷刺劇，劇情會因為太過荒謬而顯得不真實。然而，這卻正是我們國家現在面臨的狀況。在光鮮亮麗的專業外表下，隱藏著許多瘋狂、應該受到管束的會計技倆。我們應該把有這種不當想法的人踢出去……我們不需要因為公司瀕臨破產卻能自動浮報大筆獲利的會計系統，也不需要會讓銀行把呆帳準備金降到極低、低到趨近於零的會計系統。

在美國所有商業領袖中，只有摩根大通的傑米·戴蒙（Jamie Dimon）站出來抨擊這樣的做法，他是我知道唯一一位，直指是愚蠢的會計政策造成現今反常狀態的領導人。在此，我要向他致敬，我欽佩他的為人，讚賞他是一位富有社會責任感的公民。然而，如果由我掌權，我照樣會把摩根大通的衍生性金融商品業務砍光光。畢竟，如果傑米沒有在經營合法企業的同時兼做賭博性質的事業，這個世界會更好。

順帶一提，在最近的亂局中，有些投資銀行竟然真的收購賭場。畢竟如果可以買下真正的賭場，誰還需要經營偽裝的賭博事業。不過，我們不需要大到不能倒的公司去收購賭場；我們對賭場的態度應該和格雷澤父親一樣。或

許，我們都同意小賭怡情，但我們必須認清賭博的危害。
賭博的風氣不可助長，必須嚴厲遏止。

<hr />

股東會問答

◼ 會計準則必須大刀闊斧改革

問：我是一名會計學教授，我有兩個問題。第一，我該如何教導學生？第二，您能否給我的學生一些建議？

答：從某個角度來看，我先前提過，站在行業頂端的人，也就是設定標準的人，需要非常巨大的改變。無論是從國家利益考慮，還是從會計業自身的發展來說，這一行都需要大刀闊斧的改革。

　　身為會計學教授，一方面，你不得不按照書上教的去做，才能讓學生通過美國註冊公認會計師（CPA）考試。但另一方面，你也知道這些會計準則愚不可及，所以我建議你只能捏著鼻子忍著點了。

　　會計是高尚的職業，為人類進步做出重大貢獻。這門專業學問誕生於威尼斯的全盛時期。當時，威尼斯是全世界最重要的商業城市，並受惠於複式簿記法的發展，地

位更加鞏固。所以，你身處一個絕佳的美妙行業，我希望你可以教導學生為進入這一行感到自豪。我也希望有朝一日，這些學生能成長茁壯，大力改革我先前所提到的會計業高層弊病。

會計準則制定者會像現在這樣行事，是因為擔心被要求下判斷時，可能需要承擔隨之而來的責任。我認為他們這樣想很合理，畢竟如果他們被要求做出商業判斷，一旦判斷錯誤就得賠償損失，當然會害怕擔下責任。

如果我是獨裁者，我會做的改革就是除了蓄意詐欺之外，我將免除他們一切責任。不過，改革的一環也包含會計師的自我提升，我認為他們應當更加理智、更加保守地審視公司的財務狀況。會計師應該發揮監理作用，持續進步，而不是成為安隆等公司的幫兇，一起製造混亂。

新加坡李光耀的典範

有沒有哪個例子可以鼓舞我們，給我們修正這些問題的提示呢？例如，我們在二戰後不僅簽訂和平協約，更制定馬歇爾計畫 *，展現出絕佳的智慧。當然有，我們還有一

---

* 編注：即歐洲復興計畫，是二戰後美國對西歐各國進行經濟援助、協助重建的計畫，對歐洲國家的發展和世界政治產生深遠影響。

個例子可以借鏡。

我個人非常喜歡接下來要提的這個例子，因為故事主角和我同年，他就是新加坡的李光耀。李光耀就像是新加坡的華盛頓（George Washington），自開國以來一直在新加坡政壇扮演舉足輕重的角色。

李光耀非常明智。很多男人看重女人的美貌，不在乎女人的頭腦，李光耀則不然。高中時，李光耀成績優異，但有一位女同學比他成績更好，所以她是最聰明的學生。於是李光耀和她成為人生伴侶。那麼新加坡現任總理是誰呢？正是這對夫妻的兒子。

李光耀非常務實，他的行事風格顯示他充滿智慧。

過去，新加坡有許多熱帶沼澤，而李光耀不想讓人民因為瘧疾而死。所以他抽乾所有沼澤，完全沒有考慮到可能有些小魚會滅種。他甚至不允許居民家中後院出現積水。所以，警方有權進入任何一個居民家中，發現誰家後院有積水就會開出重罰，罰到對方求饒。於是，新加坡再也沒有瘧疾的問題。

李光耀不喜歡毒品，於是他研究世界各國的經驗，最後選擇效法美國的辦法。你為此感到訝異嗎？你應該訝異，因為李光耀仿效美軍的政策，安排檢查人員，隨時隨地對人民進行尿液檢查，不合格的人立刻送往強制隔離戒毒所，無一例外。於是，毒品問題就解決了。

　　只要發現某個問題像癌症般出現蔓延的苗頭，李光耀就會立刻將其斬草除根。所以，當一群問題少年結黨成派的問題才發生第五次，他就讓特務部門臥底成為組織裡第六、第七名成員。對於任何有可能滋長的偏差行為，他都會嚴格整治。這些都是非常容易了解的想法。

　　新加坡沒有豐富的資源、沒有農業發展，什麼都沒有，最初也只是個空無一物的國家。在李光耀的帶領下，現在新加坡已經成為全世界最蓬勃發展的國家之一。他把新加坡變成一個方便取得所有他想要的東西的國家，所以他們有了精良的製造技術。新加坡採用家長式的治理風格，換句話說，他們的政府對國民的大小事都關懷備至。在世界各國中，新加坡是優秀的範本。

　　我認為我們需要多多借鏡李光耀的做法。不過，美國文學院出身的人都厭惡李光耀，說他限制言論自由。新加坡的馬來人占少數，而華人占絕大多數。李光耀認為，占絕大多數的華人不應該說任何會展現華人優越感的言論，他認為這會造成反效果，所以抹黑少數種族是違法行為。也許有人會說，這是干涉言論自由，但我覺得這是相當積極有效的做法。李光耀一次又一次帶來絕佳成果。

　　我認為李光耀給了中國很大的啟發。中國共產黨領導人到訪新加坡時，親眼看見不少華人的巨大成功。中國共產黨會停止文化大革命，是因為他們看見這一套不管用，

而且有些中國共產黨領導人具備足夠的智慧，以務實的態度行事。鄧小平曾說：「不管黑貓白貓，捉到老鼠就是好貓。」李光耀立下的典範，幫助中國進行改革。

我希望美國也能屏棄過去的錯誤，向李光耀借鑑。從很多方面來看，我們實在太寬容，又沒有採取嚴厲手段來整治問題。因此當問題滋生蔓延，就會造成許多麻煩。

總是從機會成本的角度思考

我們應該再聊點什麼呢？喔，我想來聊聊魏斯可吧。

有人看到我以87歲高齡擔任魏斯可的董事長，總會思考接班問題要如何解決？未來情況會如何？諸如此類的擔憂層出不窮。其實，魏斯可是偶然產生的公司，早該在八百年前就併入波克夏。但是，你們這些人喜歡把魏斯可當成俱樂部，一直把股價捧得很高，高到讓華倫無法直接用現金收購，更不可能用波克夏的股票交換。

各位對魏斯可有感情，我們不願用現金強行收購；我們也不願意輕易發行波克夏的股票。所以，雖然魏斯可理當併入波克夏，卻一直被拖延。不過在我看來，當價格落到合適的區間，這件事遲早會發生。

未來當我不再上台喋喋不休喬治‧伯恩斯的事，我不

確定你們是否仍然會來到我們的俱樂部。不知道這裡有什麼魅力讓你們如此著迷,我年輕的時候可沒這麼受歡迎。

還有一件事我覺得聊起來會很有趣,而且也是這場談話的基本,那就是波克夏海瑟威的模式。波克夏模式有什麼特別之處?很簡單,**我們在管理子公司時會將權力充分下放,幾乎不掌權,所以可以說是高度分權。**

但另一方面,我們對子公司手上那些超過合理範圍的資金,我們採集權方式管理,所有資金統一由奧馬哈分配。當然,我們支持子公司購買對其有益的東西,我們非常歡迎這樣的開銷。不過,這些子公司的設計就是為了創造大量現金流入,而所有資金都會有效匯集到總部,就像一張蜘蛛網,由穩坐中心的那個人統一配置。

毫無疑問,我們以高度集權管理資金的方式很獨特,如同我們高度分權管理子公司的方式一樣獨一無二。分散權力的好處在於,我們沒有如同帝王規格的華美總部,子公司不需要負擔沉重的行政費用。

你們當中有多少人願意在大型官僚組織工作,整天受到一堆中央規範綁手綁腳?**我打賭大多數人都不願意。我也可以打賭,你們大多數人都在小團隊中工作,同事之間真正互相信任,人人都有很強烈的歸屬感。**所以,我認為波克夏這套高度分權的體制對員工有好處,儘管有時候總會有人製造出混亂,但總體而言,高度分權還是利大於弊。

同樣地，將獲利再投資時，我們採取高度集權的做法也是利大於弊，因為我們會從機會成本的角度來思考。在考慮機會成本上，我們的選項比別人更多，因此理所當然地，機會成本愈高，投資決策便會愈理智。我們可以選擇利用保險業子公司來買進更多股票，我們也可以選擇收購整間公司，例如收購伯靈頓北方鐵路公司（Burlington Northern）。**我們總是從機會成本的角度思考。**

最近有人向我推薦一家中國公司。乍看之下，這間公司的經營狀況相當不錯，我對它的第一印象非常好，但是我拒絕了，原因很簡單：「我知道自己手裡已經有一個好機會，現在的價格也很合適，如果我願意，可以花更多錢投資這間公司」。

當我手裡已經有更好的機會、也可以投資更多，為什麼還要去看新的機會？正因為我們的總部把機會成本的思維方式發揮得淋漓盡致，我們才能有更好的資金配置。

問：我一直很想投資波克夏，不過也一直有個顧慮，您與華倫是波克夏的掌舵人，而兩位奉行的內在價值是這間公司的核心思維。但是對於波克夏的未來發展與接班問題，兩位有什麼打算呢？
答：我必須說，你很聰明地表達自己的想法是：「這間公司有兩個怪老頭坐鎮，所以值得信賴」。

就我而言，蒙格家族的資產中，絕大部分是波克夏的股票。即使我們兩人不在了，波克夏仍然能夠長盛不衰，而且大部分的企業文化能長期保持下去。此外，許多事業都有強大的內在優勢，能夠長長久久保持強大的生命力。

在之前波克夏股東會上，我曾說過，沒有幾間企業像波克夏一樣，組織架構不需要有超強的領導能力就能經營。波克夏動能十足，我相信我們的企業文化也不可能轉瞬即逝。

◼️ 狗魚模型讓我們進入高科技領域

有人可能會問我：「你們兩個到底發生什麼事，現在怎麼開始投資高科技公司，而且還是困難重重的高科技公司最尖端的技術？」我們投資的伊斯卡公司一直在開發許多新產品，而比亞迪是一間致力打造嶄新產品、不斷創造奇蹟的公司。

沒錯，華倫和我以前確實對高科技公司避之唯恐不及。

我避免投資高科技公司的傾向，正是始於這座帕薩迪納市。那時候我還很年輕，投資一間生產科學儀器的公司，他們開發出當時世界上最先進的示波器。為了開發這項新產品，我們投入無數資金，耗費無盡心血，好不容易

把產品開發出來，創投資本家卻來挖牆腳，把負責產品開發的核心員工挖走了。不得不說，我感到非常鬱悶。

與此同時，我們全然不知道，磁帶即將橫空出世，淘汰我們的產品，讓我們在破產的邊緣苦苦掙扎。那可真是一段備受煎熬的歲月。從那以後我再也不敢碰高科技公司，直到最近才改觀。當然，華倫以前也不敢碰高科技公司，只敢投資襯衫、鞋子、屋瓦之類的東西。

我這一生見過許多偉大的高科技巨頭，也時常思考他們的命運。柯達絕對是一間非常重要的高科技公司，它們不僅壟斷所有基本的底片相關專利，更熟悉所有複雜的化學與物理知識，而且還擁有世界上最著名的品牌之一。現在的柯達呢？已經奄奄一息了。同樣地，曾經享譽世界的全錄（Xerox）也走到破產邊緣。讓我提醒各位，當年的柯達與全錄可是實力雄厚、人才濟濟的大公司，還有許多工程師人才。

科技日新月異，高科技公司很難保住領先位置。我聽比爾・蓋茲說過很多次，無論是多成功的高科技公司，每當有顛覆性的新技術出現，都會毫無例外地失敗。不管你的公司占有多少領先優勢，一旦無法適應新技術，就會慘遭淘汰。

不過或許有些公司可以成為例外，像是IBM在電腦技術出現之後便跟上潮流。然而，當個人電腦興起，IBM照

樣陷入困境，和比爾‧蓋茲所說的結果如出一轍。正因為
高科技公司得面臨這樣的威脅，我們總會遠離這些公司。

那麼到底發生什麼事，我們現在為什麼投資高科技公
司？我們過去避開高科技公司，是因為我們的了解不夠充
分，就像我投資的示波器就被磁帶給淘汰了。

我們現在改變想法，**是因為我們掌握了一個新模型。**
我向來習慣在大腦中保有許多不同的心智思維模型，並且
利用它們來客觀地思考問題。我大腦中的其中一個模型被
朋友稱為「狗魚模型」（Northern Pike Model）。如果你
有一片充滿鱒魚的湖泊，然後你丟了幾條狗魚進去，很快
地，湖泊裡的鱒魚將所剩無幾，幾乎變成狗魚的天下。我
要說的是，有些公司為客戶創造價值的能力非常強大，他
們如同鱒魚池中的狗魚，在產業中所向披靡。

我發現早期的沃爾瑪正具備這樣的特色，這間公司就
是一條狗魚。它們找到為客戶創造價值的祕訣，因此一舉
侵吞市占率，成長為零售業的霸主。當然，好市多在這一
方面也不遑多讓。

好市多是零售業的典範，只販售對顧客好的東西，
我特別欣賞它們的價值觀，我想格雷澤的父親也一樣。而
且，我絕對不想和好市多競爭，它們有優秀的商業模式與
任人唯賢的企業文化，因此具備非常強大的競爭力。以
前，我絕對不可能投資三星公司，但是，我現在腦中掌握

的多種競爭模型讓我可以看出，三星以狗魚般的氣勢，乘著高科技的巨浪而來。

所以，波克夏對高科技公司有點著迷。為什麼？我想原因在於，這些模型實在太強大，**我們認為波克夏可以在全新的領域做出一些預測。**

比亞迪想不成功都難

我今年86歲了，假如我告訴你們，我能用右手把800磅（約363公斤）的啞鈴舉過頭頂，你們一定會笑我自不量力，對吧？但要是我真的用右手拎起一個800磅的啞鈴，輕鬆自如的舉上舉下，然後，我又說：「現在，我要用左手舉起900磅（約408公斤）的啞鈴。」而且我也辦到了。當我大概第四次拿起啞鈴高舉過頭，你們可能會想，這傢伙可能知道一些我不知道的舉重祕訣；然後，你們會想，或許我無法解釋為什麼，但我打賭他可以再舉起更重的啞鈴。

從某個角度來看，用這個例子來形容比亞迪最合適不過。這間公司的創辦人才華洋溢卻吃苦耐勞，無論是什麼業務，都力求做到最好，於是，奇蹟一個接著一個在人們眼前發生。第一個奇蹟發生時還可以說是意外、是碰

巧,但是當第三、第四個奇蹟出現時,你就會想,我願意出錢。也許你會說,我們買得早,買進價格也很便宜;確實,這多虧了李彔的慧眼獨具。而且,要是當初比亞迪的股價再高一些,我們就沒有足夠的理由買進了。

現在有幾間高科技公司讓我們覺得有點信心,可以踏足先前沒進入過的產業。我們要如何確定用這套新方法就能成功?這麼說吧,**我們非常確定,我們不會很常進行這樣的投資,因為像比亞迪這樣的公司寥寥無幾,像王傳福、李彔這樣的人更是鳳毛麟角**。我認為各位不必擔心,我們沒有突然自我感覺良好,把自己當成高科技業的大師。

我向來覺得創投業不太適合我。我認為創投業對社會發展有益,也很欽佩成功的創投業者,但是我清楚這個行業和我個性不合。或許我的想法有點瘋狂,不過我認為押注像比亞迪這樣的公司並不是在做創業投資,我反而認為這筆投資萬無一失。

看著比亞迪一一挑戰全球最重要的科技問題,真是令人倍感振奮。可以將電力儲存在公共事業系統的大容量鋰電池、低成本的太陽能產品、性能更好的電動車、為中國消費者大量生產物美價廉的汽車,比亞迪一次又一次挑戰成功。

我認為電動車終將成為主流,特別是在空氣品質差、人們無法順暢呼吸的城市當中會更普及。所以,勢必會有

人打造出性能卓越的電動車。在各個大專院校、各個大型科技中心裡，世界上最聰明的人才正為此不斷努力。

那麼，為什麼我會認為，中國的一小群人會處於領先地位？這是因為他們有不平凡的領導者以及很特別的環境。畢竟中國有13億人口，如果當中最聰明的人去讀工程學院，再從當中挑選最優秀的5%畢業生進入公司，而他們又比其他公司的工程師都更勤奮努力。我只能說，這是一個非常有趣又強而有力的模式。

我相信比亞迪能夠繼續保持成功優勢，而且我相信在場的各位都很關心比亞迪的成敗，因為他們正在攻克的難題將影響到我們後代子孫與全人類的福祉。

要解決全球的能源問題，以及在某個層面上減緩環境汙染，就必須增加太陽能的使用量。我也認為，更卓越的電池科技將成為解決方案中的重要一環。

我很欣賞比亞迪製造出物美價廉的汽車。我平時的代步工具是賓士550（Mercedes 550），開起來很順手。但最近我在道奇體育場（Dodger Stadium）附近試駕一輛比亞迪電動車。這輛車的車體比較重，因為裡面有一個很大的鋰電池。當時我的感覺是：「我的天啊，這台車和我的車差不多，而且是用電池驅動；它開起來更順手、更安全，因為車體的重心更低，而且沒有燃油爆炸的風險」。

順帶一提，我試駕的這台電動車，充一次電就可以跑

超過200英里（約322公里）。而且，比亞迪會持續改進它的性能。

最近，比亞迪宣布和賓士汽車達成合作協定。不過根據中國的規定，賓士只能在中國開兩間合資公司，而且這兩間合資公司早就已經成立，所以賓士與比亞迪必須尋找其他合作途徑。強大的賓士究竟為什麼要找小公司比亞迪合作？主要當然是因為它認可比亞迪的電池技術。

我相信電動車的時代必將到來，我也能夠看見促成這個未來的條件。我認為比亞迪占據天時、地利、人和，如果我活得夠久，未來將有機會開著搭載比亞迪鋰電池的賓士汽車。

觀眾席當中有很多人大致上和我過去採取的做法相同，同樣對高科技產業敬而遠之，也因此逐漸累積起財富。我不建議各位學我改變做法，我認為不改變更安全。不過，因為我們的行動一反常態，所以我覺得有必要向你們解釋一下。

每一項規則都有例外。雖然我不是靠著投資高科技公司起家，但是我相信比亞迪，也認為自己沒有看走眼。而且，**誰說人不能改變呢？畢竟我才86歲。**

中國正高速在科技領域前進

問：我想請教您對這幾年來的商業界變遷怎麼看？和以往相比，現在想要投資一項事業並持有20年，會變得多困難？畢竟，未來20年的商業界變遷與進展，一定比過去更加劇烈。

答：我不知道未來20年內世界會怎樣變化，而且我也沒有太多理由要關心這件事。

不過，說起變化的速度，我認為中國的變化速度相當有趣，國土這麼遼闊的國家卻以這麼快的速度成長，根本是史無前例。現在的中國人，就連共產黨領導人，都非常務實。現在的共產黨領導人和以往的共產黨領導人不同，所以我對中國的發展抱持樂觀態度。中國走出文革，還以非常有效的方式走上改變的道路，而且領頭這樣做的是共產黨人。

你不得不佩服這一群人的彈性。而且，在中國共產黨裡向上爬的人當中，許多人都受過工程學訓練。我必須說，這才是我認同的共產黨員。所以大致上，我對於自己在中國看到的景象很滿意。

如果我們認為中國在各種壓力之下，可以具備我們所期待的公民權利概念，那就是過於挑剔了。在我們國家的歷史背景下正確的觀念，在中國不見得正確。美國人總

是習慣假設大家都應該照我們的方式去做，但我覺得這樣不太妥當。我認為中國可以發展出不同卻又適合自己的方式；總之，不管他們怎麼做，現在都做得非常好。中國已經超越以往，不只製造廉價物品，**現在的中國已經在科技成長曲線上，以史無前例的速度變化與發展。**

不過，中國的進步確實讓某些人感覺受到威脅。例如伊利諾州的小公司如果想要和中國的金屬加工廠競爭，可能反而會倒閉。理所當然，人們會因此心生怨氣。

我認為這就是中國人聰明的地方，他們開始培育比亞迪這樣的公司，而不只是透過降低價格來奪取市占。他們正試著製造對客戶更好的產品，並以此占領市場。也就是說，中國正藉由追求產品升級，為人類文明做出貢獻。我想中國的製造會愈來愈精良，而且我衷心期待看到這樣的發展。

不得不說，我始終對中國人有好感。在奧馬哈市中心，有一間餐廳叫作金鳳（音譯，King Fong），我小時候會爬上階梯到這間餐廳吃飯。我很喜歡這間餐廳，因此這次參加波克夏股東會，還特地開車路過，看到它還在那裡。

奧馬哈市中心已經不再繁榮，但歷經幾十年風雨，金鳳餐廳仍然屹立不搖，而且生意興隆。這讓我感到非常開心……中國人向來非常懂得如何克服困難。不只如此，金鳳餐廳還是當地唯一留存下來的中式餐廳。

問：您曾說您非常欣賞工程學科的思維方式，認為這對經營公司非常有益。我也知道數據很可靠，善用數據會帶來好處。但是，這樣的穩健特質有時候可能會導致「分析癱瘓」（analysis paralysis）*，過度在意數據還可能導致迷信財務模型，而這正是您強烈批判的行為。所以我想知道，如何才能既保留工程學科思維方式好的一面，卻又不在經營事業時受到它的負面影響？

答：分析癱瘓是很常見的企業病，我想各位都不陌生。不過，如果要說哪間公司規模夠大，卻很少見到分析癱瘓的問題，我會告訴你答案是比亞迪。比亞迪擁有超過1萬6000名工程師，絕對是一間大公司。比亞迪總是理性做決策，以務實作風讓事情順利運作；它們不喜歡毫不必要的延遲，進行分析與停下腳步時也總是有憑有據。

我之所以對比亞迪充滿信心，很重要的一個原因在於它們的企業文化。它們的作風和你所談的分析癱瘓完全不同。有一個國家擁有眾多人才，卻出現太多分析癱瘓的問題，這個國家正是印度。它們明明應該仿效新加坡的李光耀，卻從我們這裡學到最糟糕的做法。

問：聽說比亞迪的領導人很聰明，每天工作18個小時，請

---

* 編注：指個人或團體因為過度分析或過度思考而無法做出行動或決策。

問您對他有什麼評價?如果他不在,比亞迪還能繼續發展嗎?

答:有些風險的確難以避免,不過我很習慣我們波克夏有一位將近80歲還生龍活虎的領導人,比亞迪的風險看來實在不太需要擔心。你不妨親自看看這位「身體衰弱」的領導人吧。王傳福,請站起來和大家打個招呼好嗎?還有李柯,這位比亞迪的副總裁也在現場,她也非常年輕。

他們兩位才剛創建美國總部,一切都在草創期。而且他們選擇把總部設在洛杉磯市中心,實在是非常聰明的決定。做為一間成本低、發展中的中國製造公司,想要進軍美國市場,還有什麼比把總部設在洛杉磯能夠釋放出更良好的訊號。這裡和華爾街不同,可以避免人多嘴雜。

問:除了比亞迪,中國最優秀的汽車公司是哪一間?您還看好中國哪些行業?

答:我對中國很感興趣,希望更加了解中國,進行更多投資。不過能找到比亞迪我已經非常開心,我很難想像我們還能再找到讓我們這麼滿意的投資。我覺得自己已經用掉這一生所有的運氣。

我們當然會繼續尋找,但我覺得我們不可能找到更好的公司了。

問：我從歷史中學到，當銀行倒閉、無能的管理階層失去資產後，總會有您與華倫這樣有能力的管理者進場，以低廉的價格買進資產。為什麼這次不一樣？為什麼政府不得不出手？為什麼這次危機差點把您所說的「文明社會」摧毀殆盡？

答：這次有什麼不一樣？這次的危機更嚴重，大型銀行差一點就要像保齡球瓶一樣應聲倒下。當時的情況和化學中的自催化反應（autocatalysis）* 很類似，短短時間內問題愈滾愈大，惡化速度愈來愈快。毫無疑問，繼續惡化下去後果將不堪設想。一旦文明社會遭到波及，沒有人能獨善其身。

任何一個正常人都不會喜歡看到現在正在發生的事。而且如果沒有採取極端的補救措施，不會有人想看到狀況可能惡化到什麼程度。

我認為，在這次危機中，政府的應對非常得體，無論是民主黨還是共和黨都表現優秀，為民主與文明社會奉獻心力。儘管我們的民主政治沒有及早揪出馬多夫的惡行惡狀，卻在更重要的危機上及時迅速因應，果斷採取正確的行動。

在應對這次危機時，其他國家也給我們很大的幫助。

---

*　編注：在催化劑的幫助下所進行的化學反應。

英國告訴我們，政府應該直接干預大型銀行，這比我們原先的解決方案「問題資產救助計畫」（Troubled Asset Relief Program, TARP）更高明。多虧財政部長亨利·梅里特·鮑爾森（Henry Merritt Paulson），他一發現有更好的做法就立即改變想法。在這次危機當中，優秀的政府領導階層應對得宜，讓我十分感激。我們之所以採取如此極端的行動，正是因為這次問題實在糟糕透頂又危險萬分。

■ 不改革，危機遲早會重來

問：你們兩位早就預言，我們的經濟體過度濫用衍生性金融商品、擔保債權憑證（Collateralized Debt Obligation, CDO）以及各種金融商品。最終，2008年還是爆發金融危機，必須靠政府出手才能平息。我很好奇你怎麼看現在的狀況，過度濫用的狀況已經緩解了嗎？或是還有一波大型危機潛伏？

答：危機當然沒有完全解除。各位務必記住，這些金融商品在我們眼裡是風險，但對於操作這些商品的人來說，它們就如同潛水夫的潛水氣管一樣重要，他們當然不希望有人踩到這些氣管。老實說，光是有人動念要碰他們的氣管，這些人就會大為光火跳起來和對方拚命。因此，在我

們看來既邪惡又愚蠢的東西，在他們眼中是完美的氣管，
是他們的既得利益，也是他們迫切需要的東西。

　　我父親非常鄙視這樣的想法，他曾經這樣描述這些
人：「我想要，我就要，因為我想要，我就應該得到。」
實在有夠幼稚。每個人小時候都經歷過這樣的階段，但有
些人卻從來都沒有擺脫這種思考方式，我認為這就是我們
正面對的狀況。

**問：所以，您看到這場危機的副作用是什麼……市場還會
有另一場危機？**
答：我只能說，**如果我們沒有大幅改革系統，早晚還會遭
遇另一次混亂事件，**而且規模和這次的危機相差無幾。

**問：您說過應該加強對華爾街的監理。您認為不當的激勵
措施是否造成監理機關和被監理組織之間的問題？影響程
度有多大？例如，由於監理人員是公務員，他們當中最高
薪的人卻和華爾街裡最低薪員工拿到的薪水相差無幾。這
讓銀行有巨大的動機來規避監理。**
　　**事實上，許多公務人員與監理人員離職後，反而加入
他們曾經監理的組織，拿到比以前當公務員時多出好幾倍
的薪水。您覺得這是造成問題的原因之一嗎？如果是，您
是否偏好李光耀在新加坡採取的做法？**

答：我是否認為這是造成問題的原因之一？答案是：「沒錯。」這甚至是造成問題的一大原因。

李光耀也在新加坡遇到一樣的問題，所以他決定給公務員更高的薪水。與一般企業員工相比，新加坡公務員的收入高了75％左右。當然，新加坡也受到儒家文化影響，將擔任公務人員視為榮耀。所以這種制度非常好。

與此同時，李光耀雷厲風行採取行動，打壓一切貪腐行為。不過我認為我們監理人員的主要問題不在貪腐，而是在於他們的認知不足。

問：今天，貝爾斯登公司（Bear Stearns）的艾倫・史瓦茲（Alan Schwartz）與詹姆斯・凱恩（James Cayne）出席國會聽證會。毫無意外，他們把責任撇得乾乾淨淨，說自己完全沒有任何方法可以阻止貝爾斯登公司倒閉。我想讓我介意的是，有些人認為這些國會聽證會已經成為鬧劇，菲爾・安吉利德斯（Phil Angelides）領軍的調查行動應該收場，我們必須繼續前進了。

相較之下，我今天讀到一篇文章談到，經歷咆哮的1920年代並進入經濟大蕭條時代後，國會足足開了兩年聽證會，把問題查得水落石出。深入調查後，政府進行大規模的監理制度改革，因此之後的半個世紀市場都呈現穩定的狀態。所以我很好奇您怎麼看，我們接下來應該怎麼

做？

答：我同意你的說法，當人們還處於受傷的階段，就把他們叫到眼前，將他們的自尊心壓得粉碎，又要他們為自己的失敗負起責任，無論如何，他們肯定會百般為自己辯解，把問題都推到別人身上。這是人之常情。

既然如此，繼續興師問罪就沒有多大意義了。我想國會這樣做是因為他們非常憤怒，想要讓那些高階主管不好過。我不認為國會做錯什麼。這就像是狗兒在客廳地板上大小便，就按著狗鼻子讓牠自己去聞一樣。國會做的事和這個沒兩樣。

當然，被拖到聽證會上的人感到很厭煩，只能胡亂搪塞。有人說自己什麼都不記得，也有人找各種理由為自己開脫。許多年前，就在這座帕薩迪納市，羅斯福家族某個後裔陷入一場混亂的離婚官司。根據當時加州的法律，兩造的過錯會決定財產的分配金額。所以讓自己看起來清白無過失非常重要。

但這位先生曾經在信件中承認自己有特殊的性癖，而且信件上還有他的親筆簽名。信件都曝光了，怎麼辦？他想到一個巧妙的理由，他辯說：「我妻子精神有問題，為了讓她開心，我只能寫這些病態的幻想文章來迎合她」。

這個理由相當荒唐，也沒有奏效，但我敢打賭你肯定想不到比這個更好的藉口。我們現在在聽證會上看到的正

是這樣的情況。

衍生性金融商品弊大於利

問：週六，華倫表示高盛沒有任何過錯，問題出在客戶身上，是他們自己要承擔瘋狂的高風險。聽來您不同意華倫的看法。您能告訴我您認為高盛當初應該怎麼做才對嗎？

答：首先，我實在看不慣大多數衍生性金融商品竟然得到放行。總報酬衍生性金融商品（total return derivative）根本是在規避所有的控制監理，在華爾街正在做的事情上加上令人眼花撩亂的槓桿作用，誤導會計師判斷。一般來說，在現行會計政策下，和總報酬衍生性金融商品有關的帳務不會被放在資產負債表裡，所以巨大的對賭風險沒有顯示在會計帳目中。我實在對總報酬衍生性金融商品深惡痛絕，也厭惡它對社會造成的影響，我認為這種東西帶來的弊端遠遠大於利益。

而且，我認為其他衍生性金融商品同樣弊大於利，就連股市指數類的衍生性金融商品都是壞處多於好處。

當年，證券交易所推出標準普爾指數合約時，只有華倫寫了一封信表示反對，但後來指數合約還是成為合法的金融商品。儘管華倫曾反對指數合約，但當指數合約出現

定價錯誤的機會時，華倫還是毫不猶豫地買進。我不認為
這是言行不一，但這的確是一場有趣的插曲。

話說回來，金融業會變成今天這副樣子，都要歸咎於
國會的愚蠢行為，是他們允許衍生性金融商品合法交易。
在這樣的大環境之下，憑什麼指責高盛行為不當、犯下大
錯，畢竟它們只是做它們這一行都在做的事。

從高盛的角度來說，他們屈於劣勢，很難為自己辯
護。而且，我想高盛應該已經仔細思考過，自己很難向大
眾說明來龍去脈，畢竟沒有人想過將來要向大眾解釋一切。

根據我的預測，高盛會做出一些改變。高盛執行長勞
艾德・布蘭克芬（Lloyd Blankfein）是個靈活務實的人，
高盛目前正在重新檢視所有措施，而且他們絕對會想辦法
改善他們可以做到的每一件事。所以，我對高盛一點都不
生氣。

在我看來，高盛的名譽受損是咎由自取，畢竟他們在
推動政府政策上也出了一份力，我們才會陷入如今的衍生
性金融商品亂局。不過這件事所有的投資銀行都有份，比
起其他公司，高盛不應該承受更多的罵聲。

華爾街的想法和葛林斯潘差不多，他們都認為，達
到法定年齡的成年人可以對自己的行為負責，不管風險多
大，想做什麼，就可以做什麼。我實在不敢苟同。即使是
達到法定年齡的成年人，也不是想做什麼就可以做什麼。

我倒是認為，很多成年人想做的事，國家都應該明文禁止。

在所有行為當中，**極端賭博性質的活動就是應該明文禁止的行為**。然而如今，賭博卻披上衍生性金融商品的外衣，在投資銀行的庇護下登堂入室。所以我不怪高盛。高盛可以說是所有投資銀行中最優秀的公司，拿它們開刀實在不太公平。究竟為什麼要把他們變成代罪羔羊，怪罪他們行為不當又失職呢？對我來說這是既不公平又荒謬的決策。

問：您認為受到譴責後，高盛會出售衍生性金融商品業務嗎？

答：除非法律條文修改，它們不得不賣出衍生性金融商品業務，否則沒有人會主動放棄這項業務。對大牢裡的某些罪犯來說，這項業務利潤豐厚，他們絕對不會放棄。他們就像潛水夫一樣，潛水夫不會踩在自己的潛水氣管上。

■ 嘗到失敗的苦澀，才能有改革

問：我旅遊世界各地，中國的基礎建設、發展速度以及製造業的進步，都讓我驚歎不已。

您曾說美國應該回歸基礎。美國向來能走出經濟危機

的陰霾，但這次危機結束後，我最大的憂慮卻是我認為美
國這次走不出來了。我們偏離本質太遠，沒有這些基礎，
國家便無法走出陰霾。我認為，我們失去對本土製造業的
願景，忽略整個國家與各地城市的基礎設施建設，我們已
經失去夢想。

　　所以我們陷入混亂，而我看不見答案。每次和別人談
論這個問題，他們只能聳聳肩，也說不出個所以然。我們
應該相當明智，但我們卻迷失其中。所以我想要問的問題
是，在您看來，我們為什麼如此迷失？

答：我們國家目前面臨的問題確實比以往更多，而且許多
問題確實看來相當難以應付。像是在改善市中心的學校教
育等重要議題時，我們也遭遇失敗。儘管如此，我不像你
那麼悲觀。

　　在波克夏股東會上，有人問我：「你怎麼會滿意在加
州的生活？那裡的立法機關完全失能，瘋瘋癲癲的右派和
半斤八兩的左派彼此憎惡。每隔十年，可能會出現大概六
個頭腦清醒的正常人，他們夾在雙方人馬中間動彈不得，
最後還是被兩派用不當手段操縱選區劃分而趕出去。此
外，加州的財政狀況更是徹底失控，這樣要如何指望加州
的未來？」

　　於是，我回答他，加州確實存在這些問題，而且這
些問題還很嚴重，但是加州的天氣很棒啊。我們還和亞洲

隔海相望，他們發展得很好。此外，我們有大量人才源源不斷湧進來，大部分是亞洲人，這對各方面都有幫助。況且，**當混亂達到飽和，就會出現導正的力量。**

各位想想，中國在文化大革命之後簡直一團混亂，整個國家往後退了一大步。但它們還是走出來了。它們找到新的出路是因為原本那條路行不通。

現在讓你憂慮不已的種種失敗，在我看來卻像是一絲曙光。**因為我很清楚，沒有嘗到失敗的苦澀，就沒有人願意變革。**如今我們已經體會到失敗的滋味，所以對我來說，現在正是破曉之時；只不過在你看來卻彷彿世界末日。我只能說，但願我是對的。

問：銀行不再採用市值計價的會計方式，這激勵銀行傾向購置不良資產，並且以不實的價格把這些資產保留在資產負債表中。然而，這些資產背後有為數眾多的人拖欠貸款，甚至已經喪失抵押品的贖回權。對於面對這些問題的富國銀行等各大銀行與政府，您怎麼看？

答：在金融危機最嚴重的時候，富國銀行的股價跌到荒唐的程度。富國銀行的經營模式有很多優點，從許多角度來看，這是一間令人尊敬的銀行。但富國銀行是否有犯錯？的確有錯。這些錯誤嚴重嗎？相當嚴重。它們是否需要投入大量精力收拾美聯銀行（Wachovia）的爛攤子？毫無疑

問。儘管如此，我仍然認為富國銀行值得投資。與谷底的低價相比，即使富國銀行現在的股價已經漲了四倍，仍然值得投資。

就算是最優秀的銀行，也會受到大環境影響做出蠢事。我很肯定，如果你讓富國銀行的人列出它們的過錯，它們會列出一張長長的清單，不過根據我的猜想，比起其他銀行，它們也更善於釐清並改正錯誤。

我還認為信用卡業務應該有所改變。有些銀行濫發信用卡，把信用卡發給我所謂「消費成癮者」，這些人根本沒有能力正確使用信用卡。如果我是銀行的經營者，我會盡量不發放信用卡給這些人，因為他們大多數人最終也只付得起利息。

借錢給根本沒辦法運用資金的人，讓他們背負高達30％的貸款利率，我可不想做這樣的生意，這違背我從小養成的價值觀。但這是我個人的偏好，其他人看起來都很愛賺這個錢，我只是覺得有些反感。

我沒有要抱怨，只是想表達一下個人想法。但我相信在座諸位當中很多人和我一樣。有多少人的想法和我一樣？我只能說，但願美國的銀行家能看到這麼多人都舉手表達意見了。

問：我的問題和蓋可汽車保險面臨的機會與風險有關。蓋

可的信用卡業務沒有發展起來，不過有沒有機會發展其他附加業務，為客戶創造更多價值？

答：我必須說，讓蓋可發展信用卡業務的主意實在不太光彩。我們不只做出愚蠢的決定，而且還以失敗告終。但我們的不同之處在於，我們深知應該承認錯誤，錯就是錯，失敗就是失敗，我們會不斷揭開自己的瘡疤，也建議美國的企業與組織和我們採取同樣的做法。

我在這裡重複一遍：我們在蓋可做出的決策非常愚蠢，我們錯了，應該一再提起這件事，自我反省。

現在，但願我們別再搞出類似的附加業務了。

■ 一分預防勝過萬分治療

問：我想知道您認為應該如何在孩子小的時候培養他們的性格與氣質，才能讓他們更像波克夏人，而不是商學院人？

答：如何改善孩子的發展過程？這是個好問題。我們怎麼會有這麼多失敗案例？這是因為大多數人不知道失敗的背後有一種基礎模型。

如果想要了解造成失敗的模型，可以看看東德的例子。當時有一群正常的德國人，他們相當優秀，卻不幸遭

到共產政權統治。他們當中最優秀的500萬名德國人得到許可，便離開東德，剩下較差的1700萬名德國人受到共產政權統治長達60年。只能說，遇到這樣的狀況，即使是德國人也難免失敗。

我們的市中心也經歷類似的情況。大多數優秀人才搬離，如果你住在那裡，為了避開犯罪問題，你同樣也會選擇離開。

俗話說得好，**把問題徹底想明白，問題就解決一半。**不過大多數人面對問題時，常常愚昧地認為一切可以輕鬆解決。然而，這些問題通常無法輕鬆解決，實際上反倒根本難以解決。正因如此，**許多時候的正確做法是未雨綢繆。**

膠質母細胞瘤是無法治療的疾病，一旦得病就無藥可救；很多問題也是如此，一旦出現之後就無法解決。所以，我們應該學習李光耀的做法，問題剛顯露出來就馬上嚴陣以待、連根拔起。如果不及早撲滅問題的火苗，小問題終將釀成大禍。不過，這對於我們的民主政府來說很難辦到，因為我們缺乏有影響力又有意願這樣做的政治家。

如今，歐盟正面臨這樣的問題。希臘的政客希望藉由多借一點錢，多買一點東西，讓人民的日子輕鬆一些，我們實在不能責怪他們。然而，一旦希臘分崩離析，歐盟的問題就嚴重了。各國可能被迫裁員、削減退休金，想必沒有人願意看到這樣的局面。

　　根據我的經驗，如果認真直視問題，就能把問題處理得更妥當。在我看來，一旦連最優秀的人才都搬離市中心，我不會抱持幻想，自欺欺人認為市中心衰敗的問題很容易解決。這個問題理所當然會變成燙手山芋；而且，同樣的狀況會發生在國家上，也會發生在企業上。

　　在促使企業走向失敗的各種模型當中，有一個模型非常簡單易懂。假設在某一個行業中，最優秀的人才都往A公司跑，不願意到B公司、C公司或D公司，而且B、C、D這三間公司最優秀的員工也不斷跳槽到A公司。對於A以外的公司而言，這正是引爆失敗的導火線。我認為如果我們能深入思考，不再愚昧輕信某些社會科學提供的靈丹妙藥，就能更加明智地應對問題。

　　我特別敬佩李光耀的一點是，他總是毫不留情地釐清問題。儘管過程不太愉快，也不阻攔他面對問題的決心。順帶一提，不是所有問題都源自於貧窮，富裕也可能毀掉一切。西方社會裡，許多出身優渥環境的孩子反而誤入歧途。

　　因此，我建議家長採取堅定且理智的管教方式，時時懷抱誠意與善意。不過，我所說的每一件事都很難辦到。

　　我特別建議各位注重這個觀念：一分預防勝過十分治療；尤其，問題通常不只需要十分的治療，反而應該是**「一分預防勝過萬分治療」**。

防患未然才最重要，可惜很多人不懂得未雨綢繆。

問：您之前公開談到，大部分加州理工學院的畢業生投入金融業，讓你感到相當遺憾。不過我必須恭敬地反駁您，我不認為這是一件壞事。

我的想法是，如果投資銀行大量聘用加州理工學院畢業生，有朝一日，他們將成為投資銀行的領導者。而且，他們很有可能比雷曼公司董事長迪克‧福爾德（Dick Fuld）表現更優秀，如果他們踏入政界，那就更棒了。我想知道的是，您真的認為他們投身銀行業是壞事嗎？

答：這麼說吧，你從加州理工學院隨便挑一個學生，他都能表現得比迪克‧福爾德更出色。不過，我思考的是，當這些受過許多優秀訓練的科學人才，轉換跑道只是為了進入另一個競爭激烈的賭場，這對我們的文明社會、我們的國家而言，會是多大的損失啊。我寧願他們把才華用來設計更先進的煉油廠，而不是用來研究更精良的賭博技術。

所以，我同意你的看法，這些優秀的畢業生確實能做得比迪克‧福爾德更好，但是這不代表我希望他們都湧入華爾街。

問：在上週六的波克夏股東會上，您對誠信的概念著墨甚深。現在南歐國家的中央銀行為了應對經常帳赤字

（current account deficit），**都在加足馬力印鈔票，請問您怎麼看？**

答：希臘的問題相當棘手。歐盟成立初期，各國就已經知道希臘問題是風險中的一環。不過，問題過了這麼久才出現，我覺得已經堪稱奇蹟。

希臘的困局既棘手又難以解決。一方面，人們不想要在歐盟裡開先例，讓所有國家認為可以向其他會員國借錢解決問題，可以仰賴其他會員國度過困境。沒有人希望創造出第一個先例。

但另一方面，一旦有歐盟會員國倒下，場面將十分尷尬。以前歐盟的確扶植過許多貧困的會員國。以愛爾蘭為例，歐盟提供了大量援助，愛爾蘭利用這個機會引進大批知識型人才。之後愛爾蘭取得巨大進步，部分原因就是得到歐盟的金援資助。

有的國家就像愛爾蘭，得到幫助之後發展得相當好；但也有些國家就像希臘，反而威脅到歐盟全體國家。

我再說一次，希臘的困局無法輕易解決，救不是，不救也不是，兩個選項都非常糟糕。這讓我想起伍迪·艾倫（Woody Allen）曾經說過：「我們面臨的一條路通往混沌絕望，另一條路通往悲慘滅絕。希望我有足夠智慧能夠做出正確的選擇。」從某些層面來說，歐盟正面臨這樣的狀況。

歐盟正著手解開希臘的困局，我很慶幸自己不需要解

決這個難題，因為我根本不知道該怎麼辦，我也不知道自己會如何衡量這些政策選項孰輕孰重。

我只知道，如果是我，會更早就採取行動。剛才我才講過防患未然的智慧。所以你已經看見了，如果任由事態發展，將會產生怎樣的惡果。

我想，明智的人一看到問題露出苗頭，就會及早斬草除根。在大型官僚組織當中，我們很常見到一堆公務員只是得過且過，期望上帝給他們解決方法，或是幻想問題自己消失。結果，本來早該提出來解決的問題，一拖再拖之後，從小問題變成大問題。

想在人生中取勝，就選擇競爭少的領域

問：華倫說過，在職涯早期，他採用葛拉漢式的投資策略，後來轉為採取另一套系統，尋找具有持久競爭優勢的卓越公司。如果您現在管理的資金規模比較小，您會投資市值小的優秀公司，還是尋找價值偶然被低估的投資機會？

答：我們基本上盡量不去看市值小的公司，因為那對我們來說沒有什麼好處。

如果要提升波克夏的業績，我們就必須動用大量資

金，然而把這筆錢投入市值小的公司裡不太實際。這是波克夏的眾多投資限制之一，這對我們來說行不通。但你不需要受限於此。你具備年輕、資金不足所帶來的種種優勢，自然能找到更多機會。儘管如此，我寧可煩惱我現在的問題，也不想煩惱你的問題。

不過，要是我能像你那麼年輕，還有我現在這麼多錢，那我很樂意。

問：那麼，如果您像我這麼年輕又缺少資金，您會投資市值小的優秀公司，還是採取葛拉漢的做法，尋找價值偶然被低估的投資機會？

答：我想，我當然會在小型股當中尋找機會。我會四處尋找市場無效率的投資機會，並且加以利用。我會尋找一個其他人都不知道、但是我可以挖掘出投資機會的領域，畢竟，如果研究的是杜邦（Dupont）、陶式（Dow）這樣的大企業，就很難找到這樣的投資機會……所以，我絕對不會投資大型股，也不會和擁有大筆資金的人對作。我不會嘗試去研究默克（Merck）的藥品研發產品線比較好，或是輝瑞（Pfizer）的藥品研發產品線更優秀。這是因為：一、這樣做非常難；二、很多聰明人早就在做這件事。

所以，我會前往市場無效率的地方，在這裡我可以找到自己比其他投資人更具優勢的領域，並且善用自己的長

處進行研究，得知其他人不知道的重要資訊。

這樣的機會可能散布在很多地方，不過最基礎的概念就是，**如果想要在資本主義的世界中取得人生的成功，一定要去競爭少的地方。**這就是我給各位的建議。

問：我的問題和您與華倫的合作有關。如果沒記錯，在今年的波克夏股東會上，華倫說是您告訴他要追求具備持久競爭優勢的機會。那麼，請問您從華倫那裡學到什麼優秀的概念或見解？

答：面對所有同事，華倫總是毫不吝惜地鼓勵、讚美我們。如果他真的這樣說我，把這樣的投資概念歸功於我，我覺得這實在是謬讚。對於投資具備持久競爭優勢的概念，華倫根本再清楚不過，完全不需要我多說。

最神奇的是，我們這麼笨，竟然還這麼成功。也許正是因為這樣你們才會來，因為看到我們的成果，讓你們認為人人都有希望成功。

在波克夏股東會上，兩度獲得美國西洋棋冠軍的派翠克‧沃爾夫（Patrick Wolff）竟然跑來找我說，我做的事比他做的事還要困難多了。他曾經蒙著眼睛同時和六位大師級的棋士對弈，這可不是一般人的水準。所以我回答他說：「這樣說就不對了，派翠克，我做的事一點都不難。我挑戰的是愚笨的競爭對手，而你挑戰的是舉世無雙的高

手」。

當然，這也是我要給各位的建議。**如果懂得尋找比下有餘的競爭機會，即使是像我這樣能力不足的人，照樣能做得很好。**

問：請問您怎麼看保險業目前的狀況？有什麼現象可以分享嗎？

答：當然沒問題。整體而言，我認為保險業這門生意非常難做。這一行和大型金融公司有類似的問題，經常為了保住公司規模而自欺欺人。當價格開始下跌，它們總是會少算準備金與預期損失金額，生怕別人搶走市占、自己的業務規模縮小。所以，我通常不會在保險業當中尋找投資機會。

儘管如此，我認為波克夏的保險公司非常不同，我們比別人的意志更堅定。我們也會犯很多錯誤，但我仍然認為這是一間優秀的公司。不過，對於大多數人來說，保險業的生意沒那麼出色。雖然在保險業當中也有幾間優秀公司，但多數投資人已經發現這些公司的過人之處，因此它們的股價自然也不便宜。

總體而言，我還是認為保險業很難經營，從股東角度來看也有不少缺點。而且，保險公司的股價被低估、準備金不足的狀況更是司空見慣。

　　人的天性顯而易見，總是會一廂情願、癡心妄想，我們自然很難指望保險公司的高階主管做出絕佳的明智決策。再保險公司就更別提了，經營再保險公司的難度更高。

問：您強調經營保險公司非常難，但波克夏卻投資瑞士再保險公司（Swiss Reinsurance）與慕尼黑再保險公司（Munich Reinsurance）。您可以幫助我們釐清這兩間公司有什麼特別之處，尤其是你們不能控制這兩家公司的浮存金時，為什麼還是選擇投資？

　　此外，如果是公司外部的人，也能經由分析做出和你們相同的投資決策嗎？或是波克夏身為這兩間公司的競爭者，自然能夠更了解同行的這些公司？

答：不是的，決定投資的人是華倫。在買進這兩間公司時，他思考過波克夏面前所有的投資機會與當時的股價，權衡之後才做出決定。

　　這兩家公司有很多優點，它們歷史悠久、聲譽良好，而且是真正優秀的公司。我的意思是，這兩家公司值得尊重。所以從投資組合配置的角度來投資這兩家公司，對我們來說很合理。

　　儘管如此，我原先的觀點還是沒有改變，再保險公司是很難經營的事業，經常容易犯下各種大錯。

問：這些錯誤通常潛伏很久才會浮現，您如何揪出問題所在？只看財務報表，似乎很難判斷這些公司的準備金是否充足。

答：你說得對，確實很難判斷。不過，你要針對更困難的東西做判斷，也就是企業文化。重要的是，你不只要評估準備金是否充足，還要評估企業文化。企業文化與公司的商業機會有關。在你做出投資決策前，應該針對這些標準進行分析判斷。如同我先前所說，保險業是很難經營的領域，做決策的過程也不容易，我們沒辦法完全確定自己的想法沒有錯。

尋找想都不用想的投資機會還是比較容易，我也更喜歡這樣的投資機會。對我來說，投資好市多時不用多想，投資比亞迪也是一樣輕鬆。這樣的投資機會很棒，只可惜不常見。因此，當你非常幸運，手上有一大堆資金時，面對投資機會就要做出艱難的決策，畢竟你手上的錢實在太多。不過，對於面臨這些困難的投資人，我一點都不感到遺憾。

問：請問您認為保險業的保費何時會上漲？是否能因此增加波克夏海瑟威的浮存金？

答：我認為波克夏的浮存金不會增加太多，甚至有可能下降。要增加浮存金很困難，不過還是有可能辦到，畢竟我們過去曾經見證奇蹟發生。

　　然而，我不會孤注一擲相信我們有能力增加浮存金，畢竟我們也沒有什麼讓人驚豔的系統。這樣的回答對你來說夠消極負面嗎？

■ 收購伯靈頓北方鐵路公司是樁好事

問：華倫有一次接受採訪時表示，波克夏是以全額收購伯靈頓北方鐵路公司，期待未來能夠獲得理想的報酬。請問多少報酬才算合理，是9％、12％還是其他數字？

答：別忘了，**波克夏總是從機會成本的角度為出發點來進行投資決策。**收購伯靈頓北方鐵路公司時，我們發行額外6％的股份來獲取資金，理所當然，我們也舉債、借錢，或是動用浮存金來補齊資金。進行這筆收購時，我們的資金來自於浮存金與股權，只能從中獲得非常低的回報；因此我們借了更多資金，但貸款利率相當低。

　　我想，這筆收購對波克夏股東來說是好事。儘管伯靈頓北方鐵路公司的股東更占便宜，但這不代表我們不應該收購這間公司，因為這筆交易對我們也有好處。所以，能完成交易，我很高興。

　　此外，我們還因此網羅到馬修・羅斯（Matthew Rose）加入波克夏，為這筆收購交易大大加值。馬修年輕有為、

能力出眾。所以考量所有好處，我非常高興。

問：那麼華倫所說「理想的報酬」是什麼意思？

答：波克夏從來不會預測精準的獲利數字。在投資上市股票時，我們希望長期稅前報酬率至少達到10％……但是，這個數字並不是鐵則。收購整間公司又是另一回事。舉例來說，收購公司對我們來說有某些稅務上的優勢。我只能說，比起買股票，我們更偏好收購整間公司，而且也樂意付更高的金額收購優秀的公司。

以現在的大環境來說，投資股票的預期稅前報酬率應該不到10％。所以，在未來一段時間裡，就算大多數誠信、專業的投資人明智地選擇投資標的，也應該賺不到10％的稅前報酬率，能有4％、5％就不錯了，甚至有可能更少。現在可不是遍地黃金的時候。

股票價格之所以漲得這麼高，部分原因是利率太低，兩年期的公債利率也低到讓人絕望，因此股價才被推得這麼高。現在的股市可沒有讓人垂涎的好機會，投資也更加困難。

前幾年曾有一段時間，一切都很瘋狂，投資人可以撿到便宜。但是這個狀況只維持很短一段時間。當時有些人被眼前的狀況嚇傻，有些人則是手裡沒錢，也有些人不敢冒險。不過這樣的期間不常出現，即使出現也不會持續太

久。

　　現在我們面對的股市就像一般成人的生活，實在非常艱難。所以，如果我們認為現在投資股票還可以賺取10％的獲利，就有可能錯得離譜，而且這樣離譜的狀況絕對會發生。

問：為了收購伯靈頓北方鐵路公司，波克夏付出高價，還發行股票。看來為了讓這筆投資的經濟效益更高，最好的方法就是改善經營比率（operating ratio）＊。我想知道的是，波克夏是否提出任何激勵措施或設定目標？這些做法是否可行，並且可以提升伯靈頓北方鐵路公司的經營比率，至少提高到加拿大國家鐵路公司（Canadian National）的水準？

答：這個問題的答案很簡單。我們什麼都不用做，可以很放心地把所有工作交給馬修‧羅斯。我們收購伯靈頓的原因之一，就是因為我們非常相信馬修‧羅斯。在我看來，經營這間公司的好處之一，就是你剛剛提出的所有問題，我們都不需要考慮，但馬修‧羅斯可以想想這些議題。

＊　編注：指公司的營業費用占營收的百分比，這個指標常用在需要大量營收來維持營運的行業，比如鐵路運輸。

問：我要問的問題和波克夏旗下的克萊頓房屋公司有關。週六我在奧馬哈參觀克萊頓的樣品屋，每平方英尺（1英尺約30公分）不到100美元，而且品質也非常好。然而，據我所知，由於土地規劃的限制與建築工會的抵制，克萊頓無法進軍芝加哥南部等地區。我想問的是，當我們跨越房貸危機後，克萊頓的發展前景如何？此外，為了國家社會的利益著想，您認為地方政府未來是否有可能減少這些抵制與限制呢？

答：凱文‧克萊頓非常樂意解決這些問題，他正在研究如何利用克萊頓的技術建造更符合一般標準的房屋，也就是不蓋在公園的那種住房模式。他也想解決眼前會造成阻礙的土地規劃限制與建築工會抵制問題。在波克夏的股東會後就是克萊頓房屋的股東會，到時候你就會看到他們已經漸漸在改善並解決問題。這展現出凱文‧克萊頓的天性，我想他會不斷像這樣追求進步。

所以，我認為總有一天，現在還在使用傳統方式建造房屋的地區，也會開始使用克萊頓的方式來建造房屋。然而改變的過程既緩慢又艱辛，改變的速度更是將耗費長達數十年，經常令人喪氣。

不過，根據我的預測，克萊頓最終將實現目標，我們會看到更多採用克萊頓技術所建造的房屋。因為正如你所說，傳統房屋的建造成本實在太高；而且，傳統的建築方

式效率非常低，尤其當你零星地分散在不同地方建造，效率又更低。所以我相信總有一天，克萊頓的建造技術可以推廣到更多地方。

　　順帶一提，波克夏旗下的邁鐵公司（Mitek）同樣是營建公司，但是以不同的方式推動產業進步。一般房屋裡有十幾項建材就出自邁鐵公司，可以讓成本更低、建築更安全、品質更精良。所以，波克夏旗下有兩間公司正在因應同樣的問題，只是採用的方法不同。假以時日，相信我們能看見大家都想要的成果。

■ 魏斯可不是迷你版的波克夏

問：我有兩個問題，和魏斯可與波克夏之間的關係有關。第一個問題是關於魏斯可的浮存金。波克夏擁有1,300億美元現金與有價證券、620億美元浮存金；魏斯可擁有24億美元現金與有價證券、2億6,400萬美元浮存金。從整體資產配置的角度來看，魏斯可的浮存金占比明顯更低。

　　過去兩年，魏斯可的浮存金大幅增加，從7,600萬美元成長到2億6,400萬美元。而且魏斯可的再保險生意全部來自國家賠償公司（National Indemnity）。請問魏斯可的保險生意能否壯大、浮存金能否增加取決於什麼因素？未

來浮存金是否有望顯著增加？

我的第二個問題與比亞迪有關。這筆投資高達3億美元，也是您發現的機會，但為什麼是由波克夏投資，而不是由魏斯可投資？

答：第二個問題很簡單。我們幾乎所有的行動都有策略上的考量，像是人們更熟悉波克夏這塊金字招牌，而且華倫也更有名並且廣受認可等。我在年度報告中同樣說過，魏斯可不是迷你版的波克夏。**魏斯可無法和波克夏相提並論，況且人們更願意跟波克夏做生意，而不是魏斯可。**

至於保險業務與浮存金，魏斯可現在的保險生意完全是波克夏送的禮物，也就是說，如果不是為了幫助魏斯可，波克夏也不會把這份業務分出去。所以我們沒有任何好方法可以增加浮存金，也無法自然擴大保險業務的規模。

魏斯可是偶然產生的意外，因此一旦出現適當的時機，它最終會併入波克夏。請不要把魏斯可看成是卓越、獨立又有遠大發展前景的公司。前幾年，魏斯可收購一間公司，結果很不理想。我們當時在傢俱租賃業最興盛的時候收購科特公司，結果隨著整個產業由盛轉衰、陷入寒冬，科特的獲利也大幅下滑。

波克夏也做過幾筆不太理想的投資，但魏斯可沒有參與其中。我相信，長期來看，魏斯可收購科特的這筆投資還是能賺錢，只是我們必須付出很多努力，經歷很多煎熬。

　　所以在分析魏斯可時，不要把它當成完全獨立的公司，它純粹是偶然產生的公司。

問：您曾說家用太陽能技術過於昂貴，那麼我想知道的是，您怎麼看風電技術，畢竟現在很多美國公司都在投資風力發電。和受到管束的公用事業相比，投資風力發電技術的報酬會更高嗎？

答：我不批評中美能源公司的管理者，它們必須面對監理單位，必須與監理單位合作。不過基本上我贊成要使用更多風能與太陽能。此外，從中美能源公司的角度來看，它們也必須持續不斷地改善現況。

　　就我個人的判斷，我不想要投資太陽能光電技術是因為，在不久的將來，我預測這項技術的產品每單位價格將大幅降低。所以我想要再等一等。我認為價格很快會降下來，但這只是我的看法，我不知道這個判斷是否正確。

問：我很好奇為什麼可口可樂要把分拆出去的裝瓶業務買回來，有什麼原因嗎？

答：這是根據先前的企業文化所做的決策，當時為了讓母公司的財務報表更好看，才把裝瓶業務分拆出去。於是，這項業績數字不漂亮的公司就被擠出去，根據會計原則，它們的財務報表也不必整合在母公司當中。

這樣的做法實在不符合我的價值觀，我反對為了美化業績而進行的操作。所以，如果現在的可口可樂能收回以前的決策，以便把裝瓶公司管理得更好，又不怕資產負債表難看一些，何樂而不為？我完全支持。

順帶一提，我非常看好可口可樂的新執行長，他應該是這幾年來最優秀的一位。

問：您認為科特目前是處於週期性的衰退，還是會進入常態性的衰退趨勢？

答：我覺得科特的表現不至於太差。儘管這間公司不會稱霸全球，但是在我看來，它們最終會創造良好的收益，對得起我們的收購價格。而且，科特的表現有可能超出預期，因為它們在利基市場中的競爭優勢愈來愈強。所以也許只是我太悲觀了。

問：目前，魏斯可正在公司總部旁建造公寓，我想請您談談這個狀況，以及未來五、六年，這棟公寓能為魏斯可的股東創造多少獲利？

答：我非常樂意回答你的問題，因為你幫我揭開這個財務失敗的瘡疤，這對我來說是好事。

因為我們手裡正好有一塊閒置土地，而且也不花錢，所以我們決定為周遭的文明社會做點貢獻。我們希望建造

一棟更加寬敞舒適的高品質公寓大樓，吸引有一定財力的人重返帕薩迪納市中心。

沒想到這棟公寓花了很久才建成，而且銷售時正好面臨歷史上房地產最不景氣的時期。儘管如此，我們還是賠本銷售，只是虧得不算太多。而且，我們照樣負起責任，把房子賣給合適的客戶。我們沒有偷工減料，我們老老實實的守規矩，而且我們將會繼續走正道。

在我看來，那棟公寓大樓的每一間房子會比買主付出的金額更值錢。根據經驗，我發現一個規律，一旦你付出許多心血蓋房，又耗費心力把房子銷售出去，只有當屋主離世，房子才會再度出現在房地產市場，而且還會有兩、三個買家競價，他們的開價更是比當初的售價高出許多，因為人們非常喜愛這間房子。

所以我認為這棟公寓大樓也是一樣。買下我們公寓的人將來一定能賺大錢，只不過我們自己賺不到什麼錢。沒事，反正我們已經很有錢了。

▆ 人生只需要幾位能深談知識的好友

問：我想問的是，您與巴菲特剛開始合作時的狀況，在兩位正式合夥投資前，有多常分享想法與投資理念呢？

答：我身邊總是有幾位朋友一起聊投資，只是這樣的朋友不多，我也從來不參加大型會議之類的活動。

各位知道嗎，就連愛因斯坦也不是一直獨自工作，如果他沒有和朋友討論想法，就不會有今天的成就。所以我認為每個人都需要找到志同道合的夥伴，一起討論、對話。我身邊總是有一些這樣的好朋友，只是不多。

人生中只需要有妻子相伴，再有三、兩好友作陪深談知識就夠了。

問：我研究過您的話，注意到您建議我們研究您敬重的人物與先賢，例如：李光耀、富蘭克林、保羅・沃克等。除了這幾位，您能否再推薦幾位值得研究與學習的偉大人物？

答：我敬重的人很多，其中許多人都在波克夏任職，我們真的聚集很多優秀人才。

我分享一個小故事給各位聽。有一次，波克夏開董事會，一間子公司的管理者說：「我們取得很大的成功，因為我們遵循80／20法則。公司80％的利潤來自20％的業務，所以我們集中資源，大力發展這個賺進最多利潤的20％業務。」當然，這間公司的業績很漂亮，足見他們的策略確實管用。

另一間子公司的業績更漂亮，這家公司的管理者說：

我在我們這一行裡找到最『糟糕』的20％業務，也就是說，這是沒有人願意做的事。於是，我專攻這個業務。正因為所有人都想擺脫這些業務，而我找到方法改善狀況，才得以打造這個讓人驚嘆的事業。」毫無疑問，這兩位管理者說的都有道理。

　　所以，我的腦袋需要兩種思維模型，才能好好思考他們所說的話；因為我只知道80／20法則，很容易忽略第二種商業模式的好處。在這則故事當中，我們要特別注意的是，**當某一件事糟糕到沒有人敢做，只要你夠機智、夠聰明又積極，這或許就是你的機會。**

問：我非常欣賞您提出的多元思維框架，也一直在培養這樣的智慧。在大學與研究所時期，我非常努力選修各種不同學科的課程，希望建立跨學科的思維方式，幫助我更能深入理解問題。儘管我的人生經驗還很少，但我發現這樣的思維模式非常有用。

　　然而，當我運用跨學科思考決策並且實際做決定時，總是會遭遇非常大的限制。問題在於，當你將某個想法放進腦中的工具箱裡運作時，比起只用單一思維模型來思考，你要花更多時間過濾想法，因為它必須經歷更複雜的心理框架。你可能會想：「從經濟學、哲學或心理學的角度來看，這個想法合理嗎？」當你把某個想法放進工具箱

裡運作後它變得更有效，但要讓它融入工具箱裡卻得花費更多時間。我想知道的是，採用多元思維框架來思考的人本來就無可避免會遇到這些狀況嗎？還是說您已經找到方法，可以在思維框架中加速融入新事物？

答：我想，我天生就有這種多元思維框架，而且我還有另一種與生俱來的特質，同樣對我幫助很大，**那就是我總是充滿好奇心**。所以，對我來說，學習自己有興趣的事物不是工作，而是玩樂。當然，這讓我在克服困難時更占優勢。

如果你和我有同樣的天性，我會建議你發揮天賦就行了。但如果你和我的天性不同，那你只能自己想辦法，解決這該死的問題了。

■ 追求智慧是人類應盡的道德義務

問：請問您今年有沒有讀到什麼好書？

答：我幾乎讀了所有關於金融海嘯的書，內容都非常有意思，其中，我印象最深刻的是約翰‧保爾森（John Paulson）*的故事。

---

* 編注：美國避險基金經理人，2010年4月16日，美國高盛公司因為為其代銷的衍生金融品而遭受美國證交會起訴。

　　我認為，約翰‧保爾森雖然是以合法的方式賺錢，卻會為美國帶來許多麻煩，因為現在幾乎所有野心勃勃的年輕人都想成為約翰‧保爾森。愈來愈多人四處搜尋，想要利用金融體系的漏洞來投資賺錢，通常是投資衍生性金融商品，因為保爾森就是用這個方法致富。所以，儘管他或許是個好人，但我想他的成功事蹟帶來的是負面的影響。

　　不過，我想我的人生經歷也帶來些許負面影響，所以我不想只批評約翰‧保爾森。為了彌補自己的錯誤，在投資管理以外的領域我都非常活躍，不這樣做我心裡會感到不安。

　　在波克夏的股東會上，我引用教宗烏爾班（Pope Urban）對紅衣主教黎塞留（Cardinal Richelieu）的評價；我很愛他說的那句話，而且這句話也很適合用來描述現在的狀況。教宗烏爾班說：「如果上帝存在，那就有很多問題等著黎塞留交代；如果上帝不存在，那麼黎塞留其實表現得相當不錯」。

　　在我們的文化中，有一堆人希望可以像紅衣主教黎塞留一樣「表現不錯」，他們是在和上帝對賭。這樣的狀況看起來實在有趣，只不過我敬重的是教宗烏爾班，從來看不慣紅衣主教黎塞留那樣的人。

問：如果孩子對投資有興趣，請問您會推薦他閱讀哪些

書？還有，如果想讓孩子對投資產生興趣，您建議該怎麼做呢？

答：要讓年紀很小的孩子接觸投資，我想可能不太合適。在進行投資的過程中，其實我獲得比金錢更寶貴的東西。

當我從投資人的視角分析，就會更加了解一間公司真實的狀況。然而，許多商學院教育卻是從受雇員工的角度來分析公司，而不是從投資人的角度來看。在我看來，**站在股東的角度研究一間公司，可以得到更深遠的洞見。**

到頭來人都會死，金錢更是生不帶來，死不帶去。如果有人問：「老查理留下多少錢？」有人會回答：「我想他都留下來了。」這是亙古不變的道理。

同樣的，人死後，智慧也將隨之消失。儘管如此，我仍然認為**追求智慧是人類應盡的道德義務，**只要有能力就應該去做。如果你明明有能力卻不好好利用，反而疏於追求智慧，我將這視為道德上的缺失。

各位可以理解為什麼我對中國人有好感，因為我的想法和儒家思想很接近。我真的相信，追求智慧是道德義務。

問：我只持有一股波克夏海瑟威B股。之所以只買一股，是因為我決定把錢省下來繳學費，我目前正在南加大馬歇爾商學院攻讀企管碩士學位。但今天聽了您對商學院的評價，我開始覺得這好像不是個好點子。

答：只要你別太注意那些錯誤的知識，拿個學位還是很有用。

問：我想請您幫個忙，請問您能否來商學院和我們分享您的智慧，讓我這筆投資得到更高的回報？

答：華倫喜歡當老師，經常到商學院演講。我對這件事沒什麼興趣，實在幫不上忙。

　　我以前每年都會到學校演講一次，其中有一篇演講就收錄在《窮查理的普通常識》裡，而且我認為我當時講的內容還沒過時。所以，你不需要活生生的查理・蒙格，你可以把不會動的查理・蒙格隨身帶著走。

財經企管 BCB820

蒙格智慧：巴菲特傳奇合夥人的投資人生

作者——查理‧蒙格 Charles T. Munger
譯者——RanRan

總編輯——吳佩穎
財經館副總監——蘇鵬元
責任編輯——黃雅蘭、王映茹
內頁設計——Yo Chen
封面設計——張議文

出版者——遠見天下文化出版股份有限公司
創辦人——高希均、王力行
遠見‧天下文化 事業群榮譽董事長——高希均
遠見‧天下文化 事業群董事長——王力行
天下文化社長——林天來
國際事務開發部兼版權中心總監——潘欣
法律顧問——理律法律事務所陳長文律師
著作權顧問——魏啟翔律師
社址——台北市 104 松江路 93 巷 1 號
讀者服務專線——02-2662-0012｜傳真 02-2662-0007；02-2662-0009
電子郵件信箱——cwpc@cwgv.com.tw
直接郵撥帳號——1326703-6 號 遠見天下文化出版股份有限公司

電腦排版——陳玉齡
製版廠——東豪印刷事業有限公司
印刷廠——祥峰造像股份有限公司
裝訂廠——精益裝訂股份有限公司
登記證——局版台業字第 2517 號
總經銷——大和書報圖書股份有限公司｜電話 02-8990-2588
出版日期——2023 年 12 月 22 日第一版第 1 次印行
　　　　　2024 年 1 月 25 日第一版第 2 次印行

原著作品：芒格之道
作者：Charles Thomas Munger
本書經著作權人同意由 Munger Academia 授權出版。

定價——800 元
ISBN——978-626-355-579-2｜EISBN——9786263555754（EPUB）；9786263555747（PDF）
書號——BCB820
天下文化官網——bookzone.cwgv.com.tw

國家圖書館出版品預行編目（CIP）資料

蒙格智慧：巴菲特傳奇合夥人的投資人生/查理.蒙格（Charles T Munger）作；RanRan譯. -- 第一版. -- 臺北市：遠見天下文化出版股份有限公司, 2023.12

608面；14.8x21公分. --（財經企管；BCB820）

ISBN I978-626-355-579-2（軟精裝）. --

1.CST: 學術思想 2.CST: 投資理論 3.CST: 股票投資

563.52　　　　　　　　　112020766

天下文化
BELIEVE IN READING